经济学科的方法论探索

帝国主义批判

经济学的契合式发展

朱富强◎著

THE
CRITIQUE
OF
ECONOMIC
IMPERIALISM
—
Developing
Economics
Based on
the Consilience

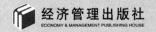

经济管理出版社
ECONOMY & MANAGEMENT PUBLISHING HOUSE

图书在版编目（CIP）数据

帝国主义批判：经济学的契合式发展 / 朱富强著 . —北京：经济管理出版社，2021. 1
ISBN 978-7-5096-4702-8

Ⅰ . ①帝… Ⅱ . ①朱… Ⅲ . ①帝国主义—研究 Ⅳ . ① F038

中国版本图书馆 CIP 数据核字（2021）第 013999 号

组稿编辑：王光艳
责任编辑：魏晨红
责任印制：黄章平
责任校对：董杉珊

出版发行：经济管理出版社
　　　　　（北京市海淀区北蜂窝 8 号中雅大厦 A 座 11 层　　100038）
网　　址：www.E-mp.com.cn
电　　话：（010）51915602
印　　刷：北京市海淀区唐家岭福利印刷厂
经　　销：新华书店
开　　本：710mm×1000mm/16
印　　张：19.75
字　　数：361 千字
版　　次：2023 年 3 月第 1 版　2023 年 3 月第 1 次印刷
书　　号：ISBN 978-7-5096-4702-8
定　　价：88.00 元

道德的力量也是包括在经济学家必须考虑的那些力量之内的。的确，曾经有过这样的打算：以一个"经济人"的活动为内容，建立一种抽象的经济学，所谓经济人就是他不受道德的影响，而是机械地和利己地孜孜为利。但是，这种打算却没有获得成功，甚至也没有彻底实行过。

——马歇尔

经济研究课题的专业化使学者无须考虑他们的研究课题在更大范围内的价值或作用。对于那种明智的学者而言，他只需要将学术研究牢牢地局限于本学科的范围内，而不必过问研究工作以外的经济真理或谬误……（相反）一旦他过问这方面的问题，就很容易受到攻击，认为他的研究方法或论证过程存在缺陷或漏洞。

——加尔布雷斯

长期以来，经济学家们的研究一文不值——只是为了自身的荣耀。

——萨缪尔森

导　言

 一　方法论研究的现代意义

马尔库塞曾指出，经历商品经济与社会达尔文主义的竞争观念的多番轰炸后，绝大多数人几乎丧失了政治革新的热情，而被迫接受了现实社会，因为大众的政治参与最主要是追求生活需要的满足，而这种需要最初是以粗陋的现实需要为主要形式的。同样，单向度性也深深地浸透在现代经济学的研究之中，绝大多数经济论文的撰写目的都只是基于个人生活的需要，从而也就会刻意地遵循和依附主流的分析框架。也正是经过专业化和技术化的单向度改造，现代经济学就蜕变为一种烦琐的"八股"之学，并由此形成了只有"章句之师"而无"传道之师"的局面。相应地，经济学科就面临着类似韩愈"直指人伦，扫除章句之烦琐"的革新。有鉴于此，笔者数十年如一日地躲进小楼，游离于社会杂务之外，将所有精力都用于文献的梳理及思辨的追寻之中，尤其是积极吸收和契合其他社会科学的研究思维和理论认知，并由此来审视和发展现代经济学。

一般地，对主流经济学体系的审视主要基于两大问题意识：关注理论与经验之一致性的现实意识和注重理论体系之内在逻辑一致性的理论意识。进而，对具体经济理论的审视则主要基于两大推理视角：逻辑推理的前提假设和推理过程。其中，基于两大逻辑视角的审视主要属于理论问题意识范畴，因此，即使逻辑前提和逻辑关系都不存在明显缺陷，它所获得的也仅仅是"逻辑的真理"，而与"事实的真理"之间很可能出现脱节。相应地，这就需要运用批判性思维去审视理论与事实之间的关系，需要引入强烈的现实问题意识，而这又涉及理论研究所根基的哲学思维。在很大程度上，正是由于现代主流经济学缺乏对自身哲学思维进行反思的意愿和能力，从而造成了目前这种只关注表象且缺乏批判性反思的学术取向。鉴于此，笔者基于两大问题意识以及两大推理视角对现代主流经济学体系展开系统的审视和剖析，并完成了六大批判："数理逻辑批判""流行范式批判""研究定向批判""理论硬核批判""普适性批判"和"纯粹市场批判"。

当然，正如库恩强调的，一门非常规科学的研究，不能局限于对现有常规科学范式的批判，而必须给出一个可以替代它的更好的新范式；同时，只有新范式具有更强的分析力和说服力，才能真正实现范式的转换和理论的发展。这意味着，真正有价值的学术研究不应局限于批判层次，相反，只有当提供一个更为合理和更可行的替代方案时，批判才会具有建设性意义。相应地，系统的学说研究就需要将批判与建设相结合，不仅要有解构，更应有建构。有鉴于此，笔者又进一步基于从解构到建构的逻辑而展开全面的学术思考，进而，上述六大批判也就对应了本套丛书的基本主题："数理逻辑批判"和"流行范式批判"是对经济学方法论的反思而形成《经济学科的方法论探索丛书》，"研究定向批判"和"理论硬核批判"是对经济学中人性假设的反思而形成《经济分析的行为逻辑丛书》，"普适性批判"是对经济学本土化的探索而形成《中国经济学的范式构建丛书》，"纯粹市场批判"则是对市场神话的经济政策进行审视而形成《社会秩序的扩展机制丛书》。

在很大程度上，本丛书集中于对现代主流经济学方法论进行剖析，进而对流行学术规则和传统智慧进行审视。正是由于本丛书不是遵循大家都熟悉的研究范式，从而就不容易为时下学者所接受。关于这一点，奥地利学派学者沃恩曾写道："当奥地利学派经济学家试图谈论有关规则的时候——比如为什么他们不喜欢主流经济学的规则或者为什么他们认为他们的规则会更好一些——人们便指责他们太过于专注那些'不过是些方法论'的东西，而方法论普遍被认为是只有那些做不了真正的经济学研究的人才去做的事情。我们常常听到有人说：如果奥地利学派的人能够忘掉他们的那些方法论而实实在在地去做一些经济学分析的话，那他们的名声会好一些。然而，如果你的方法论遭到那些主流规则的人所误解或不屑，你又如何能够做令人信服的经济分析呢？"[1]

在过去的学术生涯中，笔者也曾多次听到一些同仁的抱怨：与其从事学术批判和研究方法论，还不如集中批判几个关键定理，或者提出一些影响社会发展的政策。现代主流经济学界也流传这样一句话：往往只有那些思想和学说创见匮乏的人，才会转而研究所谓的方法论。那么，为何又要专门探讨方法论

---

[1] 沃恩：《奥地利学派经济学在美国——一个传统的迁入》，朱全红等译，浙江大学出版社2008年版，第3页。

呢？门格尔所给出的理由是，只有错误的方法在学科中取得了支配性地位时，"方法论的探究才确实是对于学科的发展来说最重要、最紧迫的问题"。[①]在很大程度上，由于感受到历史学派的方法思维已经严重阻碍了对理论经济学的探索，于是门格尔掀起了一场方法论大战。由此推之，现代主流经济学正日益陷入"我向思考"的封闭逻辑之中，严重影响了对现实世界的认知和分析，因而目前也需要有一场新的方法论交锋。

固然我们可以集中对现代主流经济学的基本原理和具体理论进行审视，也确实已经有大量的文章对现代经济学教材中的几乎所有理论都做了批判，但现代主流经济学的地位依然稳如泰山。这是为什么呢？一个重要原因是，迄今为止并没有任何一个理论能够称得上（绝对的）真理，现代主流经济学理论建立在自身的一套分析框架和理论体系之上；相应地，除非提出的理论能够对所有这些理论都形成完整的批驳和替代，而不是零星的批判，不然就很难驳倒其他理论，更何况，那些对主流经济学理论提出替代的各个理论也都源于不同的范式和框架，从而具有显著的不可通约性。熊彼特很早就指出，"即使在我们这个时代，距离那种不消一页纸的短文就能像物理学上那样形成国际思想的日子，还远得很呢！"[②]正因如此，我们对主流经济学的批判，并不能仅仅着眼于某个观点或定理，而应该从哲学思维入手剖析它的分析逻辑，由此来揭示它在方法上的缺陷，并提出更好的替代方法，然后后继者才能在此基础上发展出一个个替代理论。

我们关注经济学的方法论问题，也是由当前经济学的学术环境和学术使命所决定。首先，在学术环境方面，兰德雷斯和柯南德尔指出，经济学"行业本身没有鼓励非正统思想，而是质疑非正统观点的正当性。因此，非正统经济学家一般倾向于关注研究方法，因为通过方法，他们才能质疑主流经济学家既定的假设、范围与方法的正统性。超越方法来建立自身的分析，并提供一个可行的竞争性研究计划，是几乎所有非主流集团都要面对的一个问题"。[③]其次，在学术使命方面，兰德雷斯和柯南德尔指出，"在你开始研究解决问题之前，你必须决定你将研究什么以及你将采取什么方法——你必须做方法上的决策。一旦你着手于一项研究，你就会变得太潜心于此，以至于不能改变你的做法""要获得年轻经济学家对方法研究的支持，没有告诫是做不到的：浅尝方

---

① 门格尔：《经济学方法论探索》，姚中秋译，新星出版社 2007 年版，第 5 页。

② 熊彼特：《经济分析史》（第一卷），朱泱等译，商务印书馆 1991 年版，第 375 页。

③ 兰德雷斯、柯南德尔：《经济思想史》，周文译，人民邮电出版社 2011 年版，第 8 页。

法论是极端危险的做法。对方法的研究是会上瘾的；它哄骗你去考虑你正在做什么，而不是怎样去做。方法上的问题被复杂因素所淹没，新的尝试者可能会错过完全使他或她的见识失效的细微点。"①

 二 本丛书的研究架构和内容

（一）本丛书的研究重心

本丛书对应于六大批判的前两个，致力于从逻辑关系角度对现代主流经济学进行批判性审视，由此揭示"逻辑的真理"与"事实的真理"相脱节的方法论原因。本丛书包括四册：《数理逻辑批判：经济学的建模和计量》《流行范式批判：经济学的庸俗化取向》《帝国主义批判：经济学的契合式发展》和《中国经济学怎么走：学术精神和制度批判》，它们分别从主流经济学的思维逻辑、应用经济分析的流行范式、经济理论发展的契合路径以及中国经济学的现实困境四个方面展开对现代主流经济学方法论的全方位审视和反思。

第一，《数理逻辑批判：经济学的建模和计量》。数理建模和计量检验是现代经济学的主要方法论特色，相应地，此书主要从这两个维度对现代经济学进行反思，集中从理论上剖析了经济学数量化发展中的内在逻辑问题。此书主要展开以下探索：为了更深入地洞悉经济学数理化发展中潜含的问题，此书系统审视了科学的内涵及其划界标准，并进而剖析经济学科的科学特性及其方法论要求；为了更好地辨识经济学数理化的成因及其缺陷，此书对其哲学和方法论基础——逻辑实证主义展开了系统审视和批判，尤其是指出了嵌入其中的逻辑缺陷；为了理解经济学数理化何以如此偏盛，本书又系统考察了经济学数理化发展过程的历史背景、学科认知以及相应的学术制度。

第二，《流行范式批判：经济学的庸俗化取向》。从理论层面来说，数理建模和计量实证对经济研究具有一定的积极意义，它有助于一些直观看法的严密化和初步检验；但是，当数理建模和计量实证局限于现代主流经济学范式时，经济学研究就呈现明显的方法导向特征，进而衍生出追求形式的变异形态。正因如此，当前经济学研究就注重形式规范而偏离科学认知，从而带有强烈的庸俗性。尤其是受制于狭隘的知识结构以及功利的学术风气，中国经济学人热衷

---

① 兰德雷斯、柯南德尔：《经济思想史》，周文译，人民邮电出版社 2011 年版，第 8 页。

于使用这种方式分析具体现实问题，进而偏重于应用政策而非基础理论的研究，这使主流分析范式的原有缺陷被进一步扩大。为此，此书承接《数理逻辑批判：经济学的建模和计量》一书，转而从现实应用层面对现代经济学范式的庸俗性展开深刻的审视和批判。

第三，《帝国主义批判：经济学的契合式发展》。现代经济学的研究范围已经远远超越了传统的经济领域，却没有积极吸收其他社会科学所开辟的思维和所积累的知识，而呈现单向度的扩张，这就是经济学帝国主义。经济学帝国主义致力于将原本就存在严重缺陷的经济分析方法从工程学以及传统经济领域拓展到更为广泛的社会生活领域，结果就造成研究方法与研究内容的进一步脱节。事实上，现实世界生活世界具有不同于自然世界的根本性特点，对人类行为也不能人为地分割成不同领域并做割裂式研究；相应地，经济学与社会科学而非与自然科学更接近，更应该充分契合社会科学各领域所提供的知识和思维，而不是简单地引入自然科学的研究思维和分析工具并进而将之单向地拓展到生活世界以分析纷繁芜杂的社会经济现象。同时，知识和思维的契合也对经济学研究提出了这样的要求：既要有广博的知识结构和高超的智性能力，又要具有包容性的学术态度和多元化的学术思维。因此，本书基于整体论思维来审视经济学帝国主义的发展路向、认知缺陷以及现代经济学人的知识局限，进而寻求构建统一经济学科的基本路向和合理途径。

第四，《中国经济学怎么走：学术精神和制度批判》。前面三本书是对现代经济学的思维和范式批判，此书则是转向对中国经济学的现状批判。经济学研究的根本目的在于指导社会实践，理论假设也应来自人伦日用；但是，现代主流经济学的基本范式却越来越抽象和形式化，从而导致了理论与现实的脱节。与此同时，儒家崇尚的"知行合一"观可以更好地将理论探索与生活体验及理想发展结合起来，从而受儒家文化影响的经济学人应该且可以对现代主流经济学的基本思维及其经济人假设展开反思。但是，中国经济学界缺乏这种反思精神。为此，此书基于从本质到现象的研究路线对当前中国经济学界的研究倾向及其原因作系统性的探索，进而将经济学理论研究所需的学术素养与目前中国社会的学术环境、社会风气以及共生的制度安排结合在一起展开交叉性的思考，这样做不仅可以深刻地解答"钱学森之问"，而且还可以寻求有效变革的方向和途径。

（二）本丛书的主要内容

本丛书主要是基于理论意识层面的反思，扣紧了社会经济现象以及社会科学的基本特性；同时，它主要基于逻辑关系维度的反思，集中剖析现代主流经济学的数理化趋势，剖析其紧密相连的一系列分析逻辑所内含的缺陷。实际上，理论逻辑包括形式逻辑和行为逻辑两个方面，而现代主流经济学中获得充分发展的主要是形式逻辑，它注重数理推理的一致性和严格性。但是，经济学研究的根本对象是由心理意识所促发的人类行为以及由社会互动产生的社会经济现象，这不仅远比自然现象更复杂和多变，而且更难以用不变的定量关系来刻画。鉴于此，本丛书集中对经济学科的基本特性及其方法论要求进行解析，重点研究议题如下：

第一，方法论对经济学的理论研究而言非常重要：尽管从事经济学研究的人并不一定都能成为经济学方法论专家，但每位从事理论经济学探究以及打算将经济学理论应用于实践的人至少对经济学的研究思维都有一定的了解。然而，现代经济学人却越来越热衷于在特定的新古典——凯恩斯经济学分析框架下作模型构造，并且只重视工具而不关心方法。为何如此呢？本丛书致力于对经济学方法论展开深入探索。

第二，如果缺乏合理方法论的指导，所谓的研究往往只能是对观点的陈述，或者只是做些机械的数据处理工作。由此，所谓的研究根本就上升不到理论层次，而只会落入庸俗实用主义的窠臼，必然无法全面地认识经济现象和经济规律。那么，目前为现代主流经济学人所遵行的研究范式合理吗？本丛书致力于对现代主流经济学的方法论以及由此获得的一些重要论断进行审视。

第三，从根本上说，完整的经济学理论研究包含四个基本层次：首先是方法论层次；其次是理论构建层次；再次是表达工具层次；最后是实证检验层次。但现代主流经济学基本上舍弃了方法论和知识契合这两个基本范畴，而偏重于工具表达和实证检验这两个辅助性范畴，从而导致了数理经济学和计量经济学的偏盛。那么，经济学研究究竟应该遵从何种方法论呢？本丛书致力于构建经济学研究的基本路线和分析框架。

第四，任何学科的研究方法都应该与其研究对象相适应，不同学科会因其研究对象的差异而呈现迥异的特征以及偏重某种独特的研究方法。显然，作为一门社会科学，经济学的研究对象根本不同于自然现象，从而在研究方法上也不能简单地模仿自然科学。但现代主流经济学的根本问题恰恰就在于，它把经济学当作自然科学来研究。本丛书致力于经济学与自然科学在分析思维和方法论上的差异比较。

第五，现代主流经济学极力强调经济理论的普遍性和客观性，强调推理逻辑的严格性和精确性，乃至将科学化和客观化与数学化等同起来；结果，数学工具的使用程度就成了衡量经济学论文水平的重要标准，最终导致经济学蜕变为应用数学的一个分支。问题是，经济学的科学性并不同于自然科学，经济学的数量化也不等同于科学化。本丛书致力于探究科学的本质以及经济学科的科学性内涵。

 三 本书的内容结构与观点

（一）本书的研究重点

本书主要由四大部分构成：第 1 篇"经济学假设的非现实性及其问题"，集中辨识了核心假设与外围假设的性质差异，由此来审视现代经济学的核心假设缺陷，尤其是考察了人类理性的内涵以及经济理性的不足，由此寻求修正和完善的基本路向；第 2 篇"经济学进步的契合思维及其问题"，侧重于从社会科学契合的角度来梳理共时性的跨学科知识，进而基于横向契合角度寻求经济学理论发展的途径，由此批判了经济学帝国主义的单向扩张取向；第 3 篇"契合发展的思想史诉求及其问题"，侧重于考察历时性的经济思想发展历程，进而基于纵向契合角度探究经济学理论发展的途径，由此对现代经济学界或是经济思想史和经济史的取向进行深刻的反思；第 4 篇"以契合思维构建合理的人性假设"，基于奥卡姆剃刀原则对不同社会和学科的人性认知进行萃取和契合，进而沿着知识契合的路径对经济人假设进行审视和修正，由此来为统一而完善的经济学科体系夯实人性基础。

第一，先验假设和演绎逻辑使现代主流经济学的理论学术与经验事实相割裂，进而形成了基于特定范式的解释共同体。但是，经济学的根本目标在于预测社会经济现象，进而解决具体的社会经济问题，这就需要从现实性和合理性两方面来审视经济理论的逻辑前提和逻辑关系，而不是简单地承袭自然科学的逻辑思维。如何展开呢？本书集中剖析现代经济学的假设特性及其分析范式的适用性问题。

第二，经济学帝国主义致力于在全部社会科学领域运用和推广经济人分析框架，并由此滋生更多的问题。事实上，人类行为以及各种社会经济现象之间具有内在的相通性，但经济学帝国主义所推行的社会科学统一化努力却是单方向的；相反，现代经济学更需要吸收和契合社会科学其他分支所提供的思维和知识，由此才可以推动经济学科的真正进步。本书致力于对经济学帝国主义展开深刻的批判。

第三,"极高明而道中庸"的经济学体系对学者提出了非常高的知识要求:需要充分吸收和借鉴人类社会所积累的知识,不仅要充分承袭本学科所积累的理论和思维,而且要积极吸收和借鉴社会科学其他分支的知识和思维。也即,知识和思维的契合涉及历时性的文献梳理和共时性的跨学科交叉研究这两方面。因此,本书致力于从纵向和横向两方面的思想传承对经济学的契合式发展途径做一辨析。

第四,社会科学统一的关键在核心假设。目前社会科学各分支都基于先验假设而提出了不同人性观和行为机理:主流经济学确立了"经济人"假设,乃至因"社会化不足"或"嵌入性不足"而无法真正理解现实世界;社会学、伦理学等则发展了"社会人"或"道德人"假设,乃至因"社会化过度"或"嵌入过度"而无法获得一般性理论。因此,本书基于奥卡姆剃刀原则对这些不同人性认知进行萃取和契合。

(二)本书的主要观点

一般地,任何社会科学理论以及任何经济学流派都既有合理的一面,也有不合理的一面。相应地,一个好的学者和学说就是要努力辨识其中的高次元精神和低次元具象,进而基于理论和思维的契合形成更完全、更成熟的理论。不幸的是,根基于自然主义思维,主流经济学热衷于在非现实的经济人假设基础上打造抽象的理性选择分析框架;进而,根基于科学至上主义,经济学帝国主义努力将经济分析框架推广到其他社会科学领域,而不是积极吸收其他社会科学分支或经济学流派的有益养分来促使自身不断发展成熟和完善。显然,社会经济现象要比自然现象复杂多变得多,经济学帝国主义推行的理性经济人分析反而会禁锢我们认识和解决社会经济问题的思维和眼界。由此,本书得出以下主要观点:

(1)理论一定具有抽象性,但是,一个学科如何进行理论抽象以及抽象能够达到何种程度,则需要与它的研究对象相适应。一般地,社会科学理论需要指导日常生活实践和解决具体现实问题,从而注重理论与经验事实间的一致性;相应地,社会科学理论的抽象也就需要与历史发展保持逻辑的一致性,由此防止过度抽象而产生与现实之间的明显脱节。

(2)现代主流经济学以弗里德曼的"假设的现实无关性"假说来为它的先验抽象性辩护。但实际上,它在以物理学作类比时显著地混淆了不同层次假设的特性差异:物理学中,万有引力这类核心假设尽量反映事物本体,非现实的真空假设仅仅是外围假设；经济学中，作为核心假设的理性经济人却是非现实的，作为其外围假设的完全信息等也无法通过实验条件而获得控制。其结果就是，物理学理论得以不断揭示事物的内在本质，而经济学理论却与现实日渐脱节。

（3）"理性"一词本意是指达到目的的手段的合理选择，行为目的不同导致理性内涵具有多重性。但是，现代主流经济学使用"理性"概念时往往存在特定理解：①新古典经济学将多样化的理性退化为经济理性，从而使理性外延狭隘化；②经济学帝国主义引入效用概念将所有行为视为理性的，从而又使得理性外延宽泛化。由此，就带来了"究竟何谓理性"的问题。

（4）理性经济人根本上源自人处理和控制自然的行为方式与特征，适用于传统的经济领域。但是，经济学帝国主义却将之拓展到人类社会的一般领域，并将社会关系拟物化，这就导致理论分析与社会现实的严重脱节。其实，在真实世界的人类社会互动中，更重要的是交往理性和价值理性，而非经济人隐含的工具理性。由此，就引发我们对经济理性的适用范围的审视。

（5）社会科学的理论假设必须与社会现实保持逻辑和历史的一致，但新古典经济学所依赖的前提假设却具有高度的先验性。一般地，现代经济学在做行为分析时依据的三个基本前提分别是经济人、完全理性和完全信息。相应地，沿着这三条路径进行假设拓宽也就成为现代经济学发展的基本方向，其中，最重要的就是对经济人假设进行修正和完善，而这一路径却一直受到否定和压制。

（6）基于契合实现思维和知识上的统一，是构建和完善经济理论以及推动经济科学进步的根本途径。究其原因，人类行为根本上无法脱嵌于具体社会关系，而人类在不同领域的行动都根基于相似的行为机理。但自边际革命以降，经济学与社会科学其他分支之间就日益分离了，而方兴未艾的经济学帝国主义运动也不是真正的契合，而是新古典经济学方法向其他学科的单方向扩展，从而并没有深化对社会现象的理解。

（7）基于契合发展现代经济学，首先需要作学科间共时性知识的横向契合。同时，知识的契合发展于具有相似研究对象的学科之间，由此就形成了差序性的契合结构：首先是各经济学流派间的统一，其次是社会科学各分支间的统一，最后才是社会科学与自然科学间的统一。显然，这种契合式发展要求研究者拥有广博的知识，但专业化发展却导致现代经济学人的知识结构日益狭窄，以致流行的契合途径被扭曲了。

（8）基于契合来发展现代经济学，还需要学科内历时性知识的纵向契合。

其原因是：①任何时空下的理论都因个人知识和社会背景而存在局限；②人类社会发展呈现一种否定之否定的轨迹，解决现实问题的经济理论也具有相似特征。但是，现代经济学教材将历时性演化的理论放在共时性的平面框架中，抽去了理论的时代性、主观性和特殊性，由此就产生了一元化思维，乃至经济学也蜕变成一种黑板经济学。

（9）社会科学的统一根本在于人性假设，因为它们的根本研究对象都是"人"。但是，社会科学各分支却基于不同研究视角而设立了不同的人性假设：①社会学等学科基于具体的文化伦理而关注人的亲社会性，却忽视了人内心深处的幽暗意识；②经济学基于还原思维而强调人的动物性本能，却忽视了人性不断发展的超越意识。为此，现代经济学必须契合其他社会科学的认知来修正和完善其硬核。

（10）为了深化对人性及其行为机理的认知，还需要从古典学说和儒家文化中汲取养分。实际上，无论是儒家学说中还是斯密学说，人性及其行为机理都不是脱离具体社会关系而自立的，而是嵌入人伦日用和社会伦理之中；同时，这些人性认知不仅体现了"知"与"行"的合一，而且也体现了由生活习惯通达社会理想的诉求。因此，重新梳理传统儒学和斯密学说也是重构现代经济学的基础性工作。

第3篇

契合发展的思想史诉求及其问题

第4篇

以契合思维构建合理的人性假设

绪 论

以学术批判推动经济学科的发展

导 读

目前中国经济学界的国际化浪潮主要体现为对西方主流经济学之研究范式、理论思维以及相应学术规范与评价标准的模仿和照搬，应避免孕育出日趋功利和庸俗的学术氛围。面对此种情景，一些主流经济学人却以"国际惯例"为借口为之辩护。事实上，这里存在严重的逻辑缺陷：经济学理论研究的根本贵在反思和批判，而不应该固守和盲从主流；贵在增进和深化自身的认知，而不是使用各种措辞来促使他人认同和接受。相应地，作为一个真正的学者，应坚守学术的本分，而不应为不断求新求异的社会潮流所迷惑。另外欧美的学术风气和制度传到中国后，在某些应用场景中发生了很大的扭曲，这是造成中国经济学理论缺乏创新性的重要原因之一。

 引言

《数理逻辑批判：经济学的建模和计量》和《流行范式批判：经济学的庸俗化取向》两书分别从理论层面和应用层面对当下经济学界盛行的研究取向进行了审视和批判，之所以如此就在于学术批判是推动理论研究和深化学科发展的基本途径，经济学科也不例外。拉卡托斯强调，"科学行为的标志是甚至对自己最珍爱的理论也持某种怀疑态度。盲目虔信一个理论不是理智的美德，而是理智的罪过""因此，即使一个陈述似乎非常'有理'，每一个人都相信它，它也可能是伪科学的；而一个陈述即使是不可信的，没有人相信它，它在科学上也可能是有价值的，一个理论即使没有人理解它，更不用说相信它了，它也可能具有至高的科学价值。"① 因此，在当前经济学界尤其是中国经济学界应提倡学术批判。如果中国经济学人迷恋于现代主流经济学，而不学习和接受一些基本理论和原理，就容易到处照搬与乱套其分析思维和研究工具。

毋庸置疑，好高骛远是不可取的，除了大胆假设之外，更重要的是小心求证，尤其是要对求证的结果进行机理上的解释。问题是，循规蹈矩地遵循主流学术同样也是不可取的，它只会导致思想的僵化，或做些形式上的"证实"或"证伪"文章。尽管现代主流经济学为认识和理解具体的社会经济现象提供了一种相对简洁的常规分析范式，但是这种常规范式显然并不能像自然科学那样得到所有人甚至是大多数人的认同。其基本理由是，经济学理论本身具有强烈的主观性，其引导假定往往不是基于客观事实而是基于人的主观想象。事实上，经济学理论具有不同于自然科学的两大特征：①强烈的思辨性，经济学必须就本体论展开探索和争论来深化对本质的认知；②浓郁的规范性，经济学必须依据一种社会理念或理想来审视和改造现实。然而，现代主流经济学往往在象牙塔内构建一般均衡和最优机制等模型来解释社会经济，经济学帝国主义者更是致力于在全部社会科学领域运用和推广经济人分析框架，进而以强烈的工具主义和功能主义来为社会经济问题与社会经济制度提供解决和改革方案，这样必然会因工具主义谬误而对社会实践造成深重灾难。

其实，现代经济学人对自身学说以及现代主流经济学的维护就如当年的萨伊。对此，李斯特曾评价说："从来没有一个作家曾经像萨伊那样，所具有的真材料那样少，而在学术上威胁势力却那样大；那时对他的学说内容如果稍有怀疑，就要蒙上恶名，被看成是离经叛道者……他对异端和非异端的书是一概加以禁止的；他警告学政治经济学的青年学生，读书不可太泛，那是容易使人走入歧途的；他们读的书不宜过多，但是要读好书，这就等于是说，'你们不可读别的书，只应当读我的和亚当·斯密的书。'但是，这位斯密学说的后继者和阐述者又深恐后人对这个学派不朽的开山祖师在崇敬中寄予过大同情，为此，……他认为亚当·斯密著述的内容极其混乱，缺点很多，而且充满着矛盾，这就显然是要我们懂得，所谓'应当读亚当·斯密的书'是只有从他那里来学习的。"② 因此，针对当前流行的主流范式，我们不能只是采取盲从的态度，而是应该采取学习与批判结合的态度，由此才能真正挖掘出理论的内在缺陷，进而促进经济学这门学科的完善和发展。鉴于此，绪论部分就学术批判在理论研

① 拉卡托斯：《科学研究纲领方法论》，兰征译，上海译文出版社2005年版，导言第1—2页。

② 李斯特：《政治经济学的国民体系》，陈万煦译，商务印书馆1961年版，第300页。

究和学科发展中的意义做一简要阐述。

二 盲从主流范式的当前学风

从学说史来看，人类思想的发展和推进主要源于一批拥有理念的思想者，他们以承继前人思想、洞察社会以及追求真理为己任。正是由于这群理念人对学问的追求和学术的热爱，塑造出了独立而连续发展的道统。一般地，道统的形成和健康发展往往有赖于多元主义学术氛围：在遵守一定的规范和话语体系的同时，学说和思想本身具有开放性和批判性，鼓励学者之间展开自由的思辨和争鸣。然而，这种思辨性和争鸣性在现代经济学界并不活跃，经济学的学术评价越来越多地是建立在那些形式主义的文章上，而建立在启发我们思考和智慧的思想洞见上的学术评价越来越少。

事实上，自20世纪下半叶尤其是70年代以来，由于终身职制在西方大学得到普遍推行，学术评价就开始依据论文的数量和等级这一量化标准，由此形成了外行评价内行的局面。尤其是受科学至上主义和逻辑实证主义的思潮影响，经济学界滋生出一种日益膨胀的数理化取向，并在中国得到一些海归经济学人的承袭和发扬；同时，在有些海归经济学人的极力鼓噪下，进而在其主导的国际化教学改革中，这一研究取向竟在中国经济学界被有些人广泛认可。正是受制于这种强烈的数理偏好，一篇文章只要有数理模型就容易发表，而不管其是否提出了新思想；相反，那些提出新思想尤其是对主流思想进行质疑的文章反而更容易遭到否定和排斥，其发表往往成为小概率事件。在这种情形下，经济学数理化的畸形发展也就不奇怪了：无论是各类课题研究还是论文写作，都把模型分析或计量实证视为根本性要素。

问题是，追求形式的优美并不意味着是对真理的接近，有时，事实还恰恰相反。那么，目前这种取向岂非扭曲了作为致用之学的经济学本质？尤其是，经济学中引入数学工具的原初目的主要是更好地剖析经济现象背后的规律，但目前的很多数理文章是在不断重复前人的那些过时思想，只不过用数学符号加以装扮而已。那么，时下情形岂非颠倒了数学模型化的本末。既然如此，中国经济学界这种数理化、技术化和形式化的研究取向又是如何形成的呢？根本上，这就涉及学术风气问题。事实上，无论在技术、文化还是在学术上，中国社会应该防止出现被殖民心态，这种心态往往会使自身或国人的研究和思考没有信心，进而倾向于不加批判地去迎合或照搬发达国家的那些"前沿学术"和

"科学方法"。相应结果就是，某些海归经济学人所运用的学术方法以及相应的学术贡献就得到了不成比例的放大，乃至有些海归经济学人迅速占据了中国经济学教学和研究的一些重要岗位。

确实，在西方高校得以谋职安身的海归经济学人大多是数理专业出身的，其赖以生存的凭借也主要是那些从事技术分析的数学功底。相应地，在他们的示范效应以及影响下，中国有些青年经济学子也就越来越偏重于数学工具的训练，想当然地以为掌握一些工具性分析手段就能与经济学大师对话，进而可以把握学术的前沿。在这种大环境下，有些经济学刊物也就大量刊登数量经济学者和一些海归经济学人的文章，进而开始以数理模型和数据计量作为选取论文的基本标准。而且，正是受到这种心态的驱使，即使数理化取向已经暴露出越来越严重的问题，但有些经济学人却热衷于以欧美学术现状为中国经济学界的任何问题寻找借口。例如，欧美经济学者也很少关注经济思想和方法论问题，欧美高校的职称评定以论文为指标而不考虑专著，欧美经济学教育也主要重视数学的训练，等等。正因为西方学术的主流就是如此，于是，在当前中国学术界也形成了主流崇拜之风，致力于模仿欧美的学术规范和制度，而批评者有时却被嘲讽为不自量力。

其实，现代主流经济学的每一个理论都建立在特定的引导假定基础上，都有其特定的适用背景以及基于特定的分析视角，从而也就都具有一定的片面性和局限性。相应地，只有对一个理论的产生背景、适用条件以及哲学基础等有清晰的认知，我们才可以对该理论以及相应的学说体系进行合理的批判，进而推动理论的实质进步；相反，如果对一个经济理论的逻辑前提、适用条件及其内含缺陷并不清楚，我们也就不可能真正理解该理论。从某种意义上讲，理论的发展是建立在不断挖掘以前有价值的思想以及对流行思想批判的基础上，对当前甚嚣尘上的主流经济学范式也是如此。不幸的是，自逻辑实证主义在第二次世界大战后完全支配了经济学思维以后，流行的研究方式就不再是对理论的反思，而是通过实证来为新古典经济学的理论和假说提供解释；相应地，绝大多数经济学人就乐于在常规范式下做些细枝末节的解谜和验证工作，由此来拓展现代主流经济学的应用范围以及求解的精确性，而不是致力于完善和发展既有理论。在他们的推动下，容易形成一个日益庞大的经济学帝国主义。

在经济学帝国主义者看来，世上只有一条通向真理的道路，那就是依赖于特定的普遍法则（公理）的"科学方法"。相应地，受到这种"科学方法"的影响，中国经济学界有些学者也就流行开了这样的研究方式：搬用一些现代西方主流经济学的抽象理论尤其是没有经过任何检验的抽象理论来进行应用对策的研究。结果，现代经济学的研究方式和经济学论文的写作越来越固定化、规范化。布罗姆利就写道："科学进步的严重阻碍之一，就来自大部分学科从业者很难想到去质疑那些（既存的）'普遍规则'（公理），因为社会已经教化他们，使他们相信这些普遍规则的真实性，质疑公理会让他们显得对该公理所隶属的学科不够忠诚。"[①] 那么，学术研究为何需要批判精神呢？我们又如何才能展开有效的学术批判呢？尤其是，学术批判为何对现代经济学发展如此重要呢？接下来从几方面进行解说。

 （三）批判是推进经济学科发展的基本途径

一般地，任何理论、科学知识以及学问探索的直接目的都是提升研究者的认知，由此才能提高整个社会的认知。同时，针对不同的研究对象，人们提高认知的途径以及所使用的方法往往存在差异：自然科学的进步往往会导致规范革命，而社会科学的进步则具有更强的连续性，经济思想尤其具有很强的继承性。在自然科学领域，自然现象及其内在规律往往外在于我们的人伦日用，内在于我们的生活经验和感知；相应地，自然科学领域规律的揭示往往需要充分发挥主体的抽象思维能力，需要充分借助主体的理性，在试验、模型、推理的基础上发展理论和提高认知。同时，自然科学的研究对象相对稳定，因而往往适用于基于特定库恩范式的常规研究。与此不同，在社会科学领域，社会规律本来就是对人们人伦日用的提炼，源于我们的经验事实；相应地，社会科学领域规律的揭示需要主体对社会生活予以充分的关注，借助主体的知性把经验上升到理论。同时，社会科学所研究的对象——社会现象本身就是社会环境的产物，而人类社会则是变动不安的，不断出现的新现象、新证据可以对传统思想进行反思，因而更适合波普尔主义的批判范式。

正是由于自然科学和社会科学这两类学科在研究方式和研究思维上都存在明显差异，相应地，人们往往也就把知识分子分为气质迥异的两种类型：技术知识分子和人文知识分子。其中，技术知识分子的基本兴趣在于革新现有技术，而人文知识分子则更感兴趣于对社会现象的解释和对传统理论的批判。古

---

① 布罗姆利：《充分理由：能动的实用主义和经济制度的含义》，简练等译，上海人民出版社2008年版，第98页。

德纳指出："库恩的'常规科学'是了解技术知识分子的认知社会及它们不同于人文知识分子的关键。'常规科学'指的是致力于此的人会将精力集中于解决'范式的'（常规科学的核心）'难题'。技术知识分子专注于学科范式内的工作，探索它内部的符号空间，把它的原则延伸到新的领域，并做更好的调整。与此相反，人文知识分子的活动领域普遍缺乏获得一致认可的有效范式，而可能会有几个相互竞争的范式。因此，他们不把具有单一支配范式的常规科学当作常见的情况。人文知识分子常会超越知识分子生活中传统的劳动分工的界限。"① 在很大程度上，自然科学的进步是断续性的、突破性的和革命性的，而社会科学的进步则是连续性的、深化性的和改进性的，这也就是社会科学领域为何会出现"江山代有主流出，各领风骚只数年"的原因。

就经济学科而言，它从根本上属于社会科学的一个分支，因为经济学研究的是由人类行为引起的经济现象，具有很强的社会性质，这属于涂尔干所定义的社会现象范畴。因此，经济学的发展就更应该注重相互批判，互为促进。多马强调："在经济学中（或许社会科学其他分支同样如此），接受是一个危险的信号：它常常意味着这一问题最近无人研究，每个经济学家或者历史学家只是在重复别人所说的话。"② 为此，他还建议，应该建立奖励异端学说的基金。事实上，帕金就把宏观经济理论家比作登山者：没有一个参赛者看到过这座山的山顶，却都对自己看地图的本事十分自信，都以为自己找到了通向顶峰的最佳路线，从而都决定从不同的路线登上这座山顶；在攀登过程中，各登山队员常常发现他们会在不同路线的交会处相遇，但简短地交换信息之后又分手了；同时，各队还可能在攀登过程中偶尔看到野径中的先驱者们的遗迹，或者一些队员走失了而再也找不到踪迹，或者加入了攀登速度看来较快的另一队中；有些路线后来被证明是死路，但这也是有用的信息，因为各队明白不用去尝试那些路线了；有时一个队宣称已经登上了顶峰，但在云开雾散之后就发现，还有更高更险峻的山峰需要攀登。③ 所以，舒尔茨强调："学院派经济学家的主要职能之一，是向社会制度提出质疑……他们应当把对社会制度经济学的批判置于

---

① 古德纳：《知识分子的未来和新阶级的兴起》，顾晓辉等译，江苏人民出版社2006年版，第59页。

② 多马：《我的经济学家之路》，载曾伯格编：《经济学大师的人生哲学》，侯玲等译，商务印书馆2001年版，第176页。

③ 斯诺登等：《现代宏观经济学指南：各思想流派比较研究引论》，苏剑等译，商务印书馆1998年版，第493-494页。

很高的优先地位。"[①]

 ## （四）新颖和创见是经济学研究的一般要求

一般地，科学知识的创造活动本身不同于物质产品的生产劳动：物质产品生产活动的价值通常可以用产量的多寡来体现，而知识创造活动的价值却难以单纯用被承认的成果量来确定。一是因为知识得到承认的时限往往迥异；二是因为"失败乃成功之母"，没有具体的成果并不意味着就没有价值，它可以为进一步的研究提供经验和教训。事实上，正是无数人的失败才换来科学知识的稍许增长，即使在自然科学和物质生产中，社会的技术进步和产品创新仍然建立在无数人失败的基础上。因此，失败对个人而言固然是付出，但对社会而言却是获得了无穷的收益。孟子曰："求之有道，得之有命，是求无益于得也，求在外者也。"（《孟子·尽心章句上》）也就是说，是否求索在于自己，而是否会获得成果则是无法控制的。但是，如果没有这样一群甘于冒险的人，那么社会如何进步？科学何来发展？徐复观指出："我们每一个人的努力，都希望对'知识的积累'能有一点贡献。自己的话说对了，这固然是一分贡献；能证明自己的话说错了，依然是一分贡献。"[②]正因如此，学术研究注重的是独创性和新颖性，这要求我们发扬"质疑独创实可贵，人云亦云不足取"的学术传统。事实上，"质疑独创"所强调的就是要摆脱僵化的思维窠臼，不唯上、不唯书、不媚俗，敢于反思那些"不言自明"的理论和"熟视无睹"的现象。

当然，现代经济学界也盛行着求异求变之学风，但是，这与真正的创新却有天壤之别。时下应避免创新缺乏足够的知识基础，避免"新"而不"真"；或者只是在当前流行的研究范式下添加一些所谓的"新"东西。事实上，当前很多求新求异的经济学研究基本上都是在使用盛行于经济学界的理性思维和计量方法，并将这种方法运用到传统上的非经济学领域以此来获得"新"的结论；结果，这种"新"认知往往具有更强的片面性，因为它几乎舍弃了传统的知识积累。更为甚者，一些计量文章与经济理论无关，从根本上不应该被认为是经济学科的研究。正因为如此，现代主流经济学的分析思维逻辑不够严谨，

---

① 舒尔茨：《科研的扭曲》，载《对人进行投资：人口质量经济学》，吴珠华译，首都经济贸易大学出版社 2002 年版，第 134 页。

② 徐复观：《中国人性论史》（先秦篇），上海三联书店 2001 年版，第 6 页。

很多经济学人的所作所为也没有实际意义，这就更值得我们去深思和批判。遗憾的是，在当前中国经济学界，有些学术却得到了自我强化和维护，其原因也正如徐复观半个世纪前所指出的，"甚至由门户、意气、现实利害之私，竟不惜用种种方法，诱迫下一代的优秀青年，在许多特定势力范围之内，作'错误累积'的工作，以维护若干人在学术上的地位。假使有青年凭独立的意志去追求真是真非，便很难有插足学术研究机构的机会"。①

举个例子，根据经济学的基本常识，人口密度的增加将导致分工的深化，进而导致效率的提高和社会的繁荣。但问题是，发展中国家往往有比发达国家更高的人口密度，但分工却一直停留在低层次的水平。这是为什么呢？同样，当前中国社会从事经济学研究的人绝对是世界上最多的，但中国经济学人又做出多少有价值的理论发展呢？这又是为什么呢？其实，劳动分工的产生和深化往往依赖两大条件：第一，分工的形成依赖于具有互补性的异质化个体，而中国经济学界存在明显的同质化和主流化问题；第二，分工的有效性依赖于分立社会劳动之间的协调，而中国目前学术体制使得协调水平不高。进而，个体的异质化又是如何塑造的呢？关键在于教育和技术训练，教育水平是导致人与人不同的根本性因素。因此，一个社会的分工深化往往就与教育水平以及社会环境密切相关。显然，这就是现实问题意识，正是通过一系列的现实意识追问，我们才可以深化对理论和现实的理解。

进一步地，尽管教育是促进社会分工从而扩大就业的基础，但在中国社会为何却出现了部分大学生不如技工以及有些大学生毕业即失业的现象呢？在很大程度上，这又揭示出当前教育的缺陷：它的批量化生产造就了同质的大学生，甚至造成低水平的人员重复制造，从而不便于分工和创新；没有分工，当然也就限制了市场规模，由此造成了有些大学生失业的困境。显然，学术上也是如此。尽管中国有如此庞大的经济学科研队伍，但正是由于他们都盲目地依附于某种主流，经济学术和经济学人被同质化了，这不但无法获取学术分工的收益，而且更可能被教条化。究其原因，社会科学的发展没有充分建立在不断争鸣、不断交锋以及不断批判、不断反思的基础之上，目前中国经济学界恰恰是缺少这种反思的环境，容易造成经济学思想的固化。譬如，尽管有不少人在倡导中国经济学的建设，但其基本思路通常只不过是适当修改几个约束条件，并把西方主流经济学的理论生搬以解释中国社会现象，这些研究根本不去探究不同社会文化下经济行为的差异，从而根本不可能构建出真正的中国经济学。

① 徐复观：《中国人性论史》（先秦篇），上海三联书店2001年版，第7页。

五 学术的批判性审视是学者的必备精神

一般地，从根本上来看，学术根本上是"为己之学"，而不是向别人展示并赢取赞誉的竞赛。那么，如何才能真正地获得认知的增进呢？首要地，我们需要对前人理论的视角、目的及其缺陷有清晰的认识。在很大程度上可以说，一个对理论的内在缺陷缺乏足够认识的人，从根本上就没有真正理解该理论，当然也就无法推动该理论的发展和进步。波普尔指出："爱因斯坦与阿米巴之间的主要差别是爱因斯坦自觉地追求消除错误。他试图推翻自己的理论，他自觉地批判自己的理论，为此，他力求清晰地而不是含糊地表述他的理论。而阿米巴却不能面对着它的假说，假说是它的一部分。"[①]

同时，基础理论以及科学知识的创造还具有这样的显著特点：其生产函数描述的投入—产出关系往往只是一种随机概率关系，即知识生产过程中的投入—产出关系是不确定的。相应地，这就对学术的评估产生了这样的影响：一方面，理论研究者的脑力劳动支出不像体力劳动那样容易被观察，因而无法以理论研究者的劳动投入作学术的评估；另一方面，理论研究的投入和产出之间也具有明显的不确定性，因而机会主义倾向较严重的理论研究者也就倾向于将理论的创新不足归咎于其他客观原因。正因如此，一些学者在学术研究中往往心存侥幸，持有强烈的机会主义心态，甚至百般为自身的学术鼓吹和辩解。但从根本上说，这种态度本身就是不负责任的表现，是知识分子的责任推卸和理念丧失。穆勒很早就强调："假如我们因为我们的意见可能会错就永不本着自己的意见去行动，那么我们势必置自己的一切利害于不顾，也弃自己的一切义务而不尽。"[②]

从某种意义上讲，盲从于主流，甚至以主流来压制其他思想，只会限制理论的真正发展。特别是，如果把新的思想都视为异端而加以禁止的话，那么受到损害的就不仅是那些所谓的"异端者"，而且是整个社会，这是人类的历史已经证明的。同时，从学说史来看，对学术发展做出巨大贡献的经济学家几乎都拥有强烈的批判精神，其将学术精神和学问态度也浸淫于所有思想大师的著作中。例如，穆勒写道："由于禁止一切不归结于正统结论的探讨，败坏最甚

---

① 波普尔：《客观知识：一个进化论的研究》，舒炜光等译，上海译文出版社1987年版，第26页。

② 穆勒（密尔）：《论自由》，许宝骙译，商务印书馆1959年版，第22页。

的还不是异端者的心灵。最大的损害乃在那些并非异端者的人，由于害怕异端之称，他们的整个精神发展被限制了，他们的理性弄得痀挛了。世界上有一大群大有前途的知识分子和秉性怯弱的人物，弄得不敢追随任何勇敢、有生气的和独立的思想的结果"，"须知作为一个思想家，其第一个义务就是随其智力所之而不论它会导致什么结论，谁不认识这一点谁就不能成为一个伟大的思想家。设有人以相当的勤勉和准备自己进行思考可是产生错误，另有人则抱持真确的意见可是只为免使自己思考，在这两种情况下，真理所得于前者的比所得于后者的要多。"[①]

不幸的是，在以庸俗实用主义和功利主义为基本特征的学术"主流化"，学术批判精神似乎消逝了。在主流化倾向偏盛的现代经济学界，那些对主流学术进行质疑和批判的人往往被嘲讽为不自量力者，那些对经济学数理化路向进行反思的人甚至被贬斥不懂现代经济学。但与此同时，这些"主流"经济学人却热衷于对社会科学等其他领域进行批判，将现代主流经济学的分析框架大肆拓宽到诸多非经济的领域，并由此得出一些"令人拍案惊奇"的结论。其实，经济学本身具有非常强的本土性、历史性和演化性，相应地，那些埋头于对经济学文献进行系统梳理以及对周遭现象进行深刻思索的学者往往更容易发现社会经济现象的本质，更容易触及经济学理论的精髓，因而他们的发现更有创见力和启发性。但是，当前一些经济学人却更热衷于沿用现代主流经济学中的那种非常狭隘的分析思维去重塑其对社会经济现象的认知，未对这种分析思维本身的合理性作稍许的审慎反思；结果，所得出的结论除了吸引人的眼球外，并不能提高其对社会经济现象以及社会经济问题的真正认知，更不可能促进经济学的实质进步。

利奥塔尔指出："知识的主体不是人民，而是思辨精神。"[②]也就是说，在知识领域，不存在多数统治问题，所谓主流的并非就是对的。恰恰相反，一般来说，由于主流确定了较严密的分析框架和基本假设，反而限制了开放的思辨能力。正因如此，笔者一直强调，在学问的领域，"质疑独创实可贵，人云亦云不足为"。在社会科学领域尤其如此。哈耶克曾指出："一般来说，个人的教育和知识水平越高，他们的见解和趣味就越不相同，而他们赞同某种价值等级制度的可能性就越高……如果我们希望找到具有高度一致性和相似性的观念，

---

① 穆勒（密尔）：《论自由》，许宝骙译，商务印书馆1959年版，第38-39页。

② 利奥塔尔：《后现代状态：关于知识的报告》，车槿山译，生活·读书·新知三联书店1997年版，第70页。

我们必须降格到道德和知识标准比较低级的地方去，在这里比较原始的和'共同'的本能与趣味占统治地位。"[①] 类似地，当前有些中国经济学人之所以如此盲从西方主流，一个重要原因在于，他们在知识和思想上的极度匮乏，使其还不具有进行实质反思的能力。同时，正因为知识匮乏而缺乏反思能力：一方面，他们被一些（海归）经济学人所牵引，并极端地排斥批评和反思意见；另一方面，他们也根本不期望在学术上有所发现和贡献，而是做一些让别人相信以获取现实利益的表面文章。

（六）现代经济学的进步也源于批判性反思

　　一般地，尽管现代主流经济学已经日趋僵化，以致经济学已经或正在陷入危机的声音周期性地出现，但它却似乎僵而不死。一个重要原因就在于，主流经济学的内部反思为之不断注入新的生命力。关于这一点，霍奇逊就举了两个明显的例子："例如，批评者常常抱怨主流经济学家过去经常忽视制度，把公司看作一只'黑箱'。主要作为对这种批评的回应，自20世纪70年代以来，出现了弥补这一缺陷的持续性尝试，成就了道格拉斯·诺斯、曼库尔·奥尔森、理查德·波斯纳、奥利弗·威廉姆森及其'新制度主义'的惊人发展。另一个例子是，主流经济学家过去在他们的大多数模型中假设'完全信息'。'信息经济学'——限于处于信息和知识的范围内的研究工作已经探讨了放松完全信息假定的重大含义。再如，主流宏观经济增长模型过去常常在报酬递减下来分析，现已不再如此了。此外，新古典理论的内生偏好函数，由于排除了文化对偏好形成的影响而受到强烈批评。诺贝尔奖获得者加里·贝克尔为弥补这一缺陷进行了勇敢的尝试，而且在表面上——如果不是从根本上的话——似乎弥补了这个缺陷。"[②]

　　尽管欧美经济学界确实保留着一丝批判风气，而且这种风气比当前中国经济学界要浓厚得多，但是，这种批判风气总体上也在快速消逝。霍奇逊指出，"能够包容杰文斯、马歇尔、凡勃伦、凯恩斯和熊彼特等那种广博而现实的观点的经济系已不复存在了。例如，到英国的剑桥大学和曼彻斯特大学以及美国

---

　　① 哈耶克：《通往奴役之路》，王明毅等译，中国社会科学出版社1997年版，第132页。

　　② 霍奇逊：《演化与制度：论演化经济学和经济学的演化》，任荣华等译，中国人民大学出版社2007年版，第11页。

的芝加哥大学和哈佛大学的经济系参观，可以发现他们最为关注的是数学的严谨，而不是其是否恰当和符合现实"；结果，"当经济学不再有任何批评者的时候……该学科将因不再有论战和争议而失去激励。经济系里拒绝多元化，会夺去主流经济学的主要智慧之源。在思想领域，就像在自然界中一样，多样化是演化的动力。当多元化和多样化消失时，创新和进步可能会减缓，直至完全停顿。经济学中目前这种知识上的不宽容，完全是在自我毁灭。用各种异端邪说攻击反正统的著作，说'那不是经济学'，暴露了主流经济学自身的弱点。多元化是创新和科学进步所必需的。一门科学拒绝多元化，可能享有短暂的、绝对的霸权，但最终会沉闷而亡。"[①]功利主义思维的主导下以及科研体制的激励下，会导致那种通过批判增进认知的传统逐渐蜕变成将主流经济分析范式毫无节制地拓展到其他领域的求新求异之风气，此时，经济学在其传统研究领域内并没有取得多大认知的进展，却大肆运用在了其他自己知之甚少的领域，还美其名曰取得了认知上的"革命"。显然，如果学术风气日益恶化，不仅导致整个经济学在其传统领域不能取得多大的实质进步，而且还可能严重误导其他领域的研究。

 ## 七 有效的学术批判依赖扎实的理论素养

一般地，反思和质疑流行理论和学说的根本目的是增进自身对事物的认知。同时，社会经济现象之间本身是相互联系在一起的，因此，要能够展开有效的质疑和反思，除了必须系统地梳理本领域学术发展的轨迹、掌握学术发展史的知识外，还需要积极借鉴其他相关领域的理论和思维。相应地，一个真正有反思能力的学者必须具有较深厚的学术素养和理论功底，只有基于这种素养和功底，才能更全面地思考理论和观察现象，并在综合前人所积累知识的基础上推动理论研究不断前行；同时，这种素养和功底的取得又往往有赖于广泛的交流和争辩、大量的阅读和梳理以及深入的研究和思索，从而需要培养一种"甘坐冷板凳"的学术精神。

事实上，笔者之所以提出要对现代主流经济学进行全面的方法论反思，很大程度上就在于笔者的知识背景：笔者不是经济学科班出身，在本科时学习化

[①] 霍奇逊：《演化与制度：论演化经济学和经济学的演化》，任荣华等译，中国人民大学出版社2007年版，第8、11-12页。

学等理工科知识，在企业工作期间对中国的古代文学、儒家文化以及中国历史产生了兴趣，在硕士研究生期间对中国近代史和经济思想史进行了较系统的学习，在博士研究生期间又接触了马克思经济学和激进政治经济学；后来，在进行经济学理论的学习和探索时，几乎涉及了所有可能接触到的经济学理论和流派，甚至涉猎了伦理学、社会学、政治学、法学、心理学、人类学以及其他交叉科学的知识。而且，一旦遇上喜好理论或学术之人，不管他是何种经济学领域的，或者是社会学、政治学、心理学乃至历史或宗教等学科的，只要对方有同样的"闲心"，总喜欢"高谈阔论"一番，以致往往被人嘲弄为"杂家"。可以说，笔者几乎所有的经济学知识都不是由他人"教"来的，而是在长期的阅读和独自的思考中逐渐悟出来的；因此，一旦发现书中的理论和知识与实践不相符合时，就毫无顾虑地进行反思和修正，而不受特定窠臼的束缚。

纵观经济学说史，几乎所有的经济学大家都是知识渊博的，甚至还不是出身于经济学科领域，亚当·斯密、西斯蒙第、马尔萨斯、穆勒、马克思、维塞尔、维克塞尔、凡勃伦、米塞斯、哈耶克、熊彼特乃至科斯等都是如此。例如，科斯学习了历史、拉丁文、数学、化学、法律以及商业知识，正是这些知识极大地促使他对现实问题进行思考。正如科斯在自述中所说："像我这样未受过正规训练而踏入经济学的世界，事后证明反而占了便宜。由于未经正规的思考训练，让我在处理经济问题的时候，有了更大的自由度。"关于这一点，张五常认为自己学习经济学的方式就很传统，他对亚当·斯密、李嘉图、穆勒、马歇尔、琼·罗宾逊、凯恩斯、费雪等的著作都读得很认真，接着对萨缪尔森、阿罗、斯蒂格勒、弗里德曼、阿尔奇安、赫什莱弗、布鲁纳（K.Brunner）、科斯等近期的著作也读得很认真。正是通过熟读传统经济学著作，才能发现有欣赏的也有不欣赏的经济学观念，从而才得以选择自己认为可取的伦理观点并发展下去，同时在此过程中逐渐修改那些自认为有不足之处的先贤之见，而将更多自认为一无是处的观点淘汰。所以，张五常认为，这样的求学求知方式是很有意思的，因为在夸夸其谈的背后明白自己乃沧海一粟，而且对自己的进度和认知是真正的心领神会。

然而，现代主流经济学对知识积累和理论内省的学术传统不够重视，盛行一种简单地通过前提假设、数据资料的改变来获得新的研究"发现"的求新求异之风气，这在经济学帝国主义者身上表现得尤其明显。在这种氛围下，有些经济学专业刊物所刊发的文章大多重视写作的格式规范，却明显忽视了正视世界的问题，进而也就体现不了认知的推进。玛斯特曼等强调，"目前的情况是，'务实'的科学家越来越多地在研究库恩的东西，而不是波普尔的东西。情况已经达到了这样一种程度，特别是在新兴学科里，现在通行的是'范式'而不是假说。"① 在这种学术环境中，经济学说史上大多数经济学大家及其所撰写的文章有可能在当今大学考试或者博士录取考试中都难以通过，更不要说在国际学报上发表并为同行们认可。

最后，那些努力遵循常规范式的经济学人所展示的也是一种"务实"，但是，这是基于私利考虑的"务实"，而非学术探索的"务实"。由此就需要审视：玛斯特曼所说的"务实的科学家"能否真正促进理论尤其是社会科学理论的发展？①玛斯特曼这里所列举的肯定"常规科学"研究的经济学人大多在从事自然科学的研究，如她承认库恩的《科学革命的结构》一书"虽然在科学上清楚，但在哲学上含混"，而这本书也是"在一些从事自然科学学科实际研究的人员中广为流传"；并且，玛斯特曼就是在从事物理学和计算机科学的研究，因而她"更多的是从（自然）科学观点而不是从哲学观点来探讨的"。 ②即使自然科学的理论和知识是在不断的"微型革命"基础上获得发展的，② 以致"现在几乎没有哲学家或科学家还认为科学知识是，或可能是，已经得到证明的知识"；③但对社会科学而言，由于传统主流理论并没有自然科学那样的科学性，因而反思是促进理论发展的更好方式，而一味地遵循范式只会禁锢社会科学中的思辨和洞见。

 八 如何展开对主流经济学的批判

现代经济学本身还不够成熟，现代理论与现实之间还存在脱节，因而我们根本没有固守"主流"并将之视为真理的资本。2001 年 6 月 14 日剑桥大学的27 位博士生发表的公开信强调："争论之所以重要，是因为在我们看来，（经济学）现状至少在以下四个方面是有害的。第一，仅仅教授主流经济学的'工具'而不知道它们的适用性，对学生来说是有害的。这些思想的起源和演化往

---

① 玛斯特曼：《范式的本质》，载拉卡托斯、马斯格雷夫：《批判与知识的增长》，周寄中译，华夏出版社 1987 年版，第 75 页。

② 图尔敏：《常规科学和革命科学的区别能成立吗》，载拉卡托斯、马斯格雷夫：《批判与知识的增长》，周寄中译，华夏出版社 1987 年版，第 360 页。

③ 拉卡托斯：《证伪与科学研究纲领方法论》，载拉卡托斯、马斯格雷夫：《批判与知识的增长》，周寄中译，华夏出版社 1987 年版，第 117 页。

往被忽略了，就如竞争理论的存在和现状一样。第二，从经济学能够教给我们有关世界的东西中的获利方面来说，其对社会是不利的。经济学是一门社会科学，它具有通过影响政策争论而产生不同的巨大潜能。（但）在目前的情形中，它在这个竞技场中的效率却由于受到主流方法不受批判地应用而受到了削弱。第三，从深化对经济生活中许多重要方面的理解而言，经济学的向前进步已经受到了阻碍。由于经济学的研究往往被限制在一种方法上，研究项目上的竞争就受到严重的阻碍和抑制。第四，在目前的情形下，一个不以规定方法进行研究的经济学家会发现要使他的研究获得认同是非常困难的。"① 正因如此，经济学的再生和复苏就应当以理性批判发轫，需要对经济学的研究思维、引导假定、分析工具以及具体观点进行全面的批判性反思，这就需要从学派、学科之外的视角进行审视。即现代经济学的理论研究贵在反思和批判，而不能像经济学帝国主义那样致力于拓展其"科学"的理性分析法。

问题是，我们究竟该如何对现代经济学进行批判性反思呢？一般地，对一个理论进行批判的基础就在于了解理论产生的条件和背景，了解理论提出的基本目的，了解理论所基于的哲学思维。同时，还必须清晰地认识到，任何科学理论实质上都只是一种本体论假定，都存在一定的局限。因此，为了防止社会为包括科学在内的意识形态的侵扰和误导，为了提防一些人借"科学"的名义来有意识地误导社会，学术批判还需要引入学术外的批判。费耶阿本德着重批判了作为科学化身的专家，提出要对所谓的专家权力进行限制。费耶阿本德写道："我对科学有很高的评价，但对专家却恰恰相反，尽管在今天专家承担（或发展）着95%甚至更多的科学。我相信科学在发展着，而且仍由那些浅薄的涉猎者发展着，而他们却应承担使其停顿的责任"，"我对专家的态度如下：只要我们对表决持一种严厉的态度，正如今日我们仍然对是否给所谓的未成年的18岁孩子以选票表示怀疑，显然我们就必须否定专家们的选举权，因为他们事实上是未成年人，我们必须等待，等待他们长大变得成熟和有责任心，即直到他们成为浅薄的涉猎者为止""因此，专家们毫无疑问地有了选举权，他们毫无疑问地可以像其他公民一样被聆听，但他们将得不到任何一种他们梦寐以求的权力。外行将处理他们的事务并做出不得不做的决定，如果我们想为社

---

① Opening Up Economics:A Proposal By Cambridge Students，http://www.btinternet.com/~pae_news/Camproposal.htm.

会提供科学的话。"①

　　也就是说，要推进现代经济学的发展，要推进现代经济学理论与现实的结合，还需要引入作为外行的社会大众的批判，因为它探究的毕竟是社会大众的日常行为，而社会大众对此有切身的感受。事实上，经济学与自然科学在研究对象上存在很大差异：经济现象变化更多种多样；同时，经济学研究的主要问题也随着社会环境的变迁而不断变换。正因如此，经济学更加缺乏相对稳定的常规范式，无法像自然科学家基于常规范式在"象牙塔"里专注于模型构建和逻辑推理；相反，它需要充分利用新的经验事实、新的社会环境对传统理论尤其是主流理论进行反思，从而实现理论与实践的"知行合一"。如果现代主流经济学研究范式极力模仿自然科学，刻意地打造出一种普遍的经济学理论和分析体系，从而形成了理论的一元化趋势，容易导致那些日益稀缺的反思者往往被视为落伍者而受到冷遇。因此当前中国经济学领域必须避免形成两种极为不好的研究倾向：①绝大多数人无论是在理论教学、文章撰写还是在课题研究上都偏离了"为己之学"这一目的，而沦为寻求他人认可并由此获利的敲门砖；②极少的一部分人尽管长期埋头于文献梳理，并在探索中逐渐形成一些认知，但在当今学术界却根本无法得到认同。

　　显然，当前经济学的这两种研究倾向都不是学术的良性发展之路，都导致了学术的扭曲，是学术的异化：第一种倾向走上了形式主义道路，使理论的创新和思想出现极大的抑制和禁锢，这种学风为真正的知识分子所不齿，是真正的"可气"；第二种倾向则体现了当前学术的悲哀之处，一些高水平的思想和理论由于得不到鼓舞和资助而湮没了，也打击了那些具有雄心和抱负的学者探知未来世界的积极性，是真正的"可惜"。更为严重的是，基于第一种倾向进行经济学研究的人，明明对自己的研究结论都不相信，却又试图通过各种"遮掩法"（包括复杂的数学符号运算、牵强的计量分析等，例如，想当然地基于计量分析得出变量之间的因果关系，而如果一种分析方法的处理无法得出变量之间的相关性或者可信度较低，于是就换另一种方法，或者基于现有的数据无法得出自己想要的结论，于是重新寻找数据）来使他人相信其研究的科学性，并想以此获得各种课题资助和奖励。显然，这完全符合"伪科学"的基本条件，学术界对此需要进行质疑，不能让其在经济学界形成"万马齐喑究可哀"的局面。

---

　　① 费耶阿本德：《无根基的知识：知识、科学与相对主义》，陈健等译，凤凰出版传媒集团、江苏人民出版社 2006 年版，第 106–107 页。

　　当然，一些学者对经济学的数理化偏爱也可能是出于对经济学"科学性"的信仰，认为新古典经济学的实证分析本身是客观的；经济学模型可以重复地表达同一思想。但殊不知，有时他们这种信仰可能是建立在非现实的基础之上。哈恩承认，"非常多的美国经济学家把经济学看作'科学'，常自称为'科学家'。这不仅是语义学问题。词语的背后是一种19世纪世界观，物理科学所取得的一切结论，在社会学中必能以相同的方法得到。例如，很难想象对于任何经济学假设，所有理性的经济学家都认为它或者能被世界完全证伪，或者能被完全证真。在理论知识和经验知识之间存在巨大且相当根本的差异。我们多数理论的基本假设常常并没有太多根据，在预测方面的成绩也不能让我们采用弗里德曼所倡导的那种骑士态度来对待这些假设。这样的例子很多很多。因此，我认为宣称经济学是科学不仅欠考虑、不太诚实，而且或许更糟糕——很虚伪。"[①]事实上，判断伪科学的一个主要标准在于：宣扬者是否有主观"欺骗"的动机，以及它是否勇于真诚地检验自己的理论。显然，由于在貌似复杂的数学符号以及检验成本较高的数据处理之后更容易"做假"，更容易浑水摸鱼，对因果关系的逻辑推导中存在的问题往往更容易暴露，因此，经济学中的"伪科学"部分更明显地集中在数量方面。事实上，尽管探索机理的文章在假设前提和逻辑推理上往往也存在问题，但这主要是个人认知和视角问题，而不是刻意的"欺骗"。当然，如果学术与社会利益集团和政治结合在一起，那么，一些空洞无物或毫无逻辑的文章也可以大行其道；不过，这些文章的学术价值，明白人看一眼就知道，只不过由于其他因素所限而不便或不能指明罢了。

 结语

　　在很大程度上，科学理论就是在批判和反思中得以不断发展和完善的，各种猜想都会因为其他的批判性比较而有所改进。因此，费耶阿本德特别推崇批判的作用。他写道："对一种普遍被接受的观点的态度将是一种批评的态度。这样一个观点远不能被认为是所有事物最终的真理，它将被视为一个开始，它

---

　　① 哈恩：《我的自省》，载曾伯格编：《经济学大师的人生哲学》，侯玲等译，商务印书馆2001年版，第231页。

的局限性必须被发现以使改进成为可能。"① 而且，"批判必须是变换着角度运用的。批判越是与被研究的观点不同，这种变换性的效果就越好。"② 相应地，波普尔强调，"所有大学水平（如果可能的话，还可低于这一水平）的教学都应当训练和鼓励学生进行批判性思维。（但是）'常规'科学家……所受的教育却是很糟糕的。他在一种教条式的气氛中受教益，他是教条教训下的牺牲品。他学会一种能用的技术但却根本不问其为什么。结果，他成了一个可以称之为应用科学家的人。"① 进一步地，如果说波普尔提倡的批判方法适用一切科学的发展的话，那么，它尤为适合社会科学的理论发展。相应地，现代经济学的理论研究也就贵在反思和批判，而不应该固守和盲从主流；贵在增进和深化自身的认知，而不是使用各种措辞来促使他人认同和接受。有鉴于此，本书致力于对现代主流经济学的经济人分析框架及其促成的经济学帝国主义展开批判性审视，由此来探寻现代经济学的合理发展路径。

其实，学术研究必须持有批判精神，这也是一个真正学者的应有品质。李普塞特指出，知识分子本身"是社会的批评者，必然超然于社会"。④ 正是出于对当前横流氛围的反思以及对知识分子责任的认识，笔者强调，学者的主要任务在于梳理前人的思想和著作，从而不断地增进自己对社会的认识；并由此思考现实社会，努力挖掘社会所存在的不和谐之处并探求改进的途径，或者将自己所获得的认识传授给后来者。费希特说："我的使命就是论证真理；我的生命和我的命运都微不足道；但我的生命的影响却无限伟大。我是真理的献身者；我为它服务；我必须为它承做一切，敢说敢做，忍受痛苦。要是我为真理而受到迫害，遭到仇视，要是我为真理而死于职守，我这样做又有什么特别的呢？我所做的不是我完全应当做的吗？"⑤ 关于这一点，我们也可以从别尔嘉耶夫的理念中汲取营养："任何硬塞给我的，以真理自居而未经我自由探索和研究的正统思想，我从来没有承认过，也不会承认。一切正统思想，不论是马

① 费耶阿本德：《无根基的知识：知识、科学与相对主义》，陈健等译，凤凰出版传媒集团、江苏人民出版社 2006 年版，第 56 页。

② 费耶阿本德：《无根基的知识：知识、科学与相对主义》，陈健等译，凤凰出版传媒集团、江苏人民出版社 2006 年版，第 71 页。

① 波普尔：《常规科学及其危险》，载拉卡托斯、马斯格雷夫：《批判与知识的增长》，周寄中译，华夏出版社 1987 年版，第 65 页。

④ 李普塞特：《政治人：政治的社会基础》，张绍宗译，上海人民出版社 1997 年版，第 296 页。

⑤ 费希特：《论学者的使命　人的使命》，梁志学、沈真译，商务印书馆 1984 年版，第 45 页。

克思主义的还是东正教的，只要它限制和取消我的自由，我就宣布反对它，过去如此，今后仍将如此。"[①] 然而，也正如张汝伦指出的，"人类的悲剧恰恰在于，他们不需要这样的学者，因为面对这样的人——学者，他们倍觉难堪。于是想尽一切方法将其谋杀，创造和发现成批量的学者，同时对崇高发出卑劣的嘲笑。"[②] 因此，真正的学者只能是孤独的，而愈是孤独，认知愈深，思维愈密，这也是"诗穷而后工，文章憎命达"的原因。

---

① 别尔嘉耶夫：《精神王国与恺撒王国》，安启念等译，浙江人民出版社 2000 年版，译者前言第 11 页。

② 张汝伦：《坚持理想》，上海人民出版社 1996 年版，第 11 页。

第1篇

经济学假设的非现实性及其问题

    基于先验的自然主义思维，西方社会将其理论建立在特定的引导假定之上，并基于不言自明的原理进行理论推导和构建；而且，这种先验主义思维使得西方社会将理论推理与经验事实割裂开来，并往往将引导假定的非现实性视为合理的乃至理所当然的。正是由于建立在非现实的假设之基础上，现代主流经济学容易丧失预测和改造社会实践的功能，且其被津津乐道的解释力也是内缩于特定范式下的解释共同体。显然，这种取向明显背离了经济学的学科特性。究其原因：①作为一门致用的社会科学，经济学科存在的合理性就在于解决社会问题的能力；②即使在解释层次上，经济学的理论发展也需要能够以更全面的观点来分析和解读问题，而不是在特定引导假定下作"我向思考"式的解释。要做到这一点，根本上在于重新审视现代主流经济学的核心假设，核心假设需要与社会现实之间保持历史的和逻辑的一致。

    一般地，核心假设的完善遵循着这样的路径：①充分借鉴奥卡姆剃刀原则，将原来过多的假设条件逐渐删去，从而使由此得出的理论能够经受得起波普尔证伪主义的检验；②也需要注意假设抽象化的限度，防止理论与现实之间出现明显的脱节，抽象的无节制发展实际上也会导致丧失经受波普尔证伪主义检验的能力。事实上，现有的社会科学理论往往把人类行为分为两个层面：血缘利己主义和市场利他主义。显然，这就不符合奥卡姆剃刀原则的要求，也与统一的人类行为不相符合。特别是，现代主流经济学的核心假设——经济人本身具有强烈的规范性，它只体现出人性中的动物性本能一面，却又将动物性本能合理化。相应地，这种抽象就脱离了实际：仅仅是解释了特定时空背景下的人类行为，却又将特定群体的这种行为当成了人类的一般行为。为此，本篇通过辨识核心假设与外围假设的性质差异来审视现代经济学的核心假设缺陷。

现代主流经济学的假设问题：

"假设的现实无关性"假说之批判

导 读

现代主流经济学将其理论建立在一系列的抽象假设之上，而且，这种抽象假设往往偏离现实甚远，如把社会中具有丰富秉性的异质性社会人抽象为同质的原子个体。尽管现代主流经济学的抽象假设有时不符合现实，但弗里德曼等却以物理学等自然科学中非现实的外围假设来为之辩护，如借助最大化假设与真空假设的类比来为利润最大化辩护，由此还提出"假设的现实不相关性"假说。然而，尽管现代主流经济学刻意模仿物理学等自然科学，却混淆了不同层次假设的特性差异：在物理学中，万有引力这类核心假设会尽可能地接近事物的本质，而非现实的真空假设仅仅是外围假设；在经济学中，作为核心假设的理性经济人却是非现实的，而作为其外围假设的完全信息等条件也无法通过实验条件而获得控制。正因如此，物理学等自然科学理论可以日益深入自然现象的本质，而经济学的理论却与现实日益相脱节。其实，尽管理论必须建立在抽象的基础之上，但不同学科进行抽象的限度必须与其研究对象相适应，社会科学的理论抽象必须基于历史和逻辑的统一。

 引言

一般来说，一个学科距离我们的现实生活越近，其理论推理就越是需要借助于众多具体知识，由此获得的也就是"事实的真理"；相反，一个学科距离我们的现实生活越远，其理论推理就越是依赖少数几个先验公理，由此获得的也就是"逻辑的真理"。究其原因，"逻辑的真理"主要源于对非经验对象的理性推理，由此获得的认知也不是为了指导日常生活和社会实践；相反，"事实的真理"不是独立于社会经验之外的，由此获得的认知则与社会大众的人伦日用密切相关，从而注重"知行合一"。在很大程度上，这两类真理的特性差异也规定了自然科学和社会科学的不同求知方式和知识特性：前者更具有一般性，后者则具体性明显。甚至在自然科学中，随着与人们生活实践的密切程度不同，所需要的具体知识以及推理的抽象程度也存在很大差异。譬如，数学、物理学和化学与人们日常生活的联系逐渐紧密，逻辑推理的抽象性和迂回度也就逐渐降低，相应结论所用到的专门知识则日益增多。尤其是，相对于数学以及物理学，化学与人们日常生活的联系最为紧密；相应地，获取化学结论所需要的专门知识也就最多，而推理逻辑的迂回性则相对较低。正是从这个意义上说，作为一门致用之学，经济学所得出的理论和论断也应该需要运用广博的具体知识，进而也就需要尽可能吸收社会科学其他分支所积累的知识和理论。

遗憾的是，科学主义的崇拜有时会使现代主流经济学极力向物理学靠拢，热衷于模仿和采用自然科学的研究思维，将整个经济理论体系建立在几个"不言自明"的"公理"或假设前提之上，进而通过迂回和烦琐的逻辑推理来获得对一些社会经济问题的认知和观点。正是通过引入自然科学的思维而构建了一整套理论体系和统一研究方法，因而经济学也就得到了"社会科学的明珠"之类的赞誉和尊崇。凭借最"科学"的社会科学这一地位，现代经济学人有时还将抽象的经济人分析框架拓展到社会科学其他学科，由此形成声势浩大的经济学帝国主义运动。现在经济学的分析如何才能有助于社会现实的揭示呢？怀特海曾强调，一门科学对其自身的假设必须时刻保持警觉和批判。显然，现代经济学的核心假设就是嵌入工具理性的经济人行为，现代经济学的整个理论体系都建立在这一假设之上。鉴于此，本章尝试通过对不同学科的假设差异以及不同假设的特性甄别来对现代主流经济学的假设尤其是经济人这一核心假设进行辨识，进而也就揭示出了经济学帝国主义的根本性问题。

 ## 二 现代经济学的假设引发的思考

从经济学的起源看，经济学包含了工程学和伦理学这两方面的内容。但是，自新古典主义以降，西方主流经济学却越来越忽视了对伦理学内容的关注，有时把人性比喻为动物性本能，进而从生物的自我保全角度来分析人类的社会行为；这就使得经济学的研究内容日益狭隘，相应地，经济学的研究方法也日益抽象化和数学化。正因如此，现代主流经济学的理论就以一系列假设为基础：如利润最大化、完美信息、传递性偏好、收益递减、理性预期、完全竞争市场、给定偏好、非生产性当事人等概念都被经济学家作了假设。在现代主流经济学看来，经济学的理论发展本身就是抽象的一般化过程，为此，绝大多数主流经济学家都为这种抽象化的研究方法进行辩护。例如，施蒂格勒就强调，"一种一般理论必须忽略掉成千上万的细节末枝，否则就不可能是一般理论。而且，只有一般理论才是有用的。事实上，一般理论是唯一有用的理论，即使它只被运用过一次。"①

这些抽象的前提假设在得到主流经济学家推崇的同时，也遭到另外一些经济学家的质疑。其中，引起争论的一个核心问题是，这些假设是现实主义的还是非现实主义的。例如，迈凯认为，经济学上最重要的方法论问题现在是、以后仍将是被称为理论及其假设的现实主义问题。②那么，究竟该如何理解现代经济学的假设呢？美国新实用主义哲学的代表人物罗蒂（Richard Rorty）曾指出，真理的唯一标准只能是我们解释的首尾一致性，包括它们与我们在世界上存在的价值观和目的的一致性。例如，牛顿物理学之所以被认为优于亚里士多德的物理学，不是因为它与现实之间有更紧密的一致性，而是因为它能使我们更好地应付生活。③那么，现代主流经济学的核心假设——经济人及其理性内涵果真能够使我们对经济和非经济现象的解释产生内在一致性吗？这种理性及其衍生的行为方式能够使我们更好地应付生活吗？

事实上，如果说新古典经济学早期主要研究人如何控制和处理自然物的话，那么，随着经济学研究对象的转变以及由此而来的向政治经济学的回归，这种自然主义思维就变得越来越力不从心了。究其原因，涉及人与人之间关系的理性必然具有社会性，从而需要考察社会理性的内涵。正是没有考虑理性内涵的变化，主流博弈论就简单地把新古典经济学在处理人与物之间关系时所形成的工具理性糅合在一起而用来探究人与人之间的互动行为，并由此得出囚徒困境这一普遍的均衡命题；同时，现代激励学派则利用这种单向的工具理性来构建最优的委托—代理治理机制，反而滋生大量的激励不相容现象。更进一步

---

① 斯蒂格勒（施蒂格勒）：《价格理论》，施仁译，北京经济学院出版社1990年版，第6页。

② 梅基（迈凯）：《假设问题的重新定向》，载巴克豪斯：《经济学方法论的新趋势》，张大宝等译，经济科学出版社2000年版，第311页。

③ 胡佛：《实用主义、实效主义与经济学的方法》，载巴克豪斯：《经济学方法论的新趋势》，张大宝等译，经济科学出版社2000年版，第381页。

的问题是，现实中出现的困境比理论上所推导出的要少得多，人类社会的合作半径在持续扩大这一基本事实就是明证。显然，这反映出，现代经济学的理论与现实之间存在很大的脱节。事实上，这种着眼于个人利益考虑的工具理性通常只是适合于零和博弈的情形，而一旦拓展到变和博弈的情形中，由于存在更大的合作租金，因而着眼于长期利益的交往理性往往就更为实用。显然，交往理性根本上体现了整体利益和长期利益问题，而这涉及人与人之间的行为协调问题。

尽管印有深刻工具理性烙印的经济人如此不符合现实，但是，现代主流经济学却以经济人假设为基石来构造整个理论体系，并提出"假设的现实不相关性"假说为之辩护。究其原因，在现代主流经济学看来，抽象化便于大量使用数学工具，从而使得经济学更为科学和精确。正是基于这一学说，现代经济学可以对各种批判视而不见、听而不闻。林金忠罗列了以下几点：①主流经济学可以轻而易举地化解经济学说史上对"理性经济人"的一切攻击，因为辩护方只需宣布"理性经济人"仅仅是一个理论假设，而理论假设本来就应该是"非现实的"，一切针对"非现实性"所做的种种批判也就瞬间成为无的放矢的无效批判；②主流经济学可以高枕无忧地继续以"理性经济人"这一基本行为假设作为其理论体系之基础和逻辑出发点，而不必担忧其理论大厦会由于这一行为假设所具有的明显的"非现实性"而存在倾覆之虞；③主流经济学不仅不再需要顾虑其理论假设之现实与否问题，更可以基于弗里德曼的"假设的现实不相关性"假说而任意地或随意地给理论设置假设条件，因为无论如何假设都不至于危及理论的正确性。①

由此，我们就要思考弗里德曼的"假设的现实无关性"假说合理性究竟如何？根本上，是要审视这一假说对经济学发展所产生的影响。事实上，正是受"假设的现实不相关性"假说的影响，现代主流经济学在逻辑实证主义的支配下热衷于数理建模和实证分析，试图通过引入数学工具而构建一种精确的硬科学。但是，经济现象之间的关系本身是复杂多变的，因此，经济学中的真实性和精确性往往是不可兼得的。这就带来了问题：现代主流经济学所追求的那种"精确性"理论是否提升了经济学的科学性？显然，如果只有那些真正解释和揭示社会经济现象的理论才可以被视为科学的，那么，假设的现实性与否对经济学理论发展就不是不重要的。既然如此，我们又如何在使得假设反映现实的同时又有助于抽象理论的建立呢？这就需要是遵循历史的、逻辑的一致性要

---

① 林金忠：《实证经济学似是而非的方法论》，《学术研究》2008 年第 2 期。

求：一方面，我们不能不顾事实而随意地作出假设，然而据此进行演绎推理而得出结论；另一方面，也不能接受天真的经验主义观点，试图简单地从经验事实中发现理论，这犯了巴斯卡提出的认识谬误（Epistemic Fallacy）。

 ## 三 主流经济学中假设的现实不相关性

一般来说，抽象化是经济学研究的一个基本路径，也是理论研究的根本特性。例如，梅因指出，"所有的科学都建立在抽象的基础上，在抽象的过程中，要权衡各种因素的重要性，有的因素被舍弃了，有的被保留了。"[1] 正因如此，抽象化分析一直为那些崇尚纯经济理论的学者所强调。例如，内维尔·凯恩斯就认为，"在政治经济学的抽象的或纯粹的理论中，我们关注某种广泛的一般性原则，而不去考虑特殊的经济条件"。[2] 而且，在他看来，"关于人们的动机或其物质和社会环境的假设命题不必普遍或无限地正确。任何使与所谓的'完全经验现实'精确一致的企图将以牺牲普遍性为代价，并使我们重新卷入到那些实际经济生活的复杂性中。"[3] 同样，弗里德曼也写道："理论及其'假设'不可能是完全'现实主义的'。关于小麦市场的一个完全'现实主义的'理论，不仅需要包括直接决定的供给与需求的那些情况，而且还需要包括用于交易的现金或信用工具的种类；还要包括每个交易者头发和眼睛的颜色，他的性格、经历、受教育程度等个人特征；种植小麦的土壤种类，土壤的物理及化学属性，在生长期内的主要天气情况；种植小麦的农民及最终使用小麦的消费者的个人特征；如此等等，无穷无尽。为达到这样一种'真实'而做的大而无当的努力，必然会使理论变得毫无用处。"[4]

正是基于抽象化分析路径，在一系列先验假设的基础之上构建理论就成

---

[1]　J. 内维尔·凯恩斯：《政治经济学的范围与方法》，党国英、刘惠译，华夏出版社2001年版，第100页。

[2]　J. 内维尔·凯恩斯：《政治经济学的范围与方法》，党国英、刘惠译，华夏出版社2001年版，第89页。

[3]　J. 内维尔·凯恩斯：《政治经济学的范围与方法》，党国英、刘惠译，华夏出版社2001年版，第150页。

[4]　弗里德曼：《实证经济学方法论》，载豪斯曼：《经济学的哲学》，丁建峰译，世纪出版集团、上海人民出版社2007年版，第168页。

为经济学的主流：斯密的"无形的手"、李嘉图的等价原理、马克思的商品规律、俄林的一价定理、马歇尔的交叉弹性、菲利普斯曲线以及科斯中性定理，等等，都是如此。显然，抽象必然会把一些限制性条件舍去，因而基于抽象所构建的一般理论往往就会与具体现实相脱离。例如，哈特指出，"关于事物的非现实主义的假设通常并不是关键性的焦点……任何理论都必然要从现实的许多方面给予抽象"；而弗里德曼更强调，应该"从复杂现实中抽象出本质特征"。① 为此，现代主流经济学家也极力宣扬和鼓吹抽象化假设本身不必是真实的。例如，作为一般均衡理论奠基人之一的阿罗就曾经说过：一般均衡理论中有五个假定，每一个假定可能都有五种不同的原因与现实不符，但这是提供最有用的经济学理论之一。②

同时，随着逻辑实证主义的勃兴，主流经济学家逐渐形成了这样一种观点：理论的有效性应由其对所解释现象的预测能力来判断而不需在乎假设的真实性，假设的真实性甚至往往是与其预测能力无关的。其中的理论集大成者就是弗里德曼，他强调，"那些真正重要且意义重大的假说所具有的'假设'，是对现实的一种粗略的、不精确的、描述性的表述。而且，一般说来，某一理论越是杰出，它的'假设'（在以上意义上）就越是脱离现实。"③ 正是由弗里德曼发动的 20 世纪 50 年代的方法论论战最终对经济学的发展产生了长远影响，以致现代主流经济学逐渐失去了对假设的合理性进行探讨的兴趣；进一步地，在各种免疫策略的支配下，理论假设甚至发展为可以名正言顺地逃避经验性证据的检验，那种试图利用经验性不规则现象进行反思的人往往被主流经济学批评为"天真的证伪主义者"。

正是基于这种"假设的现实不相关性"假说，现代主流经济学可以堂而皇之地把社会中具有丰富秉性的异质人抽象为一个平均化的原子；并且，这种原子个体还是一个畸形的结合：具有超人般的电子计算理性和拥有动物保全本能的行为动机。因此，一个具有完全理性的利益最大化主义者就成为现代主流经济学研究的逻辑对象，经济人也就构成了现代经济学的核心假设。特别是，在经济学的研究内容已经大大拓展并且越来越关注于具体社会关系中人类行为的

---

① 梅基：《假设问题的重新定向》，载巴克豪斯：《经济学方法论的新趋势》，张大宝等译，经济科学出版社 2000 年版，第 324 页。

② 钱颖一：《理解现代经济学》，《经济社会体制比较》2002 年第 2 期。

③ 弗里德曼：《实证经济学方法论》，载豪斯曼：《经济学的哲学》，丁建峰译，世纪出版集团、上海人民出版社 2007 年版，第 156 页。

今天，抽象化分析非但没有丝毫停顿，反而更加勇往直前，抽象化思维在现代经济学中也越发膨胀。例如，阿莱指出，"利用数学和逻辑工具，包括奥卡姆剃刀原理，斯密以后的经济学家通过研究高度简化条件下理想变量的行为逐步形成了一套正式的、严密的经济理论体系……问题不在于新古典理论过于抽象。事实上，它的复兴就包含了一个更高层次的抽象"。①

更甚者，现代主流经济学还义无反顾乃至肆无忌惮地拓展这种理性分析的使用范围：从传统的经济领域一直拓展到社会、政治、宗教、法律等各个层面，由此产生出强大的经济学帝国主义思潮。相应地，现代主流经济学也越来越不关心这种分析结果能否得到经验事实的检验，反而将不符合这种理论的经验事实视为不合理的，从而需要加以改造。例如，针对将理性选择理论拓展到立法行为之中的潮流时，斯特罗姆（Strom）写道："想想看，一位物理学家被要求预测一下从树上掉下来的树叶将落在什么地方。根据自由落体理论，该物理学家知道这片树叶将会朝下落（主要倾向），而且可能落在离树木不远的地方。然而，由于风向和阵风强度是不确定的，物理学家不能准确地预测树叶的落点。同样，在立法决策的空间理性行动者理论的发展中，理论家已经选择忽视阵风的作用而把理论初步集中在立法行为的主要倾向，这一倾向是由立法议员的偏好和他们为其偏好的实现最大化而采取的无差错策略所决定的。"②

在中国经济学界，这种"假设的现实不相关性"主张也得到了众多主流经济学人的大力拥护。例如，钱颖一在《理解现代经济学》一文中说：一般均衡理论提供了有用的参照系，就像无摩擦状态中的力学定理一样，尽管无摩擦假定显然是不现实的；一般均衡理论中的阿罗—德布鲁定理就如产权理论中的科斯定理、公司金融理论中的默迪格利安尼—米勒定理一样提供了参照系，而这些参照系本身的重要性并不在于它们是否准确无误地描述了现实，因为它们建立了一些让人们更好地理解现实的标尺，从而被经济学家用作他们分析的基准点。③ 田国强也强调，经济学和自然科学一样都需要先确立基准理论，才能对现实进行分析和评价。他写道："比如，有摩擦的世界是相对无摩擦世界而言的，信息不对称是相对信息对称而言的，垄断是相对竞争而言的，技术进步、

---

① 阿莱：《产权理论的发展》，菲吕博顿、瑞切特：《新制度经济学》，孙经纬译，上海财经大学出版社1998年版，第53页。

② 格林、沙皮罗：《理性选择理论的病变：政治学运用批判》，徐湘林等译，广西师范大学出版社2004年版，第246页。

③ 钱颖一：《理解现代经济学》，《经济社会体制比较》2002年第2期。

制度变迁是相对技术、制度固化而言的，因而我们必须首先发展出相对理想情形下的基准理论。就像物理学的一些基本定律、原理是在无摩擦的理想状态下成立的，现实中有吗？没有，但是这些定律、原理的重要作用谁能否认？它们为解决现实的物理学问题提供了不可或缺的基准定律。同理，为了更好地研究更为现实、有摩擦的经济行为和经济现象，我们也先要研究清楚无摩擦的理想情况，以此作为基准点和参照系。"①

甚至已经转向反思现代主流经济学的林毅夫也写道："由于理论是信息节约的工具，理论模型要尽可能地简单，不仅要求限制条件要尽可能地少，而且不能苛求限制条件完全吻合于现实。关于经济学方法论的最为经典的论文是弗里德曼撰写的《实证经济学方法论》，在该文中弗里德曼提出了著名的'假设条件不相关'命题，其含义是，理论的作用在于解释现象和预测现象。对于理论的取舍以理论的推论是否和现象一致，即理论是否能解释和预测现象为依据，而不能以理论的假设是否正确为依据。例如，在国际贸易理论中著名的'要素价格趋同理论'，按此理论，如果两国之间的货物贸易是完全自由的，不存在贸易摩擦和交易成本，则通过货物贸易，两国的劳动力和资本等要素价格将会趋同。显然，不存在完全自由、没有摩擦和交易成本的贸易，但不能以此来否定这个理论，是否接受这个理论，依据开放贸易以后两国的工资和利率水平的差距是否缩小而定。理论和地图一样，是信息节约的工具，只要能说明主要变量之间的因果关系即可。因此，要舍象掉一些无关紧要的条件，仅保留最重要的条件。否则，理论丝毫没有节约信息，也就不称其为理论了。"②

现代主流经济学人为何如此为"假设的非现实性"辩护呢？他们的重要依据就是来自物理学等自然科学。例如，在理想状态气体方程中：$PV=RT$，就充满了各种不现实的假设：气体分子的体积为零，气体分子间的相互作用力为零，气体分子完全弹性。同样，自由落体定律中，$s=\frac{1}{2}gt^2$ 也存在一系列不现实的假设：气压为零，物体在真空中下落，所有其他（如月球）的引力为零，所有的磁力为零，地球的半径是无限的。相应地，门格尔就认为，既然自然科学利用理想化模型而获得精确研究的语境是成功的，那么，经济学界反对那种经济人假设以及任何的理想化模型也就是无效的。门格尔在《社会科学方法论的探究》写道："如果现在我们回到所谓人的利己主义的'教条'，从德国经济学历史学派的观点出发，这个教条应当与'完全的经验实在'形成如此令人不

---

① 田国强：《高级微观经济学》，中国人民大学出版社 2016 年版，第 6 页。
② 林毅夫：《经济学研究方法与中国经济学科发展》，《经济研究》2001 年第 4 期。

安的对比，几乎不需要我们进行进一步的讨论，来承认这个观点误解了其学术活动中指引了伦理科学的伟大的创建者们的被证明正确的方法论世界观。只不过是纯力学否认充满空气的空间的存在，否认摩擦力的存在等；只不过是纯数学否认源于数学的物体、面和线的存在；只不过是纯化学否认在形成真实现象过程中物理因素的影响；只不过是纯物理学否认化学因素的影响。虽然这些科学中的每一种只考虑真实世界的一个方面而对别的方面进行抽象。"[1]

同时，以弗里德曼为代表的现代主流经济学家似乎更趋极端，不仅为经济学中假设的不真实性辩护，甚至还将理论的有效性和假设的真实性对立起来。弗里德曼的解释是：事实证据决不会证明一个假说，只能否证或无法否证它，而且，任何一项理论假说在描述上都必然是虚假的、在内容上是猜测的；显然，假说具有的虚假性特征使得直接证伪假说失去了意义，对理论假说有效性的唯一中肯、恰当的检验是将它的预测与证据相比较。弗里德曼写道："如果一个假说能够通过极其有限的证据来'解释'多数事实，亦即，如果一个假说能够从它旨在解释的那一现象的大量而复杂的条件中，抽象出共同而又关键的因素，并能保证在这些因素的基础上作出合理的推测，那么，这一假说就是重要的。故而，要成为重要假说，就必须舍弃掉假设的在某些描述方面的正确性，它根本不必考虑并说明这些情况，它最大的成功之处在于能够证明，许许多多伴随主要现象的其他事件都和待解释的现象无关。"[2]

问题是，固然前提为真可以导向结论为真，但前提为假也可能导向结论为真。例如，假设前提：宋朝被明朝推翻，而元朝在明朝之后；那么，就可以得出结论，宋朝在元朝之前。显然，这个结论是对的，但前提却是错的。事实上，逻辑推理有两大基本方式：①归真推理法，它通过根据形式论据的假设的真实性进行论证以支持其结论的真实性；②归谬推理法，它通过根据一项结论的虚假性进行论证以驳斥其假设的真实性。在这里，我们从归谬推理法中可以得出这样的寓意：如果成功地批驳一项论据，就可推断出，要么有一项假设不真实，要么论据本身不符合逻辑，或者二者兼而有之；进而，如果论据符合逻辑，那么，在任何一项结论被证明是虚假的情况下，假设就不可能是全部真实的。也即，只要推理逻辑是正确的，我们可以从正确的假设前提获得正确的推理结论，或者从错误的推理结论来否定假设前提的合理性，但是，我们不能从

---

[1]　劳森：《经济学与实在》，龚威译，高等教育出版社 2014 年版，第 111 页。

[2]　弗里德曼：《实证经济学方法论》，载豪斯曼：《经济学的哲学》，丁建峰译，世纪出版集团/上海人民出版社 2007 年版，第 156 页。

推理结论的正确性反过来证明假设前提的正确性。相反，当发现一项论据或社会现实与基于假设前提所推出的推断不一致时，如果不是去审视假设的合理性，而是保留所有假设并引入其他更为复杂的分析和解释，这就进一步犯下了假设和推理相互反馈的交叉混同谬误。显然，这正是"假设的现实不相关性"假说的问题所在，也是内在于流行的计量实证中的严重缺陷。

因此，弗里德曼有关"假设的现实不相关性"假说一经提出，就受到很多经济学家尤其是经济学方法论专家的批判。其中，一些学者从逻辑推理上进行批判，比较著名的人物有库普曼斯、罗特维因、阿莱、萨缪尔森以及西蒙等。例如，库普曼斯说："从推理逻辑的角度讲，解释是可分离的。只有假设的逻辑内容才是重要的"，因而主要关心经济学理论的基本假设或前提的真实性；同时，正是由于理论是可以脱离应用而加以分析的，因而检验结论应该居于有限地位。[1] 罗特维因强调，经济学理论前提的确定无疑性，认为结论的正确性只能建立在前提可证明的真实性的基础上。[2] 萨缪尔森则将弗里德曼的观点称为"F- 扭曲"（F–Twist），这种"F- 扭曲"有两个基本类型：①基本的说法，断言一项理论的种种假定缺乏现实主义与其有效有关；②极端的说法，把实证优点归因于种种不现实的假定，其理由是，一项重要的理论总是用某种比复杂的现实本身要简单的模型来进行解释。[3]

一般认为，只要推理逻辑本身是连贯一致的，那么，假设的真实性与结论的真实性之间就是一致的。这意味着，并不能像弗里德曼所宣称的那样，由证据的合理性来论证假设的合理性，因为其中掺杂了推理逻辑。更不要说，经济模型的预测还会遇到这样几个问题：①由于社会经济现象的影响因素非常复杂，这要远大于模型中考虑的因素，因而任何预测和检验都无法获得确定；②尽管经济学已经设计出无数的模型来对社会经济现象做出事后的解释，但这些模型并不能正确地预测未来，只要敏感性条件在未来发生一些变化；③预测根本上是与未来相关，而且几乎还没有经济模型能够预测到黑天鹅现象，当然也就是无用的。正因如此，一些经济学家就强调，在判断一个模型是否有用

① Koopmans T. 1957, *Three Essays on the State of Economic Science*, New York: Mc Graw–Hill Book Co., p.233.

② Rotwein E. 1959, On the Methodology of Positive Economics, *Quarterly Journal of Economics*, (73): 554–575.

③ Samuelson P., 1963, Problems of Methodology: Discussion, *American Economic Review*, 53(2): 231–236.

时，始终要坚持必须先对其关键假设进行"现实过滤"。[①]

最后，很多批判意见也指出，弗里德曼关于假设的概念过于笼统，而没有区别不同类型的假设条件，甚至没有区分初始条件、辅助条件和限界条件这三种基本的假设。具体说明如下：①尽管任何学科的理论确实都包含非现实的假设，但是，这种非现实性对不同层次的假设的要求是不同的，它们不可能像弗里德曼那样断言一律是虚假的；②精确的预测不是对一项理论是否有效的唯一恰当的检验手段，如果它们是唯一恰当的检验手段，那么将不可能区别真正的和虚假的相互关系。就现代主流经济学而言，①尽管它刻意模仿物理学等自然科学，但是，它们在不同层次上的假设特点却存在根本性的差异；②尽管它极力通过抽象的数学化而实现其"科学"地位，但迄今所呈现出来的结果却与自然科学的科学性根本不可同日而语。

四　经济学与自然科学的假设比较

经济学方法论专家迈凯曾将一个理论的假设简单地分为两个层次：核心假设（Core Assumptions）与外围假设（Peripheral Assumptions）。显然，这两个层次的假设具有不同的要求。一方面，由于核心假设是对所研究现象的本质的抽象，对理论有着关键性的作用；因此，它的基本要求是：尽可能揭示事物的内在本质和真实的作用机理。另一方面，外围假设如可忽略性假设和初始步骤假设等设立的主要目的是消除实际的干扰和混乱而有助于事物本质的发现；因此，它的基本特性是：可以相对离开现实。外围假设之所以不受现实性的限制还在于，非现实的外围假设往往有助于从现象的次要原因中分离出主要原因、从次相关因素中分离出根本性关系，从而可以用来抵消对所研究现象不关键、非本质因素的影响而有助于发现事物的本质；相反，如果所有的因素或条件都要求保持真实的话，就不能得出理论而只能是一个个具体的案例研究。

正是基于这两个不同层次的假设，自然科学就可以保证理论既具有抽象性也具有科学性，实现抽象性和科学性的统一。同时，这两方面的统一又是建立在实证论和还原论的基础之上：一方面，尽管外围假设具有不现实性，但是这些不现实的条件可以通过实验获得控制，从而可以将理论所依赖的条件复原到与抽象假设相一致；另一方面，正是基于将外围假设条件的复原，就可以

---

① 罗德里克：《经济学规则》，刘波译，中信出版集团2017年版，第26页。

通过实验来对理论进行检验，从而确保了其真实性和科学性。相应地，我们可以得出两点基本认识：①尽管理论往往是非现实的，抽象化也是理论研究所必要的，但是，假设并非是任意的，尤其是核心假设需要尽可能地接近事物的本质；②即使是其他的外围假设，也不是可以随意忽略的，而是存在一个"可忽略性假定"，它要求这些外部因素的影响非常微弱，以至于可以把它们当成零来对待，特别是不能与核心假设相冲突。

显然，在物理学等自然科学中理论的假设往往满足于上述两个要求：①物理学中的核心假设会尽可能地体现事物的本质，如自由落体运动规律（$s=\frac{1}{2}gt^2$）中就体现了物体受地球引力场吸引这一核心假设，而像真空以及不存在其他吸引力等外围假设对理论的构建而言则相对不是很重要；②像空气浮力以及风速或风向等干扰因素都可以通过人类手段得到控制，从而可以通过控制实验对这一理论进行实证。从某种意义上讲，万有引力假设体现了人们对物体之间作用力的本质认知，它也是维持自然事物之间均衡的基本力量。也即，自然科学强调要与现实相符的这一核心假设也就是事物的本质。一般地，对这种本质的认识体现了人类智力的不断深化，自然科学对自然规律的探索实际上就是在揭示事物的本质以及事物之间发生作用的内在机理，尽管这种作用在不同外围条件下可能会产生出完全不同的结果。例如，对作用力的认识，最早可能仅仅停留下宏观的外力方面，后来才慢慢认识到分子之间的作用力及其形成的磁场；而在同一磁场的作用下，空气浮力或其他外力都可能改变事物之间的作用强度和方向。

然而，现代主流经济学的研究思维已经撇开了对本质的探究，而把核心假设也视为一种仅仅方便推理而可任意规定的假设。例如，在经济学最大化行为理论中，不但作为其核心假设的经济人本身根本上就是非现实的，自利行为也无法通达社会的自然和谐；而且，作为其外围假设的完全信息等条件也往往无法通过人为控制而得到，因而经济学理论的"科学性"也就根本满足不了可还原和可实证这两大要求。一方面，完全理性是经济人这一假设的内核，但是，理性的内涵（或者说理性追求的目的物）迄今还没有获得共识，又怎能说这个核心假设是现实的呢？当然，现代主流经济学往往基于人的本能而把理性局限在对物质利益的追求上，而把行为中出现的偏差则视为其他条件约束的结果；但显然，这并不符合社会性存在明显差异的社会人之现实。另一方面，完全信息是最大化行为的外围假设，正是因为信息的不完全性导致了人的有限理性，以及由此而来的行为偏差或失误；但显然，完全性信息根本不可能得到，从而就无法对最大化这一理论进行检验。事实上，当看到反常现象时，我们也根本无法判断这是由于信息不完全所带来的失误还是非理性个体的正常行为。

而且，自然科学之所以强调理想化抽象，还有以下两方面的原因：①各个不同形态的具体物体因由相似或同一物质所构成而呈现很大的相似特性，从而服从同样的具体定律；②物体所处的环境以及相互之间的作用具有很大的稳定性，从而可以将特定物体隔离出来做局部性分析。但显然，经济学所面对的情形却完全不一样：①每个具体的行为者的特征往往存在很大的差异，每个人的行为特征也是不同的；②每个人所处的环境总是不确定的，而且无法将其他起作用的因素真正地排除掉。正因为社会现象之间的关系错综复杂，甚至根本不存在某种主要因素，因此，经济学无法像自然科学那样存在理想的实验条件而将影响人的心理等因素舍象掉。

特别是，经济学根本上是要解决具体的社会问题，而任何因素的稍微差错可能导致完全不同的实践结果，因而过分抽象化会导致经济学的理论与实践之间存在越来越大的脱节。例如，钱颖一承认，在经济人行为假设的基础之上，经济学家常常会得到出人意表却实际上合乎情理逻辑的结论。正因如此，我们会听到人们惊叹："我怎么没有想到呢？"更为甚者，由于这些起初是研究纯粹的经济行为的经济学视角不断地被延伸到政治学、社会学等学科，研究选举、政体、家庭、婚姻、生育等问题，这些领域也往往得出了与我们日常感受完全相反甚至有悖人伦道德的观点。问题是，既然这些结论是出人意表的，当然也就不可能是对人们实际生活的刻画。既然如此，分析起来为何又似乎有道理呢？其实，这个道理也主要只是基于物理或数学的逻辑，但这却必然无法解释社会现象的真正成因。

正是作为一门致用之学而非逻辑游戏，经济学的研究必须有助于解释乃至改造现实的目的。正是基于这一点，西蒙认为，弗里德曼并"没有像物理学家那样提出非现实假设的权利"，因为伽利略"确实对完全真空下的行为感兴趣，这不是因为世界上不存在任何完全的真空，而是因为真实世界里的某些状况与完全真空足够近似，从而使他的假设富有意义"。[①]譬如，现代主流经济学往往将人在社会中相互作用被抽象为基于拍卖试错而瞬时达成的一般均衡原理"，而个人选择则被约化为以谋私利为目标的极大化原理；显然，正是由于"均衡"概念无法描述社会中的相互作用，因而以谋私利为目标的极大化原理根本不足以正确表述人的选择问题。正因为现代主流经济学如果盲目崇拜抽象约化

---

① 西蒙：《可检验性与近似》，载豪斯曼：《经济学的哲学》，丁建峰译，世纪出版集团、上海人民出版社 2007 年版，第 185 页。

的方法论，追求建立在不合理假定条件下的逻辑精确，从而就可能导致经济学从理论上会预测失误，这其实是不科学的学科研究方法论。卡尔多指出，"我之所以从根本上反对一般均衡理论，并非由于它是抽象的——所有的理论都是抽象的，而且必需如此，因为没有抽象就没有分析——但它源于错误的抽象，因而歪曲地反映了经济力量运作的本质和形式。"①

针对弗里德曼的"假设的现实不相关性"假说，萨缪尔森驳斥道：不准确的假设在科学上是不可能有价值的。实际上，根据逻辑的原理，正确的前提只能得到正确的结论，但错误的前提却能得到两种结论——正确的或错误的结论；相应地，经济学想要的是正确的结论，因而必须保证假设的合理性。不过，弗里德曼却强调，理论、前提或假设的真实状态对任何实际目的都是无关紧要的，它们最重要的意义在于能够合乎逻辑地推导出成功的结论。这就是工具主义态度，它通过无视理论的真实性而"解决"归纳问题；相应地，工具主义者通过寻求有用的结论而非真实的假设开始他们的分析。为此，萨缪尔森认为，弗里德曼及其工具主义最根本的错误在于，它不仅不认为非现实主义不是一项理论或假说的缺陷，反而把它看作是一种优点，这就错上加错。同样，豪斯曼也指出，弗里德曼的论证中存在逻辑错误，因为弗里德曼的逻辑前提是"好的假说可以提供对于它旨在揭示的那类现象的有效且有意义的推测"，而他的逻辑结论是"检验一个假说是否是好的假说的唯一标准，就是它是否可以提供对于其旨在揭示的那类现象的有效且有意义的推测"。②但显然，从现代主流经济学的逻辑前提所推导的逻辑结果往往与现实并不相符，其中的关键还在于，"假设的现实不相关性"假说犯了工具主义谬误，它无法揭示事物之间的因果关系和作用机理。

其实，弗里德曼的"假设的现实不相关性"假说是继承亨普尔和奥本海姆在1965年提出的假定—推理或覆盖律模式。根据覆盖律模式，所有真实的科学解释都有共同的逻辑结构：所有的科学解释都至少包括一个一般的规律再加上对有关的起始的或边界的条件的阐述，这规律和阐述就组成了阐释或前提，从这个前提出发我们就可以推论出待做的解释，即关于我们所要解释的事件的阐述，在这个推论过程中我们不需要借助任何其他帮助而只需要推理逻辑。而且，在解释的本质和预言的本质之间有完美的、逻辑的对称的看法，解释只不

① 博伊兰、奥戈尔曼：《经济学方法论新论》，夏业良译，经济科学出版社2002年版，第132页。
② 豪斯曼：《为何揭开引擎罩》，载豪斯曼：《经济学的哲学》，丁建峰译，世纪出版集团、上海人民出版社2007年版，第188页。

过是"倒写的预言"，两者都采用同样的逻辑推理法则。两者的唯一差别在于，解释发生在事件之后，而预言发生在事件之前。其中，对于解释来说，我们是从需要解释的事件出发，找到了至少一条普遍规律和一套起始的条件，这些条件在逻辑上包含了对所要解释的事件的说明。即用一个特别的原因来作为对一个事件的解释只不过是把所要解释的事件归纳入一般规律或归纳入一套规律。而对于预言来说，我们是从一条一般规律和一套起始条件出发，从中我们推论出关于一个未知事件的说明，即预言被典型地用来检验普遍规律是否在事实上得到确认。

然而，尽管可以通过把一般规律运用于对特别的事件的预言来对这个规律进行检验，但在解释中所用到的一般规律并不是通过把个别例子进行归纳一般化而引导出来的对事件的观察结果。正因如此，科学解释的覆盖律模式一直就受到来自各种立场的攻击，甚至这个模式的最有魄力的辩护者亨普尔这些年来在这种攻击面前也有些退却。大多数批评家都认为，预言并不一定包含有解释，甚至解释也并不一定包含有预言；其原因是，预言仅仅要求弄清楚相关的因素，然而对于解释来说，事情就复杂得多了。显然，弗里德曼基于"假设的现实不相关性"假说而得出的论断并不具有学理性，不符合逻辑的一致性要求。西蒙就强调，"假设的非现实性并不是科学理论的优点；它是必要的缺点，是由于科学家的有限计算能力而导致的必要让步；由于近似的连续性，我们才允许这种让步"。[1]

当然，在博兰看来，学术界对弗里德曼假说的批判搞错了方向。事实上，弗里德曼的"假设的现实不相关性"假说直接否定了假设与论据之间的"传递"性，认为逻辑学只能"传递"已知的真理，而在确定成熟的真实性方面无能为力；相应地，弗里德曼采取了工具主义态度，主要关心从理论推导出结论的效用，而相对不关心理论本身的真实状态，也就不在乎理论的科学性。即使如此，豪斯曼也指出，"从标准的工具主义立场来看，理论得出的所有可观察的结果都是重要的。故弗里德曼的中心论点，即'假设的现实性与对科学理论的评估不相干'是站不住脚的。因为经济学的若干假设是可检验的，因此，标准的工具主义者不会拒绝这种明显的否证。"[2] 事实上，尽管弗里德曼提出"真

---

[1]　西蒙：《可检验性与近似》，载豪斯曼：《经济学的哲学》，丁建峰译，世纪出版集团、上海人民出版社 2007 年版，第 185 页。

[2]　豪斯曼：《为何揭开引擎罩》，载豪斯曼：《经济学的哲学》，丁建峰译，世纪出版集团、上海人民出版社 2007 年版，第 187 页。

正与理论的'假设'相关的问题，不是这些假设是否在描述上是'现实主义的'，因为它们从来就不是"，但是，他毕竟强调，必须"考察该理论的实际作用"；[①] 即理论必须要与经验事实保持一致，经受得起经验事实的检验。

可见，尽管现代主流经济学家以物理学等自然科学中非现实的外围假设来为其假设的非现实性辩护，借助最大化假设与真空假设进行类比来为利润最大化辩护，但显然，他们搞错了对比研究的基本常识。事实上，真空假设仅仅是物理学中的外围假设，而经济人则是最大化理论的核心假设；因此，如果经济学要模仿自然科学的假设的话，正确的比较应该在最大化假设与万有引力假设之间。[②] 就此而言，经济学的假设与自然科学就存在根本性差异：万有引力因被迄今为止的实验所证实而被认为是符合现实的，而最大化假设却与现实越来越相脱节。其实，尽管理论必须建立在抽象的基础之上，但抽象必须有一个度，否则，基于无限制抽象之上的理论也必然会脱离现实。在卢瑟福看来，新老制度主义的形式主义和反形式主义之争，"与其说是理论与描述之争，不如说是在复杂演化系统的分析中采用多大程度的抽象才合适的争论。"[③]

因此，在经济学中，问题不在于理论是否存在假设，是否抽象化，关键在于其核心假设是否尽可能地贴近实际。林毅夫承认，"保留在理论中的假设条件也不能过于偏离现实。过于偏离现实，理论将失掉对现象的解释力。科斯在其经典论文《企业的性质》中，开宗明义地指出前提性假设（Assumptions）应该是'易于处理的'和'现实的'。而科斯也正是通过松动'交易费用为零'的假设才做出在新制度经济学上的开创性贡献的。我个人对合作农场中劳动者积极性的研究也是从放弃 Amartya Sen（1966）著名的论文中完全监督的假设，而取得和经验现象一致的合作农场中劳动者积极性较家庭农场中积极性低的理论推论。"[④]

其实，对经济学假设的分类探究，中国也已有很多经济学者做了探索性工作。例如，20 世纪 90 年代，李继祥、张方高就将经济学家在其理论分析中所设立的假设分成两类：①作为其整个理论学说逻辑推导前提的基础性假设。

---

① 弗里德曼：《实证经济学方法论》，载豪斯曼：《经济学的哲学》，丁建峰译，世纪出版集团、上海人民出版社 2007 年版，第 156 页。

② 梅基：《假设问题的重新定向》，载巴克豪斯：《经济学方法论的新趋势》，张大宝等译，经济科学出版社 2000 年版，第 311–337 页。

③ 卢瑟福：《经济学中的制度》，陈刚等译，中国社会科学出版社 1999 年版，第 10 页。

④ 林毅夫：《经济学研究方法与中国经济学科发展》，《经济研究》2001 年第 4 期。

②在其理论分析的具体进程中为说明问题的方便而随时设置的假设，并集中剖析了前一种假设。[①] 同样，李卫华也将经济学研究中的假设分为两类：①"技术性"假设，这类假设并不包含思想，只是为了分层次进行逻辑正确的思考而做出的暂时性假设，或者是为了排除次要因素以适度简化现实关系所作的假设；②基础性假设，或称之为思想性假设，这类假设包含着经济学的思想及数学推理的结论。李卫华认为，在经济学理论的构建中，思想性假设和技术性假设必须有不同的性质。其中，包含着思想的假设必须尽可能真实，尽管它可能只是反映着真实世界中的某个方面或某个侧面的情况；因为如果思想性假设不真实，理论的思想来源以及数学推理的结论都将不真实，而理论的真实程度又代表着理论正确的程度以及理论的价值。

因此，思想性假设并不是真正意义上的假设，而是理论得以建立的"原料"，而只有技术性假设才是真正意义上的假设。然而，现代经济学的主要思想性假设恰恰不是这样：①它们往往是不真实，甚至是"反事实"的，从而不是真正科学意义上的假设，只是借用假设的名义，在全面否定经济社会基本事实的基础上形成数学推理得以进行的条件；②虽然现代经济学声称研究人的经济行为以及由人的经济行为所驱动的经济运行，但它的几个主要假设所排除的因素恰恰是现实中影响人的经济行为和经济运行的主要因素；③现代经济学的实证分析名不副实，这是因为构筑经济学模型的主要假设条件不可能既符合事实又严格符合数学推理的需要，因此，所有能够严格符合数学推理需要的假设条件只能在背离事实，甚至完全否定事实的基础上虚构出来。[②]

 五　经济学理论的抽象化限度

一般地，对一个开放的理论而言，在理论的构建中必须把握抽象的"度"，否则，科学所需的真实性和普遍性之间就难以相容。相应地，经济学中假设的合理抽象也就包含两个方面要求。一方面，核心假设需要尽可能地接近事物的本质。例如，劳森的科学唯实论就主张，抽象要能够使我们获得有关经济现象的真实结构或机制的知识，从而避免捍卫正统经济学的众多流派如弗里德曼主义所倡导的虽然方便却是人为的虚构或理想化；西蒙则提出以"近似的连续性

---

① 李继祥、张方高：《浅论经济学研究中的"假定"》，《经济科学》1993 年第 3 期。

② 李卫华：《从假设条件和思维逻辑看现代经济学存在的问题》，《江苏社会科学》2009 年第 2 期。

原则"来取代弗里德曼的"非现实性原则":如果真实世界的情况与理性类型的假设足够近似,那么这些假设的推论也会近似于正确。[1] 另一方面,即使是其他的外围假设,也不能与核心假设相冲突。显然,这一点在经济学这类社会科学中比物理学这类自然科学中更需要引起重视,因为经济学本质上是要解决具体的社会问题,纯粹的逻辑推理在经济学领域毫无意义。

为此,劳森提出了合理抽象化的两个原则:①抽象的概念必须与真实的而非某些理想化的虚构有关,因而合理的抽象化要能够探究事实的因果关系而避免理想化的虚构;②正确的抽象必须与本质有关而非仅仅涉及最普遍的性质,因为那些普遍性的假设往往不能挖掘到支配可观察到的固定化事实的经济机制和经济结构的最本质特征。显然,根据前一原则,新古典经济学中的完全竞争、理性预期、交易费用为零等抽象化假定都是不合适的;而根据后一原则,新古典经济学中用相对来说无可争议的归纳所描述的经济学公理如最大化的经济人行为,实际上也是没有任何解释力的。

事实上,现代主流经济学的基石———般均衡——本身就是建立在不现实基础上的高度抽象,尽管这种思维构成了主流经济学分析其他社会经济问题的参照系,但迄今为止还没有人能够揭示出,现实生活中个人的理性行为是如何达到均衡的,是怎样协调的,一般均衡模型的构建者也往往只是设想存在一个上帝般的拍卖人。为此,内维尔·凯恩斯批判说:主流经济学"抽象理论的方法几乎完全是推理性的或者假说性的,尽管它最终依赖对事实的观察,但却出于认为对事实的简单化处理……(因而)它们自身总是不完备的,因为我们不能单单依靠它们来理解实际生活中的经济现象";因此,"为了简单地获得逻辑形式上的完美,而把政治经济学概念狭隘地归于纯理论是一个很大的错误。"[2]

显然,作为现代经济学的核心假设,经济人就是对人类行为所作的不恰当的抽象和简化,从而也就需要加以修正和发展。关于这一点,森指出,"经济学中对行为假设的选择倾向于将我们引向两个不同(有时是冲突)的方向。易处理性要求与真实性要求相冲突,我们在简单性与相关性之间可能具有非常艰难的选择。我们想要足够简单的规范现实,能够在理论与经验分析中很容易地使用它们。但是,我们也想要一个假设结构,它并不与真实世界在根本上不一

---

① 西蒙:《可检验性与近似》,载豪斯曼:《经济学的哲学》,丁建峰译,世纪出版集团、上海人民出版社 2007 年版,第 185 页。

② J.内维尔·凯恩斯:《政治经济学的范围与方法》,党国英、刘惠译,华夏出版社 2001 年版,第 89、91 页。

致，它也不使得简单性采取一种幼稚形式——它不能通过断言在理论化时需要简化或者指向实在论的需要而得到轻易的处理。我们必须面临的选择就是要作出区分性判断，分离出可以在没有很大损失的情况下得以避免的那些复杂性，以及为了我们的分析具有用处而必须摆上桌上的那些复杂性。"①

事实上，为了实现科学的抽象，我们必须提防两种极端倾向：①过于抽象，这是现代主流经济学包括新制度经济学所犯的错误。一般认为，现代主流经济学对人性的假设已经犯了"社会化不足"的弊病，从而忽视了人类行为和决策中所嵌入的社会关系，反而热衷于以自然法则和市场交换来塑造经济生活和社会关系。所以，阿莱指出，"仅仅一般化新古典理论是不够的。强调现实的重要性还要求考虑正确的自然状态。"② ②过于具体，这是早期的历史学派甚至早期制度经济学的缺陷。一般认为，这些学派对人性的假设已经犯了"社会化过度"的弊病，从而热衷于从历史和社会网络来解释和分析人类行为，乃至往往呈现出强烈的材料堆砌而缺乏明确的理论指导。所以，施蒂格勒强调，"只被运用过一次"的理论根本上就不是一般理论。

在格兰诺维特看来，无论是现代主流经济学中的社会化不足还是其他社会科学中的社会化过度，所采用的都是简单化的化约主义而非复杂思维：前者将社会个体视为完全不受其他因素影响，他能够按照特定目标函数进行独立行动，从而就将社会个体化约为狭隘的私利追求者；后者则将个体简单地视为各类社会影响因素下的受造者，离开他人的参照以及融入特定社会的感知，他将无法想象自己是什么样的人，从而也就内置了个体的行为模式。格兰诺维特写道："即使经济学中个人的效用函数是开放的，让人的行为可能受到影响，但这样'过度社会化'下的、取决于社会价值与规范的内置化社会因素，并没有在这方面带来和经济学本质上的差异。'过度社会化'与'低度社会化'概念在个人原子化上取得了一致，进而把当下的社会背景排除在研究之外。"③

正是基于化约主义，无论是持原子个体主义分析的现代主流经济学人还是持机械整体主义的其他学人，都致力于构造出简洁而优美的模型或范型，进而提出简单而"有效"的解释，由此也就吸引了众多的追随者。问题是，这些优

---

① 森：《后果评价与实践理性》，应奇编译，东方出版社2006年版，第187页。

② 阿莱：《产权理论的发展》，载菲吕博顿、瑞切特：《新制度经济学》，孙经纬译，上海财经大学出版社1998年版，第53页。

③ 格兰诺维特：《社会与经济：信任、权力与制度》，王水雄、罗家德译，中信出版社2019年版，第22页。

美模型往往严重偏离了社会现实，甚至根本就是与现实无关的，从而也就无法认识和处理行为与文化或制度共同演进的历史过程。格兰诺维特继续写道："行动者既不会像原子一样孤立在他们的社会脉络之外做出决定、采取行动，也不会盲目地遵从他们刚好所属的社会文化族群为他们的特殊类型所写的表演脚本。相反，他们有目的的行动背后的意图嵌入在社会关系具体且不断发展的系统中，这些关系网络构成了联结个人行动、社会制度和文化间的中观层次的关键部分。"[①]

　　事实上，卢瑟福指出，新老制度主义的形式主义和反形式主义之争，"与其说是理论与描述之争，不如说是在复杂演化系统的分析中采用多大程度的抽象才合适的争论。"[②]就此而言，现代主流经济学的假设往往是先验的和不变的，这显然就不是合理的抽象。贝内蒂和卡尔特耶问道：在主流经济学中，"理性的或抽象的市场经济成了一个完全没有市场经济的基本特征的系统，即没有个体活动的交易和调整，难道这不令人感到吃惊吗？"相应地，他们指出，"如果经济理论遭到人们的批评，这并不是因为它的抽象，而因为它是一种糟糕的抽象。"[③]既然如此，如何才能做出合适的抽象呢？心理学家勒温指出，"如果人们考虑到单个事件也由规律支配，人们就必须从具体的'纯个案'中，而不是大量历史上已知事件的平均数中得到科学证据。"[④]这就意味着，理论的抽象往往不是以统计资料为基础，而是应该源自对社会现象的总结和萃取。

　　一般地，社会科学的理论既不能脱离又不能限于人伦日用，需要从人伦日用中提炼出人类行为的一般机理。显然，这种抽象也就是具体的抽象，由此才可以实现科学所需的真实性和普遍性。同时，理论的抽象还需要不断修正和完善，而完善的判断标准就是看它能否适应不断变化的社会环境。鉴于此，经济学理论的抽象发展应该逐渐向具体的个案逼近，由此实现历史和逻辑的统一。[⑤]基于这一视角，西蒙将"现实的不相关性"假说贴上弗里德曼的"不现

---

① 格兰诺维特：《社会与经济：信任、权力与制度》，王水雄、罗家德译，中信出版社2019年版，第23页。

② 卢瑟福：《经济学中的制度》，陈刚等译，中国社会科学出版社1999年版，第10页。

③ 贝内蒂、卡尔特里耶：《经济学作为一门精确的学科：对一种有害信念的坚持》，载多迪默、卡尔特里耶：《经济学正在成为硬科学吗》，张增一译，经济科学出版社2002年版，第302页。

④ 勒温：《拓扑心理学原理》，竺培梁译，浙江教育出版社1997年版，第7页。

⑤ 例如，笔者在提出有效劳动价值理论时，就是以异质和团队劳动为基础，这是对马克思基于同质和孤立劳动的发展；而且，这种发展是根基于人类社会的现实和发展趋势，从而也就是基于历史发展的抽象。

实性原理"之标签，进而提出用"持续的近似原理"来取代它；根据这一原理，当现实世界的条件与理想类型的假设足够近似时，假设的偏离就会近似地得到纠正。①

从学说史来看，经济学的理论向来都是与特定的社会环境相适应，经济学大家们也都热衷于分析具体的经济现象，从而为公共政策提供一些具有积极效果的建议。不过，自李嘉图起，经济学家逐渐专注于斯密理论中的逻辑部分，进而致力于脱离现实的抽象化研究。例如，李嘉图宣称，任何对"规律"的偏离都是暂时的例外，基于这种理念，李嘉图想当然地把社会中的交换都抽象为等价交换：商品按照价值出售是永恒的"法则"，而把不完全竞争情况下的交换视为例外，尽管李嘉图意识到了等价交换只有在完全竞争中才可以实现。受此影响，之后的经济学就越来越朝"纯理论"的方向发展，试图在不变的假设前提下构建出普适性的理论体系。

特别是，为了避免自己的抽象范式为历史和实践材料所证伪，现代主流经济学变本加厉地为其理论预设了特定的"免疫策略"（Immunizing Sstrategies）；它保留了抽象的分析原则而将所有现实与理论的差异归咎为约束条件、代理人可获得的有限信息或是该检验的任何其他特点，并进而发展到用现实是否符合自己的假设前提来判断现实是否出错或者当作例外处理。而且，由于经济现象本身的复杂性以及基于免疫策略的保护带的存在，使经济学中基于抽象而得出的"坏理论"得以长期存在。例如，经济学中最大化假说就包含了各种保护带，从而导致人们根本不能证伪这个理论，一旦发现了差错，就往往把这种差错归咎为没有完整地描述经济活动中的真实约束条件。所以，罗森伯格说："极值理论无所不包的特点使它们在某种程度上比非极值理论更难于被证伪。所有的理论严格地说都不能被证伪，而且无法被实际地证伪，后者常常推翻既定的理论而非辅助性假说。"②

有鉴于此，面对任何抽象模型的前提和结论，我们都需要加以审慎的检验。内维尔·凯恩斯指出，"产生推理结论的过程影响结论的性质与价值，什么样的结论被接受，取决于各种条件和限制。如果结论完全是经验性的，那么它总在某种程度上有存在的可能性；观察结论建立在大量事实的基础上，而事

---

①　Simon H.A., 1979, Rationality as Process and as Product of Thought, *American Economic Review*, 68(2): 1–18.

②　罗森伯格：《经济学是什么：如果它不是科学》，载豪斯曼：《经济学的哲学》，丁建峰译，世纪出版集团、上海人民出版社 2007 年版，第 337 页。

实材料的收集受时间和空间的影响，我们的观察结论不能离开时间和空间的限制。如果结论来自演绎推理，那么，在结论赖以成立的假说被证实以及推理条件被肯定之前，结论就不可能是一个真实的存在。"由此来审视李嘉图的抽象分析，其中也就存在很大问题。正如内维尔·凯恩斯指出的，他不但"在阐明其结论中不断需要的解释和证明常常要由读者自己来进行。无论次要假设还是构成推理的主要基础部分都没有予以清晰说明，并且有时出现从一个假设到另一个假设没有解释的变化"，而且他"没有充分强调注意时间因素的必要性，而对转型时期的特征似乎毫不重视"；但是，李嘉图却"没有清楚地了解自己的方法的真正意义。在表达观点时，李嘉图少了一种应有的慎重，未能避免错误的概念影响自己的读者"，而且"李嘉图采用的语气显得对已获结论和普遍有效性的过分自信，但他的说明离实际生活事实太远了"。[①]

当然，依靠社会中的反常现象来促进对理论的反思，包括经济学在内的社会科学要比自然科学中困难得多，人们对这些反常现象也更加熟视无睹。究其原因，在物理学和生物学这类学科中，观察和实验允许人们采用不断修正那些不符合实际的坏的理论或模型，从而"使得通过模型来解释的那些思想客体的本质、机制和运行方式会越来越可靠，越来越'客观'和'真实'；并且，也使人们发现了隐藏在可观察的复杂现象背后的简单现象"；但是，"在经济学中，我们至少在某些方面缺乏由观察与实验（确保真实性）所提供的这类逻辑推理方法和模型化方法（确保内在的一致性）的大力支持。对于我们来说，只能在那些我们建立起来的假设中来区分麦粒和麦糠，因此，我们的预测能力相对减小。"[②] 也就是说，在发现一系列的反例之后，我们不是仅仅依靠实验和统计资料来进行实证研究，而是要重新对经济学理论和模型的建立所基于的假设前提进行审视，这是理论的合理性基础。理论的抽象不是随意的抽象，抽象必须与历史条件的变化相适应，必须能够与人类认知视野的扩展同步，否则人类关于天体的认知仍会停留在地心说的层次上；特别是，理论的构建不仅要把具体事物抽象化，但更重要的是要从具体到抽象再到具体的过程，这才是理论的真正发展。劳森指出，"抽象的要旨是使一个或更多方面、组成部分、各种属性及其相互关系具有个体性，以便更好地理解它们。一旦完成了这个过程，就有可

---

① J.内维尔·凯恩斯：《政治经济学的范围与方法》，党国英、刘惠译，华夏出版社2001年版，第93页。

② 朗达内：《科学的多元化：经济学与理论物理学比较》，载多迪默、卡尔特里耶：《经济学正在成为硬科学吗》，张增一译，经济科学出版社2002年版，第74—75页。

能把各种各样的分别理解结合或综合成一个重组那个具体事物或对其提供一种更好理解的统一看法。"①

可见，尽管经济学的理论研究首先是建立在抽象的基础之上，但是，抽象不是绝对不变的，而是要随着具体的发展而调整，要反映具体的变化，理论的发展就要不断从抽象向具体深化，从而使得理论也日益接近现实。事实上，凯恩斯就把经济学的发展分为两个阶段：抽象阶段和具体阶段，并认为政治经济学仅就其忽略时间、地点和条件这些特殊因素而言是抽象的，而当它关注这些因素时就变得越来越具体了。例如，现实中的经济制度本身就是相互联系的各种因素的复杂结构，一种经济体制总是处于不断变化和演进的过程中：如企业有产生、成长和衰亡的过程，商品的需求和供给在不断变化，人口变化、移民动向、教育以及社会偏好的改变都影响劳动力的供给；那么，要真正研究这个复杂结构，也必须遵从一个从抽象到具体的过程。譬如，在古典经济学末期，新兴的新古典经济学为了强调经济学科的理论化发展而采取了抽象化分析，为此，马歇尔从两个方面作了简化处理：①对复杂的相互关系进行分解，把经济学看成局部均衡分析；②对时间作简化处理，把时间分解为一系列的计划期，而这些计划期的划分与所控制的各影响因素的固定度有关。显然，这种分析仅给出了一个粗略的认识，但同时也把社会中的问题简单化了。因此，凯恩斯强调，"在我们使用抽象方法的其他情况下，静态方法就不是决定性的，只要有可能，静态方法就需要抽象程度较低的方法作补充。"② 当然，这也与特定的分析工具和理论水平有关，其实，马歇尔在做上述局部均衡分析的同时也强调，在经济学的更高阶段上，生物学的相似性比机械学的相似性更有意义，当经济学越来越复杂时，将更多地显现出有机生命体的意义和增长的意义，而这些方面都留待后人作进一步的探索和发展。正因为一个真正合理的理论抽象应该是尽可能体现现实的抽象，而脱离现实的抽象要么是"象牙塔式"的，要么是一种特殊的理论。韦伯说："科学思维的过程构造了一个以人为方式抽象出来的非现实的世界，这种人为的抽象根本上没有能力把握真正的生活，却企图用瘦骨嶙峋的手法去捕捉它的血气。"③

---

① 劳森：《经济学与实在》，龚威译，高等教育出版社2014年版，第209页。

② J.内维尔·凯恩斯：《政治经济学的范围与方法》，党国英、刘惠译，华夏出版社2001年版，第153页。

③ 韦伯：《学术与政治》，冯克利译，生活·读书·新知三联书店1998年版，第31页。

（六）重审现代经济学的抽象假设

弗里德曼 1953 年的论文正式将逻辑实证主义引入经济学的分析之中，强调用预测的精确性而非假设的现实性来评估一个理论的有效性，在此之前所有的假设都应该被视为"似乎"正确的。不过，弗里德曼的论文引起了广泛的争论，大多数经济学方法论者都提出了批判。博伊兰和奥戈尔曼写道："这是差不多所有经济学家在他们职业生涯的某个阶段所阅读过的文章。弗里德曼这篇文章的中心信息被大多数实践经济学家所迅速吸收，等于为经济学界提供了一份方法论宣言。它的被接受程度呈现出一种令人好奇的难解之谜：在实践经济学家中被当作一种解放的含义而受到欢迎……然而在有关经济学方法论的作者中，弗里德曼的文章仅仅赢得了寥寥无几的热情倾慕者。这篇文章引发了持续不断的批评评价和阐释。"[1]

尽管如此，弗里德曼却从不正式回应对他的批判，也再没有进一步撰写方法论方面的文章。相应地，弗里德曼的继承者们也采取了类似的态度，不回应也不参与方法论的讨论，而是继续使用和推崇实证的方法。在弗里德曼及其信徒看来，传统方法论将批判执行了错误的方向：它们试图评价新古典理论的"假设"而不是其预测；相反，弗里德曼及其信徒强调，实证科学的根本目标在于预测能力而非解释能力。尤其是，由于经济现象本身复杂多样，而实验室的可控条件很难符合经济学理论的假设要求，以致经济学理论本身很难基于特定实验而得到证实或证伪。为此，现代主流经济学就只能局限于新古典经济学的理论框架下，而无法随着研究内容的拓展而有实质性的进展。相应地，这就引起我们对"假设—推理—结论—检验"这种分析路线的反思，对"假设的不相关性"假说的反思。

其实，理论不是不要抽象，假设也不是不要简化，但抽象和简化都存在一个限度；并且，一个理论所依据的假设应该随着研究内容的变化以及理论的成熟而与现实逐渐接近，而不是为了追求所谓的普遍性而任意抽象化和简化。阿莱写道："科学的作用就是进行简化和选择：把事实归并为有意义的数据并找出数据之间的重要依存关系。（因为）一堆事实并不构成一门科学"，但同时，"尽管抽象是必要的，我们怎样进行却不是无关紧要的事情……简化无论如何

---

① 博伊兰、奥戈尔曼：《经济学方法论新论》，夏业良主译，经济科学出版社 2002 年版，第 14 页。

也不应改变现实的本质。"一般地，"如果简化不会改变现象的实际本质，我们简化现实就没有危险而且能够得到好处"，特别是，"如果一种理论实际上是浓缩的综合现实，它就是非常有用的，因为它以简明而易于利用的形式包含了它要处理的现实现象中大量的各种各样的信息。"①

相反，如果理论被抽象到已经远远脱离了实际，它实质上就被扭曲了。正如费耶阿本德所说："以贫乏和抽象的概念取代了观念、洞察力、行为、态度和姿态的丰富的复杂性，直至从特殊价值的工作中产生最幼小婴儿的最肤浅的微笑，通过枯燥而抽象的概念假定，在这些幻想之间的'理性'选择已经决定了的事物。"②此时，理论不但不会提高人的认知，反而会加深人们的无知。特别是，就社会科学而言，社会规律的发现在于能够揭示事物的内在本质，因而理论研究恰恰要求我们揭示事物的本来面目，按照事物的本来面目——既不是它们的可能面目，也不是大家所认为的那种样子——来认识它们。实际上，如果一种抽象的理论具有很强的解释力，这就不仅仅是因为它的抽象，而是因为它的抽象性抓住了事物的本质。

为此，劳森评论说："仅仅追求广义概括和把抽象推至远到其几乎没有任何实质性内容的地步的最大危险，产生于它们因而需要其他命题的补充以便获得任何分析价值的事实，因为这就会把各种'高度人为的'或'冒牌'的抽象，或更准确地说无须费力的各种虚构包括进来打开了方便之门。换言之，几乎完全空洞的抽象很容易，即使不是故意的，也会被以不正当的方式操作或'强化'，结果真正得到的是根本不再是抽象的各种概念。这种做的结果，强化的新加物也许会被那些使其公式化的人（正确地）解释为不是抽象，而是典型的假设……例如，在主流经济学中，这样的未被注意而偷偷进入的所谓'假设'，通常被设计得能使从数学上处理方便，获得系统封闭与完整的或诸如此类的东西，而不是获得对正在起作用的真实因果机制的理解。"③

从本质上说，理论和现实根本不应是对立的：理论来自经验事实，它的合理性也需要经受事实的检验；而当理论与事实不相符时，理论就遇到了危机，从而就面临着发展的内在要求。这意味着，理论发展的基本途径就是不断修正其核心假设，究其原因，纯粹的逻辑和数学推导仅仅是同义反复，前提假设决

---

① 阿莱：《我对研究工作的热忱》，载曾伯格：《经济学大师的人生哲学》，侯玲等译，商务印书馆2001年版，第44–45页。

② 费耶阿本德：《告别理性》，陈健等译，江苏人民出版社2002年版，第26页。

③ 劳森：《经济学与实在》，龚威译，高等教育出版社2014年版，第216–217页。

定了最终结论。显然，就现代经济学而言，理性行为是经济学的核心假设，它构成了经济人的内涵，因此，经济学的发展也就是要对理性的内涵重新进行反思。其实，自经济学从道德哲学中独立出来开始，在自然主义思维支配下，它就把追求私利的经济人行为视为构建经济理论的核心假设；同时，正是在这一假设基础上，主流经济学建立了基于成本—收益的最大化分析范式：努力追求最大化的收益是影响人们行为最重要的动机力量，最大化构成经济行为的本质。

然而，主流经济学所使用的理性概念却内缩于体现人利用物的工具理性这一层次，它比较适合新古典时期理论发展和社会认知的需要；究其原因，新古典经济学的传统领域是稀缺性资源的配置问题，处理的是人与自然之间的关系。不过，随着经济学的研究内容和对象逐渐从稀缺性资源配置的私人领域转向了涉及人与人互动关系的公共领域，这种体现单向的工具理性的经济人假设与现实就越来越脱节了。究其原因，在面临人与人之间的互动时，我们再也不能把互动对象视为被动的，而要充分考虑到他人的反应，因而涉及人与人之间关系的理性必然具有社会性而非仅仅体现人类的本能。

现代主流经济学为何设立如此不现实的假设呢？一个重要原因就在于它对理论抽象的认知错误。劳森写道："在现代主流经济学中，抽象不仅仅甚至不主要被解释为在重点中暂时忽略某种真实的东西的合情合理的活动，更确切地说，任何时候只要明确说到此术语，都几乎专指排除某种真实的东西的（特别不正当的）活动或结果，甚至专指整个不考虑真实事物的活动或结果。不把抽象视为单单重视一个实体的一个方面。一个暂时进入视野的方面，经济建模于是把抽象解释为似乎讨论中被重视的那个方面是孤立存在的——尤其是那个方面摆脱了内在不稳定性的问题""换句话说，在主流经济学中，抽象这个术语成了代替经济现象是在与通过实验控制所获得的现象同样的条件下阐述的这种虚伪说法的措辞。各种经济现象在世界其余事物都不存在、不确定性被彻底驱除的意义上被封闭地'做成模型'……在抽象的名义下，证明不适用于演绎推理模式的社会实在的一切特点最终被人为排除。与现代建模方法的、两个凌驾于一切之上的封闭条件（讨论中的材料被视为既是原子状的又是孤立的）不一致的那些特点，绝不允许在抽象标题之下被纳入该框架……简言之，抽象的概念仅仅被用来掩饰已经遭到反对的原子论与孤立主义的那些谬论。"[1]最后需要指出，经济学之所以会形成如今这种严重脱离实际的抽象分析思路，还在于主

---

[1] 劳森：《经济学与实在》，龚威译，高等教育出版社 2014 年版，第 217–218 页。

流经济学家认为，经济学无法像物理学等自然科学那样通过实验室进行实验，而只能依靠人的抽象思维能力来剖析社会经济现象。波普尔写道："相同的条件只是在一个唯一的时期之内呈现。而且，人工隔离恰好会消除那些在社会学里极为重要的因素"，同时，"它们也绝不可能在完全相同的条件之下重复进行，因为条件已经被它们第一次的完成所改变了"。[①] 也就是说，经济学缺乏可控实验这一共识成了当前一些经济学人任意扭曲分析假设的借口，甚至认为任何经济学的理论都没有好坏之分。于是，就出现了这样的悖论：一方面，经济学实际上已经沦为诉诸"嘴皮子"进行说服的诡辩理论；另一方面，一些经济学人则沉迷于象牙塔内的模型构建。同时，后一取向越来越为青年学子所青睐，甚至成为经济学科学化程度的标志。但是，这显然夸大了抽象化的意义，进而导致主流经济学的分析逐渐脱离了现实，反而无法认识和揭示社会中真正存在的普遍现象。例如，瓦利泽尔指出，"经济学寻求对所观察的复杂现象给出深刻的解释，但是又不能直接认识到这些现象背后不变的基本规律方面"[②]。相应地，怀特说："公式化的意图很好，但公式化应该具体，应该与经济现象相符。"[③] 为此，笔者强调，当前经济学理论要获得进一步的发展，就必须将抽象的分析思路重新投回到具体中去，演绎的结论必须要接受实践的检验；特别是，正如瓦利泽尔指出的，"经济学也应全面审视一下模型的合乎需要的普遍程度，特别是关于定性的有效普遍模型与经济计量学具体的有效模型之间的衔接。"[③]

七　结语

通过借鉴和模仿物理学等自然科学的分析思维以及使用大量的数学工具，现代主流的新古典经济学不仅确立了一般性的理性选择分析框架，而且还由此导出了"确定性"的逻辑真理；进而，现代主流经济学就确立了对于其他社会科学的优势地位，乃至经济分析思维也迅速地侵入到其他社会科学，乃至形成声势浩大的经济学帝国主义运动。然而，正如美国著名投资家查理·芒格（巴

---

①　波普尔：《历史主义贫困论》，何林等译，中国社会科学出版社 1998 年版，第 11 页。

②　瓦利泽尔：《经济学作为一门理想的、普遍的学科》，载多迪默、卡尔特里耶：《经济学正在成为硬科学吗》，经济科学出版社 2002 年版，第 119 页。

③　斯威德伯格：《经济学与社会学》，安佳译，商务印书馆 2003 年版，第 118 页。

菲特的黄金搭档，伯克希尔·哈撒韦公司副主席）指出的，经济学可以且应该采用硬科学的基本治学方法，养成指明其借鉴知识的来源的习惯，但不能基于物理学炉忌而渴求一种无法达到的准确，因为经济系统太过复杂而根本不可能出现像波尔茨曼常数那样的准确而可靠的公式。相反，作为一门致用之学，经济学理论应该根植于经验之中，进而需要尽可能地契合其他领域所积累的知识。不幸的是，现代经济学人所掌握和运用的知识太少了，不仅没有缺乏其他社会科学领域的知识，甚至也没有经济学各流派的知识。查理·芒格指出，这些经济学院和商学院毕业的人往往智商都很高，这些高智商经济学专业毕业生能够坐下来写出一篇十页长且具有相当说服力的论文；但是，他们却一点综合能力都没有，他们在文章中往往会提到科斯，谈到交易成本，而这些就是他们教授所教的一点可怜知识。究其原因，并不是因为经济学教授们知道如何综合各种知识却不传授给学生，而是由于这些经济学教授自身也没好好掌握综合能力；凯恩斯或加尔布雷思就说过，经济学教授的思想是最经济的，他们终身使用在研究生院学到的那一点点知识。[①]

尽管如此，这些经济学人却往往将他们所接受的现代经济学视为科学，其研究范式及其得到的结论也都是价值无涉的。但问题是：基于先验假设和形式逻辑基础上得出的"逻辑真理"是否就是科学？甚至这种"逻辑真理"是客观和中立的吗？北京大学的逻辑学教授陈波写道："不能绝对地说，逻辑是题材中立的，它关于这个世界什么也没有说。实际上，作为经典逻辑的一阶逻辑，就对这个世界说了些什么，有不少隐含的预设或前提条件。例如，它要求对象域非空，量词都存在含义，名称都有其相应的所指，没有所谓的'空名'，因而不会违背二值原则的命题出现。于是，就有这样的可能，另外一些逻辑学家，出于另外一些考虑，不统一其中一些预设，而赞成另外一些预设，甚至是与原预设相互否定的预设，从而构造了另外一些逻辑系统，这些系统至少在某些点上与经典逻辑系统是相冲突的""逻辑学家之间的分歧大都不是形式技术上的分歧，而是哲学立场上的分歧，属于实质性分歧：不同逻辑理论对这个世界以及人类对这个世界的认知施加了一些不同的限制条件。"[②]这意味着，即使在非经验的逻辑学领域，也存在立场、假设、思维和认知上的不同和争论，更不要说那些直接描述和认知现实世界的学科了。

一般地，离经验世界越近的学科，其理论假设就越是来自人伦日用，进

---

① 《查理·芒格近 2 万字详谈学院派经济学的 9 大缺点》，http://finance.ifeng.com/c/7k77g7dQcRy。

② 陈波：《逻辑学十五讲》，北京大学出版社 2016 年版，第 377 页。

而，其理论的抽象也就越是存在某种限度。就此而言，现代主流经济学的抽象过程以及所设定的假设显然就值得反思。劳森指出，"在广泛流行的社会封闭的前提下构想出的理论或观念与真实社会的许多方面不可能有多大相关性。肯定地说，频繁提出的各种假说、假设了孤立经济、均衡态、无所不知的代理人、两种商品世界，等等，他们并不是那种具有较强的实证解释力的理论。他们早就只不过是明显的虚构，一些矫揉造作的玩意儿，一些转眼就被视为相当荒唐的东西。它们依托于科学的表象，预设了演绎主义的解释结构：演绎主义固然取得了某种程度的成功，但这些成功所依赖的条件……是社会科学所不具备的"[①]。同时，离经验世界越近的学科，往往也就越容易受不同哲学思维、社会认知以及价值立场的影响；相应地，当经济学帝国主义将现代经济方法从工程学的"纯理论"领域转向具体的社会生活时，原有的逻辑预设也就应受到审视。由此，面对不同的逻辑系统或者经济学说，我们就需要做这样的辨识：哪一种所嵌入的预设和认知更为合理？进而，如何才能使得理论所依赖的预设和认知更为合理？这些也就是本书致力思考和解决的课题。

最后，我们来看一段"社会学法学"运动的奠基人庞德在《通过法律的社会控制》一书中开篇所写的话："据说威廉·詹姆士曾经说过，任何一个问题的最大敌人就是这一问题的教授们。他这一说法，是指的像医药和法律这类实际活动。在这些实际活动中，从事实际业务的人不断地与生活和自然界的事实保持接触。他从经验里得出他的观念，而且必须经常加以改变，并改造他的理论，使其适合于必须引用这些理论的事实。另外，教授欠缺从其他人的关系中去认识那些生活和自然界的事实，并且假定这些东西都是给予他的。他从这些事实中进行概括并整理出各种概念和理论来，然后再从中推论出更多的概念和理论；根据这些事实，他建立起一套顽强的、违反生活和自然界事实的和非常固执的教义，并企图使生活和自然界符合他的理论模型。对于我们从事各门社会科学的人，这种看法包含着一个警告。"[②] 显然，这个警告对现代经济学来说尤其发人深省。事实上，作为一门致用之学，经济学假设的抽象显然不是任意的，从抽象到具体地进行应用经济政策分析时更需要有关现实的和具体的知识。美国《MIT技术评论》总编施莱弗就提出这样几个建议：①经济学家应该透明地描述关键假设，这些假设应该是正式的并且与特定模型试图解释的情境相关；②无论一个模型的假设多么符合现实，模型仍有可能忽略集体中的关

---

① 劳森：《经济学与实在》，龚威译，高等教育出版社2014年版，第228-229页。

② 庞德：《通过法律的社会控制》，沈宗灵译，商务印书馆1984年版，第2页。

键方面，应该思考一下一个模型所忽略的因素；③针对经济体的解释总存在相互冲突的模型，从而应该在相互冲突的模型之间进行权衡以获得实用的结论；④宏观经济是极其复杂的，经济学家可做的最有用的事情之一就是公开说明什么是自己所不知道的。[①]

[①] 施莱弗：《经济学家的假设》，邓春玲、刁军、韩爽译，格致出版社、上海人民出版社2019年版，第290页。

谁之理性？何种合理性？

理性内涵的考辨及经济理性的反思

> **导　读**
>
> "理性"一词往往集中于行为的目的与选择的手段之间的关系上，强调达到目的的合理手段的选择。显然，由于不同个体的行为目的存在差异，因而理性的内涵也就具有多重性。正是由于个体目的是复杂多样的，因而现代主流经济学在使用理性概念时往往又赋予其特定的内涵：①传统的新古典经济学简单地将多样化的理性蜕化为经济理性、物质理性乃至金钱理性，从而使理性的外延狭隘化了；②当前的经济学帝国主义又通过引入效用概念而将所有人行为都视为理性的，从而又使理性的外延宽泛化了。正因如此，就带来了"究竟何谓理性"的问题，理性问题成了当代哲学和社会科学的主题。

 一　引言

　　基于抽象化的研究路向，现代主流经济学以经济人假设为基石构建了一整套理论体系；同时，经济人假设又嵌入了理性因子，乃至现代经济学往往被视为一门研究理性行为的学科，由此得出的也就是"理性的真理"。问题是，这种"理性的真理"与"事实的真理"之间往往存在严重的脱节，经济学帝国主义者基于理性分析来解释社会经济现象乃至重构社会经济生活时就遭遇越来越多的批判。确实，作为经济现象和经济问题的分析，我们需要引入理性的分析，进而需要引导人们采取理性的行为。否则就如米勒所说："（如果）经济理论的基础是个人会做出非理性选择的话，那就没有什么是不可能发生的了。"[1]
问题的关键就在于，嵌入现代经济分析中的理性是否合理？在很大程度上，正
是由于对人类理性的认知上存在这种偏差，导致了"理性的真理"与"事实的
真理"的脱节，进而导致社会实践的混乱。

由此，我们就需要剖析，现代经济学究竟是如何理解理性的？一般地，理
性经济人概念以及经济分析范式呈现出这样的特性：①舍象掉具体的社会伦理
关系而将人性还原为单向的动物本能，从而只留下没有任何血肉和精神的原子
化躯体；②在给定的先验目的下基于行为功利主义原则作最优手段选择，从而
将主体视为效用最大化者而化约为符号运算。问题是，这种抽象原子化分析对
猴子、老鼠这类低等生物以及没有社会性的智能机器也许是可行的，却难以解
决具有复杂动机的人类行为。在很大程度上，正是由于舍弃了人的社会性以及
目的的多样性，基于经济人分析框架得出的结论往往与真实世界中的社会行为
之间相差甚大；进而，无论是在现象解释、未来预测还是在实践指导上，现代
经济学理论都面临着日益增大的困境。鉴于此，本章尝试就理性的内涵做一辨
析，由此来审视嵌入在经济人假设中的理性问题。

二 现代经济学对经济人框架的维护及其问题

面对经济人分析框架在社会实践中的困境，现代主流经济学并没有而且也
不愿意对其核心假设——经济人——作根本性的反思，不愿意对人类行为的目
的进行评估，也不愿意对人类行为的真实机理加以审视。只不过，为了抵御和
缓和经济人假设所遭受的各种批判，现代主流经济学还是努力增设一些新的保
护带：①通过不断地扩大"效用"的内涵，现代主流经济学把一切存在的欲望
和偏好都包含在自利之内；②通过设立各种免疫策略，现代主流经济学对约束
条件作了重新描述以解释个体的具体选择行为。不过，这些努力并没有从根本
上解决现代主流经济学所面临的困境，反而使得经济人概念的内涵和外延日益
失去了边界，乃至经济人假说变成了不可证伪的东西。

根本上，由于免疫策略的不断增设，现代主流经济学已经逐渐丧失了波普
尔证伪主义意义上的科学特征。博兰写道："新古典经济学的支持者总是能够

---

① 罗斯·米勒：《实验经济学：如何构建完美的金融市场》，于泽、李彬译，中国人民大学出版社
2006 年版，第 87 页。

通过断言另外某项并不违背消费者理论原则的函数存在，而躲避任何提出的反驳。这种策略使新古典假说得以免遭反驳，即便当它是假的时候——不论该原则是否被证伪"；不过，"为了逃避明显批判而采取不受反驳策略的任何理论家，是不应该予以认真对待的。"①其中，就经济人假说而言，它的根本问题就集中在对理性内涵的理解上：从原来集中于追求物质效用最大化的经济行为扩展到包含所有生活领域的人类行为；既然效用本身是不可比的，个体行为之间也就无法进行价值判断和好坏比较，这就导致经济理论失去了指导日常生活的意义。那么，如何理解真实世界中的人类理性呢？根本上，这必须结合人类的行为目的来考虑。

一般地，人类的行为目的并不是在具有高度不确定的每一次行为中实现收益最大化，而是要追求长期的或整体的利益诉求；同时，这些整体或长期的利益诉求则往往与特定的具体社会关系有关，实现方式也与社会互动关系有关。由此，就可以审视现代主流经济学的观点：不现实的经济人假设是理论抽象的需要，撇开具体伦理考虑也是出于对那种体现客观性之科学的追求。但问题是，科学是否可以因追求抽象的优美和貌似的客观而置基本事实于不顾呢？更不要说，经济学本质上是一门社会科学，其理论本身就内含了强烈的规范性，需要服务于社会实践改造这一基本目的。

正是由于人性假设本身就预设了人类行为的目的，因而经济学的人性假设中也必然会呈现出明显的规范性特质。罗森伯格写道："社会科学中的理论是规范性的，因为它们涉及行动或者运用的语汇是评价性的。例如，人们常常认为经济学是一门描述怎样才是理性的学科，而理性被当作是一个规范性的概念。"②问题的关键在于，嵌入在人性假设中的规范性本身不应该是任意的，它必须根基于具体的人伦日用，并且可以导向人类社会的良性发展，由此才可以更好地指导人们的实践，才可以达成"知行合一"诉求。从这个意义上说，经济人假设的问题恰恰就在于，它不仅与现实生活日益脱节，而且将那些不合理的社会现象合理化。究其原因，经济人假设主要是对动物性本能的提炼，从而所体现的人性具有明显的片面性和狭隘性；与此同时，它将动物性本能反应视为自然的，进而将所有逐利行为都合理化，由此来掩盖它的"规范"性质。

最后，正是由于经济人所体现的人性是片面的，因此，基于经济人分析框

---

① 博兰：《批判的经济学方法论》，王铁生等译，经济科学出版社 2000 年版，第 98–99 页。

② 罗森伯格：《经济学理论的认知地位如何》，载巴克豪斯：《经济学方法论的新趋势》，张大宝等译，经济科学出版社 2000 年版，第 287–288 页。

架所得出的结论往往就会偏离现实，由此来指导实践更是会误导社会的发展。为了更好地理解现代经济学的理论研究与社会现实之间所呈现出的明显脱节现象，这里从两方面进行说明：①经济人假设是以西方社会的自然主义价值观为基础的，并主要体现强势性别——男性的行为方式；因此，随着女性参与市场活动的比重越来越高，即使仅就对市场活动进行解释和预测而言，经济人假设也越来越不符合现代社会的实际状况了。[①]②社会分工和合作是人类社会发展的基本趋势，并对人类社会发展的重要性越来越凸显；因此，经济学就不能像以前那样只是关注人性中的动物性本能，因为分立劳动之间的协调程度根本上体现了现实人的亲社会性。综上所述，我们必须重新审视现代主流经济学中经济人假设，剖析嵌入在经济人假设中的理性概念；由此，重构更接近真实人性及其行为机理的人本主义经济学，进而使现代经济学的分析更具解释力、预测力以及指导社会实践的能力。

三 理性内涵的丰富性和经济理性的狭隘化

无论是从本体论还是从起源学的角度看，经济学科都包含了非常广泛的研究内容，并且是解决现实问题和引导社会变革的有力理论武器。但是，自新古典经济学将其研究对象局限于人与自然的关系方面并集中于探讨自然资源的配置以来，这些功能就逐渐丧失了，乃至主流经济学的研究范式也备受争论。

一方面，新古典经济学的兴起源于经济学研究对象的窄化：从古典经济学研究社会福利等公共领域问题转变为仅限于商品生产、分配、交换和消费等物质性的私人领域。事实上，自罗宾斯 1932 年发表《论经济科学的性质和意义》以来，研究稀缺性资源的最优配置就成了经济学的标准定义。正是局限于自然资源的配置问题，经济学的研究方法开始变得越来越单一，并逐渐走向"科学化"和数理化的道路：经济学将人类行为的过程转换成将一个基于成本—收益分析而进行最大化选择的问题，所有经济人的行为都纳入了一个狭隘的"在一定约束条件下求效用函数或所选择的目标函数的最大值"的目的论模式。问题是，把经济学当成一门选择的科学，抹杀了数学选择和人类行为之间的区别：选择仅仅是基于数的逻辑计算，而人类行为则面临着重重的不确定性。例如，布坎南指出，一旦我们在方法论上陷入求最大值的范式的约束，经济学就变成

---

① 朱富强：《女性主义经济学与中国经济学的本土化》，《经济学家》2008 年第 6 期。

了应用数学或者说工程学。即选择成了单纯的数学计算，而不再需要"决策"，从而也就没有什么行为分析。

另一方面，经济学帝国主义运动又促使了经济学研究领域的重新拓宽：一些传统的非经济领域正快速地被纳入经济学的分析范畴。事实上，自20世纪70年代以来，经济学帝国主义运动就逐渐将几乎所有的社会生活问题都纳入了经济学的分析范畴。但与此同时，现代经济学的研究方法却没有随研究内容的拓宽而作相应转化：依旧承袭新古典经济学的工具理性思维，而没有考虑到人类行为从物理世界转向生活世界所带来的理性内涵之变化，更没有重视人类特有的交往理性；同时，传统基于成本—收益的基本分析框架也没有发生相应的变化，强调的依旧是人与人之间的策略选择，这种选择的逻辑又是建立在经济人所内含的工具理性之上。正因如此，一方面，经济学的研究对象与社会科学其他分支出现越来越交叉的趋势；另一方面，它们在研究方法上却依然处于分离的状态，以致经济学的研究结论与社会科学其他分支往往存在很大差异。特别是，由于现代主流经济学的研究内容已经重新涉及具体而丰富多样的社会生活，但它却依旧继承了非现实的抽象化研究方法；结果，其理论借助数学工具而在表达上越来越精确的同时，却因抛弃了伦理学内容而与现实之间产生出越来越大的脱节。

事实上，尽管斯密开创的古典经济学也以自利人作为经济分析的起点，但是，这种自利人及其行为本身是从熟人市场上的人伦日用中提炼出来的。相应地，斯密所刻画的自利行为并非是抽象的，而是深植于具体的社会关系之中；进而，斯密所理解的市场主体也不是一个抽象的原子，而是一种伦理的存有。与此不同，新古典经济学将其研究对象从公共领域转向私人领域，并主要限定在人与物之间的关系领域；这样，新古典经济学逐渐将个体从社会中孤立出来，分析一个一般而抽象的原子个体，以致现代主流经济学的分析范式就建立在抽象的原子主义经济人（Homo Economicus）假设之基础上。一般地，这种经济人具有以下几个特点：①抽象的，表现为以平均值替代每个个人的数值；②原子主义的，把人从家庭、部族、阶级或民族分离出来；③物质的，是基于自我利益考虑的人；④理性的，特别是以局部最大化为目标；⑤同质的，撇开了异质化的社会现实；⑥均衡分析，个人的逐利行为将导向社会的和谐局面。与新古典经济学以降日益狭隘化的研究内容相适应，现代主流经济学的研究方法也逐渐走向了抽象演绎、个体主义、形式理性以及均衡的分析路径。

因此，在现代主流经济学的分析框架中，理性就被赋予了一个至关重要的地位。波斯纳写道："经济学是一门关于我们这个世界的理性选择的科学——

在这个世界，资源相对于人类欲望是有限的。"①特别是，随着经济学研究领域的拓宽，尤其开始探究社会生活中个体之间的互动，理性人如何行为就成为现代主流经济学分析的基本对象，理性也被现代主流经济学视为人类行为的基本特征和方式。问题是，现代主流经济学所构设的这个理性是高度抽象的，是平均主义的，也是数学逻辑意义上的；结果，"（在这种）科学假设的影响下，不但人的精神，而且，每一个个人，甚至所有个体存在（无论其具体情况如何），都被统统扯平了、均等化了，统统被混淆得模糊不清了，结果，现实的画面被扭曲成了一个概念化的平均值。"②尤其是，尽管理性被当作经济学分析的基本出发点，但"作为一种非理性存在的人，却是客观存在的真实而可靠的载体，是许多科学论述所指的那种与非真实的理想人或正常人相对立的具体的人……（因此，在经济学描绘的）这幅图画里，生动的真实的人的精神似乎被排除在外了。其实，这恰恰是对'人性'的货真价实的反对"。③

由此，我们需要思考"究竟何为理性"这一问题。迄今为止，学术界出现过非常多样的理性概念，有一些概念在内涵上还恰恰是针锋相对的。这里就一些相对应的概念做一列举：工具理性（Means Rationality 或 Instrumental Rationality）和价值理性（Value Rationality），程序理性（Process Rationality）和目的理性（End Rationality 或 Terminal Rationality），形式理性（Formal Rationality）和实质理性（Substantive Rationality 或 Purposive Rationality），信念理性（Conviction Rrationality）和责任理性（Responsibility Rationality），近视理性（Shortsight Rationality）和长远理性（Foresight Rationality），个体理性（Individual Rationality）和集体理性（Collective Rationality 或 Social Rationality），完全理性（Complete Rationality）和有限理性（Bounded Rationality）。

同时，上述各组理性概念在外延的界定上往往并不非常清晰，而是存在显著的交叉，由此也就造成使用上的混淆。例如，目的理性和价值理性之间就容易混淆，因为理性行为所争取的结果往往也是有价值的，因而目的理性本身就隐含了有关目的状态的价值观。当然，一般来讲，我们把合理地追求特定目标的行为都称为目的理性；相反，价值理性则主要是指把某种确定的行为方式视为一种价值，并将它排在价值的序列之中。因此，价值理性与工具理性往往成为相对应的一组概念：工具理性为各个行为者的特殊目的服务，价值理性

---

① 波斯纳：《法律的经济分析》，蒋兆康译，中国大百科全书出版社 1997 年版，第 3 页。

② 荣格：《未发现的自我》，张敦福译，国际文化出版公司 2001 年版，第 8 页。

③ 荣格：《未发现的自我》，张敦福译，国际文化出版公司 2001 年版，第 7 页。

则强调某一特定手段的价值；相反，目的理性则与程序理性成为相对应的一组概念，它强调某一特定结果的价值。再如，实质理性与目的理性之间也具有非常相似的含义，实质理性主要是相对于重视程序和方法的形式理性而言的，也是强调对目标和后果的重视，但更为凸显默会性目的。相应地，实质理性与形式理性也是相对应的一组概念：形式理性强调做一件事时方法和程序的可计算性，任何人都可以用同样的方法和程序来追求自己的目标；实质理性对达成目标的方法和程序则不作明确的交待，只有少数熟谙这些特殊方法和程序的人，才可以用之追求自己认为有价值的目标。

一般地，现代主流经济学所理解的理性主要集中于个体的行为目的与选择手段之间的关系上。例如，西蒙将理性视为这样一种行为方式：①适合实现既定目标；②在给定条件和约束的限度之内。也即，现代经济学关注的是达到目的的合理手段之选择，从而撇开这种多元化的理性内涵考虑而把它转变为一种选择行为。问题是，选择所基于的目的是什么？一般地，自新古典经济学兴起伊始，它就集中关注个人最大化功利的方式，而这种功利又逐渐退化为物质效用；相应地，现代主流经济学就撇开理性的多样性内涵，而集中关注内涵相近的经济理性、物质理性或金钱理性。长期以来，经济学和社会科学其他分支之间就是按照这一标准来划分研究领域的：经济学主要研究物质领域和经济行为，社会科学其他分支则研究非物质领域和非经济行为。由此，经济学和社会科学其他分支之间逐渐产生了泾渭分明的方法论壁垒：存在截然不同的假设前提或研究视角。例如，诺贝尔经济学奖得主萨缪尔森就曾指出，许多经济学家以理性的行为或反理性的行为为基础来区分经济学和社会学；同样，诺贝尔经济学奖另一得主杜森贝里也认为，经济学是关于人们如何选择的，社会学则是关于为什么人们不需要进行选择的。

当然，尽管现代主流经济学推崇价值无涉，但根本上，它从目的角度将行为区分为"理性的"与"非理性的"这一做法本身就体现出一种主观的价值判断。进而，正是基于这种价值判断，人们可以基于任何一种视角而将另一种行为视为非理性的。例如，从目的理性的立场出发，价值理性就总是非理性的；而且，价值理性越是把当作行为指南的价值提升到绝对的高度，它就越是显得非理性的。[①]另外，任何个体都处于具体的社会关系之中，他的行为必然会受到一定社会关系的制约，甚至是特定规范约束的体现；基于这一视角的考虑，那些一心只是追求私利甚至是短期私利的人反而具有明显非理性的特征，因为

---

① 韦伯：《社会学的基本概念》，胡景北译，上海人民出版社 2000 年版，第 33 页。

这些逐利行为往往与自身的类人性发展相背离。例如，弗洛姆举了一个聪明、进取并成功的商人的例子：他把生活全部投入竞争与挣钱，他的私人联系也全是为同一目的服务；他虽精于结识朋友并博得好感，但内心深处却恨他的竞争者、他的顾客、他的雇员乃至一切与之接触的人，同时，也恨他销售的商品，认为它们不过是赚钱的工具；结果，他终于演变为觉得自己是其工作、商品以及所有与之有关的人的奴隶，从而逐渐丧失了自尊，借助酗酒来麻醉自己。[①]那么，这个商人的行为理性吗？同样，张汝伦也指出，"日益理性的现代人对婚姻的考虑更是越来越排斥了爱情的因素。婚姻的决定因素更多的是双方的身份、收入、地位、处境、职业、家庭状况、相貌，等等，而非爱情"[②]。然而，没有爱情的婚姻会幸福吗？

四 经济理性的重新泛化及其解释困境

现代主流经济学从行为目的和手段选择的角度区分了"理性"和"非理性"，但这种区分存在严重的内在缺陷。究其原因，目的本身只不过体现了行为者的主观愿望，而不同个体的行为目的则存在差异。也即，目的本身具有主观性和多样性。基于这一视角，即使我们基于自身评价标准而判断他人的行动目标是不值得追求的，但也不能将他人的行动称为非理性的；相反，按照定义，人们在为实现某种目的而进行手段选择时必然是理性的。基本理由是，任何行动都是特定目的和条件下的产物，只不过，理性所表现出来的现实行为往往会受到其他因素的制约，如个人能力、信息条件以及其他约束等。

由此，我们对理性有以下两点理解：①对理性内涵的理解本身是多角度的，它体现了不同个体的不同价值观和多样化目的；②目的本身没有所谓的理性与非理性之分，从而难以基于目的对人类行为作理性和非理性的区分。豪斯曼和麦克弗森写道："虽然大多数人会说偷一个陌生人的救生衣者救他自己的性命是理性的，但是大多数人不会说不这样做是不理性的，并且没有人会说一切和个人利益显然相悖的行为是非理性的。父母为了支付他们的孩子学音乐的学费，牺牲他们计划好了的加勒比海度假，不一定是非理性的。所以看起来，

①　弗洛姆：《精神分析与宗教》，贾辉军译，中国对外翻译出版公司 1995 年版，第 48 页。
②　张汝伦：《坚持理想》，上海人民出版社 1996 年版，第 64 页。

人们似乎倾向于把自我利益和自我牺牲都看成是理性的。"[1]正因如此，在个人主义思维的指导下，现代主流经济学就不再考虑行为的目的选择问题，而主要关注行为者能否以及如何实现其特定目的这一问题，从而就导致了理性概念的泛化。

显然，正是由于从手段的合理性而撇开了人类目的的考虑来理解理性，现代主流经济学就将理性行为理解为具有内在逻辑一致性的行为选择。例如，波斯纳强调，"理性最大化不应与有目的的计算相混淆。经济学不是一种关于自觉意识的理论。无论选择的心理状况如何，当行为与理性选择模式一致时，它就是合乎理性的。"[2]进而，基于内在逻辑的一致性，现代主流经济学就得以名正言顺地把经济学当作数学的一个分支，致力于研究一系列具有传递关系假设的形式属性，而其公理则内在地定义了"力学"的技术性概念。问题是，这种理性的泛化理解果真有助于现实问题的解决吗？罗森伯格指出，"'理性'这一抽象术语有着丰富的潜在解释方法，比经济学家现在认识到的要多得多，但它们对人类行为的意义及其后果的揭示，比之我们不切实际地要求经济学家揭示的要少"[3]。为此，我们可以对理性概念作进一步的审视。

首先，基于逻辑一致性的理解，原先被主流经济学视为"非理性"行为实质上也包含了理性的因子。

关于这一点，有很多思想家尤其是奥地利学派学者都作了非常深刻的剖析。事实上，在奥地利学派看来，目的只不过是人们主观愿望，它本身无所谓理性还是非理性。相反，理性主要体现为实现目的的方式选择，看这种方式对实现其规定目的的效率如何。米塞斯指出，"理性和非理性概念根本不适用于目的……当把'理性'和'非理性'的表述运用于达到一个目的所采用的手段时，这种用法只是从一定的技术的角度看才有意义。但是，只可能以两种方式说明使用不同于被这种技术指定为'理性的'那些手段的原因：或者是行为者不知道'理性的'手段，或者他由于希望达到其他目的——也许从旁观者的角度看是非常愚蠢的目的——而不用理性的手段。在这两种情况之下说'非理性的'行动都是正当的""根据定义，行动总是理性的。只是因为从自己的评价

① 豪斯曼、麦克弗森：《经济分析、道德哲学与公共政策》，纪如曼、高红艳译，上海译文出版社2008年版，第95页。

② 波斯纳：《法律的经济分析》，蒋兆康译，中国大百科全书出版社1997年版，第3-4页。

③ 罗森伯格：《经济学是什么：如果它不是科学》，载豪斯曼：《经济学的哲学》，丁建峰译，世纪出版集团、上海人民出版社2007年版，第348页。

的角度看行动的目标是不值得追求的，就把它们称为非理性的，这是无根据的。这种表达的模式引起了严重的误解。我们不应该说非理性在行动中起作用，而应该使自己习惯于仅仅说有一些人的目的和我的目的不同，而且有一些人所用的手段和我在他们那种情况下所用的手段不同"①。

同样，现代奥地利学派的另一代表人物沙克尔也指出，从来没有一个人在行动的时候说他自己是"非理性"的，因为行动的时候，就是创造性地选择、去行动，去创造一个未来世界图景；相应地，如果结果错了，没有实现预期的结果，就说原来的选择"非理性"，那就简直是"站着说话不腰疼"。事实上，每个人在行动时都有其自身的目的和信息环境，而传统经济学有关"理性"和"非理性"的区分则是以外部事件视角审视当事人的行为，这显然并不符合行动者的信念。②沙克尔的这一观点也为其他学者尤其是公共选择学派学者所继承。例如，布坎南认为，通常经济学研究的是"非创造性"的选择或"反应性选择"，而经济学应该关注的是在每一特定情境下的创造性选择。再如，赖克指出，只要阿罗学派的弱顺序的前后一致的要求被满足，包括自杀在内的任何选择都能被解释为理性的。因此，唐斯指出："我们怎样能够区分理性人的错误与无理性人的正常行为呢？如果理性实际上意味着效率，那么，无效率的人总是无理性的吗？或理性人也会有无效率的行为吗？"唐斯的自答是："一个犯错误的理性人至少是努力以求精确地权衡成本收益；而无理性的人则有意不这样做。但无数个未察觉的精神疾病病例不符合这一准则，甚至无治愈希望的精神病人其行为也常常显示出完善的理性，尽管他们对现实的知觉是歪曲了的。"③

其次，理性在某种意义上讲也起源于非理性，非理性是认识活动、道德活动和生命活动的基础。

关于这一点，尼采作了先驱性的探索，福柯作了进一步的剖析。例如，福柯在对疯人之所以被排斥于主流社会之外的整个历史过程作了系统的梳理后指出，理性与非理性、理性和癫狂之间的区分是在一定的历史条件下才得以出现的，开始癫狂并不被视为疾病，只是在17世纪期间由于理性时代的盛行，癫狂才被视为一种精神疾病；而且，在不同时期人们对理性和非理性的区分也是不断变动的。从中世纪鼎盛时期到十字军东征末期，首先是麻风病被视为非理

①　米塞斯：《经济学的认识论问题》，梁小民译，经济科学出版社2001年版，第32-33页。

②　汪丁丁：《制度分析基础讲义Ⅱ：社会思想与制度》，世界出版集团、上海人民出版社2005年版，第174页。

③　唐斯：《民主的经济理论》，姚洋等译，上海世纪出版集团2005年版，第7页。

性的人群而受到隔离，后来在麻风病消失的二三百年后，穷人、流浪汉、罪犯和精神错乱者替代了麻风病人的角色，为社会所不能容忍而受到隔离。也就是说，一个社会所谓的理性或正常本身就是一个主观认知的过程，是站在特定群体的立场上而言的。例如，福柯就指出，癫疯者、道德败坏者、挥霍放荡者、褒渎神明者、思想自由者、乞丐流浪汉、懒汉痴呆者以及犯人等都被世人视为非理性者。

福柯在《疯狂与文明》的前言中就引用了两句话作为开场白：一是帕斯卡的话，"人类必然会疯癫到这种地步，即不疯癫只是另一种形式的疯癫"；二是陀思妥耶夫斯基的话，"人们不能用禁闭自己的邻人来确认自己神志健全"。[①]这表明，世人眼中的疯子所展示出来的行为对他们自己而言也是理性的，之所以被视为疯子，仅仅是因为他们的追求不为社会认同和容忍，从而也就是现代"文化幻觉"的一部分。相应地，正如人类历史上有很多特立独行的人乃至众多的思想先驱都曾被当时的社会大众视为"疯子"而备受折磨一样，当前社会上那些所谓的"疯子"也并非是真正的非理性，而往往"仅被看作是那些不能被同化进资产阶级秩序及其工作伦理学的人"。为此，由尼采开创而由福柯发扬光大的谱系学强调，"那种一直被表述为理性立场的东西本身，事实上无外乎一种问题透视视角，而该问题也可以从其他视角加以透视"。[②]

再次，为应对行为的多样化，现代主流经济学依旧以逻辑一致性为依据对理性进行泛化定义。

基于人类目的的多样性，产生了丰富的理性形态。但是，出于使用数学推理的需要，现代主流经济学不愿意放弃基于逻辑一致性的阐释，而是在逻辑一致性的基础上对理性的外延重新进行拓宽。为此，现代主流经济学在涉及行为目的时往往做出这样的泛化处理：人类的行为目的不再仅仅是追求物质享受或金钱收益的最大化，而是追求效用的最大化。显然，由于不同个体的效用是不同的，因而任何个体行为都可以被视为是理性的，从而都可以被纳入经济人的模型分析框架。这有两点含义：一方面，尽管现代主流经济学家大多是在理性假设之下展开人类行为的分析，但在进行具体分析时所使用理性内涵往往又很不相同；另一方面，绝大多数主流文章都有意无意地运用了某种免疫策略，给出一种笼统的理性概念，从而在面临对理性内涵和外延的质疑时就可以方便地

---

① 福柯：《疯癫与文明》，刘北成等译，生活·读书·新知三联书店 2003 年版，前言。

② 麦金太尔：《三种对立的道德探究观》，万俊人等译，中国社会科学出版社 1999 年版，中文版导论。

调整（扩大或缩小）其理性的内涵和外延。

同时，为了凸显基于理性所作研究的普遍意义，经济学帝国主义者还进一步宣称：这种理性行为不仅从人类起源开始就适用于所有形式的人类社会，而且同样适用于动物王国的一大部分。例如，贝克尔写道："经济学分析是一个强有力的工具，它不仅可以用来理解人类行为，同样可以用来理解其他物种的行为。"[①]进而，一些经济学人还热衷于为这一假说展开大量的实证研究。例如，卡格尔等用老鼠和其他动物所做的试验研究就得出结论说："像人一样，动物也具有向下倾斜的需求曲线。"再如，塔洛克也宣称，生物体——从细菌到熊——可以看成拥有和微观经济学教科书里的人类所拥有的同样形式的偏好函数，他们都被当成是效用最大化者。[②]同样，兰达（J. T. Landa）在一篇《蜂群的社会经济组织》的论文中提出："一个有效率的蜂群组织是那种能够节省组织成本、信息成本和防御成本之总成本的组织。"对此，戴尔就感慨："这些研究非常具有想象力，但是却缺乏意义——因为只有当物品被当做商品时，价格、市场、交易、供应和需求才是具有决定意义的，而这仅仅发生在人类社会。"[③]

最后，现代主流经济学对理性的泛化定义并没有真正解决问题，反而滋生出更严重的新问题。

现代主流经济学对经济理性的理解泛化具体体现为：①每个学者在分析时都使用理性概念，都将一切人类行为纳入理性经济人分析框架之下；②每个学者在使用理性概念时又赋予了特定的理解，从而为理性经济人分析结果的现实检验设定了保护带。结果，现代主流经济学的行为分析就出现了这样的内在紧张：一方面，现代主流经济学的理性经济人分析几乎可以适用于任何类型的行为，并借助实证工具为之提供"似乎"（As If）如此的证明；另一方面，这些分析结果却无法进行证伪检验，因为正如罗森伯格指出的，存在种种辅助性假设的理性最大化的极值策略根本上是不能证伪的。事实上，波斯纳指出，"一个模型丰富到了使之没有经验观察来反驳它的程度——在此或者也意味着没有观察资料能支持它"。[④]这也意味着，无论是依据证实还是依据证伪的划界标

---

① Hodgeson G.M. 1999, *Economics & Utopia: Why the Learning Economy is not the End of History*, London & New York: Routledge, p.104.

② 霍奇逊：《经济学是如何忘记历史的：社会科学中的历史特性问题》，高伟等译，中国人民大学出版社 2008 年版，第 275 页。

③ 戴尔：《卡尔·波兰尼：市场的限度》，焦兵译，中国社会科学出版社 2016 年版，第 128 页。

④ 波斯纳：《法律的经济分析》，蒋兆康译，中国大百科全书出版社 1997 年版，第 20 页。

准，现代主流经济学都越来越偏离了科学的内涵。

　　当然，波斯纳这句话的原意是为了说明理论模型不能太复杂而是要进行抽象的研究，即使这种抽象脱离了现实；相反，如果把细节都尽可能地罗列，反而成为特例而不是理论。但是，波斯纳的这段话同样可以用于对那些内涵过泛的概念进行批判性审视，因为这给予那些使用者过大的自由度，使他们任意地进行分析却不愿意接受应有的检验。譬如，现代经济学一方面利用理性分析得出了一般均衡和帕累托最优等伊甸园，另一方面又利用理性分析得出了纳什均衡和公地悲剧等社会困局。在很大程度上，正是基于理性的那些似是而非的概念，造成了目前经济学研究中极度混乱的状态：似乎给出了某种漂亮的结果，但深究起来又似乎是什么也没说清楚；似乎给予了理性行为的启发，但深究下去却依然"恍兮惚兮，其中无物"。

　　总之，尽管现代主流经济学赋予了理性以泛化内涵，以便经济学人在具体分析时可以灵活地使用它，但是，这种发展同时也带来了种种问题，乃至很多学者都提出了深刻的反思和批判。例如，亨特指出，"新古典经济学试图通过用理性的、自利的、最大化行为等术语来解释一切，但是实际上，它什么都没有解释"[1]。甚至是作为经济学帝国主义的积极推动者，波斯纳也不得不承认，"人们也不能把经济学称作一种理性选择的科学。（因为）人们对'理性'缺乏清晰的定义；即使不提这一困难，也还存在着理性选择的非经济理论"，同时，"还存在非理性的经济理论"，如"产业组织中的实存论，即企业会随机地采取降低成本的方式来打击对手"；进而，人们甚至也"不能将经济学称作研究市场的唯一科学和只研究市场的科学，不仅因为这一描述是用武断的概念性语气在解决经济领域的问题，而且其他学科——尤其是社会学、人类学、心理学——也研究市场"。[2]

五　现代主流经济学在理性认知上的问题

　　上面的分析表明，现代主流经济学往往通过不断变换术语的内涵来推动所谓的理论进步。谢拉·C.道写道："理论的进步在一定程度上取决于对一个

　　① 亨特：《经济思想史：一种批判性的视角》，颜鹏飞总译校，上海财经大学出版社2007年版，第269页。

　　② 波斯纳：《法律的经济分析》，蒋兆康译，中国大百科全书出版社1997年版，第902页。

核心概念所赋予的新的含义，比如对于理性的含义。在科学思想的发展历程中，不断变化术语的含义，是很正常的……然而，如果依据某种标准，我们不认可术语的变化就是理论的进步，那么，判断经济学进步与否，则是相对困难的。"[1] 事实上，正是由于现代主流经济学对理性概念的理解存在非常含混之处，才使得一些经济学人往往可以相机地根据自身需要而赋予理性以不同内涵，这种内涵不断变换的使用加剧了经济学研究的不确定性。

（一）现代主流经济学对理性的双重理解

首先，就传统的新古典经济学范式而言。传统的新古典经济学范式对理性概念往往会采取非常狭隘的理解方式，只将基于行为功利主义原则而随时准备实行机会主义以最大化个人利益的行为视为理性的，这种理性也就是工具理性。譬如，基于对自然科学中工具理性的崇尚，人们往往把"硬"和"理性"等与男性特质联系在一起，共同反映客观和科学的特征；而往往把"软"和"激情"等与女性特质联系在一起，认为这是理性发育不足的体现。

问题是，女性的行为果真更加非理性吗？事实上，信任是现代经济增长所需要的一种极为重要而稀缺的资源，[2] 而女性则因更具有公平的观念而往往受到更多信任。例如，Wright 和 Sharp 的实验表明，受试者往往表现出对女性的更大信任。[3] 同样，Shaub 的实验也表明，无论是男性受试者还是女性受试者都相信，女性在很大意义上更加值得信任。[4] 这也意味着，从人类发展的结果上看，女性那种看似感性的行为实质上更为理性。那么，如何理解这种背反呢？韦伯认为，"对于实际的感情（如各种类型的恐惧、愤怒、雄心、羡慕、嫉妒、爱恋、激动、骄傲、包袱、崇敬、奉献或追求），对于由这些感情导致的、从理性和目的行为角度观察而认定非理性的各种反应，我们自己越是能亲身感受，我们就越能在情感上确切地重现它们……并理智地估计出它们对行为方向和手段的影响"。[5]

---

① 谢拉·C. 道：《经济学方法论》，杨培雷译，上海财经大学出版社 2005 年版，第 7 页。

② Fukuyama F., 1995, *Trust: Social Virtues and the Creation of Prosperity*, New York: Free Press.

③ Wright T., 1979, Sharp E. Content and Grammatical Sex Bias on the Intertemporal Trust Scale and Differential Trust towards Woman and Men, *Journal of Consulting and Clinical Psychology*, 11(7): 72–85.

④ Shaub M., 1996, Trust and Suspicion; the Effects of Situational and Dispositional Factors on Auditors' Trust of Clients, *Behavioral Research in Accounting*, (8): 154–174.

⑤ 韦伯：《社会学的基本概念》，胡景北译，上海人民出版社 2000 年版，第 3 页。

当然，现代主流经济学家之所以极力支持和鼓噪依赖数学计算的工具理性及相应的经济人分析，美其名曰是为了促进经济学走上所谓的科学化发展道路。正是基于这一要求，体现个体功利的工具理性不仅被运用于传统的物质生产和消费领域，而且日益被扩展运用到人与人之间的社会关系层面。正因如此，在分析人们日常生活的互动行为时，现代主流经济学就越来越撇开了人所处的具体社会关系，而考察一个完全抽象而孤立的个体行为；而且，现代主流经济学不是去剖析每个人因亲社会性的程度差异而产生的不同需求，而是集中分析对物质利益的本能需求。显然，这种分析已经远离了真实世界理性人的内涵，为此，格拉诺维特就以"低度社会化的人"这一概念对经济人意象进行了批判，而科尔曼等则以对社会资本进行投资来对人非物质的社会化行为加以说明。

其次，就现代的经济学帝国主义而言。现代的经济学帝国主义思潮对理性概念往往倾向于采取非常宽泛的理解方式，甚至将除了疯癫者之外的其他类型的行为都视为理性的，并借助于约束条件对这些行为理性进行分析。这样，现代主流经济学一方面将疯癫视为非理性行为，但另一方面又将动物行为视为理性的，甚至不惜花费大量的笔墨以及运用大量的数据来论证动物行为也符合经济学的需求定律等理论。譬如，贝瑞（W.Berry）断言，老鼠和蟑螂的生存竞争遵循供求定律。[①]

问题是，一般动物比那些"疯癫者"更为理性吗？而且，按照现代主流经济学的理性概念，对一个疯癫者的行为与一个特立独行者的行为果真能够有效区分吗？事实上，特立独行者往往是追求自我实现的人，尽管社会大众往往无法理解他们的行为。弗洛姆曾指出，一种形态是否健康可以从两个角度来分析：①从功能社会的角度，常人或健康人是一个能够圆满完成他在既定社会中所要扮演角色的人；②从个人的角度，健康或常态就是有一个最适合成长和幸福的环境。一般来说，只有在一个合理的社会中，一个既定社会的结构才能够为个人幸福提供恰当的环境，从而使得这两种角度相吻合；同时，一个理性的人很大程度上也就是能够很好地将两者结合的人，尤其是能够有助于实现个体长远利益和社会长远发展的人。从这个角度上说，那些在短期内不为社会理解的特立独行这本身是理性的，是属于柏拉图意义上高度理性的哲学王。

当然，迄今为止的人类社会中，个体和社会都或多或少地存在异化。在这种情况下，社会大众往往就会单方面地以短视眼光看待个体的行为，以社会角

---

① 戴尔：《卡尔·波兰尼：市场的限度》，焦兵译，中国社会科学出版社 2016 年版，第 128 页。

度判断个体的健康状况，从而就可能与个人追求和社会发展相违背。为此，弗洛姆写道："大多数心理学家想当然地认可他们所在社会的结构，认为那些与社会不合拍的人就是没有价值的不健康者。另一方面，与社会合拍者则被认为更有价值，更合乎人类的价值尺度。如果我们区分常态与精神病症两个概念，就会得出以下结论：一个所谓能适应社会的正常人远不如一个所谓的人类价值角度意义上的精神病症患者健康。前者很好地适应社会，其代价是放弃自我，以便成为别人期望的样子。所有真正的个体性与自然性可能都丧失了。相反，精神病患者则可以被视为在争夺自我战斗中不准备彻底投降的人……从人类价值角度来看，他要比那些完全丧失了个体性的常人更坚强些。"[1] 在很大程度上，这类追求自我而与现实社会不合拍的种种行为往往"具有颠覆西方理性大厦的潜力"，[2] 这也启发我们重新思考现代主流经济学所定义的理性之内涵。

（二）经济理性的偏盛与社会科学的割裂

现代主流经济学对理性内涵的理解可以追溯到韦伯所创造并区分的"目的理性"和"价值理性"这两个概念。正是基于这两种理性概念，后来逐渐建立起了两大基本分析框架：经济学中的经济人分析和社会学中的社会人分析。在很大程度上，两种理性是互补的，因为我们研究的是同一个"人"。试想，同一个体的行为能基于不同侧面而给予截然不同的判断理解吗？我们可以一方面说某个人在经济领域的行为是理性的，另一方面又说他在社会领域的行为是非理性的吗？要知道，这都是同一个人在行动，难道此人得了精神分裂症了吗？相应地，经济学和社会科学其他分支之间本质上也应该是互补和共通的。一方面，社会科学各分支之间根本就是无法分开的。正如霍尔瓦特指出的，"要分析人类的活动，我们需要区分它的各个方面。但这不是意味着精神分裂的假定。各个方面可能是不同的，但它们既不是独立的，也不是完全隔绝的。它们属于同样的人类的活动。无论我们做什么，总是关系到事实和价值这两个方面"。[3] 另一方面，社会科学各分支在社会科学发展史中也没有分开。斯威德伯格指出，"（早期）经济学和社会学（就）相处得非常融洽。这一点可以用卡

---

① 弗洛姆：《逃避自由》，刘林海译，国际文化出版公司 2002 年版，第 99 页。

② 麦克尼：《福柯》，贾湜译，黑龙江人民出版社 1999 年版，第 9、2 页。

③ 霍尔瓦特：《社会主义政治经济学：一种马克思主义的社会理论》，吴宇辉等译，吉林出版社 2001 年版，第 266 页。

尔·马克思和约翰·斯图亚特·穆勒的著作为证[①]"。

不幸的是，随着新古典经济学逐渐将人类理性等同于工具理性，并进一步划分了理性和非理性行为，经济学与社会学乃至社会科学其他分支之间就出现了越来越大的隔阂：经济学专注于用抽象理性的方法解决经济问题，社会学则运用社会结构的方法分析非经济的论题。现代主流经济学认为，经济学研究的是人类理性行为，这种理性行为是不会"盲目"服从规范的；而社会学等关注的是人类的非理性行为，这种非理性行为往往习惯性地、不假思索地遵守某种社会规范。不过，基于工具理性概念将整体性的社会科学割裂开来显然是不正常的，在这种隔离状态下所发展出的理论也是不成熟的。实际上，自然科学各分支基于爱奥尼亚魅力而在努力寻找统一契合的途径，但社会科学却被刻意地割裂成不同的研究假设和视角。试问：这行得通吗？正是由于当前的社会科学处于分裂状态，从而对人类社会现象的认知也就是片面的，往往产生出弊大于利的后果。为此，熊彼特挖苦说："经济学界现在正构建自己的粗浅的社会学，社会学也在构建它们自己粗浅的经济学。"[②]

当然，这种割裂的基础在于对理性内涵的狭隘理解：现代经济学离开具有社会环境而把人类行为描述为纯粹的个体偏好，同时又把这种舍象掉亲社会性的动物性行为视为是理性的，由此建立了逻辑一致性的理性概念体系。但是，这种理性概念显然无法令人满意，这里从两方面做一说明：第一，交往理性是人类理性的根本特性之一。法国存在主义哲学家巴勃（M.Buber）在论述同一性和关系的哲学短文《我和你》中就说：经济学家往往想象"世界……嵌入在'我'之中，实际上就根本没有'世界'"，而社会学家则认为"'我'……嵌入在世界之中，实际上就根本没有'我'"。[③]第二，任何人的行为都离不开社会规范，因为规范本身就是一种互动关系。正如 M.鲍曼指出的："如果说追逐个人利益乃是人的本性，那么人的存在条件就是每个人都成为规范利益人，因而也成为潜在的规范制定者。"[④]事实上，韦伯也曾强调指出，效用最大化本身就是一种受到历史条件制约的社会规范。例如，在一些传统社会中，如果把计件率定得较高，就意味着农民会提前收工，因为他们希望挣到的东西能够勉强度日就行了。这种行为曾经在早期的分包制生产中普遍存在，而与现代主流经济学的假设——提高计件率会增加工人的产量——相违背。

---

① ② 斯威德伯格：《经济学与社会学》，安佳译，商务印书馆 2003 年版，中文版序言。

③ Nelson J.A., 1996, *Feminism, Objectivity and Economics,* London & New York: Routledge, p.33.

④ M. 鲍曼：《道德的市场》，肖君、黄承业译，中国社会科学出版社 2003 年版，第 132 页。

　　显然，由于社会学、伦理学、法学等学科所考察的对象就是人类的社会规范以及镶嵌于其中的人类行为，因而必然也就是真实世界的人类理性行为。正是在这种意义上，西蒙等认为，社会学与理性分析休戚相关。也就是说，原先被视为研究非理性领域的社会学、伦理学等学科所研究的人类行为实际上也是理性的，而且这些人类行为在处理社会互动关系时更为理性，更容易实现协调和合作。不幸的是，现代主流经济学对此似乎毫不在意，而是努力以自身的方法论来统一所有人文社会学科，而美其名曰"理性分析"。因此，经济学要走向成熟，就必须逐渐消除目前这种界限井然的学科壁垒，而社会科学各分支之间相契合的关键在于对理性概念的理解。布坎南写道："我预见未来的发展是社会科学之间界线的模糊，这将不仅是经济学和社会学之间的事。譬如，我与詹姆斯·科尔曼的共同点远比我与那些拘泥于形式的经济学家的共同点多。许多经济学家日益强调对组织内部结构的理解，已经驱使两门学科相互靠近了。"①

　　可见，由于长期以来狭隘地将理性等同于工具理性，很多社会科学家就反对经济学中的理性假设。温和者强调，人不可能是完全理性的，从而提出了有限理性之说；而激进者则认为，是感性而不是理性是人类行为的主要动力，并以人的日常生活为例来说明人的行为根本上是非理性的。由此可见，理性概念不能停留在经济学的传统理解上：①传统理性概念具有内在的不确定性：经济学中那些看似理性的功利行为往往因会导向囚徒困境而又是非理性的，社会学中那些遵循规范的行为往往因可以更好地促进人类社会秩序的持续扩展而又是理性的；②从人类长期发展角度上讲，理性的合理化绝不限于工具理性，更是价值理性和交往理性，而这又要考虑具体的社会关系。那么，究竟该如何理解人类理性呢？一般地，这就需要有更广的视角，需要借鉴文化的、社会的和制度的因素考量。科尔曼认为，"经济学家实际上从根本上显示出了研究领域的狭窄和盲目，未来很可能使经济学成为社会学的一个分支"②。在很大程度上，正是基于广义的理性考虑，现代经济学中对理性内涵的认知也在不断演化，理性外延则在不断拓宽。

---

① 斯威德伯格：《经济学与社会学》，安佳译，商务印书馆 2003 年版，第 3 页。
② 斯威德伯格：《经济学与社会学》，安佳译，商务印书馆 2003 年版，第 78 页。

（六）通过目的的辨识来理解人类理性

要真正理解人类理性，一个基本立足点就是考察人与其他动物之间的行为差异。一般来说，理性是人类区别于其他动物的重要特征：其他动物只能看到一次性争斗的收益，而人类却具有克制短视行为而追求长期利益的能力。也就是说，我们不能混淆人与其他动物的行为差异，也不能只以一次性互动或少量短期互动的功利量作为行为选择原则，因为这也就类似于一般动物的争斗行为了。进而，根据这一理解那些特立独行者的行为是理性的，因为他们清楚地意识到自己的长期利益之所在并为之不断努力追求，尽管这些行为不为其他人所理解；相反，那些精神有问题的疯癫者以及意志薄弱的"瘾君子"都不是理性者或者是理性程度较低者，因为他们无法清晰地考虑自身的长期诉求，更没有朝着这一目标而实施努力的行为。正是由于理性者具有长期利益考虑的能力，因而往往为了今后利益或更大的合作利益而能够牺牲自身的暂时利益，以至其行为表现出较强的亲社会性和利他性。

其实，上面的分析也指出，人们对疯癫的界定以是否符合社会性需要为基本考量：一个不符合社会需要的行为往往就会被视为疯癫的。同时，由于人类社会需求在不断变化，原先一些因不为理解而被社会大众视为非理性的特立独行实质上也是理性的，这与那些因精神有问题的疯癫者之间存在本质性差异。显然，现代主流经济学也是基于行为的目的—手段来理解理性，从这点看，它对理性理解的视角本身并没有问题。问题就在于，现代主流经济学对行为目的的理解上：一方面，现代主流经济学将人类行为目的视为个人功利的最大化，并给予行为功利主义来做行为是否理性的衡量，从而就将理性的内涵窄化了；另一方面，现代主流经济学又转而将个体行为目的视为不可比较和评价的，不能因从自己的评价角度而判断他人的行动目标是不值得追求的而把它们称为非理性的，从而又将理性的内涵泛化了。

显然，现代主流经济学的理性概念没有对人类行为目的的合理性做出界定和说明：基于特定目的的个体行为是否可以实现其长期的利益追求，是否可以达到以及是否符合人类健康发展的需求？正因如此，现代主流经济学无法对丰富多样的现实行为给出一个明确的预测和评价。相反，通过引入对目的的设定和比较，我们就可以更好地区分理性和非理性、有限理性和完全理性以及理性的程度。譬如，一个马基雅弗利主义者，随时随地使用相机抉择策略来最大化自身利益，却因此而陷入了囚徒困境之中，那么，他的行为也是非理性的；相反，一个雷锋主义者，随时随地准备帮助他人而牺牲自身利益，却因而获得了广泛的社会认同和合作，那么，他的行为就是理性的。正因如此，一个致用的经济学必须充分考虑个体行为所依赖的具体社会关系，只有考虑了这些具体的行为环境和社会规范，才能有效地提炼出个体的偏好并对其行为目的做出初步的判断，从而预测其未来的行为选择并做出是否理性的判断。

同时，正是由于对行为目的本身缺乏评估，因而任何人类活动乃至其他动物行为都被现代经济学视为理性的。但是，这种泛化的理性概念存在两大致命的缺陷：①现代主流经济学倾向于对这些"理性"行为做事后性解释，却往往无法提供事前性的预测；②理性的判断主要是基于一次性行为的行为功利主义，以致一些通常公认的非理性行为在学术上也被称为理性的。例如，有消费者在香蕉价格下跌时偏偏选择买价格上涨的柑橘，要知道他前几天还买了很多高价的香蕉；但是，现代主流经济学却将这种行为视为理性的，其理由是，该消费者的偏好已经发生了变化，尽管你并不知道他为何会发生这样的偏好改变。再如，有人在 2007 年 10 月中国股市处于 6100 点的高位时进入股市而在 2008 年上半年的 1600 点左右却不敢入市甚至退出，但是，这种行为在经济学上也被视为理性的，其理由是，买方在 6100 点买入股票时股票还在继续涨而在 1600 左右时却继续跌，因而就那一次性股票交易而言显然是理性的，尽管随后被套牢了。问题是，不能清晰地认识到股价高位时潜含的巨大风险以及因被股市套牢而造成巨大损失的行为果真可以被称为"理性"行为吗？显然，这些都有赖于我们对理性概念的重新理解、对理性内涵的重新审视。

可见，现代主流经济学之所以如此错误地理解和运用"理性"一词，重要原因就在于，它不愿意对人们的经济活动本身所希求的目的做一辨识和解析，却在目的不确定的情形下致力于手段和理性的探索。正因如此，现代主流经济学及其信徒往往基于自身的研究需要而对目的加以任意的解释：一方面，早期的新古典经济学及其继承者主要研究人类的经济活动，从而往往将行为目的界定为收益的最大化；另一方面，当前的经济学帝国主义及其倡导者则积极将所有的人类活动都纳入理性经济人的分析框架，从而将理性的目的泛化为"效用"最大化。同时，由于经济理性主义的渗透，包括社会学、政治学、法学等在内的几乎所有的社会科学（当然也包括传统的自然科学）也都开始宣称以理性为前提来构筑理论体系，但是，各学科对理性的理解本身却充满了争论。所以，科学哲学家劳丹就指出，理性问题是 20 世纪哲学最棘手的问题之一。在很大程度上讲，理性问题之所以成为当代哲学和社会科学的主题，既是对人类思想史上长期占统治地位的理性主义的一种历史性批判，也是对理性的发展历史和作用功能的批判性反思，同时又是科学发展的逻辑必然。[①]

七　结语

现代主流经济学将丰富多样的社会人还原为同质的经济人，而经济人行为又被赋予具有严密逻辑的理性因子；进而，以理性经济人为基石，现代主流经济学展开了严格的演绎分析，由此获得了"理性的真理"。问题是，正如康德指出的，"理性的先验运用将根本不可能是客观有效的，因而不属于真理的逻辑。"[②]就经济学而言，基于理性经济人模型的分析结果往往显著地偏离现实世界。其中的关键就在于，这个"理性"并不是根基于人伦日用。面对各方面的批判，现代经济学有试图通过偏好或效用内涵的扩大维护理性经济人分析框架，这种保护策略反过来将经济学的分析泛化了，以致理性经济学人假说也变成不可证伪的洞悉。对此，巴克豪斯指出，"（现代）经济学范畴变得既更加狭窄又更为宽泛。说它更为宽泛是因为由于'形式化'理论的出现使得研究的问题所有扩展，其涉猎范围有所扩大，超出了 20 世纪 50 年代有可能研究的领域……（说它）也变得更为狭窄，这是因为它越来越多地依赖理性的最大化行为的假设，无论是数学理论还是形式化的统计数据分析，形式化方法已经成为学术研究规范。刊登在顶级经济学杂志的文章越来越数学化，运用数学建模技术的能力被作为衡量学术性经济学家专业精通程度的指标"。[③]鉴于此，我们就需要深刻思考：究竟何为理性？

---

①　程恩富、胡乐明等：《经济学方法论：马克思、西方主流与多学科视角》，上海财经大学出版社 2002 年版，第 163 页。

②　康德：《纯粹理性批判》，邓晓芒译，人民出版社 2004 年版，第 134 页。

③　巴克豪斯：《经济学是科学吗？现代经济学的成效、历史与方法》，苏丽文译，格致出版社、上海人民出版社 2018 年版，第 135 页。

经济理性拓展使用的限度：

现代经济学的理性根源及其适用性

> **导 读**
>
> 　　理性经济人主要体现了人在控制和使用自然物时所展示的行为特征，但基于根深蒂固的自然主义思维，经济学帝国主义运动却将之拓展到人与人之间的社会关系中乃至一切社会生活领域，从而就将人与人之间的社会关系拟物化了。事实上，人类社会互动中更值得关注的是交往理性和价值理性，这与嵌入在经济人假设中的工具理性具有很大不同。正因如此，在经济学帝国主义的推动下，现代经济学理论及其分析结论与人类社会的现实及其发展要求之间就出现越来越大的脱节，由此也就引起我们对经济理性适用范围的审视。

 引言

　　上一章对赋予不同内涵的理性做了辨识，本章则进一步剖析经济理性的适用范围。一般地，经济人假设所赋予人的就是经济理性，它以效用最大化或收益最大化为行为目标，这种效用最大化或收益最大化在市场经济中就可以转化为金钱理性或经济理性。之所以如此就在于，经济人假设本身就是市场经济的产物，进而体现了在市场竞争中对货币的追求，进而也就反映出物质文明或金钱文明盛行下人们争夺物质利益和货币收益时所展示出来的典型行为方式。不过，尽管这种行为方式主要适用于以物质需求为主导的社会，却难以适应于以非物质需求为主导的社会。究其原因，非物质（精神性）的社会需求往往相互依赖，是以互惠合作为前提的，这与自我和他者相分离且相互冷淡的经济人假设很不一样。

　　我们从两方面加以说明：一方面，由于人类需求存在层次上的递进性，相应地，经济学的研究领域也将随着社会向前发展而在不断拓宽；在这种情势下，人与人之间的社会关系就会重新为经济学所关注，经济人假设也就越来越脱节于追求社会需求的具体社会行为。另一方面，经济人假设本身与西方社会追求物质利益的浮士德文明及其相应的文化心理相适应，尤其是以崇尚市场竞争、扩张与控制的男性心理为基础；相应地，随着儒家社会及其他文明社会的新型市场之出现以及越来越多的女性进入市场活动中，市场经济中的行为方式也日趋多样化，这也与经济人假设的普遍性不一致。尽管如此，经济学帝国主义的兴起却无节制地拓展了理性经济人分析的使用范围，进而将经济理性不适当地运用到社会生活的分析中。鉴于此，本章致力于从起源学上考察经济理性的特性以及人类理性的各种不同表现，由此来对经济理性的现实适用性做一考辨。

二　嵌入在经济人假设中的理性审视

　　由于经济人假设的非现实性，以此为基石建立起来的现代主流经济学体系也就带有了根本性的缺陷。我们来看一下罗森伯格的看法："微观经济学理论在揭示人类行为规律方面的失败是由于它错误地认定这些规律贯穿于欲望、信念或它们的同类之中。经济学家在他们关于人类行为的假定基础上建构的关于市场和经济的学说体系，由于所依据的假定无法改进把业已提高的精确性传递给结果的方式，而被剥夺了进一步改进其解释和预测的能力。这样，作为经验科学的经济学的失败追溯起来就不是由于概念的错误，也不是由于受约束的最大化理论极其精巧地分析人类行为的数学工具的不恰当，而是由于一个错误的假定——一个经济学家与所有其他社会科学都认可，实际上，使用曾经诉诸欲望和信念的作用来解释自己或他人行为的所有人都认可的假定"；正是基于这一不愿放弃的信念，"（主流）经济学根本就不是经验科学"，而是"抽象数学的一个分支"。[①]

　　既然如此，现代主流经济学人为何又会如此坚持这一理念呢？根本上，这源于西方社会根深蒂固的自然主义思维：西方社会首先观察自然现象，并发现

---

　　① 罗森伯格：《经济学理论的认知地位如何》，载巴克豪斯：《经济学方法论的新趋势》，张大宝等译，经济科学出版社2000年版，第296页。

了普遍主义的自然法和自然秩序；进而，它又不加约束地将其运用到人类社会之中，由此就产生出先验的人性观。正是基于自然主义思维，主流经济学致力于对丰富多彩的人性进行还原，从人类行为中剥离出理性意识并将之视为人类社会的"万有引力"，并将之作为经济分析的逻辑前提或核心假设。问题是，经济人中嵌入的理性本质上是近视的：①经济人假设主要源于行为功利主义，从而关注一次性行为的目的—手段选择；②经济人假设又嵌入了工具理性，从而舍像掉了人类具体的社会性需求。从这个意义上说，经济人与现代主流经济学所宣称的完全理性之间是明显相悖的。希普（Hargreaves-Heap）写道："经济人的称呼通常加给那些在工具主义意义上是理性的人。（他们）具有完全充分有序的偏好、完备的信息和无懈可击的计算能力。"[1]

针对现代主流经济学把自利行为等同于理性行为的做法，森提出了尖锐的批判："的确，说人们总是现实地追求他们的自利最大化要比说他们必须追求自利最大化要少一些荒谬。把所有人都自私看成是现实的可能是一个错误；但把所有人都自私看成是理性的要求则非常愚蠢。如果最终目的只是在经济学理论关于实际行为的详细说明中，为自利最大化假设提供一个合理例子的话，那么，把自利最大化行为等同于理性，进而再把实际行为等同于理性行为，这一复杂的过程似乎起了完全相反的作用。试图用理性要求来维护经济理论中的标准行为假设（实际的自利最大化）就如同领着一队骑兵去攻击一只跛足的驴。"[2] 这也意味着，仅仅基于西方社会的自然主义思维，我们就无法真正理解人的主体性内涵，也无法确定人的意图和目的。相应地，这也就需要拓宽我们的思维来厘清经济理性的适用范围。

 ## 三 经济理性概念的起源及反思

（一）经济学的抽象思维溯源及其问题

经济学致力于对理性行为的分析这一路向可以追溯到古典经济学早期，当时的配第、坎铁隆、洛克、休谟以及斯密等都致力于探究市场活动中的个体理性行为。当然，早期学者在谈论基于自利的理性行为时，往往会考虑到人的亲社会性，强调人的自利行为嵌入在特定时期的伦理关系。例如，斯密在分析人

---

① 郑也夫：《信任论》，中国广播电视出版社 2001 年版，第 61 页。

② 森：《经济学和伦理学》，王宇译，商务印书馆 2000 年版，第 21–22 页。

的自利行为时就充分考虑到了人的亲社会性，由此挖掘了人的自律性——"克己"，进而在"克己"的基础上实现"自爱心"和"同情心"的统一。不过，自李嘉图以降，经济学家逐渐专注于斯密理论中的逻辑部分，这不但促使了"纯经济学"构建的兴起，而且促使经济学日益走上了抽象化的道路，以致抽象化在经济学研究中逐渐泛滥和畸化。

其实，李嘉图是第一位比较彻底使用抽象演绎法研究经济学的经济学家，他将现实经济高度抽象为少数几个变量之间的关系，然而在一些自明的公理性假设前提下通过演绎推理得出变量之间关系的结论。正是基于李嘉图对经济学方法论发展的贡献，萨缪尔森称其为"卓越的经济学家的经济学家"。[①] 李嘉图所开创的方法也受到众多经济学人的赞扬。赫伯特和埃克伦德就写道："李嘉图严密推理的分析体系显示了一种方法论的严密性，这种严密性是他的前辈或他的同时代经济学家所不及的，而且这对羽毛未丰的科学的成功发展也是至关重要的。"[②] 布劳格的评价则更高："如果经济学本质上是一部分析的机器，是一种思维方式，而非一大堆具体的结论，那么就是李嘉图真正发明了经济学这部机器所使用的技术。"[③]

确实，理论源于现实又高于现实，从而必然具有抽象性。问题是，李嘉图经济学在抽象化的道路上却变得不受控制，从而渗入了越来越强烈的先验理性主义和机械决定论特征。受此影响，现代主流经济学界的抽象也就不是遵循"从感性的具体上升到抽象，再由抽象过渡到思维中的具体"这一途径，而是从纯粹假定的思维原则出发来演绎客观存在的具体，将高度抽象的理性模型直接运用于复杂的现实世界。在这种情势下，斯密著作中曾居突出地位的关于历史、制度和事实的论述在李嘉图那里就不再重要了，他不仅抽象掉了资本主义生产关系内在联系的外部或偶然的因素，而且也把特定历史条件下的某种趋势看成了失去的一般规律。例如，李嘉图从抽象分析出发，认为资本积累绝不会大于生产上被使用的数量，因而资本过分积累不会发生，由此来否认经济危机的存在；但显然，资本积累不会被利润率的下降自动限制，而过度的储蓄会降

[①] 马克·斯考森：《现代经济学的历程：大思想家的生平和思想》，马春文等译，长春人民出版社2006年版，第89页。

[②] 埃克伦德、赫伯特：《经济理论和方法史》，杨玉生等译，中国人民大学出版社2001年版，第139页。

[③] 马克·斯考森：《现代经济学的历程：大思想家的生平和思想》，马春文等译，长春人民出版社2006年版，第93页。

低对商品的有效需求，从而破坏生产的动机。

显然，李嘉图的抽象分析很大程度上将理论的抽象性和历史性对立了起来，想当然地以为把一些表面现象抽象掉就能够"发展最深奥和最复杂的学科"。正因如此，人们常常指责李嘉图的理论过于抽象和远离实际，并把那种以抽象假设下得出的没有任何意义的结论去解决实际问题的习惯称为李嘉图恶习。[①] 为了体验这种过分抽象导致理论发展的误区，我们可以看一下马尔萨斯对此的批评："我们只要略作观察就会相信，纵使根据要求酌量计入事物暂时偏离自然与正常过程的一切因素以后，服从这一交换法则的商品仍然是极其有限的，而不服从这一法则的品类中却包含着大量的商品，诚然，李嘉图先生自己也承认他的法则有相当多的例外……如果我们研究一些这些（例外的）品类，就会发现其为数之多，使得该法则可以看成是例外，而例外倒成了法则了。"[②]

当然，与当时的古典经济学大家一样，李嘉图本质上也是现实主义者，而不是在象牙塔里搞抽象推理的现代教授。在很大程度上，李嘉图之所以偏重抽象思维，主要是与工作经验和知识结构有关，并且与个人倾向于思维严谨和精确性的学术素养有关。张旭昆写道："李嘉图的'抽象演绎方法并非脱离实际的纯智力游戏，他是密切关注现实问题、具有很强问题意识的经济学家，他运用抽象演绎方法歧途解决的完全是现实中的重大问题。问题的现实性和方法的抽象性在他那里得到了完美的结合'……李嘉图本人并没有把他方法的缺陷发展到非常严重的地步，问题是他诱导了以后一些（绝非全部）经济学家沿着这个方向不断跨出越来越危险的步伐，不关注现实问题（这绝不是李嘉图的风格），只陶醉于抽象的演绎推理，形成科斯所讥讽的'黑板经济学'。"[③]

然而，边际革命以降，自然主义思维就重新全面主导了经济学科的发展；相应地，经济学所理解的理性也越来越狭隘，嵌入了越来越显著的自然主义特质。进而，随着社会学等学科的相继建立，这种自然主义思维还超越经济学而扩展到这些新兴领域之中。例如，涂尔干就批判了社会学的早期建立者孔德、斯宾塞、穆勒等："他们所谓的社会学研究却都没有脱离社会自然性的一般论述，没有脱离社会与生物界的一般关系的范畴，没有脱离对宇宙进化的一般进

---

① 熊彼特：《经济分析史》（第2卷），杨敬年译，商务印书馆1992年版，第147页。

② 马尔萨斯：《人口论》，曹末风等译，商务印书馆1959年版，第13页。

③ 张旭昆：《西洋经济思想史新编——从汉穆拉比到凯恩斯》，浙江大学出版社2015年版，第391–392页。

程的解释。就连著述甚多的斯宾塞，他对于社会学的唯一关心，也不过是想发现宇宙进化的自然规律时如何适用于社会现象的。"①

（二）现代经济学的理性特质及其问题

随着新古典经济学逐渐取得支配地位以及学术的进一步分化以及制度化，主流经济学不但只关注人类的理性行为分析，而且赋予理性的内涵越发趋于狭隘和形式。在很大程度上，它把理性与效用最大化的工具理性以及内在一致性等同起来，每个人、每个企业都会在给定的约束条件下争取自身的最大利益。正是基于这种抽象化的研究范式，主流经济学将具体的人类社会性一层层剥去而确立了追求效用最大化的经济人假设，这种经济人就成为只留下没有任何血肉和精神的原子躯体，或者被还原为只有本能的动物，从而将其理论建立在抽象的原子主义经济人假设基础上。

同时，现代主流经济学赋予理性以至关重要的地位，因而，随着经济学从原先的资源配置领域拓宽到人类社会生活领域，研究理性的人们如何行为就成为现代主流经济学的基本分析对象，理性也被主流经济学视为经济行为乃至一切社会行为的基本特征。问题是，现代主流经济学所理解的理性果真体现出人类的生活理性吗？科斯洛夫斯基指出，人和其他动物在行为上的本质性区别就在于：人能够实现广泛的最大值，而动物只能达到局部的最大值。也即，人因为具有理性而可以做长远和全面的考虑，而动物只能满足近视的利益。②

一般地，只有考虑长远利益的交往理性，才真正体现出人类理性的特质。具体来说：①从长远来看，理性的人们会意识到其自身利益往往依赖于与他人的合作，从而也就倾向于践行"为己利他"行为机理。②随着社会的发展，人的追求已经远离了纯粹的物质需求层次，而非物质的需求往往依赖于人类之间和谐的关系，即合作。埃尔斯特提出的合理性理论指出，有道德的人往往信任对方也是创造整体价值的人，从而也就不会利用为自己提供的那种可以不受惩罚地违反道德伦理准则的机会来获取短期利益；相反，他能够耐心等待，更倾向于间接战略，以获取今后的更大利益。正因如此，如果要把理性视为人与其他动物相区分的根本性标志，那么，这种理性就必然不能体现在短期行为的功利考虑，而是具有追求长期利益和互惠和谐的特征。

然而，现代主流经济学的经济人假设却似乎与之完全相违背。因为：①它

---

① 涂尔干（又译迪尔凯姆）：《社会学方法的规则》，王永译，华夏出版社1999年版，第1—2页。
② 科斯洛夫斯基：《经济伦理学》，王彤译，中国社会科学出版社1997年版，第43页。

撇开这种长期利益的诉求而把人性还原为动物性本能，简单地将多样化的理性化约为经济理性、物质理性乃至金钱理性；正因如此，它就特别关注人类互动中的机会主义倾向，尽管这些行为集中体现在利益极端冲突的场合，但主流经济学却将之一般化、普遍化。②它甚至进一步撇开理性内涵的考虑而把它转变为一种选择行为，从而把理性仅仅视为一种便于数学运用的符号；正因如此，它名正言顺地把经济学当作数学的一个分支，致力于研究一系列具有传递关系假设的形式属性，而在其公理则内在地定义了"力学"的技术性概念。

事实上，罗森伯格指出："'理性'这一抽象属于有着丰富的潜在解释方法，比经济学家现在认识到的要多得多，但它们对人类行为的意义及其后果的揭示，比之我们不切实际地要求经济学家揭示的要少。"①但是，由于现代主流经济学所理解的理性已经撇开了人类目的的考虑，并特别着眼于人的动物性，从而也忽视了这一途径：依据人的亲社会性来寻求社会合作的扩展以解决对抗性问题。在这种理念指导下，社会实践就至多只能实现短期局部的最大化，或者说仅仅提供在赤裸裸的利益对抗中的有效策略。

当然，这种注重短期利益的工具理性之所以在西方社会兴起，也与具体社会的文明特性有关：现代西方社会源于中世纪的相互争斗的"野蛮丛林"，因而大多信奉适者生存的浮士德理念。问题在于：这种工具理性往往割裂了人与人之间的共生关系，将社会个体视为一个个他者；相应地，这就不能导向一个和谐的社会，不能夯实社会分工半径不断扩展的基础。事实上，正是由于工具理性的盲目推崇导致了功利主义的盛行，以致整个人类社会的道德生活日益无序和错乱，甚至使得整个人类社会的现代性伦理学观念处于无序状态。胡塞尔就强调，"（欧洲）理性文化之所以衰落的原因，不在理性的本质之中，而仅仅在于它的外化，在于它在'自然主义'与'客观主义'中作茧自缚"。②为此，西方社会在过去半个世纪兴起的法团主义就强调，短期利益有可能毁坏资本主义发展的长期动力。

（三）遵循习俗和规范的行为是否理性

根据现代主流经济学的流行看法，理性行为往往是基于最大化计算的而不会"盲目"服从规范。问题是：基于个人特定时期的偏好（情感）或者基于长

---

① 罗森伯格：《经济学是什么：如果它不是科学》，载豪斯曼：《经济学的哲学》，丁建峰译，世纪出版集团、上海人民出版社2007年版，第348页。

② 胡塞尔：《胡塞尔选集》，倪梁康编译，上海三联书店1997年版，第977页。

期实践所形成的习惯而行事怎么变成非理性了呢？事实上，理性的社会人所追求的应该是长远利益，而人类基于长期互动而形成的习惯、习俗、伦理等根本上凝结了人类长期的经验，是人类成功经验的凝结；因此，基于这些规范行事就是高度信息节约的，并更有利于实现人们的长期利益。而且，尽管现代主流经济学坚持理性经济人假设，但每当社会大众对一些经济学人的"雷人语录"进行鞭挞时，这些经济学人开始指责社会大众是"非理性"和"情绪化"的，而他们的论断和主张都建立在理性分析之上。但显然，这些主流经济学人的指责与其经济学模型中以"完全理性"为分析的前提条件是相悖的，这里存在着以己之矛攻己之盾的逻辑谬误。

因此，我们必须反思这样两大问题：人类的行为是否是理性的？理性的内涵又是如何？一方面，如果把人类的行为视为非理性的，或者是基于本能的，那么，人类行为和其他动物行为还有什么区别吗？正如波普尔指出的，那些否定人类理性的看法，"从最好的方面说，它是对人类非理性本性的一种屈从；从坏的方面说，它是对人类理性的一种蔑视"。[①]另一方面，如果把人类的行为视为非理性，那么，我们又如何上升到一般性理论层面来对更广泛的现象进行分析？正如唐斯指出的，"除非人类的行为构成某种确定的模式，否则便不可能对它们进行预测，也不可能对它们之间的关系进行分析"。[②]

在很大程度上，正是基于认知上的差异，经济学以基于效用最大化的理性经济人（Homo Economicus）作为基本假设前提，并由此来构建一整套的经济人行为模型；相反，社会学则提出以价值理性为取向的社会人（Homo Sociologicus）为研究主体，并致力于社会人行为模型的研究。问题是，尽管"简化对于行为预测是必要的，因为随机作出的决定，或彼此间没有任何关联的决定，没有任何模式而言……因此，经济学家必定假定人类行为具有某种秩序"，[③]但我们又如何理解人类的理性行为呢？难道仅仅是像主流经济学所宣称的那样了解自己的效用并使它最大化吗？显然，这就涉及对理性的定义问题。

上一章指出，理性的内涵本身是非常丰富的，它并非单纯指主流经济学所倡导的计算理性或工具理性。相反，正如哈耶克强调的，那些代代相传又不断更新变化的规则和习惯也包含着文化对过去经验的适应，这也是一种类型的知

---

① 波普尔：《开放的思想和社会：波普尔思想精粹》，米勒编，张之沧译，江苏人民出版社2000年版，第18页。

②③ 唐斯：《民主的经济理论》，姚洋等译，上海世纪出版集团2005年版，第4页。

识，尽管人类智力往往只能极为有限地理解它。因此，即使我们在日常生活中"盲目"地遵守某种习俗或规范，但也不意味着是非理性的，因为规范本身就凝结了人类社会长期发展出的理性。[①] 譬如，在中国乡村的传统婚姻往往依赖于一种说亲的习俗，并且联姻的村庄往往比较相近，原因就在于，这种姻亲关系本身起着多种保障和联系作用，无论是在农忙期间或者发生天灾人祸之时，相互之间都可以照顾和帮助。显然，这种婚姻关系不同于贝克尔等所言的基于市场交易的最大化，却可以无意识地实现人的长远目的。

一般地，具体社会关系中的人往往以一定的社会价值为导向并接受一定的规范约束，试图将这些价值和规范内化为自己行为的决定性动机。显然，规范的内化和对规范的遵守往往是符合长期利益最大化的，因而也就是理性的。例如，韦伯认为，绝大多数的感情行为都是处于向"价值理性"或者目的理性行为，或者同时向这两者转化的过程中。涂尔干甚至指出，社会学实际上触及了人类动机最根本的层次，在这方面更胜经济学一筹。例如，经济学仅假定人们见面时就会进行市场交易，但社会学进一步指出，市场交易必须以非经济性的社会规范为先决条件，买卖双方要以和平方式讨价还价而不是试图抢劫或杀害对方。

其实，尽管经济社会学家韦伯也遵循个人主义的和理性主义的分析方法，并将社会事实和社会过程视为个人行为相互作用的结果；但是，韦伯将社会现象归结为个人行为的结果，并不意味着一定是理性行为和选择的结果。相反，韦伯也非常重视诸如"感情行为"和"传统行为"等非理性行为类型，甚至他的"理性主义"也是一种历史现象，是在西方文化和社会秩序漫长而独特的发展进程中产生的独一无二的产品。帕森斯和斯梅尔策指出："从经济学的观点看，经济理性是一个公设……但是从经济是一个社会系统的观点来看，经济理性就不是一个公设，而是系统本身的一个基本经验特征。"[②] 因此，不弄清这些理性的内涵，就无法区分经济学和社会学等其他学科。

可见，现代主流经济学所界定的理性概念是片面和狭隘的，理性选择往往被简单地定义为：排他性地在个人利益的基础上做出系统的选择。同时，新古典经济学对个人利益的定义也是狭隘的，往往把一些伦理、正义以及为他人利益着想等排除在外。之所以这样做，原因又在于经济学中的理性概念是启蒙运

---

① Chwe., 2001, *Rational Ritual: Culture, Coordination, and Common Knowledge*, Princeton NJ: Princeton University Press.

② 雷斯曼：《保守资本主义》，吴敏译，社会科学文献出版社 2003 年版，第 51 页。

动的产物。当时，个人主义日渐高涨，人类开始追求世俗的物质生活，同时又从古希腊基于对自然进行认识和改造的自然哲学中寻求理论支持；相应地，经济学对理性的理解也就以个人行为为基础，并接受了自然科学中对理性的看法，乃至把理性等同于有目的的计算理性，而忽略了人类社会中的人的情感因素。一个明显的例子是，经济学常常把女性的行为视为感性的或者非理性的，因为女性更愿意遵从习俗和规范，更强调合作；但是，正如朱莉·纳尔逊等指出，流行的经济人仅仅更好地反映了男人的行为方式，而女性往往不是如此行为，因而具有明显的偏见性。①

因此，如果考虑人类行为的长远后果以及人类利益的更深远的内涵，那么，理性的含义就会更为广泛。森指出，"如果理性行为包括谨慎地实现我们的目标，那么就没有理由不把谨慎地发扬同情、谨慎地促进正义，同样看作是理性的选择的表现。在背离狭隘的自利行为模式时，可以方便地区分两种不同的前进路线：即'同情'和'承诺'。首先，我们的自利概念可能包括我们对别人的关切，因此，同情可以融合到一个人自己的（广义定义的）福利概念中。其次，超越我们广义定义的福利和自利，我们可能更愿意做出牺牲以追求其他价值，例如社会正义、民族主义、社群福利。"② 由此，我们要思考：既然人类社会生活中的诸多行为（如遵循习俗和制度）大多是理性的，经济学帝国主义致力于将现代主流经济学的理性选择框架拓展到社会生活领域，甚至由此来重塑社会习惯和制度的根据又何在呢？

四·经济理性使用范围扩展面临的问题

一般认为，理性是人类区别于其他动物的根本性特征，它使人们摆脱短视情感的迷惑而追求长期的利益。而且，理性化程度越高的人，往往也就越被视为人类的精英；相应地，人类社会的发展路径就在于，由这群精英将他们的思维和认知传授给理性程度低的人，由此来更有效地利用社会资源。鲍曼写道："哲学家们是被赋予了直接接近纯粹的、没有被狭隘的利益所蒙蔽的理性通道的群体，因此它们的任务就是发现哪些行为是指示明智的人去做的行为。发现以后，他们与'人们熟知'的权威一起将结果传达给理性天赋不够、不能自己

---

① Nelson J.A., 1996, *Feminism, Objectivity and Economics*, London & New York: Routledge.

② 森：《以自由看待发展》，任赜、于真译，中国人民大学出版社 2002 年版，第 267 页。

发现的人。"[1] 事实上，自柏拉图开始，就不断有学者指出，良好的社会应该是由哲学王领导，只有这样才可以促使社会更好地发展。当然，这不是说要由哲学家来对社会事务进行直接管治，而是哲学家的思想将引导人类社会的发展。

其实，人类理性除了体现在对一些智力难题的解决外，更主要体现为促进人类生活的改善和提高；正是在这个意义上，理性就不仅体现为主流经济学理论假设的那种"系统地追求既定目标"的行为，更要求对这些目标给予批判性的审查，这就是森的回答。在森看来，理性应该具有以下用途：①直接的规范性，我们希望我们的思考和行动是睿智而贤明的，而不是愚蠢和冲动的。②间接的预测性，凭借对理性的理解来预测人们的实际行为。③间接的解释性，理解他人在做什么，为什么这样做以及他们知道什么，这并不一定要判定他人的行为方式是正确的或者我们也需要采取相同的行为方式。④理性不仅可用于理解他人或世界，而且也可以用于理解我们自身的合作或竞争甚至战斗，而这要求我们必须考虑到我们应如何期望他人会怎么行动，无论是他们的主动行为，还是对我们行为的反应。⑤对理性的恰当认识，也是理解和估价如何理性地作出公共决策的核心问题所在。[2]

迄今为止，在如何处理人与自然的关系以有效地使用自然资源的工具理性方面，人类社会已经取得较大程度的共识。事实上，理性天赋较高的经济学家也发现，理性地根据边际原则配置自然资源可以取得更大的效用；为此，他们尝试将这一发现传授给未深入思考的人们，指导他们按照这一原则行为，构成了现代经济学的合理性基础。然而，在如何协调人与人及社会的互动关系以有效地使用社会资源的交往合理性或价值理性方面，无论是学术界还是社会各界依然没有形成较为普遍的共识，更不要说把处理和控制自然的工具理性移植到处理社会事务的关系之中。事实上，在人类社会中有许多智力超常的人，他们能够创造出非常出色的技术，却不能将这些技术运用到正确的地方；其结果是，技术越是进步和发展，对他人或社会造成的危害也就可能越大。

那么，技术进步和人类社会发展之间为何会出现如此脱节的现象呢？这就涉及对人类理性的全面理解以及特定理性的适用性等问题。一般地，如果说追求最大化的经济理性能够适合于传统经济学所集中分析的人与自然之关系，那么，现在将它拓展到人与人之社会关系的分析上就显得很不适合了。笔者从以下两方面加以说明。

---

① Z. 鲍曼：《道德的市场》，肖君、黄承业译，中国社会科学出版社 2003 年版，第 31 页。

② 森：《理性与自由》，李凤华译，中国人民大学出版社 2006 年版，第 29-31 页。

一方面，新古典经济学之所以采用基于成本—收益的经济理性分析，就在于它集中于物质需求的私人领域，探究如何更有效地对稀缺性的自然资源进行处理和利用以满足自身的物质需求。相应地，理性经济人假设源于人对自然的利用和控制，其中，自然是被动的，因而行为主体的理性行为就是单向度的。事实上，单向度的工具理性就是经济人的理性特征。这可从三方面进行说明：①自然物自身是没有能动思维的，无法采取自主行动，而是被动地受到人的摆布；相应地，自主的个人就可以像摆布棋子一样任意配置和组合自然资源，这就是理性的运用。②人与自然物之间的作用是单方向的，人在处理物的行为关系中所体现出的理性是单方向的；并且，行为者对自己的需求效用特点有充分的把握，从而可以根据自己的效用需要最有效地利用物。③人在对自然物的控制和使用中获得的效用主要是物质性的，这与集中追求物质利益的经济人假设比较相符；相应地，经济人假设也主要适用于分析人类追求生理的、物质的需要满足等方面的行为，从这个意义上讲，这种假设也只是接近于对低能动物行为的假设。

另一方面，由于人与人之间互动完全不同于人对物的利用，因而，将基于单向度的理性经济人假设应用到多样化的社会关系之中，一个人如果基于工具理性而最大化地利用交往的每一方，至多可以实现短期收益。同时，这在学理上也存在三方面的严重缺陷：①任何社会主体都是能动的，其行为往往受施动者行为的影响，因而任何人都无法按照其意志摆布他人。②人与人互动中体现的理性是双向的，行为者也无法把握他人的效用特性，因而无法按照自己的效用偏好来预测他人的反应。③任何人在与他人或社会的交往中获取的效用主要都是非物质性的，相互之间的和谐关系本身也就是人类追求的重要内容。显然，在经济学帝国主义大规模拓展其研究领域的今天，研究内容已不再局限于新古典经济学的工程学领域，而是越来越涉及人与人之间的互动关系方面；在这种情形下，主流经济学基于还原法所设定的核心假设——"经济人"就越来越不现实，实际的分析能力也变得越来越差。不幸的是，主流经济学对此却毫不自知，或者明知如此也毫不在乎。例如，弗里德曼等人就乐于借助自由落体中的真空假设来为人类行为中最大化的经济人假设辩护，强调不能通过检验假设的真实性来确证某个理论的合理性。

事实上，经济人假设的倡导者奈特就承认，经济人并不是世界上真正的人，而是现实对应物的非现实的复制品，其目的是从现实中进行抽象，从而创立一门严格有用的经济学科学。问题是，一旦做出了这种假设，经济理论就失去了其行为内容，因为理性计算者是预先决定的，而没有真正的选择。为此，奈特对那种过于热心地将经济学理论应用于非经济问题总是表示警惕。他写道:"这是……一个时代的错误之一,而不能说是恶习,在这个时代,自然科学的发展以及在生活中的成功运用占去了人们全部的注意力,人们在这种科学理性下孤傲地旁观生活。恰当的方向对经济学本身以及健全的哲学生活都很必要……智慧的生活不仅仅包括实现目的而聪明地运用手段,因为聪明的行为如果只想错误的目标,只会使这种灾难更严重。"①

不幸的是,现代主流经济学人接受了"经济学假设不可能是现实的"这一观点,却很少认真对待它所提出的限制条件:以理性经济人为基石所建立的理论不应被拓展应用于广泛的社会科学领域。正是这种"不思",导致了经济学帝国主义的盛行,它将几乎所有的人类行为都纳入经济人的分析框架下。与此同时,随着现代经济学研究内容的不断拓展,基于单向工具理性的经济人分析模式也就越来越缺乏效力,乃至在无节制的经济人分析框架下所得到的往往就是与现实背道而驰的结论。为此,森就把现代主流经济理论中理性的利己主义者视为常常事与愿违的"理性的傻瓜"。② 史卓顿和奥查德则进一步把奥尔森集体行动逻辑中"搭便车"的理性最大化者称为是森的"理性傻瓜"的极端例子。③

其实,在人与人的社会互动中,我们不能把"他者"仅仅视为被动的,而要充分考虑到"他者"的反应,这也是博弈论、激励理论等新学科之所以崛起的原因。一般地,博弈论与传统经济学的根本差异就在于它所涉及的是人与人之间的关系,从而也就关注联合理性。奥曼认为,博弈论更为恰当而形象地描述性的名称应是"交互的决策论"。一般地,这种联合理性有两个要点:一是相互依存,即博弈中的任何局中人都受到其他局中人行为的影响,他的行为也将影响其他局中人;二是理性行为,这种理性也是指局中人试图实施自己的最大化行为,而并不考虑是否会损害其他局中人,并且一般假设理性的局中人不会持续地犯相同的错误。问题在于,我们不仅要关注到"他者"的反应,而且要引导"他者"的反应,由此来实现人类的长期和整体利益,这才是真正的人类理性。

---

① 布雷特、蓝塞姆:《经济学家的学术思想》,孙琳等译,中国人民大学出版社、北京大学出版社2004年版,第225-226页。

② Sen A. K., 1977, Rational Fools: A Critique of the Behavioral Foundations of Economic Theory, *Philosophy and Public Affairs*, 6(4): 317–344.

③ 史卓顿、奥查德:《公共物品、公共企业和公共选择:对政府功能的批评与反批评的理论纷争》,费昭辉等译,经济科学出版社2000年版,第84页。

显然，现代博弈论已经认识到了行为之间的互动，但它仅仅考虑既有条件（无知之幕）下的反应，并由此来分析这种互动反应的结果，却没有引导"他者"的反应以寻求更佳的互动结果。相应地，主流博弈论就承袭了新古典经济学在给定条件的理性行为思维：不仅把理性视为个体主义和先验主义的，而且把个体理性之间的关系也视为对抗性的。正是由于仅仅把人处理自然的工具理性地联合在一起，进而通过逻辑推理以得出可能的逻辑结果，主流博弈论最终就得出了囚徒困境这一般性的均衡结论。但我们试想，个体在具体社会关系中的行为果真与其在处理自然物时一样吗？特别是，在现实中往往存在大量的合作行为，并且合作是社会的基础性现象。显然，主流经济学的理性假设根本上撇开了嵌入人性中的亲社会性，因此，囚徒困境就将经济学逼到了不得不反思其核心假设的地步。①

一般地，具体社会关系中的人类理性有两大基本特点：①理性是相互依赖的，因为理性本身就是社会关系的函数，注重的是交往合理化。②理性是不确定的，因为互动的各方对他人的效用特征是没有完全的把握，从而离开了其他的社会信号就无法正确地预测对象的行动。鲍曼写道："我们和一个看上去似乎无穷无尽的群体之他人共同生活、共同活动，他们的生活和行动依赖于我们的行为，反过来也影响我们已经做的、能够做的和必须做的——所有这些以我们既不能理解又不能预测的方式进行着。"② 由此，我们也就可以得出这样两点认识：①人类社会中的理性并不能仅仅从单个行为主体角度进行评判，而是需要纳入"他者"的反应来考虑。②人类互动所衍生的反应不能仅仅局限于"经济人"这一共同知识，而是会随着共同知识的不同而实现不同的互动结果。

最后，人根本上是社会性动物，相应地，他在面对自然和面对社会时所采取的理性行为方式往往存在很大不同。相应地，把源于利用和控制自然的单向理性应用到人类社会中往往就会导致这样两个结果：①无法实现结果的最大化，相反更多的是陷入"囚徒困境"。②无法实现人类的社会化需求，如根据哈贝马斯以及马斯洛的观点，交往本身就是人类的需求之一，而交往的合理化又不是传统单向理性所涉及的。关于这一点，我们可以用一个最后通牒实验来加以说明。实验表明：如果一定金额在两人之间的分配往往是均等的，分配体现了一定程度的公正性，回应者往往拒绝低于总额30%的分法；但是，如果

---

① 叶航：《被超越的"经济人"与"理性人"》，载金迪斯、鲍尔斯等：《走向统一的社会科学》，浙江大学跨学科社会科学研究中心译，上海世纪出版集团2005年版，导读。

② Z. 鲍曼：《后现代伦理学》，张成岗译，江苏人民出版社2003年版，第19-20页。

让电脑来分，回应者的反对率则非常低，无论他们能得到的份额有多少。[1]

总之，经济学帝国主义无节制地将源于人控制自然物的工具理性拓展到社会生活领域，但是，这种理性并没有真正体现出人与人之间的互动理性；相应地，这种工具理性的偏盛往往并不会导向社会的健康发展，因为人类社会的工具行为的合理化并不能促进交往行为的合理化。事实上，资本主义的出现曾创造出比人类以前一切时代还要高的生产力，但是，资本主义社会中的社会大众往往并不幸福；尤其是，在经济高速发展的早期资本主义社会，社会大众往往处于非常悲惨的境地。弗洛伊德写道："经过过去几代人的努力，人类在自然科学知识及其技术应用方面取得了非凡的进展，并且以某种前所未有的方式形成了人类对自然的控制……但是，人民开始察觉，所有这些新获得的控制空间和时间的能力，这种对自然力量的征服，对久已渴望的这些东西的满足，并没有使他们感到更幸福。"[2] 正因如此，我们就需要对资本主义中的理性进行审视。

 ## 五 经济理性之适用性的两点补充

上面从两方面剖析了经济理性的适用性：一方面，人类理性绝不仅限于经济理性这一范畴；另一方面，无节制地拓展经济理性的分析更是带来困局。为了强化这种认知，这里再次做两点补充说明。

首先，为理解人们在面对其他人和面对自然物时所表现出来的理性差异，这里引入人类行为中的两类自由做一对比。

伯林曾将人类行为的自由简单地分为积极自由和消极自由。其中，积极自由强调个体行为的主动性，它实际上把除行动者之外的其他方都视为没有能动性之物。显然，就人类对自然的处理而言，积极自由显示了知识和人类理性的增长。消极自由则强调人类的行为是互动的，它实际上警惕其他方对行动者所强加的控制和影响。显然，消极自由更加关注人与人之间的关系，关注个体行为对社会和他人的影响。正因为人类自由是相互影响的，特别是，积极自由往往会窒息消极自由；因此，那些正视社会现实的学者大多推崇消极自由的发

---

① 金迪斯、鲍尔斯：《人类的趋社会性及其研究：一个超越经济学的经济分析》，浙江大学跨学科社会科学研究中心译，上海世纪出版集团 2006 年版，第 52 页。

② 弗洛伊德：《一个幻觉的未来》，杨韶钢译，华夏出版社 1999 年版，第 23 页。

展，① 或者主张由消极自由而衍生积极自由，② 有的甚至认为自由的概念本质上就是消极自由的概念。③

关于这一点，我们可以再次回顾一下伯林的认知。伯林认为，经济自由的观念会导致可怕的滥用，因为"据此观点，只有当我是真正理性的时候才是真正自由和自我控制的；而既然我自己可能并不是充分理性的，那么，我就必须服从那些的确是理性的，不仅知道他们自己什么是最好的而且知道对我什么是最好的人的指导，他们将指导我遵循最终将唤醒我真正的理性自我的路线，将这种自我置于自己的看管之下——这是自我的真正归宿。我也许感受到这些权威的限制，实际上是碾压，但是这种感觉乃是一种错觉：当我成长并获得一种完全成熟的'真正'自我后，我就会理解，在我不那么成熟时，如果我具有他们那样的智慧，我就会自行去做他们对我做的事情"，"一句话，他们在控制我的低级自我时，是站在我这边行事，代表我的高级自我的利益；所以，对于低级自我来说，真正的自由就是完全服从于他们，即这些智慧之人，他们知道真理，是智者精英；或许，我服从的人必须是那些理解人的命运如何被造就的人"，"在这个世界上，没有一个暴君不以这种理想自我的名义，为最邪恶的高压辩护；而这种所谓理想自我的成熟，是他用他自己的某种程度上残酷的、表面看来在道德上可憎的方法带来的"。④

与两类自由之间的关系相对应，在工具理性和价值理性之间的关系中，工具理性的膨胀也必然会窒息价值理性。事实上，由工具理性引导的现代科技已经深刻地改变了自然和人类社会的面貌，人类控制自然的能力已不断增长；但是，人类控制社会局势的能力并没有获得相应的发展，甚至社会变得越来越无序和失范，而这显然就关乎价值理性的发展问题。因此，价值理性的建设和发展对一个人类社会的长期发展来说是根本性的，它是人类社会得以整合的基础。一般地，在一个利益紧密相关的互动社会中，任何个人在采取某种策略或行为的同时都必须考虑到这个行为对社会中的其他方影响以及由此带来的社会反应；政治哲学领域如此，社会经济领域更是如此。推而广之，我们在对一个

---

① 伯林：《自由论》，胡传胜译，译林出版社2003年版，第204页。

② 泰勒：《消极自由有什么错？》，载《消极自由有什么错》，达巍等编译，文化艺术出版社2001年版，第68-91页。

③ 斯金纳：《消极自由观的哲学与历史透视》，载《消极自由有什么错》，达巍等编译，文化艺术出版社2001年版，第92-125页。

④ 伯林：《自由论》，胡传胜译，译林出版社2003年版，第372-373页。

理论进行思考或构建的时候，就必须考虑理论逻辑上的差异性；特别是，不要简单地将自然科学中处理物之间关系的数学逻辑生搬硬套到处理人之间关系的社会科学之中，因为人类行为逻辑不同于数理逻辑，这里涉及对理性如何理解的问题。

其次，要理解不同理性的适用性，还必须对不同的学科特点有清晰的认识，尤其要区分自然科学和社会科学的不同特征。

自然科学家一般认为：自然界的现象可能是复杂的，但其本质却是十分简单的。牛顿说过：自然界喜欢简单化，而不爱用什么多余的原因以夸耀自己。爱因斯坦也把简单性作为科学研究的原则之一。因此，自然科学的理论发展总是在拓展理论假设的基础上，以致目前基于简单原理基础上的物理学被推崇为最符合科学标准的学科。事实上，无论是逻辑实证主义还是证伪主义，或者是库恩的范式学说，它们都是以物理学作为蓝本的。正因如此，这种科学化取向也就成为其他学科发展的目标，甚至是社会学科发展的基本指南。

正是受科学主义的影响，孔德把所有的社会进步和生产进步都归因于人类知识的完善，知识的发展经历了神学阶段、形而上学阶段、实证阶段三个阶段，而实证阶段就是应用科学的方法以发现真理。正是基于这种认识，现代主流经济学往往想当然地把物理学、生物学等看成是"硬"知识，从而视为模仿的目标：不仅把它视为所有科学（包括社会科学）的最终发展目标，而且把它视为经济学发展的唯一途径。因此，即使目前的分析工具还没有办法使抽象分析达到比基于因果关系的具体分析更精确的要求，主流经济学仍然强调，抽象化模型是值得发展的，因为"知识失而复得是正式建模工作一个必不可少的部分"。[①]但显然，这是一元单线的学术发展观，它不仅抹杀了自然科学与社会科学在知识上的根本性差异，而且也忽视了社会科学研究的根本目的：社会科学根本上是有关公共意义的思想。相应地，它也忽视了自然规律和社会规律的根本特性：自然规律是外在于人类行动而客观存在的，从而也是长期稳定的，因而自然科学探究一般性的普遍规律，这种规律具有跨时空的适用性；相反，社会规律则不是外在于认知主体，而是人类互动行为的结果，从而是不断变动的。

事实上，社会科学探究的是特定时空下的社会规律，这种规律为特定时空下的人们服务。所以，奥地利学派强调，研究经济学也就是研究人的行为，这

---

① 克鲁格曼：《汇率的不稳定性》，张兆杰译，北京大学出版社、中国人民大学出版社2000年版，第76页。

需要采取一种不同于自然科学的研究方法和立场：研究者不但要分析这种行为所产生的客观后果，更要理解这种行为背后所潜藏的人类心理动机，而这种心理动机又是社会性的。也就是说，经济学本身是一门应用性很强的学科，而任何具体的应用都需要广博的知识，需要充分吸收人类所发现的一切知识；这不仅包括自然科学中的理论和分析工具，更重要的是社会科学其他分支中发展出的知识和理论，因为经济学和社会科学其他分支在研究对象上毕竟更为接近。但是，现代主流经济学却存在一种市侩心理：一方面对自然科学所表现出来的"硬"知识顶礼膜拜，另一方面又对社会科学其他分支的软性的人文色彩显露出帝国主义的心态。正因如此，经济学明显地充当了"二道贩子"的买办角色，乐此不疲地把自然科学中的思维和分析工具简单地贩售到其他社会科学领域。显然，这也正是现代主流经济学的症结所在，也是经济学帝国主义受到普遍质疑的原因。

可见，由于社会科学与自然科学之间存在根本性的差异：社会现象要比自然现象复杂得多；因此，我们无法把一个从自然科学中得出的自然主义理性概念简单地推延到对社会现象的分析中，而是必须基于不同的研究对象、不同的互动关系进行理性内涵的相应转换。事实上，在不同环境下，对理性内涵的理解显然是不同。艾克斯罗德说："（一个理性）策略是有效的不仅取决于一个特定策略的特征，而且取决于它所要遭遇的其他策略的特性。"[1] 也就是说，人利用和控制自然物时所发展出的工具理性并不等同于人与人之间互动时所需要的交往或价值理性，因此，新古典经济学在研究如何最佳配置或使用物质资源时所使用的理性内涵，就不见得也适用于研究如何最佳配置或使用社会资源。

然而，现代经济学所研究内容已经拓展到越来越广的人与人之间的关系领域，但其所依据的理性前提却没有丝毫变化。因此，哈耶克强调，当前的经济学是非科学的，而推动社会科学对自然科学的方法和语言的拙劣模仿的主犯则是圣西门和孔德。事实上，尼采在《快乐的科学》一书中对工具理性主义作了深刻的批判，他认为，理性不属于人的个别存在，而是属于人的社会性、群居性，因而它所反映的是人的总概的、表层的、间接的方面。[2] 显然，要解决现代主流经济理论的适用性问题，就需要对流行的"理性"概念重新进行界定和修正，而这就需要充分借鉴和吸收社会科学其他分支的研究思路和相关理论，

---

[1] 艾克斯罗德：《对策中的制胜之道：合作的演化》，吴坚忠译，上海人民出版社1996年版，第23页。

[2] 尼采：《快乐的科学》，余鸿荣译，中国和平出版社1986年版，第253页。

这也就是社会科学各分支的知识契合以及各领域相融合的趋势。不幸的是，尽管现代主流经济学所基于的理性概念主要是工具性的，它主要适合于商品生产与交换等传统领域；但是，它却以帝国主义心态将这一极具狭隘性的术语推广到其他广泛领域，甚至分析所有的人类社会现象，结果必然会产生严重的负效应，甚至根本上就是无效的，当前社会现状已经明显地反映了这一点。

 六 结语

现代主流经济学体系建立在经济人假设的基础之上，而经济人假设可以追溯到经验主义兴起之时，不仅斯密提出的自利动机是对一定历史阶段人们日常生活的理论提升；而且，由于当时的经济行为和社会伦理是联结在一起的，因而在整个古典时期"自利"行为都包含了丰富的内容。究其原因，正如森所指出的，人们非但受到主观"快乐"之外的动机，而且受到多种多样非自利的动机的有力驱动，后者不但包括伦理的动机，而且包括各种忠诚。但是，边际革命之后，随着经济学逐渐走上形式化的发展道路，造成了"经济伦理和'经济人'最初包含的社会意义，以及它们给当时的人们带来的日常生活的现实感日渐衰退；于是，人们以为理论的形成可以离开这些前提条件，渐渐地经济理论就丧失了富有生气的革新精神。事实上，从19世纪后半叶到20世纪的价格经济的飞跃发展，使经济伦理成为无用的东西，最多只是从经济的'外部'给它加上板着面孔的时而软弱无力的伤感主义的烙印。英国的自由经济对其自身世俗的潜藏在其内部深处的精神根本毫无察觉和反省，完全忘记了亚当·斯密所描述的鲜明而有生气的经济伦理的意义，满足于英国国内经济的安定和经济秩序的建立，因此虽然英国人面临着经济生活的对内和对外的转变要求，但他们却不甘提出潜藏在经济生活深处的人的精神和人的本身的问题，而且也不可能有这种勇气"。[①]

显然，正是在经济学帝国主义的推动下，经济人分析不仅运用于传统的经济领域，而且也越来越拓展到传统的非经济领域，从而就滋生出越来越严重的问题。舒马赫写道："为了将非经济性价值放进经济计算的构架，经济学使用成本／效益分析法。这是最具启发性及进步性的发展，因为它至少尝试将成本

① 大河内一男：《过渡时期的经济思想：亚当·斯密与弗·李斯特》，胡企林译，中国人民大学出版社2000年版，序。

和效益考虑进去。可是，事实上，这是一个使高级降为低级，及无价变为有价的过程。所以，它无法用来厘清情况，也无法产生一项启发性的决定。它所能做的就是导致自欺欺人，因为衡量不能度量的东西是荒诞的，只不过是借着早有定见的概念来推出预定结论的手段而已；为取得所欲的结果，人们要做的就是将适合的价值塞进不能度量的成本和效益上""经济学在一'特定'的框架中合法而有效地运作，但这个框架却置身于经济计算法之外……如果经济学忽视元经济学研究，或者，如果他仍不顾经济学计算法在应用上限制的事实，他很可能犯了与某些中世纪神学者相同的错误——后者试图以《圣经》的话语来解决物理学的问题。"[1] 那么，究竟什么是所谓的元经济学呢？这就是涉及人类的福利问题，这不仅包括经济福利还包括社会福利，而后者则正变得越来越重要；因此，研究人类的社会需求及社会行为也就是经济学的基本研究内容，正如森指出的，对经济学来说，第一个根本性问题是人类行为的动机问题，即"一个人应该怎样活着"。

事实上，合理而现实的人性假设是经济理论的基础：①任何理论都必须建立在微观机理的基础之上，否则肯定是不完善的，就如凯恩斯理论一样。②主流经济学想当然地把人的行为抽象为经济人机理，而正是经济人的假设，导致了理论与实践的严重脱节。正因为现代主流经济学越来越脱离对人自身发展目的的关注，因而就有必要对经济人假设的形成条件、原因及其缺陷进行反思。当然，经济学的发展不仅是"破"的问题，更重要的是"立"；这种新确立的人性假设不仅要能够分析传统上的非经济现象，而且能够分析人类的长期行为。显然，这种行为也是理性的，但不是超越了主流经济学所理解的工具理性内涵，而是关注人类的交往理性问题；正因如此，就必须充分契合社会科学各领域特别是心理学、伦理学、社会学和生物学的理论和视角，只有通过这些学科的有机契合，才可以构建出一个凸显具体社会关系下人类行为机理的微观分析框架。事实上，斯密在分析人性时就将伦理学和经济学融合到一起，他研究的人不是抽象的原子人，而是具有长期考虑的社会人。不幸的是，后来的主流经济学却将人的亲社会性和动物性本能割裂开来，从而把经济学建立在超验的人性假设之上。

---

[1]　舒马赫：《小的是美好的：一本把人当回事的经济学著作》，李华夏译，译林出版社2007年版，第29-30页。

如何推进现代经济学的发展？

基于人性假设的拓展路径及其隐忧解析

导读

　　社会科学的理论假设必须与社会现实保持历史的逻辑一致，但是，新古典经济学有关人类行为的三个基本前提——经济人、完全理性和完全信息——都是静态抽象的。其中，经济人是核心假设，完全理性是初始步骤假设，而完全信息则是外围假设。因此，沿着这三条路径进行假设拓宽就是现代经济学发展的基本方向，其中最为重要的是对经济人假设进行修正和完善。但迄今为止，主流研究基本上都是沿着后两条路径进行发展的。究其原因主要有两点：①大多数主流经济学人担心，对经济人这一核心假设的大幅度修改，不但使当前经济学的任务太过于艰巨，也可能颠覆以前经济学的整个体系；②主流经济学人还坚持认为，理论本身就是抽象化的，而用不着非要符合现实。显然，这两条理由都很牵强：①理论发展本身就是在苛求和批判的基础上发展的；②学术的探究本身是艰辛的；③合理的抽象必然是反映社会实际和发展的抽象。

一 引言

　　经济人假设存在着严重的社会化不足，嵌入其中的狭隘的工具理性和经济理性也具有相当的使用限度；相应地，基于理性经济人框架所得出的"理性的真理"往往给人以某种言之无物之感，而经济学帝国主义将之拓展到生活世界的分析更是潜含着种种的破窗谬误。迈凯指出："经济学上最重要的方法论问题现在是、以后仍将是被称为理论及其假设的形式主义的问题。利润最大化、完美信息、传递性偏好、收益递减、理性预期、完全竞争市场、给定的喜好、技术与制度框架、非生产性当事人，所有这些以及其他许多概念都已被一些经济学家作了假设，同时也受到另一些经济学家的质疑。问题通常是：这种假设是非现实主义的还是现实主义的，或者说如果它们是其中一种而不是另一种，这在本质上是否事关重大。"①正因如此，降低假设的抽象化程度，就成为推进现代经济学之理论进步的基本路径。当然，正如前述章节指出的，各种理论假设本身具有不同的性质，在理论中的地位也不同。相应地，理论进步的关键在于核心假设，需要降低核心假设的抽象化程度以使之回归具体，进而与历史发展保持逻辑的一致。不幸的是，假设的具体化和现实化改进一直遭遇到主流经济学人的各种反对，或者仅仅局限于外围假设修正上。为此，本章尝试就基于经济人假设的放松和修正来推进经济学发展这一路径的可行性和必然性做一剖析。

 ## 二　人性假设的修正是经济学发展的根本路向

林德伯格曾指出："（减小抽象程度）这一方法是经济学中的一个常用方法，它使微观经济学成为一个有力的分析工具。在这种方法下，建模分阶段进行，在每个阶段上，一些简单化假设被抽象程度低的（抽象化程度减轻或更现实的）假设取代。例如，在开始阶段，可以假定所有人都掌握充分信息，然后在后一阶段上，放松这一假设"；相应地，"在经济学还是社会学中，都必须扩大整个范围，从'尽可能的简单'到'必要的复杂'，它们都必须适应这种情况。社会学家必须放弃从最复杂的叙述着手分析的习惯性思维方式，经济学家们必须学会使他们的分析更加复杂"。②在很大程度上，只有引入适当复杂的分析，才能真正揭示社会经济学现象。同时，复杂的分析意味着不能简单地依据少数几条先验的假设和命题，而是要从社会实践中提炼具有更丰富内涵的行为机理。

（一）现代经济学的问题及发展诉求

根基于自然主义思维，西方社会往往将自然规律视为普遍的，将之拓展到

---

① 梅基（迈凯）：《假设问题的重新定向》，载巴克豪斯：《经济学方法论的新趋势》，张大宝等译，经济科学出版社 2000 年版，第 311 页。

② 林德伯格：《组织理论的新推动力》，载菲吕博顿、瑞切特：《新制度经济学》，孙经纬译，上海财经大学出版社 1998 年版，第 140–141 页。

人类社会中就形成了社会达尔文主义、行为主义以及自然法等概念。正是基于自然主义思维，自经济学成为一门独立学科之初，追求私利的经济人行为就被视为经济学理论构建的核心假设。例如，坎铁隆就把社会界的私利驱动力等同于自然界中的万有引力定律。进而，正是以这一核心假设为基础，现代主流经济学打造出了基于成本—收益衡量的最大化分析范式：收益最大化是影响人们行为的最重要的动机力量。问题是，嵌入工具理性的经济人行为根本上体现了人类处理自然物时的行为方式，并与新古典经济学早期集中工程学内容的研究相适应；但是，在经济学的研究内容已经扩展到人类几乎所有生活领域的今天，依旧固守这种核心假设就会暴露出日益严重的问题。

事实上，在社会互动中，人们之间的思维和行为是相互依赖的，不仅社会个体具有强烈的亲社会性，而且其行为理性也是演化和发展的；但是，经济人假设却将行为者抽象为一个平均且只具动物性本能的原子体，进而先验地赋予其不关心他人的工具理性。显然，这种研究倾向显示出自然科学向社会科学单方向扩张的倾向，却严重忽视了两者在研究对象和方法上的差异。同时，这种简单的学术扩张和殖民倾向在当前中国经济学界表现得尤其明显，如果说传统政治经济学由于固守马克思的传统观念而显得较为教条的话，那么，现代主流经济学机械地照搬一些自然规律来处理社会问题就是非常肤浅的。究其原因，现实世界中的行为主体并不是孤立的，而是处于一定的社会关系之中。

一般地，人与人之间互动所孕育出的是交往理性，这不同于人利用和控制自然物所使用的工具理性；同时，具有能动意识的人类个体可以着眼长期利益的考虑而构设出互惠合作的社会秩序，这也不同于基于理性经济人交叉而形成的静止和同序的自然秩序。在很大程度上，基于短期的私利考虑仅仅反映了人类的本能，早期斯密学说中嵌入伦理偏好的自利人假设也仅仅是与崇尚物质利益的资本主义起飞时期比较相符；相反，在人类需求日益上升以及人类个体的社会性和异质性日益显著的今天，原子式的经济人假设与多样化的人类需求之间已经变得越来越格格不入，进而也就与社会时代特征和经济学的研究对象日渐相脱节。正因为现代主流经济学的抽象化假设并不符合实际，所以就需要对它进行修正和完善，以促进经济学理论的实质性进步。

既然如此，我们又如何来完善和修正现代经济学的前提假设呢？这可以从两方面进行考察：一方面，奥卡姆剃刀原则要求理论言简意赅，研究同一对象时要基于相同的假设。例如，物理学原理要求，天体运转的作用力与苹果落地的作用力应该是一样的。按照这一原则，当前经济学和社会科学其他分支在人性及其行为上也应该基于共同的假设，因为它们都是研究现实世界的人。另一方面，奥卡姆剃刀原则又要求理论的抽象不能脱离实际，从而要求在将具体的人性抽象出一般时就要防止抽象过度。显然，后者正是现代主流经济学的症结所在。米勒写道："不幸的是，现在许多美国的科学家只是从字面上去理解简约这种美德的含义，他们将'婴儿和水'一同从自己的理论中泼了出去。在他们的理论中，不仅剔除了所有多余的东西，也同时丢弃了许多有用的思想，而这些思想对现实的理解认识，恰恰是必不可少的。"①

（二）经济学现实发展的流行路向

一般来说，新古典经济学对人类行为的分析存在三个基本前提：经济人、完全理性和完全信息。其中，经济人是核心假设，完全理性是对经济人假设的进一步表述，或者是初始步骤假设，而完全信息则是外围假设。总体上说，这三个基本假设都是严重脱离实际的，从而也就显著地制约了现代主流经济学的发展。相应地，沿着这三条方向对假设进行放松或拓宽也就成为现代经济学进行发展的基本路径。同时，像林德伯格等诸多经济学人也注意到了这一路径，但总体上，经济学人在这三个方向所付出的注意力却存在显著的差异。

其中，主流的观点大体是沿着后两条假设拓宽的路径进行发展，因而现代经济学的新发展主要体现为：①从信息的完全性拓展到不完全性，从而形成了当前经济学的一个热门领域——信息经济学。②从理性的完全性拓展到有限性，已经形成了一个新的流派——演化经济学。同时，不完全信息和有限理性本身又是相通的，有限理性仅仅是在不完全信息约束下的最适行为。因此，现代经济学关注较多的是如何对不完全信息的行为逻辑进行精练，这也体现了新奥地利学派与新古典经济学的结合。事实上，奥地利学派在证明了市场有效和政府失效以后，除了继续说服其他经济学家、政治家和公众，使其相信自由放任是最好的政策外，基本已经无事可做了；相应地，此派的经济学人不少都转向通过发展博弈论来确定和解释信息不充分条件下的决策。正是不完全信息和有限理性的结合，丰富了现代经济学的研究内容，开拓了新的研究领域。例如，结合不完全信息，新凯恩斯主义者以有限理性为凯恩斯主义宏观政策奠定了微观理论基础。

至于沿着经济人假设的拓宽和修正来推进现代经济学发展的路径方面，则有待进一步的推进。事实上，自古典经济学末期以降，西斯蒙第、李斯特、马

---

① H.米勒：《文明的共存：对塞缪尔·亨廷顿"文明冲突论"的批判》，郦红等译，新华出版社2002年版，第15页。

克思、卡莱尔、拉斯金、霍布森、凡勃伦、琼·罗宾逊以及现代经济学方法论大家布劳格、霍奇逊、劳森等人都对原子化的经济人假设提出了反思和批判；同时，目前一群提倡实验经济学、行为（心理）经济学、福利经济学以及女性主义经济学的史密斯、卡尼曼、塞勒、特沃斯基、亨利奇、森以及朱莉·纳尔逊等也都对经济人假设提出了质疑，卡尼曼、史密斯、塞勒和森等甚至因此获得了诺贝尔经济学奖。但是，迄今为止，这一路径的经济学研究还没有形成一个相对成熟的体系，更没有为主流经济学所正式纳入。

其实，按照杨小凯的看法，目前微观经济学的发展有两大方向：①在阿罗－德布鲁体系内进行发展。该路向又可以分为小发展和大发展：小发展是将经典的阿罗－德布鲁一般模型发展为包含信息、交易费用、区位等问题的更为一般的模型；大发展则是把一般均衡概念发展为更抽象化，提高到更一般的分配机制（包括市场机制和非市场机制）和激励机制。②根本否定德布鲁体系框架的一些最根本的假定。该路向认为，新古典主义微观经济学否定了古典经济学的一些最重要的思想，因而尽管数学上很漂亮但研究方向却存在问题。显然，基于第二条发展观，经济学的基本分析范式就不再是均衡的，而是演化的；不再是短期物质利益的最大化，而是考虑长期快乐的最大化。[①]

同时，这两大发展路向之间也存在着根本性差异：①就第一条而言，它仅涉及信息和理性程度的修正。显然，信息只是人类行为的外在条件，而有限理性本身也是信息的函数；因此，不完全信息和有限理性仅仅是完全信息和完全理性的推广和延拓，它依旧坚持自利行为假设，而不涉及偏好的改变，从而也就没有对真实世界中的人类行为方式进行反思。②就第二条而言，它涉及人性假设的修正。显然，对人性假设的反思涉及如何理解理性的内涵，关涉如何理解人类的行为目标；因此，这又重新回归到对人类真正福利的研究，并且与日益盛行的人本主义经济学相适应。然而，现代经济学却倾向于将经济活动与其他活动割裂开来，由此研究原子化的孤立个体行为；相应地，被现代经济学贴上"经济的"标签的那一套行为在很大程度上就仅是一种新颖虚构，而与真实世界相去甚远。

（三）经济学发展现实路向中的问题

现代主流经济学的研究范式具有这样两大特征：①它将经济学从传统意义

---

① 杨小凯：《微观经济学的新发展》，载汤敏等：《现代经济学前沿专题》（第2辑），商务印书馆1993年版，第249-269页。

的道德活动中分离出来，并把它所研究的对象确立为可以纯粹用达到目的的手段作出判断的一套人类行为。②基于肯定性理性思维，它将实行经济交换的世界看作自发地趋于和谐一致的领域。当然，这种观念的形成源于新古典经济学集中关注归属工程学的研究内容，由此打造出基于还原论的原子个体主义方法论。它把行为者看成是从家庭、部族、阶级或民族分离出来的孤立个体，是独立的、自我决定的生物；相应地，制约个人之间的相互关系的规则是程序性的，而不包含道德的实质。例如，无论是哈耶克还是弗里德曼，这些新古典自由主义经济学泰斗们都极力宣扬抽象规则的唯一性。正是基于这种原子自然主义的信条，现代主流经济学极力将经济学的基本原则和方法应用到法律、宗教、文化和社会诸领域，从而形成了目前这种并不合理的形式化的经济学霸权，也就是经济学帝国主义。

一方面，现代主流经济学的分析范式和核心假设只是一定历史条件下的产物，主要适合于以物质资本为关键生产要素以及以物质产品为主要消费对象的社会，特别是适合于金钱理性盛行的商业社会。其实，经济学说史就表明，早期古典经济学家大多首先是社会哲学家，他们大多是从社会哲学的角度嵌入对经济行为的研究。例如，无论是休谟、斯密、马尔萨斯、穆勒、西斯蒙第还是马克思、马歇尔以及深受古典经济学影响的经济学大家森等，他们都非常重视道德问题，高度关注嵌入在人类行为中的克己心。只不过，后来受行为功利主义和李嘉图教条的影响，经济理论才逐渐基于功利主义来审视和评估人的行为，并把行为功利主义作为人类行为的衡量标准；进而，现代主义经济学还发展出这样的假说，最大多数人的幸福，即使不是独立自主的经济选择的目的，也是个体行为所带来的必然结果。例如，道德哲学家西季威克在《伦理学方法》一书中指出，利己主义和功利主义如此容易地和谐一致，似乎所有人的共同利益就是每一个人的利益。这种倾向在边际主义革命时期获得了全面发展，以致马歇尔以降的主流经济学离开了早期功利主义的基本纲要，而变成了主要是思考利己主义的每个人的福利。①这样，对个人行为和偏好的关注就日渐狭隘了，乃至最终确立了经济人假设在经济学中的核心地位。为此，格兰诺维特指出，经济学理论中存在一种失误，即使在新制度经济学中也不例外，这种失误主要表现为，忽视个人关系及其社会关系网络对产生信任、建立期望以及确

---

① 贝尔：《经济论述中的模型与现实》，载贝尔、克里斯托尔：《经济理论的危机》，陈彪如等译，上海译文出版社1985年版，第77-78页。

定和实施规范的重要影响。①

　　另一方面，现代主流经济学的分析范式和核心假设只是一定文化心理下的产物，主要根植于西方社会的文化心理意识之中，尤其是反映了具有控制和征服特性的男性行为特征。其实，经济学研究的是具体社会关系下人的行为及其衍生出的社会经济现象，从而具有强烈的人文性；而且，随着经济学研究领域的不断拓宽，也开始引入制度、文化等社会性因素，以致经济学的人文性日益凸显。正是日益增强的人文特性，引发了经济学人对具体社会中人类理性的重新审视以及对真实行为的关注，并导致 20 世纪 80 年代后女性主义经济学的勃兴；同时，经济学领域的性别差异又进一步引发了社会性的思考，从而引发了对经济学本土化的探讨。例如，女性主义经济学就强调，当前居主流地位的新古典经济学根本上是由男性创建的，并主要反映了男性的社会观和行为特质，如强调竞争、机会主义的经济人假设。显然，正是由于这种号称"客观"的现代主流经济学掺杂了明显的社会性别偏见，体现着一种与性别隐喻相对应的意识形态。例如，基于男尊女卑的价值等级观念，现代主流经济学往往将女性行为视为非理性的。因此，基于社会性别的差异分析，我们就可以清楚地认识嵌入理性经济人假设中的男女对立的二元论思想。同时，正是由于现代主流经济学具有明显的男性主义特征，它往往难以包容女性的行为特征；相反，它还刻意地将女性的活动排除在分析范围之外，由此进一步限制了经济学家对女性活动的正确理解。因此，随着越来越多的女性加入到市场之中，参与了越来越广的社会活动，主流经济学的人性假设与现实之间就产生了越来越大的脱节；显然，这种环境终于催生了女性主义经济学，它致力于揭示主流经济学的抽象化模型分析中所隐藏着社会性别的同构现象以及男性主义的价值观。

　　女性主义经济学的崛起以及对真实人性的挖掘，将有助于经济学基础理论的重构，有助于解释广泛存在的合作现象。事实上，男女之间往往得到公认的行为之一就是：女性忍耐性较男性更高，往往会克制自己内心的冲动，在人际关系中也更为忍让，以追求人际关系的和谐；因此，在很多情况下，女性更愿意采取迂回沟通而不是争夺的方式来达成自己的目的，这样的结果势必会增加合作的机会，从而实现最佳的可能组合。正是基于男女之间的社会性差异，女性主义经济学家对主流经济学的人性假设和模型化分析进行了广泛而深刻的批判：①经济人假设仅仅较恰当地体现了男性的行为方式，却无法反映人类另一半——女性的行为特征。②主流经济学在此前提预设的基础上构建的以客

---

① 科尔曼：《社会理论的基础》，邓方译，社会科学文献出版社 1990 年版，第 332 页。

观、精确为基本诉求所展开的形式化定量分析，反映了男性与女性相分离的二元论特征，所谓的客观性无非是男性化的客观性而已。为此，女性主义经济学强调，新古典经济学理论的前提预设因存在着严重的人性偏见而不足以对现实做出合理的解释，相应地，作为号称要研究全部人类的一般行为方式的经济学就需要能够把男性行为和女性行为的特征统一起来。也就是说，完全男性价值取向的研究方法会导致过于狭隘，因而主流经济学的抽象化研究方法和先验预设需要进一步拓展，这也正是女性主义经济学的基本目的。当然，女性主义经济学所要建立的模型也不是要用"女性经济人"取代"男性经济人"，而是主张通过女性的利他性、依赖性和感性等特征纳入现有模型的分析框架以解释更为一般的人类活动，这也是理论发展的基本路径。①

　　不幸的是，迄今为止，现代主流经济学的发展主要还是局限于阿罗－德布鲁体系之内，进而主要诉诸沿着信息拓宽的小发展路径。例如，改造微观经济学的信息经济学，基本上就是探究信息的不对称和不完全下的均衡问题。其实，虽然引入了信息因素可以相对解决完全信息这一根本不存在的臆想缺陷，但是，这毕竟仅仅是外围假设；而且，仅仅在传统框架下的改进，也并没有使经济学摆脱日益抽象化趋势，反而会陷入更深的模型化之中，以致这半个世纪来"一个不争的事实是它与真实世界越来越疏远了"。② 由此也可知，现代主流经济学的发展具有明显的局限性。赫希曼指出："某些最基本和最重要的问题确实被经济学家丢在身后，因为这些问题不是那么容易把握，其结果就形成了经济学的薄弱之处……在某种意义上，经济学家在他们的学科中选择了形式主义。他们这样做是因为把握不了出现于19世纪末期、由于人类非理性行为的发现，从弗洛伊德到迪尔凯姆（涂尔干）以来所有深刻的见解。因此他们在研究这些问题方面落伍了。他们又试图绕开心理学，因为他们对此几乎一窍不通。"③ 有鉴于此，笔者极力主张拓展现代经济学的核心假设，修正和完善经济学的微观人性基础，从而将经济学引向杨小凯所提出的第二条发展路径。只有这样，才能促使经济学范式进行根本转换，从而使得经济学与不断变化的社会环境相适应，使经济学的假设前提和分析逻辑与社会发展保持历史的逻辑一致性。

---

　　① 荣格就建议将人性中的阳性（男性）和女性气质结合起来，建立一个健康的、平衡稳定的社会。

　　② 科斯：《新制度经济学》，载梅纳尔：《制度、契约与组织》，刘刚等译，经济科学出版社2003年版，第11页。

　　③ 斯威德伯格：《经济学与社会学》，安佳译，商务印书馆2003年版，第219页。

三 拓展人性假设发展经济学的担忧及释疑

迄今为止，沿着人性假设拓展来发展经济学的第二条路径还是非主流的。不过，在人类思想的发展进程中，主流学术几乎已经囿于各种规范和形式而思维枯竭，从而往往只有沿着"非主流"道路才能提出新的思想和洞见；而且，理论发展和范式转换大体上都伴随着"非主流"对"主流"的挑战、渗透和颠覆。这一取向不仅体现在经济学以及其他社会科学中，自然科学领域往往也是如此。朗达内指出，在像物理学这样的自然科学中，"所有重大意义的进步都是在克服危机与冲突之中取得的，一个研究者或研究队伍打破具有垄断地位的、个人的范式或者克服那些在这种范式下被认为是相互矛盾现象：哥白尼与伽利略、爱因斯坦与弗里德曼、德布罗意与海森堡，他们中的每一个人如果不是异端者的话，至少，他们的理论曾经肯定是——并且启发了——非正统的"。[1]其实，稍有化学基础常识的人都知道，一个原子与其他不同原子相结合往往会产生迥然不同的特性；物理学的基本常识也告诉我们，分子或原子的不同排列结构也会产生截然相反的属性。相应地，作为一个极容易受环境影响的社会人，在处于不同的环境、担任不同的角色时，往往就会显露出不同的行为。就这点而言，现代主流经济学所设定的经济人假设显然被高度抽象化了，以致它已经远远脱离了现实。

然而，由于经济人假设是现代主流经济学的硬核，是现代经济学的微观行为基础，因此，对人性假设的修正和拓宽将会引起经济学更大程度的革命。为此，经济学人大多对沿着人性假设拓宽来发展经济学的路径充满担心和畏惧，甚至认为这是行不通的。究其原因有两点：第一，一些经济学家担心，对经济学核心假设的修改所牵涉的幅度太广：不仅使当前经济学的任务太过于艰巨，而且也可能颠覆以前经济学的整个体系，甚至导致经济学这门学科的崩溃。森就写道："道德地接受权利（尤其是那些被认为是重要的，并受到支持的、只是没有取得受尊重的约束形式的权利）也许需要对自利行为的系统背离。在实际行动中，哪怕是向这一方向的和有限的移动就足以震颤标准经济学理论的行

---

① 朗达内：《科学的多元化：经济学与理论物理学比较》，载多迪默、卡尔特里耶：《经济学正在成为硬科学吗》，张增一译，经济科学出版社2002年版，第99页。

为基础。"①第二，主流经济学家坚持认为，理论本身就是抽象化的，从而也就用不着非要符合现实。例如，《伦巴第人街》作者白哲特（W.Bagehot）不止一次地强调，"政治经济学不是谈论真正的人，而是谈论假想的人；不是谈论我们看到的人，而是为了方便谈论我们以为是的那种人"。②这种取向也得到了穆勒、马歇尔以及凯恩斯的支持。但从这两点看，现代主流经济学对经济人假设的维护与传统政治经济学家对马克思劳动价值理论的维护所基于的理由几乎同出一辙：两者都强调各自理论基石不能随意变动，以致最终的结果都只能是整个理论体系的轰然崩塌。因此，针对上述两种维护的论调，笔者一直都表示出强烈的反对态度，并强调任何一种想法都可能禁锢经济学的真正发展。

首先，就人性假设对主流经济学体系的根本性影响而言。

理论发展本身就是在苛求和批判的基础上发展的，特别是对那些不符合现实的理论而言，固守它只会窒息经济学科的生气，进而越来越偏离现实。显然，现代主流经济学就正面临着这种处境："一种对真实世界中发生具体事件的蔑视态度，已成为经济学家们的习惯，且他们自己也并没有觉得有什么不合适……主流经济学向来重理论而轻事实。"③在很大程度上，新制度经济学在20世纪80年代的兴起就可以被看作对局限于资源配置问题的新古典经济学的激烈反动，其开创者也就是科斯，沃因曾对科斯开创性的勇气和品质作了高度的赞誉。不过，尽管科斯所推展的发展根本上还是局限于新古典主义的框架之内，但他的见解在很长时间里依然是默默无闻而得不到重视。究其原因，正如沃因所说："一个明显的理由是科学家不愿意看到大量积累的智力资本被废弃和毁灭。那些为掌握现行理论作出过艰辛努力并运用它工作的人尤其不愿意看到还有其他更加有用的真理。他们具有通过贬低和漠视新理论抵制它的动力，这就是人。"④个人尚且如此保守，而一旦形成了利益共同体的组织，那么它的保守性就更为强烈。科斯仅仅引入一个新的变量（制度）就遭遇如此对待，那么，对其核心假设"经济人"进行颠覆或突破所面临的困难就可想而知了。究

①　森：《经济学和伦理学》，王宇译，商务印书馆2000年版，第58页。

②　党国英、刘惠：《纪念一百年前的经济学方法大论战》，载J.N.凯恩斯：《政治经济学的范围与方法》，党国英、刘惠译，华夏出版社2001年版。

③　科斯：《新制度经济学》，载梅纳尔：《制度、契约与组织》，刘刚等译，经济科学出版社2003年版，第11页。

④　沃因：《科斯和新微观经济学》，载梅纳尔：《制度、契约与组织》，刘刚等译，经济科学出版社2003年版，第56页。

其原因，一旦我们将经济人从经济学的研究假设中逐出的话，"精心搭设的经济学舞台立刻就会垮掉大半，许多忘我工作的经济学家的处境也就立刻变得岌岌可危"。[①] 不过，也正因如此，这种工作也就更加值得去做。

其次，就基于人性重构经济学体系的任务之艰巨性而言。

艰巨性更不是固守传统的理由，因为政治的理论探索本身就是艰巨的过程。马克思说过，在科学的道路上没有平坦的大路可走，只有在崎岖小路的攀登上不畏劳苦的人，才有希望到达光辉的顶点。波普尔则指出："错误是可以原谅的。只有不去尽量大地避免错误，才是不可原谅的。"[②] 实际上，这涉及了目前主流的学术精神：学术的探究本身是艰辛的，能够不教条主义地做真正的学问更是学术的基本态度；相应地，如果因困难而放弃质疑，实际上也就是放弃了理论探索。王国维在《人间词话》中将做成大事业、大学问的经历划分为三个阶段、三种境界，这意味着，只有起点高，才能看得远；只有想别人所不想，思别人所不思；见别人所不见，才能促使真正学问的持续提高。因此，学问中出现的困惑或迷茫本身都是非常正常的，也只有这样才表明已经进入了正确的轨道；相反，那些自以为什么都明白了的人实质上什么也没有明白，因为理论的进展就是在困惑中不断寻求解决的答案。尤其是，只有感受到任务的艰巨、承受一定的压力，我们才可以逐步将这些因素考虑进去，从而推动理论的发展。拉尔森指出："如果你得到这么一个印象，即理论工作是艰难的，理论绝不是明白无误的，那么你离真理就不远了。但是，你的这种困难意识越强，你在研究中把它考虑进去就越容易，从而避免琐细和人为的风险。"[③] 显然，当前那些主流经济学人之所以不愿意尝试和接受对经济人假设的重大修补，根本上还是源于对学问的敷衍态度；究其原因，他们所接受的是传统的主流教育，并以传统的领域作为自己社会存在的支点。鉴于此，笔者宁愿效仿苏格拉底而扮演牛虻的角色，希望能够刺激广大的主流经济学人真正认识到自己的不足以及唤起他们对学问更为真诚的态度。

最后，就理论研究的抽象化路径而言。

新古典经济学为其抽象化假定进行辩护的理由是：①简化假定是为了使现实更加容易理解。②抽象化也是理论研究的一个基本方法和前提。但本书开篇

---

① 卢兹、勒克斯：《人本主义经济学的挑战》，王立宇等译，西南财经大学出版社 2003 年版，第89页。

② 王晓林：《证伪之维：重读波普尔》，四川人民出版社 1998 年版，第 202 页。

③ 拉尔森：《社会科学理论与方法》，任晓等译，上海人民出版社 2002 年版，第 311 页。

就指出，这两条理由并不成立。奥地利学派也指出，"假定的简化是一回事，而假定完全不符合事实是另外一回事"；进而，新古典经济学家的错误不是在于"他们的假定简化，而是因为他们的假定与人类如何行动即（动态地、创造性地）表达自己的经验事实相矛盾……（从而）危及新古典经济学家在他们研究的各种应用经济学问题时所得出理论结论的有效性"。①事实上，理论的抽象并不是随意的，一个真正合理的理论应该是尽可能体现现实的抽象，反映社会实际和发展的抽象。正是基于抽象化的理性思维，赫希曼强调，"某些最基本和最重要的问题确实被经济学家丢在身后，因为这些问题不是那么容易把握。其结果就形成了经济学的薄弱之处……在某种意义上，经济学家在他们的学科中选择了形式主义。他们这么做是因为他们把握不了出现于19世纪末期、由于人类非理性行为的发现"。在某种意义上，"这是经济学的一种故意贫困化。这么做是为了让经济学继续作为一门科学——但却以脱离现实为代价"。②

其实，假设和逻辑的抽象化过度，这一倾向一直是西方学术的通病。其原因是，西方学术总体上根基于自然主义思维之中，并由此发展出了客观主义思潮和还原论思维，如经济人假设就是这种思潮和思维的结果。相应地，这种抽象化研究不仅为数理出身的现代主流经济学所崇尚，而且也渗透在具有丰富人文素养的古典经济学大家身上。例如，斯密就接受了法国的理性主义思维而抽象出了自利人假设，并发展了"无形的手"原理；马克思则应用抽象化分析而将异质性劳动还原为同质性劳动，并由此构建了以自然时间为衡量标准的劳动价值论。在很大程度上，这些抽象化分析所得出的结论往往都明显地偏离了社会现实，而且，这种偏离随着社会的多样化发展而日益严重。因此，拓展这些过于抽象的假设，使之重新复杂化和具体化以适应社会环境的变化，也就成为理论发展的重要途径。为此，林德伯格强调，"经济学家们必须学会使他们的分析更加复杂"。③在某种意义上，人性假设的拓宽也将使得经济学分析更为复杂，从而也将促使经济学研究进入一个新范式时代，使得理论跨入了一个新阶段。这里，问题的关键并不在于抽象假设是否要拓宽以向具体化复归，而在于抽象假设如何拓展以与社会发展保持历史的、逻辑的一致。

---

① 德索托：《奥地利学派：市场秩序与企业家创造性》，朱海就译，浙江大学出版社2010年版，第120页。

② 斯威德伯格：《经济学与社会学》，安佳译，商务印书馆2003年版，第218–219页。

③ 林德伯格：《组织理论的新推动力》，载菲吕博顿、瑞切特：《新制度经济学》，孙经纬译，上海财经大学出版社1998年版，第141页。

那么，抽象假设如何拓展呢？根据劳森的看法，只关注经验实证主义的或休谟的关于事件联系的归纳、概括，最多不过是促发了并且事实上已经引起了无休止的关于归纳法相对于演绎法所具有的相对优势和局限，以及关于证伪主义的正确的应用（解释）的优劣势争论或争吵等；而且，这种争论往往是毫无结果的。为此，劳森倡导一种超验的实证主义思维，这种思维所预设的基本的推理方式既不是归纳法也不是演绎法，而是一种叫作溯因推理或外展推理的方式，它包含在这种的运动中：从某些有意义的现象的一个概念到导致给定现象的某些完全不同类型的事物、机制、结构或条件的一个概念的运动。例如，如果演绎是从"所有的乌鸦都是黑色的"这个一般性判断到无数的黑乌鸦是黑色的这种特殊性结论，进而，归纳是从无数的黑乌鸦这种特殊性观察到"所有的乌鸦都是黑色的"的一般性判断；那么，溯因的或外展的推理则从无数黑乌鸦的观察到关于内在于乌鸦并使之成为黑色的一个机制的理论。[1] 显然，经济学理论的发展根本上在于揭示社会经济现象的本质以及相互之间发生作用的内在机理，而关键又在于对人性及其行为机理的理解；只有通过对人性的全方位考察，才可以提炼出更加符合现实的一般行为机理，才可以为现代经济学的理论发展夯实微观基础。

同时，经济学的理论发展也遇到经验检验的问题。学术界的主流认为，社会经济现象具有不可重复性和不可还原性，因而经济学理论也就无从得到实证。不过，经济理论缺乏检验这一结论的有效性往往只是基于静态的角度，在科学实验条件还很恶劣的条件下尤其显得合理；但是，随着社会的发展以及人类分析手段的进步，这种论断就越来越不准确了。① 如今社会的发展现状实际上已经提供了一个活生生的实验场所，任何与实践发生冲突的理论本身都是可以且应该发展的；尤其是，电脑的产生及信息技术的发展使一部分（当然不是全部）经济学原理可以利用电脑和信息手段进行模拟和实验，2002 年诺贝尔经济学奖就授予了在实验经济学方面做出贡献的经济学家。② 历史是社会理论的经验来源，从而往往为经济理论检验的基础。舒尔茨就指出，"物理学的科学魅力在于它的许多知识都为受控试验所证实，但天文学家积累的大量知识，不是靠试验而主要是通过分析不同天体的历史差异获得的；尽管经济学家可能希望像物理学那样做试验，但难度相当大，不易把握；但是，我们却可以像天

---

① 劳森：《一个经济学的实证主义理论》，载巴克豪斯：《经济学方法论的新趋势》，张大宝等译，经济科学出版社 2000 年版，第 348 页。

文学家那样，通过分析经济行为，来拓展知识，这就体现经济史的重要性"。①
事实上，经济史资料的记载也为我们的经济理论提供了检验的基础，因此我们
可以通过历史演变轨迹的分析总结出更全面的经济理论，这也是熊彼特为什么
特别强调经济史对经济学理论发展的重要意义的原因。因此，通过对人类行
为发展史的梳理，我们可以更好地认识到人性的本质以及人类行为的一般机
制，从而促进经济学更为完善和合理。特别是，尽管经济学确实无法对某一具
体事件作出精确的预测，但是，经济学在抽象掉一些相互干扰因素后往往可以
展开一些长期和总体的预测；而且，社会科学并不是要挖掘绝对真理，而主要
是对一般现象的解释和分析。问题在于，主流经济学理论对一般现象的解释力
有多大？正如有学者指出的，如果非合作博弈的纳什均衡仅仅可以解释社会中
20%的囚徒困境，或者说经济人假设无法为人类社会分工的不断增进提供理论
机制，那么，这些基本理论合理吗？

 ## （四）重审现代经济学的发展路径

　　根据库恩—拉卡托斯的学说，"科学"一词往往在三种不同的场合下使用，
具有三种不同含义，分别是指方法、研究课题和范式。库恩特别强调范式对一
门学科是否科学化的意义。所谓范式，即研究框架，是指一种突出的科学成
就，是已被某一科学界认定是进一步进行科学研究的基础；它具有一种世界观
的特征，这种世界观是社会上一部分人，或至少是科学界所共有的。拉卡托斯
则进一步划分了范式的两个部分，即"硬核"和"防护带"。其中，硬核是科
学家承认的无可辩驳的事实，这种事实是范式的一部分；防护带则是指当某种
假说被验证和反驳时，范式具有某种伸缩性的那一部分。正是从库恩—拉卡托
斯范式的角度，经济学往往被理解为一门科学，因为经济学无疑已经成为具有
硬核的总体范式。

　　当然，经济学的硬核在不同发展阶段上也在不断转化：古典经济学时期的
研究范式可概括为从现象到实质的抽象法，硬核即劳动价值论；新古典经济
的范式是边际分析方法，其硬核是均衡原理；凯恩斯主义的研究范式是宏观
分析，其硬核则是市场缺陷以及有关国家干预的理论和政策。显然，如果我们
把新古典主义和凯恩斯主义的综合看成是现代主流经济学，那么这个主流经济

---

　　①　舒尔茨：《报酬递增的源泉》，姚志勇译，北京大学出版社2001年版，第31页。

学范式就是理性分析，而其硬核则是基于经济人行为的最大化原理。而且，当经济学的研究对象从经济领域拓展到非经济领域、从利己行为拓延到利他行为的时候，经济人的最大化目标便从物质拓展到精神、从个人效用拓展到相互效用，这实际上也就是现代主流经济学的防护带。

然而，库恩—拉卡托斯的这种科学观受到了逻辑实证主义者的强烈挑战。究其原因，科学必须是一种经得起检验的知识整体，在这一整体中各种尚未被推翻的命题相互之间具有逻辑上的一致性。也就是说，作为科学的知识体系必须具有不断增强的理论解释力。例如，正是基于逻辑实证主义框架，波普尔就强调，科学必须具有"可证伪性"。在波普尔看来，坚持对所有论证进行经验验证是不现实的，而科学是这样一个运动的过程，即根据可证伪原则，进行猜测或反驳，再进行新的猜测。但是，新古典经济学理论所依赖的许多公理性假设几乎都是没有经过验证的，凡勃伦在1898年的《经济学为什么还不是一门发达的科学》一文中就指出了这一点，凡勃伦的指责用在现代主流经济学身上仍然适用。其实，任何科学理论都不仅要经受经验事实的检验，而且也要经受逻辑一致性的检验：前者是弗里德曼等所注重的，即理论的结论需要得到证实；后者则是弗里德曼等所忽视的，即理论的假设也必须与现实保持历史的逻辑一致性。但长期以来，经济学为了体现其"科学性"和"客观性"而在抽象化道路上纵马奔腾，结果，不仅它所依据的引导假定越来越不现实，而且得出的结论也与现实越来越远。德雷泽指出："（目前的那些）在形式上有吸引力而应用的那些模型，并不是因为它们真的与问题有关。这种现象就像一个典型笑话中所说的那样——'在路灯下找钥匙'。"[①]

在很大程度上，现代主流经济学的抽象根本就不是科学的抽象，这典型地体现在它的人性假设中。其实，新古典经济学之父马歇尔写道："道德的力量也是包括在经济学家必须考虑的那些力量之内的。的确，曾经有过这样的打算：以一个'经济人'的活动为内容，建立一种抽象的经济学，所谓经济人就是他不受道德的影响而是机械地和利己地孜孜为利。但是，这种打算却没有获得成功，甚至也没有彻底实行过。因为，它们从没有把经济人真正当作是完全利己的：一个怀有利人的愿望、甘受劳苦和牺牲以赡养家庭的人，是最能信任的，他的正常的动机常被默认为包括家庭情感在内。但是，他的动机既能包括家庭情感在内，为什么它就不能包括其他一切利人的动机——其作用在任何时间和地点的任何等级的人之中都是如此一致，直至能变为一般法则——在内

---

① 德雷泽：《宏观经济学中的政治经济学》，杜两省等译，经济科学出版社2003年版，第155页。

呢？这似乎是没有理由的。"① 根本上说，经济学之所以与自然科学不同，经济现象之所以比自然现象复杂，就在于经济活动中的行为主体受到各种心理的、社会的、文化的、政治的和历史的等因素的影响，经济过程也为人对未来事件的预期、希望和担忧所控制。因此，经济学也就不能简单地搬用物理学的均衡思维，更不能将丰富多样的社会人还原为同质的原子个体。

　　显然，要促进经济学科的进步和发展，就必须深化对人性及其行为机理的探讨，需要构建一个与社会演化保持历史和逻辑一致性的人性假设。这意味着，流行的那种以维持经济学科本身发展的连续性和抽象化研究的需要为口实来阻碍对经济人假设进行修改的说辞是站不住脚的。有学者指出，越能自觉地了解到你的理论的本身的限制，你越能够展开其他的领域；越是傲慢地认为你属于价值中立，没有价值理念的背景，那你就愈加肤浅乏趣。在很大程度上，现代主流经济学的经济人假设危机之所以越来越严重，关键就在于，经济学帝国主义坚守经济人的分析思维并将这种分析思维从传统经济领域拓展到人类生活领域，从而越来越涉及人类的社会需求方面。那么，我们又如何为经济学构建更为合理的人性假设呢？科斯强调，这"应该从现实制度出发，还要让我们从人的本性出发"，并抛弃"理性的效用最大化"的假设，因为这个假设"既不必要也不正确"。② 在很大程度上，"因为经济人正是现代经济学的核心概念"，而这个核心概念却远离了社会现实；因此，"我们别无选择，必须首先瞄准经济人——这是个阻碍经济学再次人性化的绊脚石"。③ 事实上，经济学本身就是具有强烈人文性和社会性的学科，经济学的科学化就必须输入更多的人文特性；尤其是，经济学最终是研究人类行为的科学，而不是研究物的科学，因而必须引入对人和人类命运的终极关怀。

 结语

　　现代主流经济学刻意模仿物理学等自然科学的研究思维和方法，以致先验

---

　　①　马歇尔：《经济学原理》（上卷），朱志泰译，商务印书馆 1964 年版，第 11-12 页。

　　②　Coase R.H., 1984, The Institutional Economics, *Journal of Institutional and Theoretial Economics*, 140(3): 229-231.

　　③　卢兹、勒克斯：《人本主义经济学的挑战》，王立宇等译，西南财经大学出版社 2003 年版，第 71 页。

地设立一系列假定作为逻辑推理和理论体现的前提，作为现代经济学理论之硬核的经济人假设就是典型。不过，正如前文指出的，现代主流经济学在不同层次的假设特性上存在着根本性的差异：物理学中万有引力这类核心假设力图体现事物的实在和本质，而非现实的真空假设仅仅是外围假设；与此不同，作为经济学核心假设的理性经济人却是非现实的，作为其外围假设的完全信息等条件也无法通过实验条件而获得控制。正因如此，物理学等自然科学的理论可以日益深入到自然现象的本质，而经济学的理论却与现实日益相脱节。这就涉及对理论抽象的双重性理解：①理论必然是抽象的，因为理论的构建和发展都需要依赖于一定的前提假设，而这种假设往往具有一定的抽象性。②理论的抽象又不能是随意的，而必须有一个限度：核心假设不仅要与现实不断接近，同时能够随着社会的发展而保持逻辑的一致。那么，如何使得经济学的假设抽象与历史发展保持逻辑的统一以更好地贴近现实呢？这就需依赖于社会科学各分支之间的知识契合。

不幸的是，现代经济学人大多忽视了这种差异性，而是拙劣地模仿自然科学的研究方式，试图将经济学理论建立在一系列抽象假设之上。为何会这样呢？很大程度上就在于，社会科学的分化使得经济学人的知识结构日益狭窄，而科学至上主义又使得他们热衷于向自然科学攀亲。正如斯威德伯格所说："经济学家现在正在向成为专家的目标行进，他们想摆脱掉改良主义、业余者及诸如此类的身份。"①这样，尽管为了使用自然科学的研究范式和分析工具，经济学所设定的抽象假设往往非常不现实，但是弗里德曼等却以物理学等自然科学中非现实的外围假设来为其假设的非现实性辩护，借助最大化假设与真空假设进行类比来为利润最大化辩护，并提出"假设的现实不相关性"假说。正是基于科学化的努力，现代主流经济学日益走上了过度抽象化的道路，它把社会中具有丰富秉性的社会人抽象为一个同质化的原子个体，这就是经济人假设。在很大程度上，现代主流经济学把对人性的理解建立在动物性本能基础之上，在理论简化的同时却与人类日益提高的社会性之间出现了越来越大的背离。基于这一情形，现代经济学的发展就需要从完善和改变其经济人这一核心假设入手。

---

① 斯威德伯格：《经济学与社会学》，安佳译，商务印书馆 2003 年版，第 10 页。

第2篇 经济学进步的契合思维及其问题

　　基于抽象的经济人分析框架，经济学帝国主义将现代经济学思维以及相应认知拓展到了社会生活领域，由此不仅带来了耳目一新的"高见"，甚至还促成了各种社会制度的重构。但与此同时，也加剧了社会的失序和混乱，从而遭到越来越强烈的批判。一个重要原因是，社会经济现象受到各种复杂因素的影响，社会经济的本质或应然往往潜藏在实然现象的背后，需要充分吸收和借鉴人类所积累的知识才能窥见一斑；特别是，要对社会经济现象形成系统的理论认知，不能简单地囿于抽象的分析框架进行建模或实证，而是应该沿着从本质到现象的研究路线，而这一路线的分析也需要非常高的知识要求。即无论在理论上的进步还是实践上的成效，现代经济学都需要充分吸收和借鉴其他社会科学的知识和思维，形成真正的理论互动而非单向扩张。

　　同时，经济学研究的根本价值在于其解决问题的能力，因而经济学的理论必然与实践不可分离。一方面，社会现象本身就是人类观念和行动的产物，不同的人类观念和行动往往会引导社会走上不同的道路；而且，各种政策之间也是相互影响的，在蝴蝶效应的作用下任何一点差错都可能对社会发展造成严重的灾难。另一方面，任何经济政策都必然是公共领域的，都涉及人与人之间的关系以及利益的分配；因此，经济学任何政策的推行以及社会制度的改进或设立都需要得到社会成员的认同和遵守，这需要提高社会成员对社会本质和秩序的认知。显然，这都涉及知识的互补和沟通，从而也就是契合发展的思维。一般地，契合是理论进步的基础，更是现代经济学发展的根本途径。本篇从共时性的跨学科知识之横向契合来探究经济学理论发展的途径。

契合是现代经济学进步的基本途径：

兼论社会科学的分裂及其困境

导读

契合是理论体系的创建和发展的基础，这不仅体现在自然科学中，也对社会科学的发展具有重要的启发。究其原因，处于社会关系中的人类行为不能人为割裂，一个人的所有行动必然基于近似机理。但迄今为止，社会科学之间进行合作和契合的步伐还相当缓慢，甚至反而有逐渐割裂的趋势，这种状况在经济学与社会科学其他分支之间表现得尤其明显。因此，现代经济学的发展就有赖于经济学和社会科学其他分支之间的重新契合。

一 引言

第1篇指出，西方社会的自然主义思维具有强烈的先验特质，具体表现为：以先验的引导假定为前提来构建内在逻辑一致的理论体系，进而，基于不可通约的先验假设就形成了不同的学说或流派。张君劢写道："西方人视其哲学仅为一种学说一种意见，甲时之好尚，移时而新者代之以兴。其摆弧间一往一返，各趋于极端，今日走理智之路者，忽一变而提倡反理智主义；今日本以客观真理标准者，忽一变而曰应以主观为标准；今日以常以永久者为观点者，忽一变曰唯有变中乃有实任。"[1] 显然，正是基于先验的分析思维以及不可通约的引导假定，西方经济学界就发展出了多样化的解释共同体，进而出现流派纷呈的局面。

同时，由于每个先验的前提假设都是仅仅抓住事物的某个特征，或者是基

---

[1] 张君劢：《儒家哲学之复兴》，中国人民大学出版社 2006 年版，第 79 页。

于某个特定维度的观察；相应地，由此发展出的各经济学流派也就都存在缺陷，直接应用于社会实践时往往就会产生误导性结果。因此，为了使我们对社会经济现象有更全面和深入的认知，就有必要将这些基于不同先验假设的分析结论契合起来，进而经过萃取和综合而促进理论的实质发展。当然，理论的契合不仅体现在经济学的不同流派之间，而且也体现在社会科学的不同分支学科之间，因为社会科学各分支很大程度上也是在着眼于不同的分析视角以及基于不同前提假设所展开的探索。鉴于此，本章就经济学各流派相分离的现状以及经济学理论契合式发展的途径做一逻辑阐释。

二 经济学科的现状概述

基于唯理主义的分析思维，西方理论往往偏重于逻辑思维的严密性，由此展开的理论研究就重在构建一套自圆其说的学说体系；在这种理念下，理论往往可以退化为一种与现实完全脱节的纯粹逻辑推理，而不在乎它是否对社会实践的实际指导意义。正因如此，西方社会的"体"（理论）和"用"（实践）之间往往呈现出分离状态。张君劢写道："西方人之视其哲学，仅为一种知识，所以表达一己之思想体系，以云信守奉行，则非所计及也。"[1] 显然，这种先验主义思维也深深地潜在现代经济学之中，由此也就造成了以下两大显著问题。

首先，经济学人之间很少能在某个具体理论上形成广泛共识，这种不一致广泛地体现在核心假设、研究方法、价值判断、理论观点等各个层次上。事实上，就那些前沿理论而言，经济学中存在的共识要比社会科学其他分支学科都少得多，与自然科学更不能相提并论。斯诺登等写道："使公众感到不平的是这样一个事实：即在一个包括 n 个经济学家的小组中，很可能出现至少 n+1 种意见。这可以追溯到凯恩斯，他常常被指责同时持有两种截然对立的意见。有人嘲笑说，即使历史上出现过的经济学家全都集中到一起，依然不会得到一个能够简明地反映现状的结论。经济学家经常受到的指责是，他们的假定要么太多，要么太少。"[2]

其次，现代经济学界盛行求新求变的学术风气，观点、理论乃至流派不断

---

① 张君劢：《儒家哲学之复兴》，中国人民大学出版社 2006 年版，第 79 页。

② 斯诺登等：《现代宏观经济学指南：各思想流派比较研究引论》，苏剑等译，商务印书馆1998年版，第 495 页。

推陈出新。但同时，由于这些不同观点、理论或流派根本上源自在不同引导假设下的逻辑推理，从而是一种非常片面的"理性真理"；相应地，这种求新求变的学术取向并没有促进经济学理论的多大实质性进步，也没有增进人们对社会认知的多少实质性提高，对经济现象的预测水平以及对社会实践的指导功能也没有明显的实质性改善。明显的史实是，自 20 世纪六七十年代以降，盛极一时的凯恩斯主义经济学就因其内在逻辑缺陷以及实践指导上的失败而声望急剧下降；但与此同时，由卢卡斯等发起的理性主义数理模型以及弗里德曼倡导的逻辑实证主义不仅依旧存在着逻辑缺陷，而且在实践指导上似乎更不成功。

其实，一个学说要能够对实践提供有效的指导，关键在于学说所提供的认知具有全面性和系统性。一般地，一个全面而系统的经济学理论研究往往包含了四个基本层次：理论方法层次、理论知识层次、理论表达层次和理论检验层次。其中，前两个层次是主要的，而这两个层次则需要非常高的知识素养，需要对人类长期所积累的知识进行梳理和契合。在很大程度上，契合本身就是理论发展的必然途径，是知识交流和互补的必然结果，这不仅体现在自然科学中，而且明显地体现在社会科学中。相应地，现代经济学的生命力和发展力也有赖于从社会科学其他分支所积累的知识中汲取营养。

关于这一点，我们先看两个例子。例如，H. E. Daly 指出，经济学和生物学之间具有很大的相通性，两者都是研究生命过程的学科：生物学大多集中在"皮肤之内"的生命过程，生态学主要集中于"皮肤之外"的生命过程；经济学则是生态学的一部分，集中研究被商品及其相关关系支配的皮肤之外的生命过程。所以，Daly 认为，经济学可以从与生物学的类比中学到很多东西，货币的流通和血液的循环就有很多相似性。[1] 马歇尔则认为，经济学家的"麦加"在经济生物学而非经济动力学。[2] 再如，根据 Lewin 的看法，经济学的大多数理论都有其心理学基础，两者之间的紧张关系具有很深的历史渊源，并且一直延续到现在；同时，心理学又是社会学的一部分，因而经济学又与社会学密切相关。Lewin 指出，两个学科的相关性如果能够像经济学和社会学那样密切，那么就一定存在协同作用的机会；进而，如果我们忽略这些机会，那么科学进步就会遭到挫败。[3]

---

[1]　Daly H. E., 1968, On Economics as a Life Science, *Journal of Political Economy*, 76(3): 392–406.

[2]　Marshall A., 1920, *Principles of Economics,* London: Macmillan & Co. p.14.

[3]　Lewin S. B., 1996, Economics and Psychology: Lessons for Our Own Day from the Early Twentieth Century, *Journal of Economic Literature*, 34(3): 1293–1323.

最后，从学说史上看，经济学科本身就是源于道德哲学的一部分，森认为经济学研究包含了伦理学和工程学这两大内容，忽视任何一个方面都会导致经济学的不完全和经济政策的荒唐。而且，经济学说史也表明，那些关注社会经济问题并对经济学发展产生影响的那些经济学大师如斯密、西斯蒙第、约翰·穆勒、马克思、马歇尔、凡勃伦以及凯恩斯等，都拥有非常广博的知识素养，他们都能够将社会科学各领域的知识有机地结合起来。同样，在现代经济学中，哈耶克、森、西蒙、科斯、阿克洛夫、奥斯特罗姆以及霍奇逊等经济学大家都认识到交叉学科研究的意义，并长期致力于这方面的探索。不幸的是，自新古典经济学取得支配地位后，主流经济学就与社会科学其他分支日益相脱节，经济学人越来越轻视与社会科学其他分支进行交流，由此也就造成经济学日益贫困化的局面。

三 契合是理论发展的一般途径

一般来说，知识的继承和综合即契合是理论发展的基本途径。究其原因，客观世界本身就具有统一性，因而人类对客观世界研究所获得的知识也应该具有内在的统一性。正是基于这种认识，自古以来就有不少学者相信这个世界可以通过少量的自然法则来解释，这就是爱奥尼亚的魅力所在。

首先，考察一下古希腊时期的自然科学发展路径。①在希腊神话时代后期，希腊的殖民地米都斯出现了三位自然学派哲学家，他们"睁开双眼"看见了自然，进而试图摒弃超自然的动因解释社会现象，从而真正表现出思辨冲动，也因此被称为第一代希腊哲学家。其中，爱奥尼亚学派的创始人泰勒斯高度关注事物实体的本质，并把"水"视为万物的原始；但是，他的学生阿那克西曼德以及阿那克西曼德的学生阿那克西美尼分别提出了"无限"和"空气"作为万物的原始。②作为第二代希腊哲学家，赫拉克利特和巴门尼德他们承袭了第一代哲学家的理论而开启了一场关于一些基本预设的争论。其中，赫拉克利特开始重视变化，认为变化构成了宇宙的真正生命，并把永生的"火"视为有机体根本的基质和灵魂的本质；而埃利亚学派坚决认为事物的基质是永恒不动的，其创始人巴门尼德的把"存在"（以太的火）视为事物的原始。③第三代希腊哲学家恩培多克勒、阿那克萨哥拉以及德谟克利特等人则试图调和赫拉克利特和埃利亚学派的观点，认为事物是相对变化的。其中，恩培多克勒肯定了四种定性的元素：土、气（以太）、火和水，而阿那克萨哥拉则断言有无数这样的元素，并宣布由"种子"的混合而形成万物。显然，恩培多克勒和阿那克萨哥拉为宇宙的自然科学观点开辟了道路，以德谟克利特为代表的原子学派指出了土、气、火和水等内在的更为简单而不可分的实体——"原子"。④同时，在希腊的另一个殖民地萨摩斯的毕达哥拉斯也建立了一个毕达哥拉斯学派。毕达哥拉斯学派注意到宇宙万物之间的关系、秩序、一致以及和谐，从而关注的基本概念不是物质元素而是结构和形式；同时，它把"数"视为万物的基本原因（基础），因为数学是自然的不变者，数学知识是确定的知识，数学定理能够在逻辑上证明。毕达哥拉斯学派由此还支持了对社会的一种等级划分：那些有洞见的哲学家应当占体制地位，并且获得治理社会的荣誉和特权。⑤最后，智者学派开始把这种对自然的探索引向了人类世界，柏拉图的"理念"以及亚里士多德的"四因"等都试图从斑驳陆离的现象世界中剥离出物质统一的线索，如毕达哥拉斯学派就成为柏拉图灵感的来源之一。

其次，考察一下奥卡姆剃刀在现代科学发展中的应用。基于契合来发展科学将遇到这样一个关键问题：如何有效地进行知识的契合呢？一般地，这就需要用到奥卡姆剃刀：将不必要的假设剔除掉。奥卡姆剃刀由 14 世纪的圣方济各会修士兼逻辑学家威廉（William of Occam）提出，出自其在《箴言书注》中的一句话"Do not multiply entities beyond necessity"（"如无必要，勿增实体"），这一思维经济原则就被冠以"奥卡姆剃刀"之名。奥卡姆剃刀原则消弭了经院哲学和基督神学间数百年的争论，使科学、哲学从宗教中彻底分离出来，并成为现代科学进行知识统一努力的主要工具和检验手段，它有助于剥开表层现象而深入内在实质。在科学发展史上，经典力学从托勒密的地球中心说到哥白尼的太阳中心说，再由开普勒的行星运行三大定律到牛顿的万有引力，就是受爱奥尼亚魅力诱发而应用这一原则的结果，海王星、冥王星等的发现很大程度上就被视为是奥卡姆剃刀原则作用的结果。① 事实上，到了 17 世纪末，牛顿试图把地球的运动和行星的运动融为一个统一的理论；而到 19 世纪下半叶，科学领域的统一任务获得了突飞猛进的发展。例如，法拉第提供了对电与磁这类现象的统一处理的方法，马克斯韦尔又用更精确的数学描述进一步发展了他的方法，并且还把光结合进这个理论；后来有关热的理论也被吸收到其他领域，部分归入辐射理论，部分归入粒子运动理论。因此，到 19 世纪，人们

①　奥卡姆剃刀原则也被广泛运用到经管理论和实务之中：在实务管理中，它要求抓住核心事务而化繁为简，通过理顺制度而防止和缓和帕金森病，进而提高组织运行的有效性；在理论研究中，它要求删去那些制约理论发展的不合理假设，进而使得理论能经受得起波普尔证伪主义的检验。

一方面用连续的（波）理论来处理电磁现象和光现象，另一方面又用不连续的粒子理论来论述物质，而后来的量子理论则统一了这些领域；而且，随着量子论的诞生，人们不仅理解了化学物质的光谱，而且还理解了化学元素周期表，理解了这些元素何以结合成更大的合成物。所以，爱因斯坦写道："认识到复杂现象的统一可用来指导观察看似分裂的事物，这种感觉真是奇妙。"① 事实上，爱因斯坦在后来的生活中一直努力想把世间万物纳入一个单一的简明系统中，在这个系统中包括了时间、空间和运动，也包括引力、地磁力和宇宙学。

再次，可以进一步考察社会科学的理论发展。事实上，不同研究传统的交融以及知识的契合往往会带来比各个组成部分更大的整体效应，这一现象并不局限于某一学科内部，甚至也不局限于自然科学领域，而是渗透在所有科学之间。皮尔斯写道："只有那些成功地使一门科学的方法适用于另一门科学的考察的人，才能够到达科学的更高峰。那正是过去一代人取得最伟大的进步的根源。达尔文把马尔萨斯和重农主义者的方法改用于生物学；麦克斯韦把或然性理论的方法运用于气体理论，把流体力学方法运用到电学。冯特把生理学方法用于心理学；高尔顿把错误的方法用于同样的研究；摩尔根把生物学方法用于历史学，古诺把微积分用于政治经济学。"② 正是基于这种认识，威尔逊写了影响深远的《论契合：知识的统合》一书，强调契合（Consilience）是知识统一的关键，其理据是，契合是通过将跨学科的事实和建立在事实基础上的理论联系起来，实现知识的"统合"，从而创造出一种共同的解释基础。③ 而且，威尔逊还做了大胆的尝试，通过因果关系将人类知识的三个分支——自然科学、社会科学和人文科学融合起来。威尔逊说："我有这样的信念：人类知识，并未被学科间的分工很好地开发。各个学科——无论是纯科学、物理科学、社会科学、人文科学或是艺术都创立了自己的一套术语或行话，知识的发展越来越困难。现在需要的是人类知识各分支间的协调，说白了就是'聚在一起'。"④

最后，有必要深入考察契合的顺序和结构。事实上，知识的契合往往需要

---

① 威尔逊：《论契合：知识的统合》，田洺译，生活·读书·新知三联书店 2002 年版，第 4 页。

② 霍奇逊：《演化与制度：论演化经济学和经济学的演化》，任荣华等译，中国人民大学出版社 2007 年版，第 76 页。

③ 威尔逊：《论契合：知识的统合》，田洺译，生活·读书·新知三联书店 2002 年版，第 8 页。

④ 威尔逊：《协调：知识的联合》，载拉各斯等：《知识优势：新经济时代市场制胜之道》，吕巍等译，机械工业出版社 2002 年版，第 27 页。

经历长期的沟通，并存在一定的逻辑顺序。就当前各学科和理论的发展而言，我们还无法实现所有知识之间的契合，但可以且应该在三个分支内部进行知识契合。第一，契合是自然科学的基础，因为物质世界的各种要素概念必然是要走向统一的。事实上，自然科学的发展就是建立在知识契合的基础之上，这导致目前自然科学的学科界限也正在消失，而不断变化的杂交领域则在不断生成，从化学物理到物理化学，再到分子遗传性、化学生态学以及生态遗传学等都是如此。第二，自然科学与社会科学之间的契合也在不断进行，如从环境伦理学到生态伦理学再到基因伦理学，从社会生物学、社会系统学到人类行为遗传学，从认知神经学到精神病理学等，都是如此。第三，如果说自然科学之间以及自然科学和社会科学之间需要契合，那么，社会科学内部各分支学科之间就更需要如此。究其原因，如熊彼特所说："所有的社会科学都会碰到某些根本性的社会问题，没有哪一种社会科学会认为有关社会生活的动力与机制之类的问题乃在它的研究职能范围之外。"[1] 而且，在不同社会科学领域所研究的最终行为主体——人本身是统一的。森指出："（经济学）可以通过更多、更明确地关注影响人类行为的伦理学思考而变得更有说服力。"[2]

总之，无论是从科学认知还是科学发展史看，知识契合都是科学发展的基本途径。事实上，正是基于科学发展史的事实，大多数科学哲学家都认识到并强调知识契合的重要性。例如，夏佩尔认为，"科学史上最显著的特征之一就是，尽管在前进道路上会遇到许多挫折，但总的说来存在着一种趋势，即各种科学领域越来越向综合统一的方向发展"。[3] 雅思贝尔斯则写道："现代科学致力于研究最个别的事物，寻求它们之间的全方位的联系……诸科学的统一性观念使人们不再满足于任何灵性的认识。现代科学不仅是普遍的，而且是为了寻求从未达到的、科学的统一而存在。"[4] 然而，随着现代大学的兴起以及学科的专业化发展，现代科学以及相应的哲学已经不再是提供对现实的普遍解释的整体，而逐渐成为一些互不相关的学科的集合。关于这一点，图尔敏（S.Toulmin）写道："从 17 世纪早期开始——而且几世纪之后更是如此，科学研究的任务越来越分化为不同的、泾渭分明的'学科'——每一个独立的科学分支都有其特殊的抽象方法：各学科确定自身研究对象的定义，使得它们能够

---

① 熊彼特：《经济分析史》（第 3 卷），朱泱等译，商务印书馆 1994 年版，第 49 页。

② 森：《经济学和伦理学》，王宇译，商务印书馆 2000 年版，第 15 页。

③ 夏佩尔：《理由与求知：科学哲学研究文集》，褚平等译，上海译文出版社 2001 年版，第 177 页。

④ 雅斯贝尔斯：《论历史的起源与目标》，李雪涛译，华东师范大学出版社 2018 年版，第 99 页。

把属于其他学科的问题抽象出去，从而可以进行独立的考察和讨论……就其实际内容来看，19世纪和20世纪的科学已变成各学科研究成果的总和，而不是它们的统一。"[1] 显然，当前科学研究的这种取向应引起我们的重新审视。实际上，流行的奥卡姆剃刀下面还紧接着另外半句话："But also do not reduce them beyond necessity"（"但是也不能减少到超出必要的限度"）。不幸的是，这下半句告诫却长期遭到忽视，进而导致奥卡姆剃刀原则的滥用，乃至将理论研究导向了过度抽象化。很大程度上，正是在机械化的奥卡姆剃刀原则作用下，现代主流经济学简单搬用自然科学研究中的数理逻辑，集中关注高度简化条件下的变量行为并逐步形成一套"纯粹"的理论体系，由此就产生出与现实相脱节的"黑板经济学"。

 ## 四　契合对经济学理论发展的必要性

就社会科学而言，最终形成一个统一的分析框架不仅是可能的，也是发展的方向。究其原因，社会关系中的人类行为毕竟不能割裂，同一个人的所有行动都是基于一种机理，因而人们的思维方式也必然只有一种。贝克尔强调："人类行为不能被条块分割，这种分割认为人类有时基于最大化，有时不然；有时受稳定的偏好驱使，有时任随意的动机摆布；有时需要最优的信息积累，有时则没有这种需要。"[2] 因此，我们有必要确立一个能够统一解释人类行为和经济规律的基本视角，这正是斯密打算做的。但迄今为止，我们并没有形成看待和分析社会经济现象的统一视角。雅思贝尔斯写道："每门科学都是由其方法和对象所决定的。每门科学都是观察世界的一种视角，没有谁能够把握整个世界。每门科学所涉及的仅仅是现实的一小部分，而非现实，也许是所有现实的一个方面，而非整体的现实。世上有分门别类的科学，而没有涉及整个现实的一种科学存在。因此，所有科学都是特殊的、专门的和专业的，但每门科学都属于没有界限的、必将相互联系起来的世界。"[3]

即使在经济学领域，社会和个人的统一都是根据完全不同的原则：后者根

①　Toulmin S., 1982, *The Return to Cosmology: Postmodern Science and the Theology of Nature*, Berkeley, CA: California University Press: 228–229, 234.

②　贝克尔：《人类行为的经济分析》，王业宇等译，上海三联书店、上海人民出版社1995年版，第19页。

③　雅斯贝尔斯：《论历史的起源与目标》，李雪涛译，华东师范大学出版社2018年版，第100页。

据合理的慎思，前者根据具有善良意志的个人的联合一致。那么，这个统一视角又如何确定呢？有学者指出，"'人'本身是不可分割的，社会科学各学科是针对人类各种不同'角色'来划分并进行研究的；同一对象的不同'角色'必然是存在相互联系的，这种联系应该以'角色重合'来体现，而不是以简单的某些学科所使用的方法论扩散来涵盖；所以，'角色重合'而不是'方法论重合'，才是建立交叉学科的基本逻辑"。[①] 也就是说，研究社会现象的方法论不能完全基于当前的某单一学科，而是要基于"社会人"这一对象来挖掘它们相一致的基础。

事实上，现代经济学界的博学人物如马歇尔、凯恩斯、哈耶克、熊彼特和森等都充分认识到社会科学各分支之间进行知识和思维契合的重要性，他们实际上也是这么做的。例如，马歇尔信奉"自然不会跳跃"的格言，强调经济发展的"连续原则"，肯定经济世界是不断变化和缓慢演进的，认为各种不同的流派只不过是经济思想演进长河中的一些支流，最终将汇合在一起。再如，哈耶克说："经济学家发现，如果他试图从其技术性的知识中推出我们这个时代的公共事务相关的一般性结论，他就必须试图去理解许多经济学无法提供答案的问题。"[②] 同样，熊彼特在《经济分析史》中也指出，经济学由四个领域组成：理论、经济史、统计和经济社会学，并强调"经济与非经济的事实是相互关联的，因而不同社会科学也应该相互关联"。[③] 此外，阿莱也强调，"在我的全部职业生涯中，我最为关注的是综合：从对实物现象和货币现象的研究中得出一种综合的看法；把理论分析和应用经济学密切联系起来；把经济学同社会科学其他分支如心理学、社会学、政治学和历史联系起来。正如物理学需要一种万有引力、电磁学和量子的统一理论一样，社会科学也需要一种统一的人类行为理论""这种对所有社会现象的综合的关注构成了我所有思想的基础，也构成了我理论经济学著作和应用经济学著作工作的密切联系"。[④]

同时，往前追溯得越早，那些经济学大师的知识结构也就相对越博学，他们几乎能够通晓当时所有的知识，这在斯密、穆勒、马克思等身上表现得尤其

---

① 张伟：《以政治审视经济的学科交叉：政治经济学的新视角》，《社会科学研究》2003 年第 1 期。

② 洛克林：《公法与政治理论》，郑戈译，商务印书馆 2002 年版，第 119 页。

③ 熊彼特：《经济分析史》（第 1 卷），朱泱等译，商务印书馆 1991 年版，第 29 页。

④ 阿莱：《我对研究工作的热忱》，载曾伯格编：《经济学大师的人生哲学》，侯玲等译，商务印书馆 2001 年版，第 42 页。

明显。例如，尽管斯密开创了经济学体系，但这很大程度上是源于对前人思想的吸收和综合而非独到的创见：他不但熟悉古典主义先驱配第、洛克、斯图亚特、休谟等的观点，熟悉巴尔本（N.Barbon）、达特利·诺斯这些"反重商主义"作家的思想，也熟悉柴尔德、戴维南特等的观点；他不但熟悉德国意大利的官房学派的观点，也熟悉坎铁隆、魁奈等重农主义者的观点，更直接继承了孟德维尔、哈其森等的思想。为此，马歇尔写道："斯密的讨论范围足以包括他当时英法同辈著作中的全部精华。虽然他无疑地从别人承袭了不少的东西，但是我们越拿他和他的前辈和后继者相比较，我们觉得他越有才华，知识越渊博，判断越公正。"[①] 同样，马克思的学说体系很大程度上也是源于对整个西方世界思想的整理和吸收。伯尔基写道："（马克思主义学说）是马克思从他先辈们那里接受来的，并经过改编形成他自己的精致观点的要素，它们其实内在于马克思主义；马克思学说真正的特性、真正的实质、真正的统一，在于它是'综合的'""事实上，除了在学说中相当有限（但意义重大）的部分，马克思从未宣称过独创性，而是有意识地视自身之成就为一个综合者，一个一丝不苟的，从他知识导师们的前提中得出清楚明确结论的综合者"；当然，"马克思承认他的种种知识来源，可惜这并没能排除他在对待嫡亲前辈和自身时代的同道者们采用凌厉批判的方式，尽管事实是，他力图把自身观点较之经济学家、哲学家和政治思想家们的观点优越性归功于他有利的历史地位，而非他的个人天才"。[②]

不幸的是，像自然科学一样，自从经济学、政治学、社会学等相继取得独立地位以来，原本统一的社会科学就被割裂成了一个个封闭的孤立学科。此时，每个学科都努力构建自己的"核心课程"，每个学者都关注其特殊的专业并提供日益复杂化的专业知识，每个人都在其自身的专业课程中取得似乎有用的技能；但与此同时，每个人也开始丧失了有关人类世界的一般认识，他们越来越不了解其他学科的思维和认知。法国人类学家杜芒（L. Dumont）写道："在现代世界上，人们不知道它们的每一个观察角度或每一种专门化探索究竟是干什么用的；不知道它们之所以存在和区别于其他东西的原因。"[③] 事实上，今天专业化了的学者往往以一套知识分子的假定和只有他们的同僚才可以分享的词汇来著书立说，从而在不同学科的学者之间就越来越难以展开对话和

① 马歇尔：《经济学原理》（下卷），陈良璧译，商务印书馆1965年版，第403页。

② 伯尔基：《马克思主义的起源》，伍庆、王文扬译，华东师范大学出版社2007年版，第8-9页。

③ Louis Dumont, 1977, *From Mandeville to Marx: The Genesis and Triumph of Economic Ideology*, Chicago: University of Chicago Press: 20.

交流；同时，职业化和专业化的兴起也导致公共领域的萎缩，学者越来越不关注生活，从而也日益丧失了与公众对话的能力，乃至早期在人文社会领域所称的"学者"或"公共知识分子"现在变成了"科学家"。

当然，正如贝拉等强调的，"作为有能力的社会科学家和作为'社会的一般公民'是不矛盾的；专业化的东西不是彼此排斥，而是需要综合的。如果一门社会科学对宏观的社会漠不关心，那么它甚至连自身的专业工作也无法完成，因为它只会在广泛的现实问题前束手无策。如果我们记得'感召'和'职业'是'专业'的旧有意义的话，那么我们便可看到，一个真正的'专业社会科学家'绝不能仅仅是一个专家，他也会部分地将社会科学视为公共哲学"。①因此，就当前社会科学的发展而言，要真正形成对社会经济现象更为实质和全面的认识，就需要将业已割裂的各学科重新契合起来，需要基于多视角的契合而形成一个更具解释力、分析力的方法论思维。事实上，在人类社会中，要真正认识和解决任何一个问题，都有赖于社会科学各分支之间的知识互补和综合。例如，任何经济现象都与其他心理的、文化的、历史的、制度的等社会性因素结合在一起，因此，经济问题的分析和解决也离不开其他学科的知识，经济学的发展更有赖于充分吸收和借鉴其他学科的合理之处。

总之，当前社会科学的理论发展也应该走跨学科的知识契合之道路，需要从实现社会科学各分支的重新统一。正是基于契合的需要，熊彼特强调要建立"经济社会学"这一基础学科，"因为在这门科学内，无论经济学家或社会学家，他们走不多远就会互相踩着脚跟……事实上，自从 18 世纪以来，两部分人在不同的道路上都在稳步发展，直到现在，典型的经济学家与典型的社会学家对于对方在做些什么都知道得很少，而且关心得更少；每一方都喜欢各自用他们自己粗浅的社会学与粗浅的经济学知识去接受对方专业上的成果"。②而且，社会科学领域并不是无法合作，也不是没有展开过这样的合作；相反，早期社会科学的各个领域本身就是合在一起的，经济学和伦理学、政治学以及哲学、宗教都是分不开的，在古典政治经济学中本来也不存在福利经济学与其他经济学研究的严格界限。米洛斯基就写道："大多数经济学中的重要人物，从亚当·斯密到卡尔·马克思，从弗朗西斯·埃几沃斯到索尔斯坦·凡勃伦，从J.M.凯恩斯到 N.G.罗根——都是在哲学的领域里而不是在经济学领域里开始

---

① 贝拉等：《心灵的习性：美国人生活中的个人主义和公共责任》，周穗明等译，中国社会科学出版社 2011 年版，第 398 页。

② 熊彼特：《经济分析史》（第 1 卷），朱泱等译，商务印书馆 1991 年版，第 51 页。

他们最初的社会活动的。"[1] 也即，古典时期的学者如斯宾诺莎、康德、斯密、边沁、马克思等也都对社会科学契合做了认真而有效的尝试，如斯密就通过"克己"来统一经济领域的经济人和道德哲学界的社会人；边沁则运用苦乐原则研究了极其广泛的人类行为，这包括刑事处罚、监狱改革、立法、高利贷法、法律体系以及商品和劳务市场；而马克思及其追随者则运用"经济决定论研究市场行为、政治、婚姻和其他非市场行为"。显然，现代经济学的发展需要从古典经济学中汲取营养。

 ## 五 社会科学的分裂以及经济学的困境

尽管早期经济学和社会科学其他分支在很大程度上是紧密结合在一起的，如经济学和伦理学（或政治哲学）就源于同一源头。但是，自经济学科在 18 世纪后期正式独立开始，经济学就开始努力模仿自然科学的研究思维和分析范式，一方面探究协调个体行为的看不见原理，另一方面又试图确立财富生产和分配的运动规律。尽管如此，由于早期的古典经济学家大多具有渊博的知识，这种知识结构决定他们采取的是十分广泛的跨学科视野而不是狭窄的机械论视野，他们乐于从大量的经验证据中提炼、分析而不是采用简化的建模方法。不过，古典经济学后期以降，这种跨学科的契合研究进路就开始式微了：一些学者开始追求纯经济学理论的构建，并模仿理论物理学的研究范式，从而导致经济学的研究日益简单化和抽象化；尤其是，随着边际学派的兴起，经济学更是抛弃了对财富生产和分配的关注，而试图以微观个体行为为基础重构经济学。这样，社会科学各分支之间就开始分裂了，每个分支都严格划定自己的研究领域，从而也就失去了交流的兴趣。

事实上，正如威尔逊指出的，"社会科学家们分裂成一个个独立的小团体，他们将自己那个专业中的词汇精雕细琢，但是却无法用技术语汇进行专业与专业之间的沟通"，而且，"就是一些真正的发现也经常因为意识形态之争而无法显露出来。在很大程度上，人类学家、经济学家、社会学家和政治科学家不能彼此理解和鼓励"。[2] 譬如，经济学和伦理学就已经分化到了不同的知识领域：

---

① 米洛斯基：《问题是什么》，载巴克豪斯：《经济学方法论的新趋势》，张大宝等译，经济科学出版社 2000 年版，第 71 页。

② 威尔逊：《论契合：知识的统合》，田洺译，生活·读书·新知三联书店 2002 年版，第 260 页。

经济学发展成一门"价值中立"的"实证"科学，而伦理学仍然是一门"规范"科学。而且，目前的知识领域如此专业化，以致社会科学某一特定分支学科的内部也存在更进一步的细化，乃至出现明显的争执和冲突的情况。例如，王海明指出，现代西方伦理学内部就存在元伦理学、规范伦理学和美德伦理学之三足鼎立，而它们之间又相互排斥和否定，而至今仍然没有将构成伦理学的这三大部分有机结合起来，因而他正在做伦理学内部分支契合的努力。^① 其中，社会科学内部的这种相互孤立的状况在经济学与社会科学其他分支之间表现得尤其明显，目前的经济学教育很少强调它与哲学、法律和历史学的关系，而且赋予了数学以决定性的角色；究其原因就在于经济学的学科定位，它试图构建成像自然科学那样的应用科学。

同时，经济学内部也出现了截然分裂：经济学内部就形成了主流和非主流的经济学取向以及在不同引导假定之下形成了不断流派。①边际革命的兴起使得经济学日益局限于稀缺性资源的配置这一工程学内容，更加强调研究的客观性和严谨性；相应地，主流经济学逐渐抛弃了人文性内容，从而就开始加强与自然科学而不是社会科学的联系。②古典政治经济学的跨学科研究思维则为其他少数的非正统学者所继承，他们关注社会关系对生产和分配的影响，关注社会关系对社会制度的影响；相应地，非主流经济学也就强调分析的整体性，从而反对过分照搬自然科学的研究范式。在很大程度上，正是由于现代主流经济学的自然科学化心态，以及不同经济学派与社会科学其他分支的联系上存在差异，结果，在经济学内部的各分支以及各流派之间也就无法进行有效沟通。事实上，在现代经济学界，非主流的政治经济学与哲学、社会学等学科之间以及主流经济学与数学、物理等学科之间的联系比两门经济学科之间的联系还更为紧密。例如，迪辛（P. Diesing）写道："形式主义经济学家与制度经济学家很少礼貌地交谈，可有些制度主义者却能跟研究社会制度和文化问题的人类学家和社会学家一起共事。"^②

然而，社会科学各分支之间以及经济学各流派之间如何分裂的情形显然不是正常的，与社会科学其他分支的隔离而与自然科学的攀亲显然也不是经济学发展的合理取向。森写道："由于人类实际行动被假定为仅仅是对自利的追求，而不受其他任何伦理思想或福利经济学判断的影响，预测经济学的发现可以影响福利经济学；福利经济学的思想却很难影响预测经济学，因此，福利经济学

---

① 王海明：《伦理学方法》，商务印书馆 2003 年版，第 36 页。

② 卢瑟福：《经济学中的制度》，陈刚等译，中国社会科学出版社 1999 年版，第 29 页。

与其他经济学的主要联系方式一直是单向的。例如，有关工人对工资激励反馈的理论可以用来对工资政策或最优税收政策等进行福利经济学分析，而福利经济学的思想却不能影响个人的行为，从而也就不能提供任何激励问题本身。"[1]问题是，行为预测和经济（社会）福利之间的关系果真是单向的吗？森指出，"如果人类的实际行为确实受到伦理思想的影响，那么，福利经济学就一定能够影响人类的实际行为，从而也就一定能够影响预测经济学"。[2]更严重的是，尽管由于学科的严重分裂，目前有些青年经济学子对社会科学其他分支领域的理论、方法乃至自身的历史几乎一无所知，但是，他们却往往凭借一套机械的成本—收益分析模式以及计量分析工具就贸然地对社会经济现象进行分析并提出政策建议。

最后，在经济学帝国主义心态的驱使下，一些经济学人还致力于将主流经济学的抽象分析思维拓展到社会科学其他分支领域，并对其他领域所积累的理论和知识进行解构和批判。正是由于这种取向已经超脱了传统经济分析的适用范围，从而就不可避免地常常得出"反社会"的"惊奇"结论。正如阿克洛夫指出的，"总的来说，经济学真的非常非常优秀，但经济学家们倾向于太把自己当回事了。他们认为，经济学能涵盖所有的问题。然而，照我看，你还需要用社会学和心理学来解决类似失业和特定国家的贫困之类的问题。而且，我们现在仍然不清楚，我们对社会学和心理学能利用到什么程度"。[3]因此，尽管经济学帝国主义使得经济学与社会科学其他分支之间在研究内容和研究领域上又重新有了交叉和相容的趋势，但实际上却又没有推动社会科学之间的真正合作和有机契合；相反，它在很大程度上只是一种研究思维和方法的单向扩张：是将经济学的抽象思维拓展到社会科学其他分支领域，而很少借鉴和契合社会科学其他领域所积累的有益养分。结果，这种帝国主义运动和殖民心态反而进一步割裂了社会科学各分支的趋势，或者只是造成一种形式化和机械化的统一表象。事实上，要形成一个能够对社会经济现象进行更全面分析的统一方法论，根本上有赖于社会科学各分支之间的自由交流，通过剖析现有的不同视角而提炼出一个共同的分析基础；在此过程中，每一个学科都不要妄自菲薄，更不能是井底之蛙，这才是真正的契合。

可见，现代经济学的发展存在着严重的偏狭化取向，它逐渐将自身变成

---

① 森：《经济学和伦理学》，王宇译，商务印书馆 2000 年版，第 33 页。

② 森：《经济学和伦理学》，王宇译，商务印书馆 2000 年版，第 54 页。

③ 斯威德伯格：《经济学与社会学》，安佳译，商务印书馆 2003 年版，第 93 页。

应用数学的一个分支，而与社会科学其他分支相分离。1992 年 10 月在巴黎召开的题为"经济学正成为硬科学吗"的国际学术讨论会就提出了这样的议题："在过去的半个世纪中，培养经济学家的教育发生了显著变化。现在专业化教育几乎成了一个自足的系统，很少强调它与哲学、法律和历史学的关系，而且赋予了数学以决定性的角色。"[①] 在某种程度上，正是基于这种研究取向，现代经济学无法对 2008 年爆发的经济危机提出预警，甚至经济学家在经济危机爆发后也出现了集体失语。因此，如何合理地进行知识和思维的契合是当前社会科学尤其是经济学所面临的重要课题，也是现代经济学取得实质发展的关键。事实上，斯基德尔斯基就指出："数学本身并无过错，学生应该接受数学和统计学的技能训练，因为它们是严谨的科学思考的辅助工具，要学会在适当的语境下运用正确的定量方法。但是，现在的经济学课程过于强调数学技能的使用，却不理解它们在概念上的局限性。"[②] 为此，霍奇逊等发起的回应英国女王访问伦敦经济学院时向学者们提出的"为什么没有人预见到信贷紧缩"这一"女王难题"的签名信中就指出，当下经济学子所接受的主要是并不使用的数学技能和不受实证控制的形式化建模之类的狭隘训练，而它们几乎都与真实世界绝缘；并强调，经济学者应该接受更为广博的知识训练，包括通晓心理学和经济史等其他学科。[③]

 ## 尾论：知识契合的意义

推动思想进步和理论发展的关键在于知识的契合，通过契合将跨学科的事实和建立在事实基础上的理论相联系而实现知识的"统合"，这是理论体系得以创建和发展的基础。其实，不仅统一的目标贯穿于科学发展史之中，而且，科学中的许多创新都归功于将不同的现象整合进一个更一般性的科学框架之中；同时，这种同一性不仅体现在自然科学中，也对社会科学的发展具有重要的启发意义。究其原因，尽管每个学科的研究对象存在差异，但从有机体的本体论角度看，整个社会科学本身应该是统一的。就经济学的理论研究而言，无

---

①　克洛尔、豪伊特：《经济学的基础》，载多迪默、卡尔特里耶：《经济学正在成为硬科学吗》，张增一译，经济科学出版社 2002 年版，第 23 页。

②　斯基德尔斯基：《重新发现凯恩斯》，秦一琼译，机械工业出版社 2011 年版，第 196 页。

③　《全球经济危机的"女王难题"》，http://business.sohu.com/20090917/n266795778.shtml。

论是对经济现象的深入认识还是经济政策的应用上，都必须依赖于社会学、心理学、政治学以及历史等，都必须将经济学与社会科学其他分支有机地连通起来。事实上，正如穆勒指出的，"政治经济学是同社会哲学的很多其他分支学科不可分割地纠缠在一起的。除了一些单纯的枝节问题，也许没有任何实际问题，即令是其性质最接近于纯粹经济问题的问题，可以单独地根据经济前提来决定"。[①] 譬如，就伦理学与经济学的作用而言，豪斯曼和麦克弗森曾写道："道德理论……的主要目的是帮助人们理解什么是道德，它在何处融入生活以及人们为什么给予它足够的重视。在引导人们反思他们所接受的道德准则和在人们的道德准则之间存在矛盾时帮助人们决定应该做什么这些方面，道德理论具有实际作用。类似地，对伦理学的理解可以帮助经济学家更有效地思考政策问题中的道德因素，在认识处理道德问题时增强信息。了解这些伦理学可以帮助经济学家和政策分析者改良政策评估方法，理解在生活中人们的经济行为如何受到道德因素的影响。"[②]

不幸的是，自新古典经济学取得支配地位以降，经济学与社会科学其他分支之间就出现了越来越大的分离。为此，苏特（W. Souter）对经济学与社会科学其他分支之间这种日益分裂的现状提出强烈的批判，并坚决反对罗宾斯对稀缺手段与既定目标之间的关系进行自主的演绎研究来定义经济学。他写道："这种思想似乎是，在起初和最终从那些相邻学科或取少量基本的有关心理或其他方面的经验事实之后，经济学家就能继续着手封闭式的研究任务了。而且这似乎是可能的，因为他借此至少可以用需求和供给函数的一般形式来装备自己，然后投入到实际应用中……但是想避免经济学不确定的、渐进的研究'领域'不渗透到其他社会科学之中是不可能的，而声称能不通过大量辛苦的调研就可获得需求和供给函数的一般形式的说法是没有根据的。"[③] 在很大程度上，2008 年爆发的全球性经济危机也就是经济学越来越忽视其他社会科学思维和知识的基本后果：它往往基于完全理性来构建形式优美的数理模型，从而看不到人类固有的有限理性和有限认知问题，最终忽视现实中已经日益累积的问

[①] 穆勒：《政治经济学原理：及其在社会哲学上的若干应用》（上卷），赵荣潜等译，商务印书馆1991 年版，导言第 7–8 页。

[②] 豪斯曼、麦克弗森：《经济分析、道德哲学与公共政策》，纪如曼、高红艳译，上海译文出版社2008 年版，第 2 页。

[③] 霍奇逊：《经济学是如何忘记历史的：社会科学中的历史特性问题》，高伟等译，中国人民大学出版社 2008 年版，第 239 页。

题。例如，2009 年 9 月 2 日，克鲁格曼在《纽约时报》发表文章指出，"仅有很少几个经济学家预见到了这场危机的来临，而且，这种预测的失败还只是该领域的所有问题中最微不足道的一个。更重要的是，它对市场经济中潜含灾难性失败的高可能性存在学科盲点"，究其原因，"经济学科的迷途在于，经济学家作为一个整体误将优美——套上外表华丽的数学外衣——当作了真理。直到大萧条之前，大部分经济学家都迷信于资本主义是一个完美或接近完美的体系这一幻象……经济学科失败的核心原因则在于对那种追求无所不包的智力优雅的研究方式的企望，它给了经济学家显示其数学能力的机会"。①

事实上，越来越多的经济学家也已经认识到，经济学与社会科学其他分支之间存在显著的互补性，进而也就存在着契合的可能性和必要性，如心理经济学、行为经济学、法律经济学等新兴交叉学科的出现就是一个明证。而且，正如豪斯曼和麦克弗森指出的，"标准观点承认经济学家需要理解指导解决成果和过程评价概念和标准，它还承认伦理学在经济学中其重要作用。它承认如果不了解一些伦理学是很难成为一名优秀的经济学家的。（而且，尽管）所有的标准观点都主张，作为知识主体的实证经济学，是福利与伦理学的……（但是）经济学家了解一些拓扑学和统计学是重要的，虽然这些领域对经济学的一些主要部分毫无影响，而且，我们也主张，经济学家了解一些伦理学是重要的，即使这样做与经济学家做的任何一件事无关"；尤其是，"由于两个相关的原因，了解一些伦理学的重要性不可能被这样轻易消除的。首先，不同于生理学或地质学的事实，伦理学的责任不是特定的：它依赖经济制度和结果。第二，如果对伦理学懂得不是很多，那么伦理学的内容和它对经济制度和结果的依赖性是很难掌握的。"② 在很大程度上，现代主流经济学抛弃了伦理学内容而专注于工程学内容，并且在科学至上主义的支配下盲目追求形式美，从而使得分析结论不仅与现实脱节，其政策建议更是具有"反社会"倾向。

早在 20 世纪 60 年代，老制度主义者塞利格曼写道："经济学原本是考察社会行为总体的复杂性的一种方法和途径。在这个意义上，它是社会系统的一般理论的一个分支。但是到后来，经济学成了研究具体经济过程以及从中引申出来的行为模式的科学。传统上，经济学的注意力集中在生产和分配领

---

① 克鲁格曼："经济学家如何错得如此离谱？"朱富强、安苑译，《中国社会科学内刊》2009 年第 6 期。

② 豪斯曼、麦克弗森：《经济分析、道德哲学与公共政策》，纪如曼、高红艳译，上海译文出版社2008 年版，第 349 页。

域……只有在这样一种理论框架内，经济学家才能躲开那压倒一切的商品拜物教，而它已经笼罩着经济学整整一百年（指到《现代经济学主要流派》出版时的 1962 年——本书作者注）。通过解释现在被认为完全属于社会学现象的那些现象，通过把这些纳入经济学数据的范围，经济学模型才能包含人们所追求的目标，也只有这样，这些模型才能适应变化中的环境，走向动态平衡"；"有人断言，对当代经济学思想的这些苛责表明，人们对理论建模本身存在着一种误解。但事实是，下这种断语的人才真的背叛了经济学家之为社会学家的职责。买和卖不仅是商品和货币在相对方向上的流动，而且是人与人之间关系的体现，在劳动等要素流动的同时，甚至会涉及阶级利益和群体利益。这些年来经济学家拒绝讨论这些关系中包含的阶级问题，把它们推给了社会学家、社会心理学家和劳动关系专家。结果就导致本应当是'通才'的经济学家不能对一些真正重要的问题说出什么东西来。这是在重复人口统计学领域发生过的一切，经济学家已经把它拱手让给了统计学家和社会学家。"[①] 而半个世纪之后，制度主义者霍奇逊等在 2009 年就发起了支持克鲁格曼反对将"优美当成真理的现代主流经济学"的签名运动，短短几个月就有超过 2000 多名经济学者签了名，其中包括道格拉斯·诺思、青木昌彦、玛格丽特·布莱尔、迈克·布劳格、丹尼尔·布罗姆利、格雷戈里·道、黛尔德丽·麦克洛斯基、朱莉·纳尔逊、悉尼·温特、卢瑟福、马克·卢兹、阿加·克莱默、张夏准等。[②] 我们可以想象，基于否定之否定规律，社会科学将会再次走向契合的发展道路；斯蒂格利茨在 1991 年预测 21 世纪经济学的走向时就指出，经济学发展的一个基本方向就是，将社会科学其他分支尤其是心理学和社会学的发现纳入经济学的理论体系中。[③]

---

① 本·塞利格曼：《现代经济学主要流派》，贾拥民译，华夏出版社 2010 年版，第 799–780 页。

② 其他著名经济学家还有约翰·坎特威尔（J.Cantwell）、考林（K.Cowling）、库尔特·多普菲（K. Dopfer）、罗纳德·多尔（R.Dore）、让－皮埃尔·迪皮伊（Jean-Pierre Dupuy）、简·法哥伯格（J.Fagerberg）、理查德·利普西（R.Lipsey）、罗斯柴尔德（K.Rothschild）、罗伯特·斯基德尔斯基（R.Skidelsky）、布里奇·罗斯威（B.Rosewell）、阿瑟·斯廷斯凯姆（A.Stinchcombe）、彼得·斯克特（P.Skott）、约瑟夫·亨利奇（J.Henrich）、杰弗里·哈科特（G.Harcourt）、斯坦利·梅特卡夫（S.Metcalfe）、马尔科姆·索亚（M.Sawyer）、彼得·厄尔斯蒂（P.Earl）、约翰·福斯特（J.Foster）威尔·胡顿（W.Hutton）、布林·罗斯比（B.Loasby）、卢伊季·帕西内蒂（L.Pasinetti）、彼得·理查森（P.Richerson）、埃里克·赖纳特（E.Reinert）、罗伯特·罗森（R.Rowthorn）、马克·塞特费尔德（M.Setterfield）、斯坦菲尔德（R.Stanfield）、韦斯考普夫（T.Weisskopf）以及查玛尼（S.Zamagni）等。

③ Stiglitz J. E., 1991, Another Century of Economic Science, *Economic Journal*, 101(404): 134–141.

经济学发展中的契合历程及其问题：

兼论经济学帝国主义运动的误区

导 读

　　现代经济学与社会科学其他分支的割裂导致经济学科日趋贫困化，进而也昭示着重新进行社会科学理论相契合的诉求。但同时，经济学帝国主义运动却呈现出显著的单向度性：一是包括数学、物理学以及生物学等自然科学向经济学的单方向扩张，体现为经济学借鉴乃至搬用这些学科的基本方法；二是经济学根据自己固有的假设并将从自然科学搬用来的方法再一次拓展到其他社会学科，从而将其他社会科学的传统领域也纳入经济学的研究范围。也就是说，经济学帝国主义运动并没有带来真正的契合式发展，反而会强化经济学理论的狭隘和僵化。

 一 引言

　　契合体现了知识的继承和综合，这是社会科学理论发展的基本途径和方向。究其原因，社会关系中的人类行为不能人为割裂，同一个人的思维方式往往具有内在的连贯和一致性，因而其所有行动或选择也必然基于相似的行为机理。格兰诺维特写道："一个会同时追求经济和非经济目的的人对只重一面分析的经济学分析和只重另外一面的社会学分析而言，都构成了令人望而却步的重大挑战。现在社会科学理论对如何研究混合性动机还少有见解，只计算个人如何在非经济和经济成果间进行置换还不足以应付此挑战。"[①] 显然，由于社会

---

　　① 格兰诺维特：《社会与经济：信任、权力与制度》，王水雄、罗家德译，中信出版社2019年版，第35页。

经济现象本身不可分割地联系在一起，相应地，要真正形成对社会现象更具解释力、分析力的研究思维和理论观点，也就有赖于社会科学各分支学科之间的交叉和互补，这就是契合的基本要求。

同时，契合思维所注重的是不同思维和认知之间的互补和沟通，而不是特定方法论和分析思维的单方向扩张。对现代经济学来说，尤其必须充分认识到社会科学其他分支的某种合理性或可借鉴性，进而积极吸收社会科学其他分支所开发的思维和所积累的知识，以此来补充和完善现代经济学，从而促进经济理论的实质性发展。因此，经济学人就应该拥有社会科学其他分支的广泛知识，进而形成更为开阔的分析视野。鉴于此，本章从经济思想史的角度来梳理经济学与社会科学其他分支之相分离以及相契合的发展历程，进而对历史上曾出现的两次契合运动进行剖析，在此基础上对当前如火如荼的经济学帝国主义运动展开深刻反思。

 ## 经济学与其他学科相契合的历程

直到 18 世纪晚期，经济学一直被视为道德哲学的附属物；到了 19 世纪，部分是针对生理学科出现的反应，经济学作为一门独立的科学才逐渐建立起来。尤其是，在 19 世纪 50 年代以后，人们开始对一系列学科进行界定，实现这一点的基本步骤是：首先在主要大学里设立一些首席讲座职位，然后再建立一些系来开设有关的课程，学生在完成课业后可以获得该学科的学位。[①] 到了第二次世界大战以后，像社会学、经济学、政治学、历史学、法学、人类学、地理学以及心理学等都取得了独立的地位，并日益制度化了：每一个学科都试图对它与其他学科之间的差异进行界定，尤其是要说明它与那些在社会现实研究方面内容最相近的学科之间究竟有何分别。譬如，经济学家坚持其他条件均同假设的有效性，从而便于研究市场的运行机制；政治学家仅仅关注政府行为及其结果，而社会学家则着重研究其余为经济学家和政治学家所忽略的新兴社会领域。显然，这些学科共同构成了被称为社会科学的知识领域。事实上，到1945 年，组成社会科学的全部学科基本上都已经在世界上的绝大多数主要大学里制度化了。而且，随着这些学科的建立，围绕着研究、分析和训练，形成了

---

① 贝克尔：《人类行为的经济分析》，王业宇等译，上海三联书店、上海人民出版社1995年版，第12 页。

一些实实在在的市场结构，产生了大量被今天视为现代社会科学遗产的文献。[1]

当然，在社会科学各分支逐渐分化的过程中，也并不是没有相互契合并朝综合性方向发展的苗头。事实上，1945 年以后，各类交叉性的新兴学科就开始不断出现，如历史社会学、历史地理学、政治社会学、经济社会学、心理经济学、伦理经济学等。而且，即使在社会科学各分支独立化的进程中，也并非没有学者进行过重新契合的尝试。相反，在整个社会科学发展史上，一直以来都有学者在做知识统合的尝试，其中还掀起过两次巨大浪潮：① 19 世纪上半叶由孔德倡导的社会学帝国主义运动。孔德倡导人的一般科学，认为所有社会现象都是相互依赖的，它们由相互依赖的过程联系在一起，通过这些过程，某一部门的任何深刻变化都与其他部门的相关变化相伴随；因此，他试图将所有社会科学统一到社会学的一般科学之下，强调只有在包括经济的、伦理的、法律的和文化的一切历史方面所表现出来的真实现象才是社会研究的真正对象。② 19 世纪下半叶源于德国的历史学帝国主义运动。当时的历史学派认为积累历史、描述真实材料的任务应该优于并且远远要比演绎推理重要得多，而一旦经济过程被孤立地、片面地进行分析就会迷失了它的本质；这个流派也曾影响深远，门格尔在《德国国民经济学的历史主义谬误》的序言中写道："历史学家像外国征服者一样一步一步踏入了我们的科学领域，给我们强加了他们的语言、他们的习惯、他们的学术用语以及他们的方法。"[2]

事实上，随着第一次经济学方法论大战的持续，历史主义和边际主义学派的共存已经得到了确认。一方面，尽管门格尔强调理性演绎法的重要，但也不否认历史归纳的意义，其晚年也一直在从事经济史的研究工作；另一方面，施穆勒晚年也已经悄悄地将极端的历史主义的一些教条抛弃了，并开始使用一些功能性工具来研究一些理论推理问题，甚至在价值和价格问题上还准备接受门格尔的学说。特别是，随着施穆勒的去世，德国的历史学派也宣告结束，这使得持续 20 多年的论战也就突然湮息了。熊彼特评论这场大论战时写道："这场论战，就像所有这类论战一样，对我们来说，可能是完全不得要领。如果愿意，我们就会看到，在争吵的振振辞令与口号的冲突之下，没有任何一方曾经真正全面分析过对手的见解，这个明摆着的惊人事实使得刚才说的那个印象更为加深。关于先后次序以及相对重要性的争吵，只要承认各种类型的工作都自

---

[1]　华勒斯坦等：《开放社会科学》，刘锋译，生活·读书·新知三联书店1997年版，第31–33页。

[2]　党国英、刘惠：《纪念一百年前的经济学方法论战》，载 J.内维尔·凯恩斯：《政治经济学的范围与方法》，党国英、刘惠译，华夏出版社 2001 年版，第 3 页。

有其份所应有的位置，这个问题本来是早就可以解决的。"①

与此同时，随着论战的平息，历史专题研究的热情又恢复了常态。此时，新历史学派的研究工作在施穆勒后继者的领导下继续开展，而这些新人物在他们思想形成时期也深受施穆勒教导的熏陶。例如，马克斯·韦伯就将自己看成是施穆勒的思想后裔，不但从社会学的角度对宗教生活、经济生活和政治生活进行了深入研究，而且还将经济学和社会学都融合为历史学。在韦伯看来，社会科学的研究工作与自然科学是完全不同性质的：在自然科学中，解说就是如实描绘而别无他物；相反，在社会科学中，解说却包含了对其文化内容的理解，包含对其"内在含义"的诠释。不过，这场纷争却在德国—奥地利之外造成了更大的分裂，尤其是后来在罗宾斯和帕森斯的努力下，经济学和社会学之间出现了更为剧烈的分裂：①罗宾斯将经济学定义为选择的科学：研究为达到既定目标而进行的理性选择；②帕森斯在更狭隘的意义上重新定义了社会学：研究社会中"共同价值整体的特征"的科学。这里可以做一梳理。

一方面，就罗宾斯所起的作用而言。西德尼·韦伯夫妇在创办伦敦经济学院时极力推崇自然科学中常用的演进主义方法，赞同历史主义的观点，强调经济学课程不能过于拘泥形式或过度数学化而是要阐述经济和社会行为；而且，其最早任命的侯文斯（W.A.S.Hewins）、坎南、拉斯基以及阿林·杨格等几位学者都与历史学派和制度学派存在密切联系。但是，继杨格之后担任伦敦经济学院院长的罗宾斯却设法彻底摆脱它所保有的制度主义和历史主义的遗产。首先，罗宾斯把经济学定义为一门一般性的"选择的科学"，而不用去研究个人偏好和目的的心理缘由和制度塑造过程；其次，为了实现经济学科的这一转变，罗宾斯又选择性地重新包装了英国、德国、奥地利和美国在内的经济学家，把他们打扮成自己的同盟军。在英国，罗宾斯不仅忽略了马歇尔对历史问题的研究，特别地还从威克斯蒂德的"经济交易"定义中寻找依据；在德国—奥地利，由于门格尔创立的奥地利学派对经济学范畴的重新定义与罗宾斯很相似，并攻击德国的历史主义而支持罗宾斯的主张，因此，罗宾斯主动邀请一批流亡的奥地利学派学者到伦敦经济学院任教。在美国，罗宾斯刻意把奈特包装成一个新古典主义经济学家，而有意漠视他对制度主义的同情，尽管奈特对罗宾斯赋予自己的角色一再表达出不舒服。这样，罗宾斯就设计了一个奥地利—新古典传统，这一传统从门格尔到威克斯蒂德再到奈特，从而创造了一个德

① 熊彼特：《经济分析史》（第3卷），朱泱等译，商务印书馆1994年版，第96页。

国—英国—美国的三位一体体系。[①]

另一方面，就帕森斯所起的作用而言。帕森斯曾经长期受到汉密尔顿、艾尔斯、霍布豪斯、拉斯基、托尼、马林诺夫斯基、奈特、怀特海、熊彼特等历史主义和制度主义者的熏陶，从而也一直强调制度和文化在人类个性塑造的决定性和压倒性作用；但是，当他后来到了哈佛大学经济系后，由于受到当时的领军人物也是《经济学季刊》主编的陶西格之影响，开始转变成为制度主义的批判者。事实上，哈佛以新古典经济学为指导的学术环境鼓励帕森斯对制度主义和历史主义采取激烈批判的态度。即使如此，帕森斯依然不能适应新古典经济学的思维方式，更没有将新古典经济学理论作为自己的终生职业；而是转到了社会学系并创建了非历史的社会学体系，从而避开了在制度主义和新古典主义中二者择一的困境。然而，正是为了能够将文化和制度而不是本能纳入自己的分析中，同时能够在新古典思维主导氛围中保住自己研究的思想领地，帕森斯将经济学与社会学作了划分。特别是，帕森斯受到了帕累托对于"逻辑的"和"非逻辑的"行为区分的强烈影响："逻辑"行为被看作方式与目标相一致，并且方式适合于目标，这种"逻辑"行为的研究属于经济学；而剩下的"非逻辑"行为统治了多数人类行为，这被看作是社会学的研究对象。这样，帕森斯就接受了罗宾斯的定义：经济学是理性选择的科学，而社会学的任务则是研究罗宾斯假设为决定目标的社会和规范的起源。[②]

除了与历史学、社会学这两大主要学科存在密切联系外，经济学在发展史上还与伦理学、哲学、政治学、法学以及心理学之间存在密切联系。例如，早期古典经济学大师如休谟、斯密、马克思等都是出身于道德哲学和法哲学领域，而奥地利学派的门格尔、庞巴维克、维塞尔、米塞斯、哈耶克乃至熊彼特等早先大多则是学法学的。同时，边际革命发展的效用价值论根本上就是以心理效应为基础：不仅哈耶克等早年就是从事心理分析的，而且凯恩斯的整个理论体系也是建立在心理学之上。不幸的是，由于新古典宏观经济学在 20 世纪 70 年代的崛起，现代主流经济学就与这些学科迅速疏远了。这里，我们再次对经济学与心理学之间的关系演变做一简要梳理。

事实上，早期生理学往往将人体看作一台机器，而新兴的心理学则将之转

---

① 霍奇逊：《经济学是如何忘记历史的：社会科学中的历史特性问题》，高伟等译，中国人民大学出版社 2008 年版，第 236-237 页。

② 霍奇逊：《经济学是如何忘记历史的：社会科学中的历史特性问题》，高伟等译，中国人民大学出版社 2008 年版，第 203-212 页。

化从心灵的视角来看待这一机器。正是基于对这种新学科的反应，一些经济学家如弗朗西斯·埃奇沃斯、斯坦利·杰文斯就借鉴了德国心理学家如古斯塔夫·西奥多·费希纳、恩斯特·韦伯以及威廉·冯特的见解，考虑了感觉、刺激以及响应之间的联系。不过，随着 19 世纪末和 20 世纪初弗洛伊德所开创的精神分析心理学开始崛起，心理学将重点放在被压制的记忆是如何影响人们的无意识行为，而对感觉、刺激以及响应等却失去了兴趣，这在很大程度上违反了早期心理学中的机械主义观点。因此，作为回应，经济学家也开始逐渐离开和无视心理学。尽管如此，直到 20 世纪上半叶，大多数经济学中存在的那小部分心理学依然是 19 世纪的产物。例如，马歇尔、凯恩斯以及其他人的经济学中都充满了心理幻觉。[1] 同时，心理学和早期制度主义之间也存在密切联系。[2] 不过，与此同时，也出现了针对心理学和经济学之间关系的争论，这典型地发生在罗宾斯和哈奇逊之间。[3] 后来，为了保护理性假设免受外来的批评，弗里德曼在 20 世纪中期引入了逻辑实证主义，而似乎成功地排除了心理学的考虑。在弗里德曼看来，心理假设基本上无关于理论的有效性；相反，他基于工具主义认为，这些理论应该根据它们产生一般精确的预测能力来加以判断。[4] 由于弗里德曼在现代经济学界的巨大影响，自此以后，主流经济学与心理学之间的联系也就越来越疏远了。这一趋势一直发展到 20 世纪 80 年代，经济学和心理学之间的联系重新得到认识，由此也就导致行为经济学和实验经济学的兴起。

三 社会科学契合的本体论基础及其审视

正因为社会科学本身应该是统一的，因而社会科学发展史上一直有学者致

---

[1]　Lewin S.B., 1996, Economics and Psychology: Lessons for Our Own Day from the Early Twentieth Century, *Journal of Economic Literature*, 34(3):1293–1323.

[2]　Rutherford M., 1994, *Institutions in Economics: The Old and the New Institutionalism*, Cambridge: Cambridge University Press.

[3]　Robbins L.C., 1938, *An Essay on the Nature and Significance of Economic Science*. 3rd ed. New York: New York University Press; *The Significance and Basic Postulates of Economic Theory*, London: Macmillan, 1984.

[4]　Friedman M., 1953, *The Methodology of Positive Economics*, Chicago: University of Chicago Press.

力于社会科学各分支之间重新契合的努力，从而出现过几次较大的统一化运动。问题是，这些统一化运动几乎都不是真正的知识契合，不是各学科之间的沟通和互补；相反，它们往往是将某一学科的观点、思维依靠其社会影响力而拓展到其他领域，反而造成了知识的狭隘和僵化。事实上，这些学术统一运动往往是建立在还原主义思维之上，它试图将复杂的事物化约为简单因素而实现学科的统一：自然科学期望将物理现象化约为普遍性的终极原理或有限数目的基本方程式，而社会科学（行为科学）则将人类行为还原为低等生物行为，甚至是物理规律。问题是，人类社会并不是如同自然世界那样保持长期的稳定，而呈现出一种不断复杂化和高级化的趋势，这种变化往往是人类社会一直追求的理想目标；因此，这种还原主义思维就会遭到那些强调人类社会独特性的学者的批判，由此还发展出了众多的科学哲学流派，如以库恩为代表的历史学派、费耶阿本德提出的认识论的无政府主义，等等。

确实，在科学的发展中，我们不能低估统一性解释的重要性及其潜在价值。但是，也正如霍奇逊强调的，"对统一性解释的追求不能被推进到这样一点上，即对特定解释的本质和价值不加重视。一些解释可以进行统一，但是却没有多大价值。神造万物的理论是一种统一性的解释，但是没有多大价值。同样……不可证伪的一般性理论，例如'每个人都追求效用最大化'，也没有多大的解释价值"。① 在某种意义上，正是受统一性理论的巨大魅力之感召，人们开始忽视社会科学与自然科学之间的差异，忽视社会经济现象的复杂性；而且，还逐渐滋生出这样一种扭曲的观点：分析不精确的一般理论也比分析范畴相对狭隘的理论更好。霍奇逊写道："一旦我们尝试建立更加精确和更有意义的解释时，就会遇到这样一个问题，即经济现实以一种与物理现实不同的方式进行变化。而一般性理论的渴望使得人们对这个关键问题视而不见。"② 于是，为了赢得尊重，经济学、社会学和人类学也努力地揭示一般性的原则，构建可能囊括几乎所有情形的理论，并刻意地使用自然科学的研究方式。

很大程度上。也正是受到理论统一和简化的思维影响，李嘉图、萨伊、西尼尔等开始将政治经济学规律当作"社会物理学"规律、社会进化规律来规范和研究，进而致力于把经济学建设成为一门非价值取向的、中立的"纯科学"，由此也就把经济学带向了类似于自然科学那样的"纯理论化"发展方向。例如，西尼尔将其理论建立在四个"不言而喻"的基本命题上：收入和效用最大

---

①② 霍奇逊：《经济学是如何忘记历史的：社会科学中的历史特性问题》，高伟等译，中国人民大学出版社 2008 年版，第 5 页。

化原理、人口原理、资本积累原理、收益递减原理。但显然，这四个基本假设并不是"不言自明"的，相反问题重重。

亨特在《经济思想史：一种批判性的视角》一书中对西尼尔这四大假设进行了剖析。①在固守"效用决定价格"时，认为财富在个人之间的效用不能比较，这比边沁以财富的边际效用递减为基础而提出的应当将富人财富分给穷人以增加社会总福利的理论倒退了；并且，他否认当时存在周期性经济危机，这是违反常识的。②固守马尔萨斯的人口理论，认为劳动人口的贫困来源于他们的道德和智力低下，一种减少贫困"有效且永恒的方法"是"提高劳动人口的道德和智力品质"；但是，为了控制人口，让工人阶级长期生活在极端"对贫困的恐惧中"绝对是必要的，因为没有穷人的牺牲"去承受代价，那么就不会有普遍的进步产生"，这种"牺牲穷人论"显然充满了道德立场。③他的资本积累理论，明显地采用了他所反对使用的道德标准来解释经济过程；事实上，他认为，利润相对应的关系是"节欲"，是资本家进行痛苦的节欲的补偿。④他的地租和收入分配理论否认了不同阶级收入分配的差别，认为所有收入的来源都是相同的；他写道："阶级之间的差别，很大程度上是一种错觉。在自然的情况下，工人和雇主之间的关系是自发且友好的，他们的利益是和谐的。"①

理论的契合和统一之所以会被扭曲，根本上在于没有考虑不同学科在研究对象上的本质性区别，如社会现象与自然现象之间的根本差异，动物的本能反应与人类的社会行为之间的根本差异。事实上，抽象是当前流行的一般化理论的基本特征，相应地，这些理论基本上也就是建立在被认为是共同的或普遍的特征之上，而不是历史的或文化的特性之上。但问题恰恰在于，社会经济现象本质上却是历史的产物，布劳代尔认为，相对稳定的社会结构、心理和文化是决定现状的最深层因素。正因如此，社会科学领域中那些抽象的一般理论就丧失了人文性、本土性和时空性，而与现实越来越相脱节。

霍奇逊说："历史是重要的，这部分是由于每一个复杂的有机体、每个人和每一个社会都带有过去的痕迹。演化建立在历史残存的基础上，这些残存会阻碍当前的行动。"而且，"如果历史是重要的——至少在社会发展具有路径依赖性这个意义上——那么我们在分析问题时就必须探索过去的特定事件。"②

---

① 亨特：《经济思想史：一种批判性的视角》，颜鹏飞总译校，上海财经大学出版社2007年版，第118—122页。

② 霍奇逊：《经济学是如何忘记历史的：社会科学中的历史特性问题》，高伟等译，中国人民大学出版社2008年版，第3—4页。

这就意味着，尽管一般性理论会达到某种程度上的解释性统一，但是，这种统一必须具有相同或相似的本体。霍奇逊进一步指出："本体性的思想建立在参照的和代表的能力之上。如果一个本体性的解释统一是可能的，那么它必然建立在一系列现象之中某一潜在的本体统一之上，它们必须共同拥有一些物质实体基础。任何现象中的解释性统一必须从调查和发现中得出，而不是纯粹地强加假设"，"既然探究隐藏在各种各样真实现象背后的潜在统一恰恰是科学的中心目标，那么任何反复发生的元素或者相似性的缺失都会对本体的统一施加限制。"①

正因为本体论的解释性统一必须依赖于被调查现象之中是否存在潜在统一，因此，我们在作统一性解释的扩展时也就应该有所节制。或者说，统一性的扩展应该是循序渐进而不是跳跃式发展的，应该首先出现在邻近学科之间。事实上，我们可以把现实看成是由不同的实体层次组成的，最简单的可以分为物理层次、化学层次、动物层次和人类层次。当然，其中还可以进行细分，如人类层次可以根据社会性进行分类，也可以根据文化分成不同的模式。显然，统一性首先应该发生在同一层次内部，譬如，经济学首先应该与社会科学其他分支进行统一性解释，而不是与物理学或生物学进行统一。究其原因，经济学本质上毕竟属于社会科学，它与社会科学其他分支更为接近，而不是与物理学等自然科学更为接近；相应地，就经济学的体系建设和理论发展而言，它更应该借鉴社会科学其他分支所积累的知识和研究视角而不是自然科学的抽象思维。

事实上，任何时期的社会经济现象都具有共同的历史特性和制度结构，这是经济学的理论和思维之所以应该首先与社会科学其他分支相契合的基础。一方面，就行为机制而言，经济学和社会科学其他分支所研究的都是人的行为而不是物的逻辑，从而就必须对真实世界中人类行为的共同性进行探究；另一方面，就研究的对象而言，经济学和社会科学其他分支所研究的对象都根植于特定的历史和制度之中，从而就必须对社会制度上的共同性进行挖掘。而且，社会科学中所体现的这种历史特性和制度结构也会随着社会的发展而变迁，这也是社会科学和自然科学的重要区别。霍奇逊就指出："社会—经济系统在过去的几千年里已经发生了显著的变化，然而物质世界的本质特性和规律从大爆炸之后就没有变化过。因而社会科学的方法和步骤必须改变，以追寻不断变化的

---

① 霍奇逊：《经济学是如何忘记历史的：社会科学中的历史特性问题》，高伟等译，中国人民大学出版社 2008 年版，第 12 页。

分析主体。"① 不幸的是，现代主流经济学却很少考虑经济学与自然科学在本体论的前提假设上所体现的这种差异，而是简单地盲目模仿自然科学的研究思维和手段，并把自然科学中的假设推进到经济学中，结果就造成了诸多似是而非的解释结论。

 ## 四 经济学帝国主义的单向扩张及反思

我们知道，19世纪30年代孔德曾创造"社会学"这个词，并试图将整个社会科学统一起来；但是，后来社会科学内部开始出现了分裂，这典型地发生在经济学与社会科学其他分支学科之间。究其原因，随着经济学研究对象的变化以及经济学对纯理论发展的兴趣加强，特别是，20世纪30年代以后逻辑实证主义的兴起，抽象演绎的分析思路逐渐占据了经济学的支配地位，这使得经济学逐渐向数理模型和统计分析的方向发展。不过，随着20世纪六七十年代后新问题的出现，经济学的研究内容又开始不断拓宽，并导致经济学的研究工具和分析思维逐渐向其他社会科学领域渗透。因而，到了20世纪末，罗宾斯—帕森斯的定义就瓦解了，理性选择的方法论迅速侵入了政治科学以及社会学；并且，在贝克尔、波斯纳、布坎南等领导下，最终掀起了愈演愈烈的经济学帝国主义运动。

在现代主流经济学家看来，传统上基于"理性"和"非理性"标准对经济学和社会学的划分是不成立的，因为人的经济行为和非经济行为是不能截然分开的；同时，现代主流经济学家认为，所有的行为（包括日常生活）都可以被看成是理性的，只要我们拓宽效用的外延，所有的行为就都可以用理性选择来加以分析。例如，贝克尔指出，"人类行为不能条块分割，这种条块分割认为人类行为有时基于最大化，有时不然；有时受稳定的偏好驱使，有时任随意的动机摆布；有时需要最优的信息积累，有时则没有这种需要。相反，所有人类行为均可视为某种关系错综复杂的参与者的行为，通过积累适当信息和其他市场投入要素，他们使其源于一组稳定偏好的效用达至最大。"② 所以，正如波斯纳指出的："'市场'经济学和'非市场'经济学之间的区别正变得更难确

---

① 霍奇逊：《经济学是如何忘记历史的：社会科学中的历史特性问题》，高伟等译，中国人民大学出版社2008年版，第30页。

② 贝克尔：《人类行为的经济分析》，王业宇等译，上海三联书店、上海人民出版社1995年版，第19页。

定。"①相应地，经济学帝国主义运动就获得了进一步的发展。

显然，这场经济学帝国主义运动存在两个层次，而这两个层次都是单方向的。第一个层次是，包括数学、物理学以及生物学等自然科学向经济学的单方向扩张，是经济学借鉴甚至搬用这些学科的基本方法，是单方向的运动，以致经济学本身日益成为应用数学的一个分支；第二个层次是，在经济学与社会科学其他分支的交往中，经济学又是根据自己固有的假设并将从数学或物理学中搬用来的方法再一次扩展到社会学科其他分支，从而将其他科学领域也变为经济学研究一个内容而已，这也是单方向的，并且进一步抹杀了社会科学和自然科学之间的差异。正因如此，这次出现的经济学帝国主义运动与孔德所推行的社会学帝国主义就具有这样的共性：两者都不是基于互补、共通的真正契合，而是单方向的扩张和殖民。

事实上，孔德推动的是社会学帝国主义，希望用社会学这个概念和实证方法来整合和统一当时已经独立出来的历史学、法学、经济学等社会学科分支，使社会学成为各社会学科的"皇后"；与此不同，目前流行的经济学帝国主义则试图将经济学的思维方式和分析思路推广到其他社会科学领域，并最终取消所有的社会科学分支，经济学开始成为社会科学的明珠和灯塔。而且，这两次运动也有其他明显的共同特征，根本的共同点就是试图将数学引入社会科学中：孔德推动的社会学帝国主义的根本特征就是社会物理学运动，注重现时的实证主义分析，而割裂了传统社会学与社会制度和组织之间的渊源联系；同样，目前贝克尔发起的经济学帝国主义也是试图通过引入数学以实现经济学的科学化和普遍化，实际上也是注重现时分析，割裂了历史制度因素对人行为的影响。

迄今所发生的这两类契合之所以都是机械的和单方向的，根本上在于西方社会根深蒂固的自然主义思维。在自然主义思维的指导下，现代主流经济学刻意地模仿了在物理学、生物学以及心理学中存在的还原主义研究方法，试图通过建立一个原子式的、个体的单位构成的复合体来说明社会经济系统的复杂性。问题是，社会现象是复杂多变的，而这种研究思维根本不可能真正带来多元化的经济学发展，也不可能实现社会科学的有机统一。哈恩曾指出："我最为坚定的看法……是既不存在单一的、最好的方式来理解经济学，除了纯粹的逻辑演绎之外也不可能得出任何确定性的结论。自从我最初接触这门学科以来，以致令我惊讶的是这种观点并未得到广泛接受。确实，我们为热情地坚持

---

① 波斯纳：《法律的经济分析》，蒋兆康译，中国大百科全书出版社1997年版，第905页。

的信仰所包围。"①

尽管如此，绝大多数主流经济学人却热衷于为这种抽象的研究取向进行辩护。例如，索洛在数理经济学辩护时说："我知道轮盘赌博是不正当的，但这是镇里唯一的娱乐项目。"②问题是，既然现有的唯一的这种轮盘赌博的娱乐方式是不恰当的，我们理所当然应该去探寻更好的替代娱乐方式而不是把它当作合理化的存在并构建理论模型来加以论证和维护。在很大程度上，正是由于绝大多数主流经济学家热衷为既有的核心假设和方法辩护，现代主流经济学就迅速退化为一种狭隘的、过于抽象、在实践上不可操作的形式主义。霍奇逊写道："建立一般性理论的愿望迫使科学家们简化并推翻他们所努力追求的真正的一般性。人们对一般性理论的迷恋，部分地导致了在现代经济学和社会学中存在一定程度的忽略历史的现象。"③结果，尽管经济学帝国主义气势如虹，但其实际分析现象和解决问题的能力所暴露出来的局限却越来越明显。譬如，现代主流经济学往往用成本—收益来分析犯罪行为，并且认为，提高惩罚力度是降低犯罪的重要措施；但显然，那些存在死刑的国家并没有表现出明显的犯罪率下降，而 Frey 等的研究表明，人们犯罪动机往往受社会环境的影响。④

因此，尽管当前经济学与社会科学其他分支似乎也存在相容和契合的趋势，但是，这并不是真正的契合，而是自然科学的思维经由经济学这一中介向社会科学其他分支的单方向扩张；在这种情况下，经济学系越来越为那些数理专业出身的人士所占据，经济学的研究也越来越形式化，经济学的教学大纲也越来越窄。在很大程度上，当前社会科学界单方向的契合已经越来越庸俗化，经济学理论也离现实越来越远，从而这种契合必然会失败。霍奇逊写道："如果经济学还没有死亡，也是正在死去。经济学不管是苟延残喘，还是已病入膏肓，在目前普遍流行的经济系框架内，其复原的希望极为渺茫。在此以外的地方、在商业界、政府和其他非学术团体内，经济学被视为一门浸淫于技术的学科，既不恰当，也不实用。这种认识已很普遍，而且还在继续扩散，具体表现在经济学学位课程入学人数的下降和转向学习诸如商业这样的相近课程"；事实

---

①② 霍奇逊：《演化与制度：论演化经济学和经济学的演化》，任荣华等译，中国人民大学出版社 2007 年版，第 78 页。

③ 霍奇逊：《经济学是如何忘记历史的：社会科学中的历史特性问题》，高伟等译，中国人民大学出版社 2008 年版，第 4 页。

④ Frey B. S., 2009, Punishment – and Beyond, CESIFO Working Paper, No. 2706.

上，"对现实社会经济体系的运转进行符合实际的理论和实证研究，目前已是支离破碎，分散在商学院、社会学系、地理系、技术政策系以及其他地方。对整个社会科学的学科框架和院系设置进行重组，既十分必要，也是迫在眉睫"。[①]

五 结语

理论发展的基本途径在于知识和思维相契合。相应地，经济学科要取得实质性发展和进步，就需要充分吸收和借鉴社会科学其他分支领域长期以来所积累的知识和思维。但是，这种契合绝不是像时下流行的经济学帝国主义那样，经济学充当一个"二传手"角色，简单地把自然科学领域的数理思维贩卖给其他社会科学领域。事实上，经济学帝国主义运动所引领的统一并非是关注认知和视角的契合和折中，而是试图使研究方法的简单化和形式化。但问题是，由于不同学科本身在研究内容上存在差异，研究方法必然是无法完全一致化的，社会科学和自然科学之间尤其如此。胡大平指出："方法论的建设不可能达到它的超越学科局限性目标。这是因为，这种反思（特别是直接诉诸总体性的批判）虽然直接提出学科思维的局限性（这实际上是个常识），但并没有深入到这种局限性实质的分析和批判上。在我看来，学科思维的片面性不在于主张的知识与人类社会生活的总体性相比永远是局部的，而是其无法摆脱的普遍性抱负。从全部知识史看，这种普遍性抱负也正是我们对真理的需求，它使得任何一种有效知识都不可避免地产生统一性或整体性话语的追求，既使自身处于不能胜任的境地，也产生了分裂和排他。"[②]

其实，尽管苏特最早在 20 世纪 30 年代就提出了经济学帝国主义概念，[③]但显然，与后来主流经济学所提倡的经济工具广泛运用的经济学帝国主义不同，他坚持作为帝国科学的经济学必须丰富而不是征服其他学科，甚至依赖于其他学科，其经济学帝国主义目的是通过思想的相互融合而达到既丰富社会学又丰富经济学的结果。同样，尽管科斯开创了法经济学等新型学科，但他也清醒地

① 霍奇逊：《演化与制度：论演化经济学和经济学的演化》，任荣华等译，中国人民大学出版社2007年版，第9、12页。

② 胡大平：《从方法论反思到人文研究的自我批判》，《浙江社会科学》2008年第1期。

③ Suter R.W., 1993, *Prolegomena to Relativity Economics: An Elementary Study in the Mechanics of an Expanding Economic Universe*, New York: Columbia University Press.

认识到:"因为在经济体系、法律体系或政治体系中活动的是同一个人,所以行为从广义上来说是应该相似的。但是,这决不意味着经济学家所发展起来的用于解决经济体系中人类行为的理论或方法可以一成不变地移接到其他社会科学领域中。在不同领域,人们所求的目标不同。尤为重要的是,当人们做出选择时,所处的制度框架迥异","目前为止,效用函数理论还很苍白。也就是说,最大化效用理论并没有告诉我们人们从事经济获得的目的,也没有对人们为什么做他们所做的事给出任何有价值的洞见"。[1] 显然,如果我们继续遵循近百年来现代主流经济学所崇尚的那种"科学化"道路,那么,经济学就会被迫形成一个在高度形式化和技术化的"窄门"或"栈道"中的畸形发展路线,从而与其不断拓展的研究对象相脱节。

同样,经济学的理论发展也绝不是如罗宾斯所认为的,市场经济潜在的特殊问题是适用于所有经济制度的一般性的"选择规律",而是需要对不同类型的制度类型进行挖掘。例如,科斯将经济学定义为,研究"将经济系统连接在一起的社会制度:企业、商品和劳务市场、劳动力市场、资本市场、金融制度、国际贸易等运作方式"的学科。[2] 正是基于这种认识,尽管当前经济学帝国主义如此声势浩大,但在西方经济学界,依然有很多学者关注市场经济的维持性制度,不满意自己的研究领域和机会被追求抽象选择的数学形式主义者所侵吞。例如,帕森斯强调,目标和手段不能完全分开,目标不能总是被视为"既定"的,相反,可能受到取得它们的过程的影响;同时,社会行为总是受到社会规范和制度规范的约束,并受其驱动,并以此来强调意义和行为的决定机制。正是看到经济学所面临的这一危机,在1992年召开的美国经济学年会上,由英国经济学家霍奇逊和美国经济学家麦克洛斯基等组织发起并由4位诺贝尔经济学奖得主莫迪利安尼、萨缪尔森、西蒙和丁伯根以及其他44位国际知名经济学家共同签署了一份"为提倡多元化和严密的经济学的呼吁书",强烈呼吁要鼓励不同经济学流派和研究进路之间的竞争和多元化发展。在很大程度上,只有经历了真正多元化的发展途径,经济学才可以更好地借鉴和吸收社会科学其他分支所积累的知识和发展的思维,才可以真正实现社会科学诸分支间的契合。

---

① 科斯:《经济学和相邻学科》,载《论经济学和经济学家》,罗君丽、茹玉骢译,格致出版社、上海三联书店、上海人民出版社2010年版,第51页。

② 霍奇逊:《经济学是如何忘记历史的:社会科学中的历史特性问题》,中国人民大学出版社2008年版,第392页。

契合推动经济学发展的路径逻辑：

兼论社会科学契合中的现实问题

导 读

　　基于研究方法与其研究对象的对应性，思维和知识的契合应该首先发生在具有相似研究对象的学科之间。由此，基于契合来发展现代经济学就存在一个差序性结构：首先是在研究共同经济现象的经济学各流派之间形成统一，其次是在研究共同社会现象的社会科学各分支之间形成统一，最后才是在社会科学与自然科学之间形成统一。由此，就可以洞悉经济学帝国主义推行的契合途径所存在的严重缺陷：①社会科学领域的契合往往是单向的，是简单地把经济学的成本—收益分析思维用于解释其他各种社会现象；②那些积极将其他学科的理论、分析范式吸收到经济学中来的学者往往并非出身于经济学，从而难以重塑经济学的整体框架和理论体系。

一 引言

　　一般地，经济学理论的发展以社会科学各分支的知识和思维相契合为基础。其基本原因是，社会科学各分支都关注一个共同的对象：人类行为及其衍生出的社会现象；进而，作为有机统一体的"人"，无论在什么领域所采取的行为必然具有连贯性。这意味着，我们不能想当然地认为，在伦理学上是利他的，而在经济学上是利己的；在社会学中强调情感，而在经济学中却强调理性；在心理学中考察本能反应，而在经济学中却是基于理性推理；在政治学中是强调同类结盟，而在经济学中却考虑随机互动；在法学中关注正义，而在经济学中却只重视效率。正因为社会关系中人类行为本身是不能割裂的，同时，人性假设又是所有社会科学分支的理论硬核；因此，基于更全面的人性假设来构建统一社会科学所展开的努力，就不仅是无可厚非的，而且也应该是社会科学未来发展的基本方向。

然而，迄今为止，经济学帝国主义所推行的契合运动却并没有实现社会科学各分支之间的有机融合，反而造成了更尖锐的矛盾，甚至还导致经济学科自身的思想式微。如何认识这一现象呢？这就涉及契合的合理化路径问题。事实上，现代主流经济学所发起和主导的这种社会科学统一行动的基础就是经济人分析框架，而它根基于功利主义哲学观；但同时，功利主义本身却只是基于人类低层次需求的单一化目标，而这种目标长期以来也一直受到质疑。贝克尔指出："斯密经常（但不总是）运用这种方法解释政治行为，边沁也清楚他的苦乐原则可以应用于全部人类行为……马克思及其追随者运用所谓'经济决定论'研究市场行为、政治、婚姻和其他非市场行为。"[①]正因如此，随着社会的发展以及人类需求层次的提高，根基于功利主义的研究思维也就日益凸显出片面性。有鉴于此，本章就契合的合理途径做一逻辑剖析，以此来推动社会科学各分支在理论和思维上的更好融合。

 知识结构的差序性与契合路径

人类知识需要统合，理论发展也是建立在知识契合的基础之上。问题是，我们应该如何进行契合？契合途径是否存在某种结构性？更有针对性地，在分析具体社会中的人类行为之时，首先应该将心理学中的潜意识、社会学中的角色意识、政治学中的权力意识、伦理学中的道德意识、法学中的正义意识以及经济学中的利益意识结合起来，剖析它们之间的差异性和互补性，并在此基础上来提炼出一个与人类发展保持着逻辑一致性的假设基础？还是抛开这些众说纷纭的争论，从动物的本能意识、基因的生命运动或者神经元的兴奋状态来给出一个判断人类行为是自利还是利他的"自然"标准？前面一再强调，研究方法和研究对象之间具有强烈的对应性，相应地，思维和知识的契合就首先应该发生在具有相同或相似研究对象的学科之间。这也就意味着，契合路径将呈现出一个差序性结构，而不是缺乏轻重和主次的混合和杂生。

一般地，现代经济学的契合发展应该沿着这样的逻辑路径：首先是就研究

---

① 贝克尔：《人类行为的经济分析》，王业宇等译，上海三联书店、上海人民出版社1995年版，第11–12页。

经济现象的经济学各流派之间进行统一，其次是就研究社会现象的社会科学各分支之间进行统一，最后才是社会科学与自然科学之间进行统一。就此而言，它并不是否定经济学的研究要与自然科学相契合，也不否定要借鉴自然科学的知识和方法。霍奇逊指出："一个例外是生物学，在生物界，如同人类社会一样，新的物种和现象出现，而其他的消亡……这就是为什么社会科学必须更接近生物学而不是物理学的一个原因：生物学具有一个历史（或者说演化）特性的问题。"① 在很大程度上，正是基于与生物学的契合，现代经济学在分析人性及其行为时采用了复杂的基因分析以及神经元分析。不过，我们却要强调，经济学首先应该与其他社会科学分支进行契合，社会科学各分支之间的契合对经济学的发展来说是基础性的。例如，是文化和制度而非生物学塑造了人类的个性，相应地，我们就不能直接把人类行为还原为动物的本能反应。在很大程度上，现代经济学中核心假设的根本缺陷正在于亲社会性的缺失。

事实上，无论是基因分析还是神经元分析，它们都是以西方社会的自然主义思维为基础，都试图在还原论的基础上舍象掉人的亲社会性；也正因如此，它就无法真正了解人类与其他动物和生物之间的不同，更无法了解不同文化下人类行为之间的差异。为此，直到 20 世纪初，美国人类学的领军人物博厄斯（F. Boas）对生物学的还原主义观点提出了挑战，强调社会文化对于身体特征和精神特征的影响要大得多；进而，他的学生克鲁伯（A. Krober）则发表了大量文章来表明，正是文化而非遗传决定了人类的本质和行为。然而，尽管本能心理学曾遭受强烈的批判，但自然主义思维对西方学术的影响并没有消失。事实上，本能心理学随后就为行为主义心理学所取代，后来一些学者也就从行为主义角度来解释人类行为。问题是，行为主义以行为为对象，采取客观的方法而反对内省的方法，从而导致把社会关系都还原为机械的刺激反应关系。结果，行为主义就把社会性的东西还原为生物性的东西，再把生物的东西还原为物理、化学的东西，从而抹煞了人类行为与物质运动之间的差异。

就经济学而言，自从罗宾斯把经济学视为"选择的科学"，研究如何通过理性选择这一既定手段来达到既定目的，而不探究"选择"和"理性"的哲学含义。相应地，主流经济学中就强化了抽象的、原子化的经济人假设。这样，经济学不但与心理学断绝了关系，经济人也与内含伦理偏好的真实"人"相脱节了。正是由于忽视了社会科学的共同性，并且片面地向物理学和生物学等自

---

① 霍奇逊：《经济学是如何忘记历史的：社会科学中的历史特性问题》，高伟等译，中国人民大学出版社 2008 年版，第 30 页。

然科学攀亲，导致了经济学帝国主义推动的契合努力迄今几乎都没有获得令人满意的成功。因此，如何进行社会科学内部的契合以促进经济学的理论发展也就是当前经济学界所面临的重要课题，它首先面临着这样两个层次的契合。

首先，经济学各流派之间的契合。这是因为各经济学流派都集中研究经济现象，分析人类的经济行为和社会的福利发展，从而具有共同的分析基础。其差异主要在于，每个经济学流派所基于的引导假定和分析视角都存在差异，从而也就会得出不同的理论结果以及政策主张。例如，凯恩斯主义经济学把人的理性视为适应性的，而新古典经济学则将其建立在理性预期之上。同样，奥地利学派把市场主体视为异质性的，因而强调货币供给的增加并不是同等地影响每个市场主体，从而会产生收入分配效应；货币主义则把市场主体视为同质性的，从而将通货膨胀问题仅视为货币现象。不幸的是，经济学内部这些形形色色的流派之间却界限森严，尤其还存在严重对立的利益导向和意识形态，从而就严重阻碍了相互之间的交流和沟通。例如，当前中国经济学界，明显体现在马克思经济学和西方主流经济学之间：两者之间存在严重的价值分歧，因而主要体现为对立和排斥，而不是相互补充。正因如此，经济学内部流派之间的契合尤其是马克思经济学和西方主流经济学的契合，要求我们不要过于陷入流派之"党见"，而是要看到各自的优劣。

事实上，美国当代批评家费什（S. Fish）曾将由文学理论构成的群体称为"解释共同体"，它将伦理规范强加到其他成员身上：一方面，不同的理论形成不同的解释共同体，不同的共同体产生出不同的、或许相互之间都不能理解的解释；另一方面，解释共同体在他们的限制内又使文本稳定化，稳定的文本有可能受制于原则性的争论。费什写道："沟通只发生在系统（内容、情境或解释共同体）内部，两个或两个以上的人达成的理解对系统是明确的，而且只有在它的范围内是确定的……这种理解才是充分的……一种超越或跨越情境的理解，即使能够做到，在世界上也是无法立足的。"[①]温特劳布则将费什的解释共同体思想引进经济学中，把一般均衡理论、凯恩斯主义宏观经济学、计量经济学、新古典宏观和其他的专业化领域均视为解释共同体。为此，一般均衡理论不可能受到关于或然性知识的认识论观点的有效批驳，新古典经济学也不可能受到来自黑格尔主义的历史方法论传统的批驳；其基本原因就在于，这两种批判的观点都是外在于经济学的，从而不可能像它们的批判对象一样加入统一解

---

① 胡佛：《实用主义、实效主义与经济学的方法》，载巴克豪斯：《经济学方法论的新趋势》，张大宝等译，经济科学出版社 2000 年版，第 383 页。

释共同体。

其次，社会科学各分支之间的契合。这是因为社会科学各分支都集中在生活领域，分析人类行为及其产生的社会现象，人性及其行为是其共同的研究对象。只不过，基于不同的引导假定和分析视角及其衍生的研究对象细分，自16~17 世纪以降，统一的社会科学中逐渐分裂出了政治学、伦理学、法学、经济学、社会学等独立学科。尤其是，随着这些学科的专门化发展以及学者知识结构的狭隘化，使社会科学各分支之间处于一种割裂状态。不过，随着人们对人类社会现象整体性的重新认识，原先这种分裂的研究范式就带来了越来越严重的缺陷，进而也就产生出社会科学重新融合和统一的诉求。显然，在知识日益细分的今天，要重新契合社会科学其他各分支的知识来发展经济学理论，就要求研究者拥有广博的知识，要求研究者抛弃日益强化的知识专业化之成见。当然，对知识契合的重视往往是随着研究的深入而增强，笔者在长期的学术生涯中形成的研究思维就是如此。

事实上，鲍曼在《现代公司与美国的政治思想》一书的前言中写道："起初，我打算分析美国政治思想和政治学中有关公司权力的概念和学说，并评估它们在特定的历史背景中的学说方面和意识形态方面的重要性。我的研究最终使我转向了别的学科——史学、法学、社会学、经济学——这些学科包含了大量有关现代公司的研究。我发现，在绝大多数情况下，社会学家并不对其本学科或者本专业之外的学科进行综合、分析，甚至谈都不谈。考虑到许多不同领域的研究所共有的密切关系，这种情况是不应该的。"[1] 正是根据知识契合的统一原则，社会科学中的任何契合努力本身都是值得提倡的。为此，尽管森批评贝克尔盲目将"在经济学内部的使用也并不怎么合人心意"推广到其他领域，认为贝克尔选择的具体的统一方法不对；但他还是"对贝克尔试图在社会科学内统一分析方法的计划非常赞赏"，认为这一计划是对的，因为"不管哪种工具，只要在经济学中证明非常适用……在社会学中也会适用，因为我们的论题本来就十分接近"。[2] 也就是说，尽管当前以贝克尔为代表的经济学帝国主义者的契合途径存在严重的单向性，但也不能完全否定他们对社会科学契合所作的努力；相反，我们要在批判中借鉴，特别是要充分吸收其他学科已有的知识和方法论。

可见，由于知识契合本身依赖于它们之间的互补性，这导致契合路径往往

---

[1]　S.R. 鲍曼：《现代公司与美国的政治思想》，李存棒译，重庆出版社 2001 年版，前言。

[2]　斯威德伯格：《经济学与社会学》，安佳译，商务印书馆 2003 年版，第 353 页。

呈现出差序性结构。就经济学而言，其契合式发展路径也是有层次的：首先是经济学内部各流派间的契合，其次是社会科学内部各分支间的契合。即我们首先要关注社会科学各分支间的知识和思维契合。其实，经济学本身是一门致用科学，它的研究对象和内容都与特定的历史背景相联系，而随着时代的演变和经济学研究内容的变更，也产生了相应的研究方法。正是重商主义乃至边际革命之后，经济学在研究对象和内容上逐渐转向了对物质财富的研究，经济学的研究方法也从规范性转向了"科学化"。特别是古典经济学以降，经济学的研究领域也从公共领域转向了个人领域，从而在个体理性的基础上构建了经济人行为作为经济学的核心假设。显然，这种演化本身都有一定的历史逻辑性。当然，每次较大的变动都会带来对之前分析范式的批判，进而开启经济学内涵和范式上的新革命。正因如此，才促进了经济学的持续发展，这也是经济学生命力的源泉。基于经济学发展的这一路径，我们就需要对现代主流经济学范式进行反思，因为自 20 世纪 70 年代以后，经济学的研究对象和内容已经有了重大的变化，重新拓展到古典时期的社会、政治乃至宗教、心理等领域；在这种情况下，经济学的研究方法也必须有相应的转变，需要重新回归社会科学的研究思维，特别是要对现代经济学中经济人这一核心假设进行修正和完善。

（三）经济学帝国主义的契合路径偏误

契合路径的差序性要求，现代经济学的契合式发展首先体现在经济学各流派的内部契合以及社会科学各分支之间的契合，而经济学与自然科学之间的契合则是相对缓后的工作。然而，现代经济学与社会科学其他分支之间、现代主流经济学与其他经济学流派之间却出现了越来越大的分裂倾向，现代主流经济学研究呈现出明显的抽象化尤其是数量形式化倾向。之所以如此，很大程度上是受第二次世界大战以后的功能主义和科学主义的影响，它导致主流经济学遵循了一种自然科学和建构理性的发展道路；[①]特别是受这种"科学"观的支配，被誉为体现经济学理论灯塔并引导经济学发展走向的诺贝尔经济学奖也极力诱

---

① 相应地，现代主流经济学就认为其他经济学流派走上了错误的道路，从而就需要纠正而无须借鉴。但实际上，任何流派都只是基于一定维度的现实观察和知识总结，都有其值得发扬的高次元精神，也有其需要摒弃的低次元具象及其制约思维的常规范式。

导从事这一领域的研究以及采用或改进这一研究方法的学者。其实，诺贝尔奖原本奖励的领域主要是自然科学，而后来之所以增设经济学奖项，在某种程度上也就是把经济学当作（准）自然科学来对待。正因如此，诺贝尔经济学奖的最初几位得主几乎全是研究数量经济学的，如弗里希、丁伯根、萨缪尔森、库兹涅茨、阿罗、希克斯、里昂惕夫等。

当然，值得庆幸的是，20 世纪 70 年代以后，由于建构理性的实践困境之凸显以及非物质资源的（人力资本、社会资本等）重要性之提高，诺贝尔经济学奖也逐渐扩大了授予领域，甚至重点也有了改变，逐渐涉及具有人文色彩的许多方面。相应的结果就是，哈耶克、缪尔达尔、西蒙、布坎南、施蒂格勒等非凯恩斯主义或非数量经济学的学者，相继获得了诺贝尔经济学奖。特别是，随着越来越多的有识之士逐渐认识到了经济学主流化的潜在危机，经济学也开始注重与社会科学其他分支的交流：无论是 20 世纪 80 年代莱宾斯坦等的《经济理论的危机》一书还是近年来诺贝尔经济学奖的颁发取向，都表现出了这一趋势。特别是，当今的诺贝尔经济学奖也不限于主流的计量方面，而是越来越将此殊荣戴在从事交叉学科研究的学者头上，如 1998 年是伦理经济学的集大成者森，2002 年是心理经济学和实验经济学的开创者卡尼曼和史密斯，2017年授予了行为经济学大家塞勒，等等。因此，我们有理由相信，今后必将有从事历史经济学、地理经济学、社会经济学、政治经济学、文化经济学等交叉科学的研究者获得诺贝尔经济学奖。

就经济学和心理学的契合而言，将两者沟通起来的行为经济学就越来越多受到经济学界的关注和认可。例如，1998 年，《经济学文献》杂志就刊登了马修·拉宾（M.Rabin）的一篇有关经济学和心理学之联系的综述文章，其中写道："由于心理学系统地探讨人类的判断、行为和福祉，它就可以告诉我们有关人类是如何不同于传统经济学家所描述的那种行为方式的。"[1]1999 年，西勒弗（A.Shleifer）获得了美国经济学会克拉克奖，其获奖理由是：它证明了有效市场假说无论在完全理性假设还是在价格的精确调整方面都有过于简单化倾向，并用行为金融取代统治金融领域多年的有效市场假说。[2]2000 年，马修·拉宾获得了麦克阿瑟基金会"天才奖"，2001 年又获得了克拉克奖，美国经济协会的评论是："拉宾是一位杰出的且具有原创性的理论家，他通过将

---

[1]　Rabin M., 1998, Psychology and Economics, *Journal of Economic Literature*, 36(1):11–46.

[2]　Shleifer A., 2000, *Inefficient Markets: An Introduction to Behavioral Finance*, Oxford: Oxford University Press.

有关人类行为的大量心理学证据引入到经济学模型中而丰富了经济学。"①2001年，阿克洛夫、斯彭斯和斯蒂格利茨也分享了诺贝尔经济学奖，其中，阿克洛夫主张互惠、公平、身份、货币幻觉、损失厌恶、羊群效应以及延迟等行为现象可以用于解释贫穷、失业和经济周期等，因而宏观经济学必须建立在行为经济学上。②

然而，目前的契合化努力还存在严重不足。一方面，经济学和社会科学其他分支之间的交叉和契合已经重新启动，现代经济学越来越多地涉及历史学、政治学、社会学、心理学和伦理学等的传统领域；另一方面，迄今为止的交流还存在非常严重的缺陷，具有明显的单向性。例如，诺思用新古典经济分析范式来重新看待历史，贝克尔主张经济社会学——即从事社会学论题的经济学分析，而布坎南则从事经济政治学——即政治学的经济分析。这些分析都是简单地运用成本—收益分析或者供求分析来解释其他各种社会现象，并且基于社会达尔文主义而把供求决定的存在视为合理的，进而以此来建立和修正其他社会制度。事实上，贝克尔、波斯纳等对婚姻市场、性市场以及儿童买卖市场的分析，布坎南、唐斯、尼斯坎宁等对民主制度、宪法制度的分析等，都是如此。尽管他们的分析特点有所区别，如森认为，布坎南的著作与贝克尔的著作有很大不同，"布坎南兴趣之广是令人肃然起敬的……他在将伦理学、法学政治思想和社会思想引入经济学方面所做的工作超过了大多数人……（而）贝克尔的情况与此不同。其原因是，贝克尔实际上所做的是拿过经济学家有时候使用的局限性很大的分析工具，把它应用到其他论题上……贝克尔的工具是根据它们在经济学中所谓的成功选出来的，但它们的局限性很大，甚至在经济学内部也没有多少预测力和理解力。"③

目前的契合之所以具有明显的单向性，关键就在于它是经济学帝国主义推动的。经济学帝国主义的契合路径表现为：首先，盲目地接受自然科学的研究思维和方法；其次，再单方向地将之推广到其他社会科学领域。经济学帝国主义运动的推动者是贝克尔、波斯纳、麦肯齐等。贝克尔认为："经济分析就为理解人类行为提供了一直为边沁、康德、马克思及其他学者长期求之不得的统

---

① Uchitelle L., 2001, Economist Is Honored for Use of Psychology, *New York Times*, 28(4).

② Akerlof G.A. "Nobel Prize Lecture: Behavioral Macroeconomics and Macroeconomic Behavior", http://www.nobel.se/economics/laureates/2001/akerlofvideo.html.

③ 斯威德伯格：《经济学与社会学》，安佳译，商务印书馆 2003 年版，第 353 页。

一方法。"① 也就是说，经济学帝国主义者所推动的契合主要体现为寻求统一的抽象假设和分析思路，而这种抽象假设和分析思路也就是现代主流经济学从自然科学中借鉴而来的抽象分析路线和成本—收益分析范式。正是基于这种单方向契合运动，现代主流经济学以先验的人性观为前提假设，以抽象的数学运算为逻辑关系，建立了一般性的理性选择分析框架。在很大程度上，经济学帝国主义所推行的这种契合在途径上是错乱的，在契合层次上是颠倒的，必然会导致现代经济学研究的抽象化倾向越发严重，进一步忽略和无视社会经济关系的复杂性和多变性。

事实上，经济学帝国主义以经济人模式来考察人类社会的一切行为，而经济人概念又源于行为功利主义的演化，它以一次性行为的功利量来评估人类的行为选择。从根本上说，这是把人置于与其他动物同等的地位，这不仅将人类行为简单化和单一化了，而且无法刻画和研究人的特殊性，也必然无法真正理解人类理性和社会行为。所以，孔德就特别反对单纯从功利角度考虑社会问题，而是认为，社会起源于人的社会本能，起源于人类的利己和利他的本能和社会冲动。相应地，我们要重新回到作为统一社会学的经济学本源，就必须考察现实社会关系中的人的行为，而要真正探索真实世界中的人类行为，就必须把人的动物性本能和社会性结合起来进行考虑。而且，随着人类社会的发展，物质愈益丰富，人的欲望和需求就会不断上升，人的社会性则愈益彰显。显然，这都对传统经济人假设的修正提出了要求。事实上，正是经济人构成了现代经济学的核心假设，因而只有通过修正，我们才可以构建基于更为真实人性基础上的以人为本的伦理经济学。

最后，现代主流经济学之所以热衷于以经济人模式为基础来统一整个社会科学，还在于其深刻的社会原因和历史背景。事实上，新古典经济学复活、继承并放大了西方社会传统上的自然主义思维，从而使经济学逐渐偏离人本主义的倾向。特别是，人本主义一直以来都不是西方思想的主流，余英时甚至认为，"西方思想从其开始处看不但不是人文的，而且是反人文的。其所以如此，一部分原因盖西方人的心智最初似乎是偏于向外在的世界放射"。②

---

① 贝克尔：《人类行为的经济分析》，王业宇等译，上海三联书店、上海人民出版社1995年版，第19页。

② 余英时：《文史传统与文化重建》，生活·读书·新知三联书店2004年版，第93页。

（四）以契合推动经济学发展的知识要求

　　基于契合的差序性结构和渐进式层次，我们就可以对目前社会科学各分支之间契合的流行倾向进行审视，对经济学帝国主义所推动的契合取向进行审视。同时，为了促进经济学内部各流派以及社会科学各分支之间的更好契合，又需要拓展我们的知识结构。事实上，迄今为止那些积极将社会科学其他分支的理论、分析范式吸收到经济学中来的学者大多并不是经济学专业出身。例如，卡尼曼等真正意义上是心理学家，他们的研究不可避免地会注入浓重的心理学因素，同样，其他从事数量分析的人大多是数学家，因而他们的分析具有强烈的自然主义思维而忽视人自身的行为逻辑。正因如此，尽管一些学者通过借鉴其他学科的理论和思维来质疑和反思经济学理论，就如当前的实验经济学和心理经济学所起的作用那样，但是，这些作用毕竟还是局部的和零星的，而难以构建出可以取而代之的更好理论。即使像卡尼曼之类的大师级人物，在对经济学的反思中也逐渐熟悉了经济学体系，但是，毕竟缺乏经济学家那样深厚的经济素养，从而也就难以将经济学和心理学或数学等其他学科真正地融会贯通，自然也就无法重建经济学的新体系和分析框架。

　　基于这一情形，经济学要取得实质性发展，要真正揭示事物的本质和因果机理，并对当前这种理论体系进行革新和重构，就必须作两方面的改变：一是，尽可能地借鉴和吸收其他学科所积累的知识，这就要求经济学者本身能够通晓其他学科方法、视角和理论，从而全方位地真正探究经济问题中的结症。二是，有待于地地道道的经济学家尤其是那些具有广博知识的经济学家来完成，这就如经济学说史所展示的那样，只有像斯密、穆勒、马歇尔这样的博学之士才能充分整合当时已有的各种理论、视角和方法而构成一个新的理论体系，这也是学术的折中或综合。事实上，就当前的情形而言，西蒙本身是借助心理学分析的经济学家，因而他在构建经济学的分析框架以及对具体现象的分析上就更为成功；他不仅开创了卡内基－梅隆学派，提出了自成体系的研究方法，而且还通过引入有限理性来构建微观经济学的新体系。相反，纳什"过去和现在都是一个数学家，且习惯于用抽象而简洁的方式描述事物，而这种方式仅仅考虑与待证定理直接相关的东西"。[①]因此，尽管纳什均衡几乎重构了整个

━━━━━━━━━━

　　① 纳什：《纳什博弈论论文集》，张良桥等译，首都经济贸易大学出版社 2000 年版，序言。

经济学，但是，它依旧难以应对具体的实际经济问题，如根据纳什均衡就无法真正解决囚徒困境问题。正因如此，胡塞尔指出，"数学家、自然科学家至多能成为为了进行发现而创造出方法的才华横溢的技术家，（但）他们完全不能进行以上所提到的那种反思（即追溯一切意义形成和方法的原初意义）。"①

令人遗憾的是，尽管经济学理论体系的创新需要契合社会科学各分支所积累的知识，并且首先需要契合经济学内部各流派以及学说史发展所提供的知识，但在当前，像经济史、经济学说史这类重要的课程，却"在经济学课程表中只占一个微不足道的位置"。实际上，很多高校甚至已经完全取消了经济史和经济学说史的教学，一些"主流"经济学人甚至宣称：现在的学子再去看斯密的著作已经成为落伍的标识。结果，那些从事思想史教学和科研的人越来越被边缘化，乃至成为那些从事"前沿突破"研究者以及为抓政绩而崇尚应用经济研究的院长、校长的耻笑对象。特别是，由于经济史"作为一个分支学科，主要是从史学而不是经济学中发展出来的"，② 经济史的教育更不受重视。而且，即使存在一些经济史的教学和研究，也主要不是出于理论发展的需要，不是为了更好地把理论与具体的历史实践及社会背景结合起来；相反，它往往退化为一种资料的整理和收集，成为一种训诂考据。

事实上，舒尔茨强调："经济史的作用不是重写历史。它应该分辨特定的历史经济环境，以达到拓展我们关于经济行为的知识的目的。"③ 但是，由于像福格尔和钱德勒这样的经济史大家都是历史学出身的，因此，他们主要是借助经济学理论及相应方法重新研究和解释历史，结果，当前的经济学即使是制度经济学也没有从经济史的研究中受到真正的教益。正因如此，研究经济史的文章大多发表在供历史学家阅读的期刊上，而有关经济史方面的专业期刊往往不易被经济学家接触到；相应地，这就导致占据经济学主导地位的理论经济学家往往不太关注经济史著作的贡献，反过来又使得一流经济学期刊留给经济学的篇幅更少。当然，诺思可算是个例外，他是经济史专业出身，在以后的教学和研究生涯中与理论经济学家进行着经常性交流；因此，他积极接受了历史发展所提供的材料以为其理论发展服务，并发展和补充了新制度经济学理论，从而成为一个重要的理论经济学家。而且，由于诺思充分利用历史数据来检验和发展已知的理论，因而他在一定程度上提供了一些更为全面的思维。譬如，诺思

①　胡塞尔：《欧洲科学危机和超验现象学》，张庆熊译，上海译文出版社 1988 年版，第 67 页。

②　华勒斯坦等：《开放社会科学》，刘锋译，生活·读书·新知三联书店 1997 年版，第 19 页。

③　舒尔茨：《报酬递增的源泉》，姚志勇译，北京大学出版社 2001 年版，第 38 页。

对制度形成和演化及其作用的探究就比一般的制度经济学家要深入得多，因为主流的制度经济学家往往是运用经济学的成本—收益分析和力量博弈来对既存制度进行解释，而无法刻画制度发生、发展和演化的内在原因和轨迹。

关于目前社会科学之间交流和契合过程中所呈现出来的缺陷，我们可以审视经济学帝国主义运动的一个重要成果——法律经济学（Economics of Law）。法律经济学主要是由一些法学出身并在法学院任教的波斯纳、大卫·弗里德曼（D. Friedman）、曼尼（H. G. Manne）、兰德斯（W. M. Landes）等人所领导，从而更多的是借鉴经济学的研究思维和分析工具来剖析法律制度。显然，这种开放性胸怀或许有助于法学的发展，但并不利于经济学的完善。例如，波斯纳指出，"分出一个独立的学科并称之为法律经济学的目的就是为了开辟一个其大量的法律知识在其学说和制度方面是相关的经济研究领域""法律经济学就是建立在某些法律领域具体知识基础上的一系列经济研究"。[1] 再如，麦乐怡也指出，"法律的经济分析（则）采取经济学的方法，用经济学的术语来作为分析特定的社会所实行的法律的理论工具。在这个意义上，冠以法律的经济分析的理论，就我们的目的而言，仅仅是一个包括批判主义法学、保守主义法学、自由主义法学、自由意志者法学以及古典自由主义法学等学派在比较的背景下进行的更为广阔丰富的学科领域的组成部分。法律的经济分析通过对法律规则进行成本和收益分析及经济效率的分析，使我们可以就法律实施的结果得出结论并对特定的法律安排的社会价值作出评判"。[2]

事实上，从概念名称与内涵之名实相符的角度上讲，目前盛行的这一交叉学科更恰当地应被称为经济分析法学（Law of Economic Analysis），它的落脚点在法律制度，是对法律制度的评价和预测；特别是，它往往简单地接受主流的新古典经济学的分析模式，把法律置于一种既定的社会体制中加以分析。[3]相反，"法律经济学"的含义应该是借助法律的研究思维和分析视角及工具来考察社会中人的经济行为和经济现象，它的落脚点应该在经济现象，是对经济现象的评价和预测。显然，由于法律本身内含了强烈的社会价值以及社会力量对比，因而"法律经济学"的研究首先要剖析主导性的法律所内在的正义或意识形态。正因如此，"法律经济学的发展"仅仅是运用经济学拓宽了法学的研

---

① 波斯纳：《法律的经济分析》，蒋兆康译，中国大百科全书出版社 1997 年版，第 906 页。

② 麦乐怡：《法与经济学》，孙潮译，浙江人民出版社 1999 年版，第 2 页。

③ 基于同一理由，时下流行的现代政治经济学或新政治经济学也应该更恰当地被称为现代经济政治学或者新经济政治学，其落脚点主要在政治事务。

究，实际上是出现了一个经济分析法学分支，这至多增加了经济学家的自鸣得意的心态，对经济学理论本身的发展几乎没有带来什么有益作用。

同时，从概念名称与内涵的名实相符的角度上讲，康芒斯等开创的老制度经济学更符合"法律经济学"所表达的内涵，因为他们热衷于借鉴作为社会基础的法律观点来分析经济体系的运行，关注法律、产权和组织及其演变对法律和经济权力、经济交易和收入分配的影响。譬如，康芒斯认为，经济学不仅要注意个人与自然的力量，还要注意制度的作用，而制度就是"集体行动控制个体行动"。①当然，康芒斯这里所讲的集体行动是广义的，包括从无组织的习俗到有组织的机构，如习俗、家庭、公司、工会、银行、国家等，其中以法制最为重要。而且，康芒斯认为，制度是经济发展的动力，制度对经济发展的影响是通过集体行动对个体行动的控制来体现的，集体行动的意义就是为个体行动建立一个行为规则，指导和约束个人行动，从而更好地利用稀缺性的资源。显然，在康芒斯看来，制度被视为是正式和非正式冲突解决过程的结果，而成功的标准就在于制度是否产生了解决冲突的"合理价值"或"切合实际的相互关系"；因此，一个公正和有效的体系并非是由供求直接决定的均衡产物，而是经由最优立法管制和通过司法来设计和影响的。

正是基于经济学理论在评估现实和推动变革方面的经济作用，康芒斯强调，制度经济学不能与古典学派和心理学派经济学家相分隔，法学、伦理学和心理学等也都是制度经济学所研究的必要条件。相应地，在法律中，他发展出了合理的概念，认为公共效用与合理的价值有关，劳动法与合理的工资有关，工人的补偿与合理的安全有关。康芒斯非常强调"合理价值"和"集体行动"，认为交换是一项集体行动，不仅包括政府，还包括所有的工人、农民、工商业者以及其组织，只有通过此行动才能使未来的生产和消费实现"合理价值"；但是，他又认为，经济学家和律师关于价值的思想并非总是相同，经济学家的著作很少说明合理之本质，而法庭以实质性的内容填充了这个概念。显然，康芒斯等早期的制度经济学与古典经济学有更为密切的联系，他关心社会正义、关怀弱势群体、注重制度改革。事实上，早期的制度经济学本身源于德国的历史学派，又是历史学派向斯密倡导的古典主义回归的产物，与穆勒的经济学具有很大的相似处。然而，现代主流法和经济学却只是新制度主义的一个分支，而新制度经济学几乎完全承袭了新古典经济学的基本思维和分析框架。正因如此，尽管新制度经济学家一直认定老制度经济学"反理论"或"非理论"，但

----

① 康芒斯：《制度经济学》，于树生译，商务印书馆1962年版，第87页。

老制度经济学则反唇相讥地说，新制度经济学虽新但并不是制度主义。

可见，古典经济学、早期制度经济学以及历史学派等著作对社会制度和现象的分析与认识非常有益。例如，威廉姆森也承认，康芒斯是一位"对经济组织有着深邃见解，但除了少数制度经济学核心人物外，并不为人所知的经济学家"。[1] 因此，经济学要真正从与社会科学其他各分支的契合中获得发展，更主要的途径是向老制度主义学习，向古典经济学回归，从而才可能构建真正的以人为中心的人本主义经济学。其实，尽管目前社会科学其他分支试图通过积极吸收经济学的分析思路来改造自身，这种改造首先是社会科学其他分支主动进行的，是在对自身理论的整体框架下借鉴经济学的思维对其行为假设进行修正。例如，社会学通过借鉴经济学的思维对其"社会化过度"的社会人做了修正，政治学则对"集体人"或"政治人"做了修正，从而有利于这些学科的完善和发展。但是，经济学人却想当然地把自己视为优胜者，以殖民主义的心态排斥其他学科的思维和前提，特别是在对社会科学其他分支学科的思维和认知还知之甚少的情况下，就单纯地以经济学研究范式对它们的传统领域进行大胆分析，并得出"语不惊人誓不休"的结论。当然，一个国家的文化、一个学科的研究方法能够被其他国家或学科所借鉴本身是一件好事，这至少体现了这个国家的文化或这门学科的方法之价值；但是，如果抱着殖民主义的态度，那么在社会科学其他分支发展起来的同时，自身则必然会衰落。世界文化的发展已经证明了这一道理，学科的发展也同样如此；正是由于当前甚嚣尘上的经济学帝国主义俨然固守着新古典经济学的分析框架、分析工具以及核心假设，从而最终造成现代主流经济学的理论危机。

 五 重审社会科学相契合的现实途径

一般来说，社会科学各分支学科之间具有相似的研究对象——人及其行为产生的社会现象，从而也应该具有相似的研究方法。显然，这与自然科学存在明显的差异：社会科学的研究往往是具体的现实问题，而自然科学则研究抽象的一般规则。一方面，自然科学研究的对象是物，物本身没有能动性，随着历史的发展社会现象的影响因素也相对变动不大；因此，自然现象相对来说就比

---

[1] 威廉姆森：《资本主义经济制度：论企业签约于市场签约》，段毅才等译，商务印书馆2002年版，第10页。

较简单，可以抽去一些外围的干扰因素而进行抽象的研究。另一方面，社会科学研究的根本对象是人，而人是具有能动性的，人的行为又受其环境的影响；显然，不但不同的人所处的环境不同而产生不同的行为特质，即使就整个社会而言，由于社会环境变动的频繁，不同时代的人的行为也存在非常大的不同。因此，自然科学的发展呈现出不断进步的路径，其理论的发展往往伴随着范式的转换，从而展示出理论跳跃的特点；相反，由于社会科学更主要是建立在思想继承的基础之上，从而呈现出理论连续的特点。

　　不幸的是，两类科学的理论研究在现实中却呈现出了相反的特征：自然科学领域的假设条件的拓宽往往是逐步开展的，而社会科学中的抽象却呈现出了跳跃性。譬如，就人性假设而言，西方经济学就突然从古典时期所崇尚源于道德哲学领域的道德人跃进到新古典时期基于经济领域的经济人，马克思开创的社会主义经济学则根据所有制的变化而将未来的人性设想为利他主义，并由此构建他的计划经济理论体系。显然，这些做法与人类社会发展和社会科学理论研究的连续性这一本质特征并不相符，也都没有经验事实的充分依据。

　　早在 1898 年，凡勃伦在《经济学季刊》上发表了"经济学为什么还不是一门发达的科学"一文，指斥当时的新古典理论的许多公理性假设是没有经过验证的。同样，波普尔、哈耶克等则坚持马克思主义对未来社会的设想和建构也是没有经过验证，甚至是无法验证的。究其原因就在于，自古典经济学末期以降，社会科学各分支学科之间就出现了日益分离，乃至形成了不同的研究方法和学说体系。譬如，就经济学和心理学而言，心理学注重从实验中获得知识，注重实验的设计和实施的训练；相反，经济学却注重基于新古典经济学理论的分析，尤其注重数理形式的严格逻辑和计量方法的经济参数估计。而且，在经济学帝国主义的支配下，经济学的形式主义理性分析不断向外拓展，从而造成了学术形式主义的普遍化。显然，目前经济学要重新获得生命力，首先就有赖于社会科学各分支知识之间的契合。西蒙等很早就指出，心理学和经济学两大学科之间未来会越来越紧密，而且，相互之间的争鸣也会越来越多。[1]

　　当然，知识和思维的契合应该是相互的，而不能成为单方向的扩张。就经济学的发展而言，它更需要借鉴社会科学其他分支的知识和思维。究其原因，由于法学、社会学、历史学、政治学和伦理学等学科长期以来对社会现象作了非常细微的探究，经济学在涉及这些领域时从这些学科中汲取的思想养分远比

---

[1]　Simom H.A., Stedry A.C., 1968, "Psychology and Economics", In: Gardner Lindzey & Elliot Aronson, *Handbook of Social Psychology, Reading*, MA: Addison-Wesley.

能够给予它们的多。因此，经济学的理论发展主要不是体现在狭隘和程式化的经济学分析工具和范式对社会科学其他分支的推广，而是要使社会科学其他分支新近发展出来的研究思维、分析工具以及理论洞见为现代经济学所借鉴。克莱因写道："考察经济对社会价值的塑造，以及社会价值对经济的塑造，实际上要把安东尼·唐斯的《民主的经济理论》颠倒过来。该书试图用经济逻辑和经济学方法论去剖析政治体系的运行……（但是）在研究权力对现代市场导向的经济的影响时，政治学的视角和方法或是富有成效的。"[①] 也就是说，在契合的路径上，经济学的理论发展首先有赖于基于内部各流派以及社会科学各分支之间的契合，而不是刻意地疏远这些近邻而去攀附自然科学这些远亲。有学者就指出，现代经济学之所以对经济现实的预测和解释都成问题，甚至几乎没有成功过，就是因为"经济学的共同基础——18 世纪的商人价值观过于狭隘且已经朽败"。[②] 而且，这已经为很多学者所认识，如舒尔茨所说："标准理论倾向于将经济学局限于一个封闭的分析体系内，而社会无论现在还是过去都是开放的。"[③]

不幸的是，迄今为止这种状况并没有好转，经济学并没有真正地通过借鉴社会科学其他分支的知识来完善自身。斯威德伯格指出："今天经济学和社会学之间的对话与 1990 年是一样，仍然是试探性的，两门学科之间没有出现联盟。"[④] 相反，目前流行的契合主要是经济学帝国主义式的单方向扩张，它将从自然科学那里获得的研究思维再贩卖给社会科学其他分支，却没有认真比较不同研究对象的差异，从而造成了理论与现实的脱节。有人说，经济学家是一种失败的数学家，是试着去预测澳大利亚的袋鼠数量却从不问袋鼠是什么的人。正因为这些经济分析往往脱离实际，从而无法知道具体的社会实践。还有人说，数学难以理解，经济学则莫名其妙。而且，尽管当前的经济学帝国主义正蓬勃兴起，并极力在向其他社会学科的传统领域进行渗透；但是，这种现象仅仅是表面上的，而其实质却是经济学领域正在遭受其他领域学者的侵入，甚至诺贝尔经济学奖也越来越为其他领域的学者所获得。不过，这些出身于其他学

---

① 克莱因：《直面经济学中的权力：一个实用主义的评价》，载图尔、塞缪尔斯：《作为一个权力体系的经济》，张荐华、邓铭译，商务印书馆 2012 年版，第 78 页。

② 石磊：《主编絮语》，载多迪默、卡尔特里耶：《经济学正在成为硬科学吗》，张增一译，经济科学出版社 2002 年版。

③ 舒尔茨：《报酬递增的源泉》，姚志勇译，北京大学出版社 2001 年版，第 32 页。

④ 斯威德伯格：《经济学与社会学》，安佳译，商务印书馆 2003 年版，中文版序言。

科的学者并不具备应有的经济学和社会科学的理论素养，从而往往导致经济学的研究更为脱离现实。显然，现在已经到了重新审视和反思经济学帝国主义所推行的那种单向度的契合路径了，经济学理论的发展更重要的是吸收社会科学其他分支的有益养分。

 六　结语

尽管社会科学各分支往往都存在相对独立的研究对象、分析思维和理论认知，但相互影响的社会现象使它们之间存在必然的共同基础。然而，迄今为止学术界还没有真正能够认识或挖掘出这种基础究竟是什么，或者还没有对各种零碎的认识进行提炼以构建出一个系统化的统一框架。譬如，对人性及其行为迄今就没有形成共同的认知基础，特别是没有形成合理的理论抽象。正因如此，社会科学之间合作和契合的步伐迄今还相当缓慢，甚至反而呈现出进一步割裂的趋势。显然，这种状况在经济学与社会科学其他分支之间表现得尤其明显。究其原因，自古典经济学后期以降，尤其是在新古典经济学取得统治地位之后，主流经济学就日益与社会科学其他分支相脱节，经济学人越来越轻视与社会科学其他分支的交流。结果，现代主流经济学与数学、物理等自然科学之间的联系远比与经济学其他流派和社会科学其他分支之间的联系还更为紧密，经济学教学也越来越不愿提及它与哲学、法律和历史学之间的关联，而是赋予数学以决定性的地位。

当然，在社会科学学说史上，也出现过几次较大规模的统一化运动。不过，这些统一化运动都不是双向互动的契合，而是单向的扩张，主要是某个强势学科依靠其社会影响力而努力将其观点、思维和分析范式拓展到其他领域。其中，最典型的就是当前以经济学为主动方所致力推动的经济学帝国主义运动。经济学帝国主义试图将从自然科学中模仿而来的方法论单方向地推广到社会科学其他领域，并试图将基于成本—收益的经济人分析模式用于分析和解释所有的社会经济现象。但是，这种经济学帝国主义运动却并没有实现社会科学各分支之间的有机契合，而主要体现为现代经济学不断拓展其日益形式化的研究方法；这一潮流发展的结果就是，现代经济学不仅没有充实和完善，反而进一步形式化了，乃至理论与现实的脱节也越来越严重。有鉴于此，我们就需要重新审视知识契合的逻辑路径以及由此形成的学术结构。

契合式理论发展的跨学科知识要求：

兼论对一种错误认知观之审视

> **导 读**
>
> 　　基于契合来推动理论发展必须有广博的知识，这不仅对自然科学是如此，对社会科学尤其如此。究其原因，社会现象比自然现象更复杂、更多变，社会制度的调整牵涉更复杂的利益关系。正是由于任何社会问题的处理都不是孤立的，必然会与其他社会关系牵涉在一起；因此，要真正理解社会现象，就必须尽可能地扩大知识的范围，由此也就要求跨学科的教育。不幸的是，随着独立的经济学院与经济学位的设立，经济学与其他社会科学之间的距离越来越拉大了；结果，不但经济学的学生很少学习其他学科的知识，而且经济学依靠复杂的数理模型所构筑起来的封闭体系也使社会学、法学等学科越来越望而却步。同时，受"分"的思潮影响，目前学术界盛行着这样一个极大的误见："专"即是"深"，"通"则意味着"泛"。但根本上，对知识"深"的界定并不在于我们获得了什么样的知识，更在于我们是否真正理解了原有的知识并在此基础上有了发展和创新。

一 引言

　　加尔布雷思曾写道："如果一个学者深入钻研了某个问题的一小部分，那么几乎可以肯定，他对涉猎较为广泛者持不信任的态度，认为他们流于表面。反过来说，后者会认为前面的这个专家缺乏视野，或者不够触类旁通。他们虽然知道得越来越多，但其研究面却越来越窄，似乎面临着变得相当无知的风险。倾心于数学者视他人在严格证明上大步倒退。其他人则觉得操纵数学符号者不切实际。统计学家们认为以演绎法证明观点者对知觉的依赖达到了危险的程度。但在其同事们看来，受到数字控制的人们往往过于谨慎，甚至显得了无生趣。"[1] 那么，如何看待学术研究尤其经济学研究中不同学者的知识结构和研究取向呢？这就需要辨析不同学科的特性。一般地，研究对象越复杂，研究内容越庞大，所需要的知识也就越广博。由此，我们就可以清楚地认识到社会科学以及经济学的理论研究对知识结构的要求，由此可以审视近现代以来经济学人的知识结构日益狭隘的原因，进而重审在知识结构上的一种流行的错误认知观。有鉴于此，本章也专门来阐述经济学人在知识结构上所面临的转变，由此为经济学的理论研究和发展提供一些思路。

 ## 二　现代经济学人的知识结构

　　一般认为，科学理论的发展根本上就是建立在知识承继和契合的基础之上，这就要求研究者必须具有广博的知识。施乐公司帕洛阿托研究中心从事人工智能研究的布朗就以自己的亲身经历告诫说："即使是一个科学家，像我这样，也必须承认知识是不能通过一个公式或方程式获得的。"[2] 显然，这不仅对自然科学是如此，对社会科学尤其如此。究其原因，因为社会科学所研究的是涉及人与人之间关系的问题，从而具有某种公共性；不仅社会现象往往比自然现象更复杂、更多变，而且社会制度的调整牵涉更为复杂的利益关系。正是基于研究对象上的这种差异，无论是理论构建还是实践应用上，社会科学领域所要求的知识类型都与自然科学存在很大的不同。

　　事实上，就自然科学而言，它往往要求一般性的专业基础知识比较多，从而也就注重扎实和严格的基础训练；而就社会科学而言，它所需要的知识则更广泛而全面，这些知识不只是来自课堂上的传授，更主要是来自自身的观察和思考。即社会科学的研究同时需要大量的公共性知识和丰富的个别性知识，这些知识建立在长期学术人生中不断学习的基础之上。这从两方面可做一说明：①在社会科学所涉及的诸领域中，几乎没有哪个具体问题仅仅依靠一门学科或某个特定理论就可以作出恰当的回答。②纵观经济学说史，那些对经济学科的

　　① 加尔布雷思：《新工业国》，嵇飞译，上海世纪出版集团 2012 年版，第 383 页。

　　② 布朗：《前言》，载拉各斯等：《知识优势：新经济时代市场制胜之道》，吕巍等译，机械工业出版社 2002 年版，第 4 页。

发展起着重要作用的人物，如斯密、穆勒、马克思、马歇尔、凡勃伦、维克塞尔、凯恩斯等无不是因为他们的勤奋而积累了广博的知识。

譬如，马歇尔 1885 年返回剑桥大学时，经济学还只是伦理学与历史学课程的一部分，只不过是历史学家和哲学家获得学位而必须学习的一门课程。在门格尔和庞巴维克时代，维也纳大学就规定法律专业的学生必须选修一些经济学课程，正是这些经济学课程激发了原本主修法律的庞巴维克对经济学的兴趣，而门格尔本身则是维也纳大学法学系的教授；同样，在维克塞尔时代，经济学是瑞典大学法律系的教学科目，维克塞尔为了能够从事经济学的教学和写作，在获得经济学教职之前又学习了法律并获得法律学位。

不幸的是，随着现代大学中系科的独立，本来统一的社会科学诸分支就逐渐分裂了；相应地，就出现了一个个相对封闭而独立的学科教学和研究体系，进而又导致各分支学科的学者在知识结构上日益狭隘化。这在经济学领域表现得尤其明显：自边际革命以降尤其是逻辑实证主义兴起以来，经济学不仅与社会科学其他分支发生脱节，而且与自己的发展历程相割裂；由此，现代主流经济学就变成了基于特定的成本—收益分析框架下的自我演绎，或者无须任何思想根底的计量实证。

现代主流经济学之所以走上日益封闭的"我向思考"的发展道路，很大程度上与第二次世界大战以后科学至上主义思潮被不加思考地引入有关：它刻意地摆脱与社会科学的关系而攀亲于自然科学，试图构建"历史无涉"的普遍主义理论体系，从而崇尚理论的简洁和抽象而不是丰富和具体。正是基于这种思潮，现代主流经济学领域学者的知识结构越来越狭隘，越来越只是懂得一些计量工具和数理技巧，其研究对象也越来越集中在私利最大化的私人领域，经济科学越来越失去公共性。相应地，现代主流经济学人越来越热衷于"证明两夸脱一瓶的番茄酱总是确切地卖一夸脱一瓶的那种两倍的价钱"，[①] 而很少关注那些真正迫切需要解决的现实问题。

更为严重的是，就是这些热衷智力游戏的"主流"经济学人，却往往被社会各界视为专家，并成为社会问题的咨询者和政策处方开立者。这就给社会实践和发展带来了严重的问题。施特劳斯写道："科学的发展导致专业程度不断提高，其结果是一个人是否受人尊重取决于他能否成为某方面的专家。科学教育面临的危险是，它不再使人类变得广博和深邃。在此基础上可能构建的唯一

① 克鲁格曼：《经济学家如何错得如此离谱？》，朱富强、安苑译，《中国社会科学内刊》2009 年第 6 期。

的普遍科学——逻辑学或方法论——只专属于技术人员。于是，人们在一种新的普遍主义中寻求专业化的解决之道，由于我们空间和时间视野的扩大，这种普遍主义几乎不可避免。"①

三　社会科学理论研究的知识要求

一般地，人类社会本身就是通过个体间的互动而错综复杂地联系在一起的有机体，任何一种社会经济现象都具有公共性，都不能够在离开所有其他现象的孤立状态下而被彻底理解。例如，人性及其行为机理就是历时地演化的，它无法通过某种先验的抽象假定而被理解；同样，社会制度也与特定的时空和社会环境联系在一起，它无法被抽象的演绎所认识。这种共生性实际上是自然世界和人类世界的共同特点，只不过人类世界中更为凸显。詹姆士曾指出，"要彻底地理解一件事物，就要了解整个宇宙。一个事物与其他每个事物都有直接或间接的联系，要认识有关这件事物的各个方面，就需要知道它的所有联系。"② F. 梯利甚至强调："不知道所有，我们就不可能知道这一个。也正如世界是一个，科学也只有一个，各门科学共存互助。"③

同时，社会科学诸分支所研究的议题本身具有相通性：都是人类的互动行为及其衍生出的社会现象，只不过各分支所基于的特定视角或层面存在差异。因此，跨学科的知识契合就有助于社会认知的全面和升华。其实，正如马斯洛指出的，"最伟大、最成功的科学家一般都有广泛的兴趣。亚里士多德、爱因斯坦、达·芬奇和托马斯·杰弗逊就是最突出的例子"。④ 譬如，达尔文就是在阅读一些显然不相关的书籍作为消遣时才建立起以自然选择为中心的进化论观点，其中至少是受到了马尔萨斯著作的影响。同样，凡勃伦之所以能够在经济学界提出他人所无法企及的思路和观点，也就在于他首先广泛地学习了自然史、哲学、社会学等知识。关于这一点，我们可以审视经济学界的两位最重要的人物：一是经济学科的开创者和奠基者斯密，二是现代经济学的创立者凯

①　施特劳斯：《古今自由主义》，马志娟译，凤凰出版传媒集团、江苏人民出版社2010年版，第24页。

②　梯利：《伦理学导论》，何意译，广西师范大学出版社2002年版，第8页。

③　梯利：《伦理学导论》，何意译，广西师范大学出版社2002年版，第8-9页。

④　戈布尔：《第三思潮：马斯洛心理学》，吕明等译，上海译文出版社2001年版，第20页。

恩斯。

　　首先，就斯密而言。斯密为经济学奠定了基本的分析框架和理论体系，但他有关财富和经济活动的哲学却是在更早出版的《道德情操论》一书中提出的；而且，除了该书以及他有关自然法、自然神学和文学的著述外，斯密还撰写了另外六篇论文，从而试图构建一个有关社会科学的宏大理论体系。熊彼特写道："（斯密的）计划就是要写一部'有关各门文理学科和各种优雅艺术的历史'，但'由于其过于庞大'，斯密放弃了它。这六篇论文最重要的第一篇，题为'指导哲学研究的原则；以天文学史为例来加以说明'。我敢冒昧地说，谁不知道这些论文，谁就不会充分了解斯密所具有的智力水平。我还敢冒昧地说，要不是有这一不可否认的事实，谁都不会相信《国富论》的作者有能力写这些论文。"①

　　其次，就凯恩斯而言。我们看下凯恩斯的传记经济学家斯基德尔斯基的描写："他生命中有很多时间是和文人墨客为伍，他饱读伍尔夫、斯特拉奇的书和福斯特的著作，斯特拉奇的讽刺风格理所当然地在他身上留下烙印。他博览各种哲学书籍，很多臆想的运用都来自宗教文化。"②事实上，"凯恩斯自己也觉得'他的世界观'滋养了他的经济学，使他对人类本性的理解远比经济学家所研究的'经济人'更为丰富、更为深刻。事实上，凭借他广泛的兴趣和丰厚的学养，他是投身于经济学研究中最为优秀的非经济学家，正因为此，他是伟大和脆弱的结合体，他把对当时社会动荡时期人类行为的一系列深刻的洞见付诸于他的经济学研究……20世纪30年代，凯恩斯的思想越来越具有创造性，他的生活方式更接近于社会习俗"。③

　　一般地，所谓天才，通常就是那种拥有不同寻常认知思维的人。譬如，传统的静物画大体以形似为目的，但梵高的向日葵却呈现出生长的全过程；大多数人眼中的星空都是静谧的，但方傲的星空却呈现出一种翻腾的世界。再如，我们看到的形体通常是曲线的，但毕加索却将它画成了直线，而且充满了寓意；同样，我们看到的山通常都是郁郁葱葱的，但哈尔特里等描绘的山却是紫色的，而且毫无违和感。这些就是天才，他们在用自己独特的视界看生活，由此给人以各种想象和启迪。但同时，正因为他们观察世界是基于特定的维度，所获得的感知是个体性，从而也就必然具有很强的片面性。更进一步地，这种独特视界在解决特定疑难命题或猜想的数学和自然科学中通常具有很大的价

---

① 　熊彼特：《经济分析史》（第1卷），朱泱等译，商务印书馆1991年版，第277–278页。

②③ 　斯基德尔斯基：《重新发现凯恩斯》，秦一琼译，机械工业出版社2011年版，第52–55页。

值，但对解决具体而复杂的社会经济问题却面临很大的限制。在很大程度上，社会科学的理论研究依赖于长期的学习和思考中所积累的广博知识，相应地，如果说在自然科学中往往会有大量的天才涌现的话，那么，社会科学领域的天才则是非常罕见的。社会科学领域之所以难以有天才，可以从以下几方面加以说明：

（1）社会科学知识主要是对社会经验事实的系统认知，这种系统认知主要源于人的直接经验或间接经验。显然，无论是直接经验的取得还是间接经验的取得，都需要花费巨大的时间和精力。

（2）随着人类社会的发展，间接经验越来越重要。显然，要获得间接经验，除了与一些亲近的人进行直接交流和讨论外，更主要的是通过书本或专著与以前和同辈大师之间进行"对话"和交流，知识的全面吸收需要花费巨大的时间和精力。

（3）社会科学的天才性主要体现在理论构建的整体性和独特性上，而这要以承继前人的思想和认知为基础。相应地，要构建这种学说体系，不仅需要研究者有广博的知识积累，而且还要依赖他所做的长期内省和文献梳理。

（4）即使存在悟性突出的学人，他具有透过现象看到本质以及发现规律的高超能力，但要说服其他人相信其学说往往也要比自然科学困难得多。事实上，很多有创见的文章在发表时甚至屡屡被拒而不为世人所知，经济学人西斯蒙第、古诺、戈森等都是如此。

（5）社会科学中理论发现的价值主要体现在社会实践中，要得到认可也必须为社会实践所印证。显然，这种从理论到应用的过程不仅需要适合的社会环境，也存在漫长的时滞，以致获得诺贝尔经济学奖的那些成果往往形成于几十年之前。

（6）将社会科学理论运用于实践时往往会形成对利益的重新划分，乃至这些理论本身就嵌入了特定的意识形态。相应地，社会科学理论的提出和发展也必然需要面对大量个体在观点和利益上的分歧，而不是简单地构建一个具有形式逻辑或者自圆其说的公理体系。

正因如此，与自然科学的理论进步往往依靠灵光一闪的智慧不同，社会科学的理论发现往往要花费学者数年乃至毕生的精力。一个明显的例子就是马克思，他将几乎所有的时间和精力都花费在理论体系的构建上，即便如此，他在有生之年仍然没有完成。事实上，斯密、穆勒、马克思、马歇尔乃至哈耶克等之所以能够提出影响深远的思想，为人类留下流传百世的经典著作，也就在于他们长期阅读所积累的渊博知识。譬如，哈耶克首先在法学院学习并获得法学博士学位，后来又学习了社会科学课程，获得了社会政治博士学位，并首先从事哲学尤其是心理学的研究，后来师从维塞尔和米塞斯后又开始学习经济学获得维也纳大学的博士学位。正因如此，哈耶克探究所涉猎的领域涵盖了从理论心理学、经济理论、技术经济学、政治理论到社会法律哲学等，从而建立了自生自发的扩展秩序理论，成为经济学、法学、政治学等诸领域的思想丰碑。关于这一点，我们可以再审视几个被视为天才的经济学家。

[例1] 在200多年的经济学说史中，如果说存在一些天才的话，可能应该首推约翰·穆勒，他3岁的时候就开始学习希腊语，14岁之前便掌握了当时几乎所有的重要知识，并在12岁时就写出了第一本关于罗马政府时期历史的书。后人估算穆勒的智商高达190，但他在《自传》中却认为，"我能做的事情，任何有一般的能力、健康体魄条件的贫困男孩和女孩确信无疑的都能做到"。

[例2] 作为现代经济学之父的马歇尔，在其50年的著作生涯中共创作了82部公开出版的作品，但他的成功同样是建立在少年时期刻苦勤奋的基础之上的：他父亲经常迫使他学习到脑力和体力所允许的极限，而每年只有在暑假去看望其远方的伯母时才可以从精神与体力的疲惫中解脱出来；在预科学校时也常常由于苍白的脸色、不整的衣冠以及过度劳累的神态而获得"蜡烛"的称号，而他最喜欢的两项智力获得——数学和下棋——也被他父亲禁止了。

[例3] 经济学界的同仁也往往把凯恩斯视为一个天才，但实际上，他的成就根本上都应归因于他的生活环境。普雷斯曼说，凯恩斯"可谓口含银匙出生，他的父亲约翰·内维尔·凯恩斯是剑桥大学的注册主任和该校知名的经济学家、哲学家。他母亲曾任剑桥市市长……凯恩斯在英国最优秀的学校——伊顿公学和剑桥国王学院接受教育。他师从摩尔（Moore）学习哲学，向怀特海（Whitehead）学习数学，跟随马歇尔学习经济学。凯恩斯还是剑桥知识分子高级俱乐部的成员，后来该俱乐部演变为布卢姆斯伯里集团。圈内人士包括杰出的文学家、艺术家"。[①] 即使如此，哈耶克还认为，凯恩斯尽管在文化、哲学和心理学等方面具有较高的素养，但在经济学领域却非常浅陋，仅仅知道马歇尔的理论。

---

① 普雷斯曼：《思想者的足迹：50位重要的西方经济学家》，陈海燕等译，江苏人民出版社2001年版，第210页。

同时，正是由于自然科学领域的从业者往往是用一般性原理来处理某一具体问题，因而自然科学领域的从业者可以相对专注于狭窄的专业；但是，社会科学家却不可能借助于一般性原理来解决复杂多变的社会现象；相反，它在解决任何具体问题时都必须借助其他方面的知识。涂尔干强调，任何社会事物都必须在一定的"场"中才能存在和表现出来，因而必须把社会现象放在整个社会生活的背景上去作综合的考察才能发觉存在和影响着它们的各种深化关系。涂尔干写道："社会现象必须加以细致考察才能被真正了解。也就是说，研究事物，必须以事物为主，而不能以一般性原理为主；对一些特别的问题，必须进行特别的试验才能弄清楚。"[1] 例如，在考察自杀现象时，就不能单从自杀的收益—成本来分析自杀率的变化，而必须将自杀事实与自杀者的居住地区、居住环境、年龄、性别、婚姻状况等社会条件一起进行考察。

此外，社会科学在实践上的知识要求，我们也可以从"知行合一"的儒家传统中窥见一斑。传统的《诗》《书》《礼》《乐》《易》《春秋》以及《论语》《中庸》《大学》等儒家经典的基本思想都是相通的，它们从不同的角度相互补充，从而构成了包含政治（制度）和心性（生命）内容的整体性儒学资源。例如，《礼记·经解》中说："温柔敦厚，《诗》教也；疏通知远，《书》教也；广博易良，《乐》教也，絜静精微，《易》教也；恭俭庄敬，《礼》教也；属辞比事，《春秋》教也。"《庄子·天下》也说："《诗》以道志，《书》以道事，《礼》以道行，《乐》以道和，《易》以道阴阳，《春秋》以道名分。"从经济学说史也可以看出，那些在社会发展中留下重要印记的学者都拥有广博的知识。

正是由于任何社会问题的处理都不是孤立的，都具有某种程度的公共性，必然会与其他社会关系牵涉在一起。因此，哈耶克认为，必须掌握一门学科这个学习目标不管多么重要，在社会科学中对一个题目的技能不能成为唯一的目标。对于那些意识到我们流域的问题确实重要的人来说，专业研究应当成为建立一种全面的社会哲学而奋斗的起点，一个人要想使这种奋斗有所收获，他必须让自己的研究为自己开阔视野，不应把目光仅仅局限在他的专业学科中的问题上。[2] 例如，针对被誉为 20 世纪最伟大经济学家的凯恩斯，斯基德尔斯基评价道："他的经济学著作充满着哲学智慧的光芒，他所思考的经济生活，其目的和意义都是围绕着伦理。和其他经济学家一样，他具有科学家和布道者的

---

① 涂尔干（又译迪尔凯姆）：《社会学方法的规则》，王永译，华夏出版社 1999 年版，第 2 页。

② 哈耶克：《经济、科学与政治：哈耶克思想精粹》，冯克利译，江苏人民出版社 2000 年版，第 480 页。

双重人格。"[①]

事实上，作为一个经济学家，如果他只知道如何提高物质财富总量，而不知财富的分配，不知社会正义，也不知人类需求的变化；那么，他所提出的政策建议必然会加剧社会的矛盾，导致社会秩序扩展的中断。哈耶克告诫说："化学家和生理学家大可断定，如果他牺牲自己的一般教育，专注于自己的学科，他会成为更出色的化学家或生理学家。但是在社会研究中，专注于一个专业却会造成特别有害的后果：它不仅妨碍我们成为有吸引力的伙伴或良好的公民，并且可能有损于我们在自己领域中的能力。一名物理学家即使仅仅是物理学家，仍然可以是一流的物理学家和社会最有价值的成员，但是如果一个经济学家仅仅是经济学家，他即使算不上个危险人物，也很可能是个非常令人讨厌的家伙。"事实上，"在理想世界里，难以想象会有不了解法学的经济学家、不了解经济学的人类学家、不懂哲学的心理学家或对其他课题一无所知的史学家"。[②]

可见，尽管学术有专攻，但要真正理解社会现象，真正促进社会科学的理论提高，就必须尽可能地扩大知识的范围。华勒斯坦等写道："对历史的关注不是那群被称为历史学家的人的专利，而是所有社会科学家的义务。对社会学方法的运用也不是那群被称为社会学家的人的专利，而是所有社会科学家的义务。同样，经济学问题也不只是经济学家才有权研究，事实上，经济问题对于一切社会科学分析来说都是极其重要的。我们也没有绝对的把握说，专业历史学家对历史解释、社会学家对社会问题、经济学家对经济报道就一定比其他社会科学家知道得多。总之，我们不相信有什么智慧能够被垄断，也不相信有什么知识领域是专门保留给拥有特定学位的研究者。"[③] 由此，我们必须对自然科学和社会科学的差异有清晰的认识，即使医生和工程师等对专业领域之外的东西表现出十分明显的无知，他们也可以以专业的眼光来观察事物；甚至观察得越专业化，问题的焦点就越明显。但是，在社会科学领域，观察得越专业化，对焦点四周的所有事物往往会越无知；同时，社会事物之间本身存在千丝万缕的联系，是无法用人为方式加以隔绝的。

---

① 斯基德尔斯基：《重新发现凯恩斯》，秦一琼译，机械工业出版社 2011 年版，第 53 页。

② 哈耶克：《经济、科学与政治：哈耶克思想精粹》，冯克利译，江苏人民出版社 2000 年版，第 450 页。

③ 华勒斯坦等：《开放社会科学》，刘锋译，生活·读书·新知三联书店 1997 年版，第 106 页。

四 一种错误认知观的重新审视

上述的分析表明，社会科学领域的理论研究需要跨学科的知识契合，而这就要求教育的跨学科化，并抛弃被日益强化的知识专业化的成见。利奥塔尔指出，"对传递确定的知识而言，教师并不比存储网络更有能力；对想象性的招数或新的游戏而言，教师也并不比学科集体更有能力"，但是，"跨学科性这一口号却遭到大学封建主义的反对"。[①]

从学说史看，正是由于马歇尔的努力，经济学才开始成为了一个独立的、立足于自身的研究领域。但同时，随着独立的经济学院与经济学位的设立，经济学与社会科学其他分支之间的距离越来越拉大了：结果，不但经济学的学生很少学习社会科学其他分支学科的知识，而且经济学依靠复杂的数理模型构筑起来的封闭体系也使社会学、法学、历史学等社会科学其他分支学科对经济学越来越望而却步。这样，现代高校就逐渐成为并已经成为一个生产技工的场所：它不是提高人的思辨能力，不是增进学生真正的社会认知。显然，这种状态对社会科学教育所产生的祸害尤其严重，因为社会现象的整体性更为突出。在很大程度上，在社会科学的统一性已经遭到极大破坏的今天，社会科学的理论研究所受的限制已经越来越接近可以承受的极限，这是华勒斯坦等提出对整个社会科学进行反思的根本原因。

一般地，现代社会科学体系本身是西方创设的，社会科学诸分支的分离现状也源于西方社会。究其原因，基于逻辑推理与经验事实分离的二元观，西方社会的学风贵专崇知，而不是求真重全。相应地，现代西方教育呈现出两类倾向：①最高学位主要是培养特定领域的专家，他的研究及其应用必须依赖于其他专家的分工；②一般的义务教育则是所谓的国民教育，仅仅是传授知识，而不是引导思考。同时，由于受西方社会这种学术分科的影响，中国社会逐渐把西方的学位制引了进来，并分别冠以学士、硕士和博士的称谓。显然，在某种意义上，学士教育强调的是"学"而不是"思"，因而名与实（当前的情形）倒比较吻合；但是，硕士和博士却完全名不副实，因为相对应的知识结构越来越狭窄了。

---

① 利奥塔尔：《后现代状态：关于知识的报告》，车槿山译，生活·读书·新知三联书店1997年版，第109、111页。

事实上，在传统中国的词汇中，大学所授的是"究天人之际，通古今之变"的义理之学，而那些被授予博士头衔的更是博学多能，广通五经之人。受西方学术划分的影响，原来体现为一个整体而系统的诸经在"五四"之后却开始被裂解了：《诗经》成为文学，《书经》变为考古学和文献学，《春秋》变为历史学，《仪礼》变为民俗学和人类学，《易经》和《论语》则变为哲学和伦理学，以致具有丰富政治儒学的经学就逐渐丧失了建制立法的功能。所以，蒋庆感慨地说："独立神圣之经学被降等分属于不同之学科，虽美其名曰用科学方法研究经学整理国故，实则肢解俗化经学，使其丧失统一性、完整性、独特性与神圣性，自此，经学不复为经学矣。"[①]

同时，受"分"的思潮影响，目前中国学术界盛行着这样一个具有极大危害性的误见："专"即是"深"，而"通"则意味着"泛"。为了说明这一偏见，我们可以形象化举例说明如下：A、B、C、D 分别代表着社会科学领域的四个大学科，而 X_1、X_2、X_3、X_4 又分别表示 X 学科中的四个不同分支，其中 X 代表着 A、B、C、D 中的一个（如经济学）；此时，甲掌握了 A_1、A_2、A_3 和 A_4 等 A 这一大学科下四个分支领域的细微知识，而某乙则花同样的努力掌握了 A、B、C、D 四个大学科的基本知识，那么，我们能够说甲所掌握的知识比乙更多或者更深吗？显然不能，因为知识本身没有优劣等级之分。事实上，如果甲和乙都只是掌握这些知识而没有创新，那么他们的知识含量是无差异的，区别仅仅体现在特定场合的应用上有所不同。相反，如果甲仅仅掌握了 A_1、A_2、A_3 和 A_4 这四个分支领域的知识，而乙却在掌握 A、B、C、D 这四大学科之知识的基础上获得新的认知而创建了新学科 E；那么，我们就可以说，乙对知识的认知比甲更深。

钱穆曾指出，所谓知识，"知只是仅知其事，识乃识其内里之情。内在一体，始为真识。徒求于外，则乌从而知其体"；因此，"但见即知，却未必有所识。所谓知人知面不知心，能知到其人之内心深处，乃得谓认识其人"。[②]即作为知识的"深"，贵在真正为自己所吸收，尤其是能够深入地认识知识结构并在此基础上有所悟见。也就是说，知识的"深"或"精"主要体现在：是否有所创新上，而不体现在知识的种类上。尤其是，在社会科学中，片面地追求"专"，反而难以有所创新。法国的佩雷菲特就拿钻牛角尖来做比喻："挖得

---

① 蒋庆：《政治儒学：当代儒学的转向、特质与发展》，生活·读书·新知三联书店2003年版，第156页。

② 钱穆：《中国思想通俗讲话》，生活·读书·新知三联书店 2002 年版，第 114 页。

越深，牛角的洞就越窄，挖出的东西也就越少。"①这意味着，在社会科学中，"深"不仅不与"专"相融合，反而像排斥。因此，在社会科学诸学科中，要取得真正的理论创新，更重要的途径是对各分支所积累的相关知识进行契合，而不是局限于一个狭隘领域进行逻辑推理。

当前经济学子都知道并喜欢运用"产权"一词，但又有多少人明白"产权"的真正含义？大多以为只有产权明晰才有效率，而产权明晰根本上体现为产权私有；但实际上，产权反映了物之属性在人之间的界定，而物之属性丰度无法完全测度，因而产权根本上是无法界定清晰的，产权也仅仅反映了某些已知或可估测属性的界定。正因如此，产权是无法完全私有化的。例如，你尽管拥有私人财物，但是却不能随意支配它，你的消费、转送乃至销毁都面临着社会的种种制约。试问：在这种情况下，你又如何宣称自己拥有完全产权呢？显然，相对物的使用效率而言，产权安排仅仅是对已知属性在相关者之间的责权界定，从而体现了一组激励和约束关系；而且，这种激励和约束关系的贯彻必须由一套相应的执行机制来保障，没有切实的执行保障，责权界定就是虚置和空洞的，也就根本没有实际的产权安排。譬如，中央计划经济时代的产权规定国有财产属于全体国民所有，而国民委托相关政府部门进行管理。显然，从理论上看，产权非常清晰。问题是，用什么样的机制来保障国民的利益，来监督这些并非由全民直接聘用的企业经理、政府工作人员不会损公肥私？如果没有其他保障机制，产权就仅仅是一句空话。

如 A 说他对其所购买的电脑拥有产权，但 B 却可以依靠武力或其他手段抢夺过去却不受任何惩罚，A 自己面对这种情况也无能为力，那么，A 果真拥有他所宣称的产权吗？因此，产权结构实质上就是一种治理机制，产权安排则包含了两个方面：责权界定和相应的实施机制。由此可见，我们对产权的流行理解往往深受西方价值观的误导，因为西方社会崇尚的是权利文化，每个人都强调它的天赋权利，却没有考虑到每一个权利背后都必然隐含了相应的责任，否则必然会出现权利之间的冲突。当然，具体产权的责权如何界定，则关系相应实施机制的成本问题，而不同产权安排下的实施成本则涉及对具体环境的统筹考量。譬如，在革命战争年代，高强度的监督是可行的，因而产权可以相对集中；但是，在目前这种市场经济运行相对平稳的和平环境中，依靠外在的第三方监督可能导致成本变得很大，此时相关者的相互监督是更可行的，因而一些产权也开始在私人之间进行界定。

---

① 佩雷菲特：《论经济"奇迹"》，朱秋卓译，中国发展出版社 2001 年版，第 2 页。

显然，从一个流行概念的审视中，我们就可以看出，社会科学的任何理论和政策都需要充分借鉴其他学科所积累的知识。实际上，这也早已在孔德所提出的科学等级体系中得到了反映：数学等自然科学是最早出现的科学，它的逻辑相对简单；社会科学则是后来出现的，它需要以以前出现的所有学科的知识为基础，因而更复杂。同时，我们从中还可以看出，基于物的自然逻辑就比人类社会中人的行为逻辑简单得多，这也意味着，纯粹借助自然科学的自然理性要比人类社会中的实践理性要简单得多。事实上，现代主流经济学所采用的自然主义分析思路已经把社会问题大大地简化了，从而也就导致了理论与现实的脱节。

关于现代社会科学教育的褊狭性，典型地体现在经济学的课程设计上。关于这一点，我们可以参看英国华威大学荣誉退休教授斯基德尔斯基以英国为例所做的描述和剖析。英国大学经济学专业的学生前两年一般要修三门经济学课程、三门数学课程和另外两门选修课程，三年级时则要从选修单中择取四门课程包括数学方法、管理会计、商法等；同时，如果学生有意于进一步深造则往往被鼓励去选修数学课，因为这将大大有利于他们跻身一流的大学继续博士阶段学习。因此，经济学的相当一部分时间都拨给了数学训练，这就意味着，学生只要数学成绩优异就能拿到一流的荣誉学位，只要计算正确就能拿到数学卷的满分。结果，英美大学一流经济系的学生很可能以优异的成绩毕业，却没有读过斯密、马克思、穆勒、凯恩斯、熊彼特乃至哈耶克的只言片语，他们也可能没有什么机会将宏观经济学或微观经济学的分析纳入经济史或政治经济学等更广泛的领域中思考。

基于这种现状，斯基德尔斯基提出了改进路向：①学生不应该仅仅凭着经济学或者数学的学习就可以获得荣誉学位，经济史、经济思想史、心理学、政治学、社会学和哲学等都应该是一个经济学研究者接受的必要训练，而不是把它们作为选修课。②每门课都被加以不同的权重系数，这会给正在成长的经济学研究者一个全方位的视野，调查其他学科是如何研究人类行为的。③经济学的学生必须首先拿到第一个基础学位，而专业方向的选择则可以等到以后一些时间。基于这种改革，就可以保障经济学科的去专业化：经济学不仅把自己从普通的语篇中分离出去，还极少参与和相邻学科的建设性对话。[①] 当然，为了向本科生开设专业以外的通识课程，就需要配备一批非专业出身的教师或教授。华勒斯坦等甚至提议，"要求每一个系至少有百分之二十五的教职员不具

---

① 斯基德尔斯基：《重新发现凯恩斯》，秦一琼译，机械工业出版社 2011 年版，第 195–196 页。

备该学科的学位"。[1]

可见，对知识"深"的界定并不在于我们获得了什么样的知识，而主要体现在我们是否真正理解了原有的知识并在此基础上有所发展和创新。一般地，对知识和学科理解的深浅很大程度上取决于是否认知到该知识和学科的不足，这种认识往往需要跳出本知识和学科的主流领域，而借鉴其他领域的知识。因此，知识的契合要求表明，理论的发展不在于绝对的专业化深化，更主要是现有知识之间的沟通和互补。实际上，当其他经济学家在他们的象牙塔内研究人类行为时，凡勃伦则根据人类及社会科学其他分支来研究人类行为；在凡勃伦看来，影响人类行为的力量很多，而他将这些其他力量导入经济学分析之中，通过从其他学科获得的见识中努力拓宽和丰富经济学。《变化中的秩序论文集》一书的编者阿兹鲁尼写道："事实上，凡勃伦是世上少有的有所谓超前意识的人。之所以如此说，是因为他所思考和陈诉的观点往往都是被后来的成功人士所接受、认可，但却遭到与他同时代的人的反对。"他去世后不久，其学生米契尔也写道："没有一个生长在残暴苛政下的思想解放者像他一样在社会科学领域里名声卓著，且探究的领域之大以致无人企及。"[2]因此，里昂惕夫就号召经济学家们拓宽知识面，与社会学家、工程师和管理学家共同研究和工作，因为在这些领域中经验主义、实用主义更有价值，其他学科可以教会经济学家许多有关数据收集和理论检验的用途和重要性方面的知识。

 ## （五）拓广经济学人的知识结构

现代经济学人往往倾向于就一个狭窄议题展开"深入"研究。但实际上，正如世界史专家麦克尼尔所说，无论我们把研究课题规定得多么狭窄，我们不可能洞察一切，甚至不可能对任何一件事都有"足够"知识。进而，弗兰克指出，知识的匮乏实际上并不取决于研究议题的狭窄还是宏大，而很大程度上是由于人们普遍不愿意做"横向整合的宏观历史"研究才导致了历史知识的狭窄乃至匮乏。[3]对历史研究如此，对包括经济学在内的社会科学研究也是如此。事实上，社会科学涉及的是具有公共性的社会问题，它无法在特定的引导假定下

---

① 华勒斯坦等：《开放社会科学》，刘锋译，生活·读书·新知三联书店 1997 年版，第 112 页。

② 繁人都重：《制度经济学回顾与反思》，张敬惠等译，西南财经大学出版社 2004 年版，第 54 页。

③ 弗兰克：《白银资本：重视经济全球化中的东方》，刘北成译，中央编译出版社 2005 年版，第 72 页。

通过抽象的演绎而获得认识,而是要充分剖析相互之间的因果关系和作用机理;因此,社会科学的理论认知就必须建立在跨学科的知识契合之基础上,而这又需要尽可能地夯实和拓宽研究者的知识素养。一般来说,一个人的知识面越窄,其总结的理论就越容易被证伪;相反,一个人的知识面越宽,就容易考虑综合他人的角度,从而也就越容易为他人所接受。在某种意义上,这就是权威的形成过程,社会科学的权威就体现在他所具有的广博知识结构及其系统化理解上。

显然,为了尽可能地拓展知识和思维的限度,不仅要对前人积累的经典著作进行系统的梳理,也要形成一个对理论进行自由讨论的空间;而且,这种讨论不能局限于特定的领域、学科,更不能形成排他性的利益团体。哈耶克指出,"如果一位经济学家与一位历史学家,或者一位法学家与一位政治学家信奉某些共同的前提,并对我们这个时代的重大问题展开讨论,那么他们间的探讨所能取得的成就,就要比那些对这些基本价值颇具分歧的同一学科的研究者之间的讨论能获得的成就大得多"。[1] 同时,理论要良性发展,关键是要形成一个良好的理论讨论空间;因为只有进行讨论,不同的观点才得以交锋,而不同的视角才有共容的可能。事实上,只要本着真正的学术探究精神,而不牵涉其他的社会政治因素,那么,无拘无束的交流就必然会增进我们对社会的认知。为了体会广博知识对社会科学理论发展的重要性,我们来看一下社会互动论创立者库利的警语:"在有组织的生活中,隔绝是行不通的,而正确的专业化不会导致隔绝。在专门知识和总体知识之间不像有的人所说的那样存在着分界线。不从与整体的关系出发,一个人怎么去获得更广泛的知识呢?难道一个学生熟悉了一门专业,他的总体知识就少了吗?难道他不是将已学会的知识当作窗口从中观察普遍的事物吗?"[2]

长期以来,笔者一直在对日益分裂化的社会科学以及日益褊狭化的现代主流经济学进行反思,很大程度上就源于笔者的知识背景和对社会现实的关注。在某种意义上,笔者不是经济学科班出身,在本科时学习化学等理工科知识,在企业工作期间感兴趣于中国的古代文学、儒家文化以及中国历史,在硕士研究生期间对中国近代史和经济思想史进行了较为系统的学习。此外,迄今为止,还进行了漫无系统的经济学理论的学习,这几乎包括了所有可能接触的经

---

① 哈耶克:《自由与交流:"朝圣山学社"首次大会开幕辞》,载邓正来:《自由与秩序:哈耶克社会理论的研究》,江西教育出版社 1998 年版,第 221 页。

② 库利:《人类本性与社会秩序》,包凡一等译,华夏出版社 1999 年版,第 106 页。

济学理论和流派；并且，在长期的学术生涯中又广泛涉猎了伦理学、社会学、政治学、法学、心理学、人类学、文化学以及其他交叉科学的知识。平时也很少参与社会性的事务，但一旦遇上喜好理论或学术之士，不管他是何种经济学领域或流派的，也不管他是社会学、政治学、心理学还是历史学或宗教学，只要他有同样的"闲心"，就愿意与他纵横恣意地"高谈阔论"一番，学术之论一谈数日乃常态耳。可以说，笔者的理论知识几乎都不是由他人"教"来的，而是在长期的思考中独自逐渐悟出来的；因此，一旦发现书中的理论和知识与实践不相符合时，就毫无顾虑地试图对理论的逻辑前提和逻辑关系进行反思，并在契合社会科学各分支所积累的相关知识之基础上对理论进行修正和完善，从而逐渐形成了自身的研究思维、分析线路以及整个理论体系。事实上，笔者所秉持的学术取向和学问态度也主要是源于从古人文章中所内含的基本学术精神，但是，这种学术精神在以庸俗实用主义和功利主义为基本特征的学术"主流化"之今天似乎越来越消逝了。

关于这种学习和研究的思路，张五常也深有体会，并强调，斯密的传统怎样也不要放弃。但遗憾的是，也正如张五常指出的，今天的经济类学报不容易见到自己熟知的传统，很多术语还是以前的，但看不到传统的思维。有鉴于此，斯基德尔斯基强调，社会科学各分支学科应该吸收一定的非专业出身的教师，开设一些通识课程以使学生有机会接触到各种思想观点和研究方法的碰撞。[1] 不过，这种教育改革本身是温和的，也很难成功；究其原因，教科书、著名期刊、终身任职权、工作机会等都是建立在各类"专家"所必需的越来越狭隘的技能要求上。事实上，首先夯实理论素养再进而对整个理论体系进行反思、解构和创新的学人在现代学术界越来越少了，现实情形往往是如玛斯特曼等指出的，"目前的情况是，务实的科学家越来越多地在研究库恩的东西，而不是波普尔的东西。情况已经达到了这样一种程度，特别是在新兴学科里，现在通行的是'范式'而不是假说"。[2] 显然，且不管玛斯特曼所说的"务实的科学家"是否能够真正促进理论的发展，但她这里所列举的肯定"常规科学"研究的人大多数是从事自然科学的，而囿于常规范式将会严重窒息社会科学中的思辨和洞见。

---

[1]　斯基德尔斯基：《重新发现凯恩斯》，秦一琼译，机械工业出版社2011年版，第196页。

[2]　玛斯特曼：《范式的本质》，载拉卡托斯、马斯格雷夫：《批判与知识的增长》，周寄中译，华夏出版社1987年版，第75页。

六 结语

理论的发展和进步建立在知识契合的基础上，这就对学者提出了知识结构的要求。显然，这与日益专业化的学术现状形成了鲜明的对比。穆勒很早就指出，"在某种程度上是实实在在的。一个人越集中精力于某一项工作，干某一项工作的时间越长，越有可能在该项工作中搞出节省劳动的发明……但这更多地取决于全面的智力和动脑筋的习惯，而不是工作的专门化。如果这种专门化达到不利于培养智力的程度，则将失大于得"。[①] 对照现代经济学，它囿于新古典—凯恩斯经济学分析框架下进行数理建模和计量实证，固然可以构建出一个个精美的模型，但与此同时也应缺乏足够的知识和视野而无法在思想和认知上取得多大实质性进步。对此，哈里孟指出，现在支配大学文化的专业主义乃是塑造我们思想行动的主导力量，而此等力量已变得压制性多于建设性。[②]

正是基于现代学术日益专业化和狭隘化的现状，波普尔呼吁："所有大学水平（如果可能还可低于这一水平）的教学都应当训练和鼓励学生进行批判性思维。（但是）'常规'科学家……所受的教育却是很糟糕的。他在一种教条式的气氛中受教益，他是教条教训下的牺牲品。他学会一种能用的技术但却根本不问其为什么。结果，他成了一个可以称之为应用科学家的人。"[③] 显然，如果说波普尔提倡的批判方法适用一切科学的发展，那么，它就尤为适合社会科学的理论发展。对经济学而言，批判的基础就是要了解理论产生的条件和背景。正是出于对当前横流的不良氛围之反思以及对知识分子的应有责任之认识，笔者强调，学者的主要任务就在于梳理前人著作中的思想和知识，从而不断地增进自己对社会的认识；并由此思考现实社会，努力挖掘社会所存在的不和谐之处而努力探求改进的途径，或者将自己所获得的认识传授给后来者。费希特说："我的使命就是论证真理；我的生命和我的命运都微不足道；但我的

---

① 穆勒：《政治经济学原理：及其在社会哲学上的若干应用》（上卷），赵荣潜等译，商务印书馆1991年版，第151页。

② 哈里孟：《学问寻绎的措辞学与专业学者》，载麦克洛斯基等：《社会科学的措辞》，许宝强等译，生活·读书·新知三联书店2000年版，第249页。

③ 波普尔：《常规科学及其危险》，载拉卡托斯、马斯格雷夫：《批判与知识的增长》，周寄中译，华夏出版社1987年版，第65页。

生命的影响却无限伟大。我是真理的献身者；我为它服务；我必须为它承做一切，敢说敢做，忍受痛苦。要是我为真理而受到迫害，遭到仇视，要是我为真理而死于职守，我这样做又有什么特别的呢？我所做的不是我完全应当做的吗？"[①] 当今社会正需要这类真正的学者。

---

① 费希特：《论学者的使命　人的使命》，梁志学、沈真译，商务印书馆 1984 年版，第 45 页。

第3篇　契合发展的思想史诉求及其问题

第2篇从共时性的跨学科知识之横向契合来探究经济学科发展和理论进步的途径，本篇则从历时性的经济思想史之纵向契合来探究。一般地，任何一门学科的学说发展史对该门学科的理论进步都具有至关重要的意义，社会科学尤其如此。事实上，社会科学的理论研究就贵在继承、包容、反思和契合，注重对经典文献的梳理。主要理由是：①在社会科学领域，我们对任何一个细微而具体的社会问题之看法都涉及对整个社会发展的看法，因为社会科学任何理论本身都不是孤立的，而是系统且全面的。②由于个人知识和社会背景的差异以及观察的角度和价值取向上往往存在不同，不同的学者、流派和学科所发现的问题以及所采取的方案也必然有所不同。

历时性的知识契合对现代经济学的发展尤其重要。其理由是：①经济学本身就是一门"不仅认识世界而且是改造世界"的致用之学，而任何经济理论和政策都是基于特定社会环境的。②经济理论又具有明显的继承性和滞后性，主流经济理论很大程度上是与其提出之时的社会环境相适应的。相应地，如果对理论的时空性缺乏认识，盲目运用于社会实践往往就会造成"南橘北枳"或"刻舟求剑"的效果。进一步地，要全面认识现代经济学理论，还需要将经济思想与经济史联系起来：①任何思想和理论都诞生于特定时空下，因而主要与具体社会环境相适应。②人类社会呈现出一种否定之否定的发展轨迹，因而适应早期社会的理论在后来也会得到某种呈现。正因如此，基于对经济史的研究，不仅可以更好地辨识理论的意义，可以清楚地洞察理论的成长轨迹，而且理论也在传承中得以创新和发展。

如何认识现代经济学中的"主流"性：

基于经济思想史的审视

> **导 读**
>
> 　　基于知识契合来发展现代经济学，首先要对历时性知识作学科内的契合；究其原因，学科内的历时性知识提供了更为集中的研究视角、历史背景以及分析工具，描绘了理论深化的基本轨迹。事实上，任何理论都是一定时代背景下的产物，都体现了特定背景下的主体对社会现象的认知，如果离开了时代背景、离开了特定的主体，那么，理论就成为毫无生气的一堆骸髅。然而，现代经济学教材却将历时性演化的理论放在同一个共时性的平面框架中，从而抽去了理论的时代性、主观性和特殊性，而留下一堆没有人文思维的技术性骨架。因此，重新梳理经济思想史，就有助于清楚地认识到那些"主流"学说的暂时性，并进而摆脱"主流"分析范式的束缚。

一 引言

　　知识的契合要求表明，理论发展的途径不应该通过知识的高度专业化及单一维度的绝对深化，而应更主要地依靠人类所积累的知识之间的互通和整合。对社会科学更是如此，因为每个社会科学往往是基于特定的视角或层面来审视共同研究的课题。当然，理论的发展途径，除了要对共时性知识作跨学科的横向契合外，更重要的是要对历时性知识作学科内的契合。究其原因，学科内的历时性知识提供了更为集中的研究视角、历史背景以及分析工具，提供了理论深化的基本轨迹。因此，要提升对社会经济现象的认知，就要获得足够的相关知识，而其中的重要途径就是潜下心来对前人的思想和文献作细致的梳理和提炼。迈克尔·波兰尼曾指出："科学家……只要他同自己的智识良心进行搏战，他总会考虑到与整个科学的传统进行接触——事实上便是与他引为典范的所有过去的科学家，与所有承认他在进行探索的在世的科学家，与所有他打算为之而建立新学说的未来的科学家——进行接触。"①

事实上，整个科学理论的发展都是建立在学术传承的基础之上，即使在自然科学中那些看似截然对立的理论，新理论的确立也是建基于对旧理论的深入解剖而非凭空构造之上。否则，就如图尔敏所说："（如果学术）不再寻求对话，彼此肯定完全脱节，双方当然就没有共同语言。"②此时，又何以会有理论的发展呢？相应地，就作为社会科学的经济学而言，其理论发展更需要契合经济史及经济学说史的知识。①如熊彼特所说："因为每个社会学家或经济学家，不管他对纯理论多么嗜好，总离不开事实，而大多数事实，照我们看来，必然是历史性的。"③②如贝拉等所说："与社会整体挂钩的社会科学，必须是历史的和哲学的社会科学。狭义的专业社会科学已经提供了关于当代社会的多方面的有价值的信息，但是它同时又缺乏或没有历史感。社会科学家在提供关于过去的信息方面是足智多谋的，所提供的信息和他们关于现在的发现相差无几。"④

然而，当前主流经济学教材却将历时性演化的各个理论放在同一个共时性的平面框架中，从而抽去了理论的时代性、主观性和规范性，而留下一堆没有人文思维的技术性骨架。正因如此，教材上的经济学原理往往蜕变成为脱离现实的说教，并遮蔽了我们对真实世界的认知。显然，要缓和这一弊病，就需要加强经济思想史的学习和研究。"为往圣继绝学"就是学者的本色。事实上，有机契合本身就包括了借鉴和反思这双重含义，从而需要注重知识的继承性和积累性；特别是，如果说基于常规科学范式的研究比较适合于自然科学的话，那么，对前人思想的讨论、争鸣和反驳的批判式研究更是社会科学发展的基本途径。有鉴于此，本章基于思想史的梳理来对现代主流经济学展开反思。

---

① 波兰尼：《自由的逻辑》，冯银江译，吉林人民出版社 2002 年版，第 42 页。

② 图尔敏：《常规科学和革命科学的区别能成立吗》，载拉卡托斯、马斯格雷夫：《批判与知识的增长》，周寄中译，华夏出版社 1987 年版，第 54 页。

③ 熊彼特：《经济分析史》（第 3 卷），朱泱等译，商务印书馆 1994 年版，第 62 页。

④ 贝拉等：《心灵的习性：美国人生活中的个人主义和公共责任》，周穗明等译，中国社会科学出版社 2011 年版，第 401 页。

经济学界对思想史的认知

经济学是研究经济现象的发生、发展规律，这种规律来自于经验事实又超越经验事实。因此，要透过当前的经济现象而揭示内在规律，就需要梳理经济事实的发展历程，而历史则是经济学家探究经济规律的一个重要材料来源。同时，对特定历史事实的研究构成了特定时期的经济学说，它是对历史事实的提炼和概括，从而有助于后人了解当时的社会经济现状。因此，经济学的研究也要充分关注这些学说史上的思想。在某种意义上说，经济学家本人也是他自己所处世道和所有以前时代的产物，经济分析及其成果必然受到历史相对性的影响。这意味着，经济学说史的学习必须结合对经济史的了解，两者相结合才会真正有助于经济学家对经济规律的探究和深化。正因如此，熊彼特说："如果我重新开始研究经济学，而在这三门学科中只许任选一种，那么我就选择经济史。我有三条理由：首先，经济学的内容实质上是历史长河中一个独特的过程。如果一个人不掌握历史事实，不具备适当的历史感或所谓的经济经验，他就不可能指望理解任何时代（包括当前的经济现象）。其次，历史的叙述不可能是纯经济的，它必然要反映那些不属于纯经济的'制度方面的'事实，因此历史提供了最好的方法让我们了解经济与非经济的事实是怎样联系在一起的，以及各种社会科学应该怎样联系在一起。最后，我相信目前经济分析中所犯的根本性错误，大部分是由于缺乏历史的经验，而经济学家在其他条件方面的欠缺倒是次要的。"[①]

不仅是熊彼特，包括像帕累托、阿罗、阿莱这样的数理经济学家，也都强调历史的重要性。例如，阿莱认为，"如果为了理解经济学，人们必须在掌握经济史或掌握数学和统计学之间作出选择，那么毫无疑问他们应该选择前者"；因为"历史事实、学说和经济思想是最具指导性的，别的什么都不能与之相比。无论是经济制度、实际收入的变化、货币现象、人口统计、国际关系、意识形态，还是这些因素之间的互动关系以及它们的因果链接，没有什么比这些更重要了"。[②]在很大程度上，思想本身就是历史的产物，因而思想史和历史

---

① 熊彼特：《经济分析史》（第1卷），朱泱等译，商务印书馆1991年版，第29页。

② 阿莱：《我对研究工作的热忱》，载曾伯格：《经济学大师的人生哲学》，侯玲等译，商务印书馆2001年版，第40页。

往往也是同步发展的。经济思想史家斯皮格尔指出，"思想史其实只是……经由人类头脑过滤之后才反映为一般的历史。"[1] 为此，熊彼特、阿莱等认为，经济学研究至少需要四个方面的知识：理论、历史、统计和经济社会学；并且，他们都更强调历史的重要性。当然，一般学者似乎都倾向于把这四个方面看成是独立和平等的，但实际上，这四个方面却是浑然一体的，并且又是存在层次之分的。

一般地，社会科学的理论研究包含了四个层次，它们都涉及历史和思想史的知识。首先是方法思维层次，这是研究者观察和思考社会现象的哲学理念和基本视角，是演绎主义还是归纳主义，是因果探究还是功能分析，是演化的思路还是均衡的分析，是整体主义的还是原子主义。显然，通过对学说史的梳理，可以更清晰地认知到各种方法的优劣及其适用性，以及目前方法形成的时代背景和针对性问题。其次是理论素养层次，这要求研究者通晓各个不同甚至对立的理论，了解它们所站立的社会背景、哲学理念以及观察维度，并能提出自己的观点、思维。显然，通过学说史的学习，更便于对理论的来龙去脉有清晰的认识，便于结合社会科学其他分支的理论，从而更有利于理论的全面性。再次是工具表达层次，有了思想和观点后就需要通过有效表达以便与他人交流和传播。显然，通过学说史的学习，就可以发现多种多样的分析工具：文字逻辑的、图表矩阵的、数学模型的，并且，可以更清楚地了解不同工具使用的适用性，便于在阐述自己的理论时能够借助高效的表达方式。最后是实证检验层次，这一层次是对理论的检验，可以运用案例调查或者统计分析的方式。显然，通过学说史的研究，我们可以更清楚地了解由计量实证得出的统计规律的特性、适用性及其缺陷。例如，宏观经济学基本理论认为，增发货币可以促进就业，但显然在不同环境下结果可能完全不同，因而就不能简单地运用某些局部的数据来实证分析得出一般性的理论。事实上，拉弗曲线、奥肯定律、恩格尔定律、工资铁律以及格莱欣法则等都具有严格的适用条件。[2]

而且，任何理论都是一定时代背景下的产物，都体现了特定背景下的主体对社会现象的认知。相应地，离开了时代背景、离开了相关主体，那么，理论就成为毫无生气的一堆骷髅：没有思想、没有内容，更缺乏理念和目标，而只是空有形式。米尔斯指出，经济学中那些影响延续若干世纪的观念都具有一个关键特征："它们——至少就它们在人们心目中的现象来说——几乎都是一些

---

[1] 斯皮格尔：《经济思想的成长》（上、下），晏智杰等译，中国社会科学出版社1999年版，导言。

[2] Kindleberger C.P., 1997, *Economic Laws and Economic History*, Cambridge: Cambridge University Press.

清晰、简单并且对每一个智力尚可的相关人士来说都可以理解的观点。"但是，"事实上，几乎所有曾对经济思想的发展有所贡献的人，其工作和著述都经历了很长的时期，经常是经历了几十年，其间他们的思想观点逐渐成熟和变化。在他们就这些思想著述的时候，他们不仅清楚地知道这些思想的长处，而且也清楚地知道它们的短处、需要与它们相配套的先决条件以及它们的限定范围。然而，一旦这些思想渗透到公共领域，往往就会被简单化。经过多年研究才能认识到的那些先决条件、限定范围和微妙差别，往往会遁为乌有"。①同样，熊彼特也写道："既然历史是经济学家材料的一个主要来源，同时由于经济学家本人是他自己时代和所有以前时代的产物，经济分析及其成果必然会受到历史相对性的影响，问题只在于影响程度的大小而已……因此即使经济学家自己不是经济史学家，仅能阅读别人写的历史报告，他们也必须了解这些报告是怎样产生的，否则就不能评价其真正意义。"②此外，埃克伦德和赫伯特则认为，人类只能按照他们曾处的位置来判断他们现在所处的位置；而且，由于历史是人的研究，我们忽略历史便是以冒着不理解我们自己的风险为代价的。③这就是说，我们探讨任何理论都必须弄清楚它背后的那些东西，这主要包括主体的基本思维及其提出该理论或分析框架的根本目的，离开这一点，我们就无从真正理解该理论。

　　不幸的是，自从边际革命开始，西方主流经济学就逐渐抛弃了对社会制度和社会结构进行剖析的进路，而将研究对象逐步限定在稀缺资源如何配置这一数学问题上；接着，经过几代人为建立"纯"经济学的不断努力，经济学最终成为只专注于"个人致富发财"的微观技术。正是由于新古典经济学的兴起以普遍化假设为基础，而专注于理性模型的构建或者通过对现时、现世问题的计量分析来论证新古典经济学理论的合理性，因而它就逐渐抛弃了研究方法和知识素养这两大主要层次。斯特拉斯曼写道："目前的经济学知识来自越来越准确的分析进化过程，在一定程度上是计量经济学与数据收集的技术进步以及数学发展的结果。"④相应地，新古典经济学也就抛弃了自身的发展史，乃至把建立普适性的数理模型当成了理论研究，而把那种反对将个人物质利益内容抽

①　米尔斯：《一种批判的经济学史》，高湘译，商务印书馆2005年版，第20页。

②　熊彼特：《经济分析史》（第1卷），朱泱等译，商务印书馆1991年版，第30页。

③　埃克伦德、赫伯特：《经济理论和方法史》，杨玉生等译，中国人民大学出版社2001年版，第2页。

④　斯特拉斯曼：《经济学故事与讲故事者的权力》，载麦克洛斯基等：《社会科学的措辞》，许宝强等译，生活·读书·新知三联书店2000年版，第185页。

象化、永恒化而主张历史地分析具体经济活动中人的行为及其动机的经济学视为缺乏理论的。而且，在功利主义和科学至上主义的主导下，承袭新古典主义思维的经济学就日益鼎盛，从而成为至尊的主流经济学；相反，那些对现实制度以及新古典经济学持批判态度的则被称为非主流经济学，或是"异端"经济学。尤其是受主流化效应的引导，越来越多的经济学子就热衷于遵从新古典经济学的常规范式，并逐渐舍弃了社会科学其他分支和经济思想史的知识素养，以致现代经济学的思想变得越来越空洞化，规范变得越来越形式化。其实，尽管现代主流经济学大量运用数学逻辑和工具以求达到所谓硬科学的要求，并由此导向抽象化的分析取向；但是，正如沙克尔指出的，经济学不可能成为一门计算结果的精确科学。它本性是成为批判性的想象的题材，本质上适合文字从书面表达的题材，如同它自己的历史一样。[1]

 ## 三 基于思想史对经济学科的审视

基于思想史的契合，不仅有利于经济学的学术研究，而且有助于对经济学科进行全面审视。事实上，通过对经济思想史的梳理，我们可以深深地认识到，不仅经济学本身具有非常广泛的研究内容，甚至往往与社会科学其他分支密不可分地结合在一起；而且，经济学的研究方法也绝不仅限于现代主流经济学所推崇的成本—收益分析或一般化的理性选择分析，分析工具更不应局限在基于数学运算的均衡解计算，或基于实证计量的相关性联系。

第一，就经济学的研究内容而言。经济学的发展历程表明，目前纷繁芜杂乃至相互排斥的经济学各分支和各流派原本是统一的，它们有一个共同源头。经济学的内容根本上包括了两大方面：一是人与自然之间的关系方面，主要研究稀缺性资源的配置问题；二是人与人之间的关系方面，主要关注具体社会关系中人的行为。不幸的是，自新古典经济学以后，这两方面内容却越来越分裂了，并形成了越来越相互对立的两门学科。

第二，就经济学的研究方法而言。早期经济学家大多主张经济学走跨学科的交叉道路。凡勃伦指出，"对于任何对经济现象感兴趣的现代科学家来说，人类文化的任何特定阶段所包含的因果链条、在人类行为结构中由于习惯性行动积累起来的种种变迁，比起那种把人类行动看作是在给定的正常、不变的

---

① 雷斯曼：《保守资本主义》，吴敏译，社会科学文献出版社2003年版，第38页。

条件下不断地平衡快乐与痛苦的方法来，显然更能引起人们强烈而持久的兴趣。前者是种族或社群的'生命史'的问题，是关乎文化传承发展和世代命运的问题；而后者则是这种文化发展历程中的某些给定情境下的个人决策问题。前者是人类处理其生活的物质资料的行为体系及制度的连续性和可变性的问题；后者，如果按照快乐主义的看法，关注的是社会个体成员的一段段的感官经验"。①

然而，现代主流经济学却严重割断了思想史的传承，而迷恋于一个普适性的常规范式。问题是，这种一元化的研究范式果真可取吗？拉卡托斯指出，"思想史告诉我们，许多人完全虔诚荒唐的信仰。如果信仰的强度是知识的标志，我们就不得不把关于神灵、天使、魔鬼和天堂、地狱的某些故事看作知识""因此，即使一个陈述似乎非常'有理'，每一个人都相信它，它也可能是伪科学；而一个陈述即使是不可信的，没有人相信它，它在科学上也可能是有价值的。一个理论即使没有人理解它，更不用说相信它了，它也可能具有至高的科学价值"。② 在很大程度上，正是由于当前经济学界普遍信仰和盲目仿效新古典经济学范式，乃至形成了方法导向的八股学风；其结果就是，不仅严重禁锢了经济思想的生成，而且也加速了经济理论的萎缩。

尼采曾指出，流行的一般都不是真理，而只有经过长期思考的才是真理。利奥塔尔则强调，怀疑是科学进步的结果，而这种进步也是以怀疑为前提的。③事实上，一些有巨大贡献的科学家甚至对自己最偏爱的理论也常常表示出高度的怀疑。为此，拉卡托斯说："科学行为的标志是甚至对自己最珍爱的理论也持某种怀疑态度。盲目虔信一个理论不是理智的美德，而是理智的罪过。"④经济学的发展也是如此，经济学正是在反思和批判中才得以不断前行的。而且，流行的新古典范式自诞生起就遭受各种批判，经济学帝国主义运动的兴起更是遭到诸多科学哲学家和方法论专家的批判。M.鲍曼写道："正是在经济学（经济人）分析思路乐观自信的扩大过程中，人们也听到了对其行为模型普遍适用性越来越多的怀疑声。人们质疑经济人模型作为一般社会科学研究计划的唯一基础是否还能满足也必须针对经验理论'硬核心'提出的经验合适性最

---

① 凡勃伦：《边际效用的局限性》，载豪斯曼：《经济学的哲学》，丁建峰译，世纪出版集团、上海人民出版社2007年版，第118页。

②④ 拉卡托斯：《科学研究纲领方法论》，兰争译，上海译文出版社2005年版，导言。

③ 利奥塔尔：《后现代状态：关于知识的报告》，车槿山译，生活·读书·新知三联书店1997年版，第2页。

低条件。在试图将经济行为模型使用到人的任何行为的过程中，人们无法再对相反的事实视而不见。这一模型中的理性效用最大化行为往往是例外而不是惯例。"[1]

那么，如何对主流的学术取向进行反思呢？其中一个根本途径就是，分析社会经济的演化史并由此从中挖掘出相应的思想根源。黑格尔指出，"思想的活动，最初表现为历史的事实，过去的东西，并且好像是在我们的现实之外。但事实上，我们之所以是我们，乃是由于我们有历史，或者说得更确切些，正如在思想史的领域里，过去的东西只是一方面，所以构成我们现成的，那个有共同性永久性的成分，与我们的历史性也是不可分离的结合着的"[2]。而且，基于思想史的学科反思对作为社会科学的经济学来说尤其重要，原因正如前面指出的，经济学的研究对象和理论体系都是与特定的时代相适应的，从社会环境的历史变动中就可以探析经济学的主要研究领域以及相应的研究方法。但是，现代主流经济学却试图撇开社会环境而研究抽象的个体理性行为，同时又热衷于寻找一种普世性的技术分析工具；结果，就将经济学分析与历史和思想史割裂开来。事实上，正如埃克伦德和赫伯特指出的："人类只能按照他们曾处的位置来判断他们现在所处的位置；而且，由于历史是人的研究，我们忽略历史便是以冒着不理解我们自己的风险为代价的。"[3] 在很大程度上，正是由于忽视了对历史和思想史的梳理，现代主流经济学背离了经济学科的根本特性。因此，尽管现代主流经济学貌似强大，但在众多为经济学抽象化分析鼓噪的声浪中，我们还是必须保持清醒的头脑和学者一贯的治学态度，以批判性思维和反思性态度来真正审视那些流行理论。

一般地，作为社会科学的经济学，无论是在研究对象还是相应的研究方法上，都与自然科学存在根本性差异。一方面，自然科学知识的积累具有明显的进步性质，因此，自然科学家的兴趣主要集中在各门学科的最新发展上，并且大都相信，在他先辈们从事的工作中几乎没有湮没什么有价值的东西。另一方面，社会科学的历史不是按在时间中进步的序列发展的，无法用自然科学的进步标准进行相应的处理；而且，社会科学的每一种现代方法几乎都有远古的历史起源，因而研究经济史的经济学家却常常会碰到很有启发性的见解以及有用的教益。有鉴于此，学习自然科学时，我们往往只要学习当今被接受的主流定

---

[1]　M. 鲍曼：《道德的市场》，肖君、黄承业译，中国社会科学出版社 2003 年版，第 126 页。

[2]　于海：《西方社会思想史》，复旦大学出版社 1993 年版，第 1 页。

[3]　埃克伦德、赫伯特：《经济理论和方法史》，杨玉生等译，中国人民大学出版社 2001 年版，第 2 页。

理、公式，而不需要关注学说史，不需要认真学习亚里士多德的"物理学"；但是，在经济学等社会科学中，我们却可以通过对思想史的学习而接触到丰富的思想和深邃的洞见，特别是通过把握各种思想之间的联系和演变以及它们适应的社会历史背景，由此就可以启迪我们更广泛的思维和视野。

事实上，西方社会科学通常有"言必称希腊"的说法，也就是说，诸如亚里士多德、柏拉图以及斯密等的思想和理论都值得后人认真地加以梳理和辨析。斯坦利·布鲁指出："经济思想的演变好像是螺旋式前进。确实经常有一些经济理论和经济政策与以前的理论和政策有相似性，但它们却是在不同的环境和不同的层面上被提出来的。"① 例如，亚里士多德已经表达了系统方法的基本思想，其贡献受到现代学者的高度重视。一般系统论的创立者贝塔朗菲（L. V. Bertalanfly）说，亚里士多德的世界观及其固有的整体论和目的论的观点就是宇宙系统秩序的一种表达方式，他的系统论观点至今仍然是正确的。再如，斯密实际上已经发现并指出了目前流行的委托—代理机制的特点及其问题，但由于历史原因只是到了选择自由得到承认的今天，新制度经济学和信息经济学才再次将之提升和发展。同样，欧文、穆勒、李斯特很早就阐述了人力资本观点，但也一直默默无闻；直到 20 世纪 60 年代以后随着知识成为关键生产要素以及劳动力的异质化加剧，这个理论才被舒尔茨和贝克尔等重新阐释，从而促进了经济学理论的发展。

同时，由于社会现象比自然现象要复杂得多，影响因素也多得多；因此，两者的理论研究取向也存在差异：研究社会现象要防止复杂事情简单化，研究自然现象则要防止简单事情复杂化。也就是说，社会科学的抽象化研究时要更为慎重，社会科学的理论抽象不能完全脱离具体经验事实；特别是，社会环境往往处于一个否定之否定的变化过程中，理论抽象也应该与此保持历史的一致性。譬如，中国目前的工业化形势与斯密、穆勒、马克思等所处的古典经济学时期就具有很多的类似处，因此，尽管斯密、穆勒、马克思的分析可能与西方社会的当今情形越来越相脱节，但对当前中国问题的刻画和分析却极具启发意义。再如，美国当前在世界的霸权行为和国际法的制定也与中国的春秋战国时期具有极大的相似性，了解当时的诸子谋略也便于对当前国际情势走向的分析。其实，理论的抽象是科学的抽象，而不是为抽象而抽象；抽象应该是基于具体的抽象，因为社会科学首先是要处理具体的社会现象。这意味着，研究要强调科学化但不是唯科学主义，研究要有一定的形式但不是形式主义。即理

---

① 布鲁：《经济思想史》，焦国华、韩红译，机械工业出版社 2003 年版，第 3 页。

论研究要谨防落入教条主义和形式主义的陷阱，任何东西一旦上升到主义的层次，就开始了异化的发展。事实上，现代主流经济学的根本危机也正在于它越来越形式化，并已经形成了越来越强烈的帝国主义倾向；结果，其发展也就成为越来越脱离现实的极端抽象化思维方式，成为纯粹的数字游戏，从而禁锢思想的自由交流。

四 主流和非主流经济学的思想史辨析

基于经济史和经济学说史的契合，有助于更好地理解对经济学科的演化和现状，更好地认识现代经济学的结构体系，更好地认识现代主流经济学的优点和不足，从而避免盲从主流而湮灭思想的火花。库恩等指出，我们每获得一点知识，都伴随着相应的损失，这样一来就不可能断定什么时候我们进步了，甚至不可能断定我们是否在进步。[1] 显然，根基于经济思想史，我们可以更深刻地理解这一点。就现代经济学而言，往往存在主流和非主流、正统和异端的截然之分，而所谓的主流经济学则标榜自己的前沿性，似乎也就代表了进步和未来的发展方向。但殊不知，这也正是经济学本身不成熟的表征，甚至有人宣称，经济学家只是因为信仰才墨守正统经济学的。

首先，既然存在其他非主流的思想，也意味着存在能够证伪这种主流理论的材料。那么，主流经济学又在何种意义上如此自封为科学？事实上，有谁能够发现数学、物理学有主流和非主流之分？而且，尽管法学、社会学、政治学、历史学等社会科学也会形成多数研究的氛围，但是，从来没有宣称它们拥有一种关于世界的通论，如社会学就有家庭社会学、工作社会学等。相反，大多数学科中一直都存在强烈的反正统力量，如生物学等学科中就存在还原论以及进化选择的适当主体等争鸣，这些都有力地维护和促进了这些学科的活力。霍奇逊写道："生物学由于内部缺乏共识而使自身恢复了活力。该学科内部的多种力量和紧张局面，导致一种方法论上不太僵化的、超越力学思维的有机体本体论的发展。最主要的主流生物学家如西奥多修斯·多布任斯基和厄斯特·迈尔，更为非正统的科学家如奈尔斯·埃尔德里奇和斯蒂芬·杰依·古尔德，以及生物史学家爱德华·马尼尔等，在他们的著作中都探讨过这些现

---

① 劳丹：《进步及其问题：科学增长理论刍议》，方在庆译，上海译文出版社 1991 年版。

象。"①然而，现代主流经济学却坚信不可分的个体是行为的基本粒子，进而始终把个人意图和偏好的心理或社会基础等等排除在学科的讨论之外。试问：如果抽掉那些毫无实质内容的模型框架，现代主流经济学的模型分析还能留下什么呢？

其次，正统和异端的区分意味着现代主流经济学也把自己当成了凭信仰而非逻辑的基础，以致一些经济学"泰斗"的著作、观点只能被解释而不能被怀疑，反对它的人和学说都成了异端。例如，据统计，1973～1978年在美国主流或正统经济学刊物上发表的文章中，只有三篇试图否证已有的假说，只有极少数经济学家真正敢于对正统观念提出挑战。当然，由于学术学院化之后，真正为求知而探索的学者越来越少了，大多数经济学家的主要兴趣在于职业和地位与学术声望等其他个人目标。显然，由于这些东西往往需要依附一定的学术团体才能获得，因而年青经济学人就被迫在正统和主流的框架下展开研究，而不敢越雷池半步，这也就严重限制了他们对经济科学的贡献，也严重制约了经济学理论的实质发展。②针对所有这些问题，借助于经济思想史，我们就很容易看清楚。布劳格写道："经济学史揭示，经济学家也像任何人一样容易错把糟糠作小麦，当他们拥有的一切是一系列复杂的定义或伪装成科学原则的价值判断时，就宣称拥有了真理。除非研究经济学史，否则就无法完全了解这种倾向。可以肯定，现代经济学提供了大量空洞的理论、标榜为科学的预见或具有隐蔽的价值前提的政策建议。"③

再次，从经济学说的发展史可以更好地认识非主流经济学的地位和意义。一方面，所谓的主流也是在不断变更的，现在成为主流的那些理论往往就是以前的非主流，甚至是受到大力排斥的异端。兰德雷斯和柯南德尔指出："经济思想的历史是变革的历史，一个时期的非正统能够在另一个时期的主流中找到位置。例如，马尔萨斯、杜冈—巴拉诺夫斯基的非正统观点部分地反映在凯恩斯革命中。这些变革之所以发生，是因为一些经济学家愿意采取非正统的观点，然后使其他人信服观点的正确性。当他们这样做时，他们的观点有时

---

① 霍奇逊：《演化与制度：论演化经济学和经济学的演化》，任荣华等译，中国人民大学出版社2007年版，第76页。

② 在特定时期，科学的区分也往往成为一个与社会和政治息息相关的问题，例如，天主教会借口说哥白尼理论是伪科学而开除日心说者的教籍，苏联借口孟德尔学说是伪科学而迫害了孟德尔论者。

③ 布劳格：《经济理论的回顾》，姚开建译校，中国人民大学出版社2009年版，第563页。

就变得与主流相融合。"①另一方面，主流学说和非主流学说往往同时存在，非主流学说在促进经济学的发展中也起到重要的推动作用。兰德雷斯和柯南德尔继续写道："在一个学科的演变过程中，非主流学派扮演着重要的角色：通过指出不足和矛盾，他们给主流观点传授'花粉'，使其保持正直诚实。"②事实上，每一个主流观点的形成往往都会吸收此前的非主流经济学思想，如斯密学说吸收了重商主义时期的非主流思想，新古典经济学说吸收了古典经济学时期的非主流经济学思想。正因如此，兰德雷斯和柯南德尔强调："评价非正统观点时，重要的是记住今天的非正统可能成为明天的主流。一些非正统观点被流行的主张所抵制，永远处于流行理论之外。然而，其他理论被提出之后，可能最初遭遇抵制，经过较长一段时间后最终被接受，因为这些理论在一种新的背景下又被提出，或者是被一位具有正统资格的卓越经济学家所介绍。"③

复次，从经济学说的发展史也可以更好地认识现代主流经济学说。事实上，主流的东西并不一直就是对的，今后也一定不会永远是主流。譬如，现代的主流经济学就是20世纪20~60年代世界范围内掀起的国民经济计划下的产物，国民经济的计划要求日益精确的资源统筹、线性规划乃至日益细化的投入—产出表格设计，这导致了数量经济学的偏盛；但是，20世纪70年代以后，由于世界各国的实践已经开始证明了这种设计是"致命的自负"，它源于建构理性主义的思维，因而也日益为社会实践所抛弃。然而，尽管实践已经改弦易辙，但现代主流经济学的理论却依然一成不变地因循守旧，甚至还呈现出变本加厉的趋势；与此同时，经济学的研究目的也出现了明显转向：它不再是为了政策应用，而是蜕变成了象牙塔内的智力游戏。所以，加尔布雷思指出，思想从本质上说都是保守的，它们不会屈服于其他思想的攻击，却会屈从于它们难以应付的环境的巨大冲击；正是每次大的社会环境的变动，才最终能够促成经济学的真正发展。④这句话包含了两层意思：①思想观念只有在一个不变的世界上才具有强大的支配力量，而必然会随着时代的改变而变迁。②只有出现大的社会环境的变动时，才最终能够促成经济学的真正发展。事实上，正是由于思想的僵化性和保守性，每当一个新环境的来临都必须产生一种大规模的争论，从而才促进经济思想和理论发生阵痛性变革。显然，这也是经济学说史上之所以形成四次革命、四次综合发展轨迹的缘由。

---

① ② ③　兰德雷斯、柯南德尔：《经济思想史》，周文译，人民邮电出版社2011年版，第6~8页。

④　加尔布雷思：《加尔布雷思文集》，沈国华译，上海财经大学出版社2006年版，第25页。

　　最后，由于现代主流学说已经越来越定型和僵化，我们往往就只有从非主流中才更容易获得新的思想洞见。纵观经济学说发展史，那些被称为"天才"的人物往往都处于非主流的边缘地位，从戈森、古诺、杰文斯、凡勃伦到凯恩斯都是如此；而且，绝大多数思想大师之所以能够形成自己的系统洞见，主要就是通过与这些处于边缘地位的学者进行交流，或者通过对以前那些非主流文献的梳理和提炼。譬如，诺思在伯克利读书期间就是一个激进的马克思主义者，所以他后来说："对我影响最大的教授全来自非主流的正统经济学之外。"① 赫胥黎曾指出，一般真理的命运是，以异端邪说开始，以迷信告终。经济学的发展历程正表明了这一点，经济学的任何发展都是建立在对以前理论的反思基础之上的。当然，要进行卓有成效的批判，首先要对理论出现的前因后果进行梳理。劳丹强调，"在对任何一个学说的历史发展（以及该学说的竞争对手的发展历史）没有充分了解之前，不能作出任何切合实际的合理评价。"② 因此，通过对经济思想史的梳理，特别关注已经逐渐被淡忘的那些非主流的思想，将对理论的发展和思想的萌发起到极为关键的作用。事实上，如果真正通晓了经济思想史的发展过程，特别是抛开现代主流经济学的研究思路，那么我们可以发现，"实际上，我们必须首先假定，经济学不过就像经济学家和同时代的人们所认为的那样：其现代定义毫无'科学性'可言，而且就像它的历届前人一样，它很可能再次改变"。③

　　总之，经济学说发展史告诉我们，不能以静态的、单向的思维来看待现代主流经济学，经济学的学习和研究更不能为所谓"主流"范式和流行取向所牵引。事实上，经济学无论是研究对象还是研究方法都处于不断的变动之中，经济学本身就是针对具体社会状况而产生的一门学问，它的根本特点就是现实性、致用性和批判性。例如，目前占主流地位的新古典经济学本身就是特定历史时期的产物：①正是经过了古典经济学时期国民财富的生产已经取得了极大成功，从而经济学开始把注意力从财富创造转移到资源配置方面来。②由于第二次世界大战之后物质资本的匮乏，导致了如何最佳使用这些资源成为经济学关注的焦点，从而极端地壮大了数理化的倾向。由此，我们也就可以发现现

---

　　① 诺思：《绪论》，载德勒巴克、奈：《新制度经济学前沿》，张宇燕等译，经济科学出版社2003年版，第10–21页。

　　② 劳丹：《进步及其问题：科学增长理论刍议》，方在庆译，上海译文出版社1991年版，第207页。

　　③ 卢兹、勒克斯：《人本主义经济学的挑战》，王立宇等译，西南财经大学出版社2003年版，第30页。

代经济学的紧张：一方面，任何真认知都基于新的实践对过去理论的反思，而作为致用之学的经济学根本意义也在于对现存社会制度所存在缺陷的洞察；另一方面，新古典经济学却撇开了这种对制度变迁以及人性发展的关注，而在一个冷冰冰的世界中分析虚拟的原子人行为。在很大程度上，凯恩斯经济学之所以能够在第二次世界大战后迅速取代老制度经济学而成为主流，除了当时的制度主义者没有提供有效解决萧条的可操作的方案外，更重要的原因是凯恩斯经济学没有涉及制度变革问题，由此减少了人们对资本主义生命力的怀疑；特别是，麦卡锡主义和"冷战"的兴起，造成了一种对任何改造资本主义制度的思想都富有敌意的政治气氛。但是，这并不意味着，凯恩斯主义经济学对社会的认知比老制度经济学更深刻，它提出对社会经济病症进行医治的措施比老制度经济学更根本。由此可知，经济思想史提醒我们，应以批判性思维和态度来审视现代主流经济学，只有这样，经济理论才能不断进步，经济学科才能不断发展。

五 结语

理论尤其是社会科学的理论应该以各学科所积累知识的有机契合为基础，同时，这种契合也有助于深化对主流理论的审视和反思；进而，要对一个学科进行卓有成效的反思和推进，首先就必须对该学科的发展史进行梳理和总结。事实上，绝大多数科学哲学家如库恩、劳丹、夏佩尔等都把历史看成是对科学作出哲学断言的来源或至少是部分仲裁者。对自然科学如此，对社会科学就更是如此。究其原因，自然现象仅仅是现象，它的背后并没有嵌入人的思想，从而也就不要求科学家进一步洞悉自然事件背后的意识；与此不同，社会现象却不仅是现象，而是有深刻的人类意识隐藏在其背后。一般地，任何社会现象在一定意义上都源于人的意识及其行动，这也就要求社会科学家必须吃透实践背后的思想意识。例如，伟大的历史学家柯林伍德就强调，史家之所以关心历史事件，仅仅在于历史事件反映了思想，表现了或体现了思想。在柯林伍德看来，一切历史都是思想的历史，因而"史学的确切对象乃是思想——并非是被思想的事物而是思想本身的行为"。[1] 正因为社会科学的理论和历史是不可分离的，因此，经济学的理论发展必须注重思想史和经济史的梳理和提炼。其原

---

① 柯林伍德：《历史的观念》，何兆武、张文杰译，商务印书馆 2004 年版。

因还可以从这样几方面说明：①对一般意义的社会生活更深刻的理解，必须建立在对历史的沉思和阐释的基础之上。②从历史中，我们不仅可以获得过去的可比较的信息，而且更重要的是可以获得何以从过去发展到现在的一些观念。③只有从大历史的角度，才能站在更高层面上眺望人类社会的发展，才可以从中洞悉社会发展的一般趋势，才可以把经验上升为理论。

其实，任何理论都只是对一定历史现象的反映，相应地，只有将理论与历史结合起来，进而将理论契合进历史的分析中，我们才能从整体上审视理论的发展。内维尔·凯恩斯指出，经济史"描述存在于以前任何特定历史阶段的经济现象，探索这种现象在依次递进的各发展阶段的实际演变"，而经济理论"则努力把握经济现象所依从的时间上更替与空间上并存的内在规定性"。[①] 显然，经济理论作为经济现象背后的一般规律根本上离不开一个个具体的事实，而正是经济史的研究提供了这种丰厚的史实；同时，合理的经济理论不仅要经受得起逻辑和现实的检验，还必须经受得起历史的检验。所以，内维尔·凯恩斯说："经济史和经济理论的研究在若干不同方面又彼此帮助和制约；因为经济史涉及经济理论特别加以关注的历史时段，所以两者之间的相互关系显得特别重要"；尤其是，"对于成为经济理论研究题目的那些经济现象的渐进发展，其一般历史研究的价值首先表现为它的对比参照作用。这种价值对于并不具有最抽象的特点的经济学的任何研究都是有意义的。"[②] 而且，正因为经济理论具有时空性，因而它也就没有正确与错误之分，而只有是否适应不同时代环境的问题，甚至也不可以作进步程度的比较。例如，海德格尔指出，哲学没有且不可能有进步，因为整个哲学由于其是本真的，因而一上来就必然是完美的，以致无人能够自夸说他已经超越了，更甭说已经驳倒了任何其他哲学。[③] 事实上，由于人类历史往往呈现否定之否定的发展规律，因而与之相适应的经济理论也有类似规律，经济思想史中的洞识往往能够对实践产生极有裨益的启发意义。

不幸的是，现代主流经济学却刻意地模仿自然科学的发展路径，迷信于所谓的单向一元的进步观；进而，它以时间先后来批判理论的先进性和进步性，乃至将当前流行的新古典经济学称为最科学的理论体系。为了做到这一点，现

---

① J.内维尔·凯恩斯：《政治经济学的范围与方法》，党国英、刘惠译，华夏出版社2001年版，第177页。

② J.内维尔·凯恩斯：《政治经济学的范围与方法》，党国英、刘惠译，华夏出版社2001年版，第178页。

③ 布托：《海德格尔》，吕一民译，商务印书馆1996年版，第85—86页。

代主流经济学还做了这样两方面的工作：①强调实证主义和数理化的分析而否弃规范性的内容。②刻意割断理论与概念发展史之间的内在联系而使其理论与产生的社会条件和背景相脱离。事实上，美国许多名牌大学都已取消经济思想史的课程，几乎所有经济学教材也都是同质化的新古典经济学。究其原因，经济思想史提供了各种竞争性思想，从而有助于学生对流行的新古典教条进行评判；为此，新古典主义控制的学院就会通过这种刻意的断尾行为，迫使经济思想史上一些非正统学派原创性的思想处于未发展的状态之中，由此来树立自己高高在上的地位。贾根良指出："对新古典经济学来说，只有割断历史，才能巩固其统治地位。"[1] 问题是，经济理论的发展可以离开经济学说史这一基础吗？离开思想史的经济学还坚实吗？雷斯曼强调，过去的历史必须永远被珍视和尊重，以防止它被当作沉淀成本而永远一笔勾销。[2] 因此，作为一个真正有志于提高认知的学者或青年学子，就必须对经济思想史有充分的认识，对那些所谓主流的思想或经济学抱积极的反思态度。怀特海指出："所有的活动均在历史中推行；因此，要了解经济未来，必须有历史的前瞻性。"[3]

---

[1] 贾根良：《中国经济学发展的西方主流化遭遇重大质疑》，《南开经济研究》2003年第2期。

[2] 雷斯曼：《保守资本主义》，吴敏译，社会科学文献出版社2003年版，第1页。

[3] 何宗武：《经济理论的人文反思》，载黄瑞祺、罗晓南：《人文社会科学的逻辑》，松慧文化2005年版（台北），第429页。

经济思想史何以深化理解现代经济学：

基于六大维度的思考

导 读

　　经济学科的理论发展是渐进的，因而经济思想史对深化现代经济学的理解至关重要。一般地，其意义可以体现在以下六个方面：①有利于全面认识经济学的研究内容。②有助于理解经济学的二元结构体系。③有助于识别现代经济学的适用性。④有助于提高对流行思想的鉴别力。⑤有助于拓宽对经济现象的分析视角。⑥可以从经济学大师学术生涯中获得信念的力量。不幸的是，随着功利主义和媚俗主义学术风气的盛行，经济学说史在现代经济学的教学和科研中就日益被边缘化了。因此，必须避免现代经济学教学和研究变得越来越形式化和庸俗化，乃至蜕变成一种黑板经济学。

 一 引言

　　熊彼特指出，"科学分析不单纯是逻辑上前后一贯的一种过程，从某些初步观念开始，然后按照直线的方式往上面增添内容。它不是单纯地对一个客观实体的逐渐发现——例如像刚果盆地的发现那样。它毋宁说是与我们自己和我们前辈人头脑里创造的东西的一种永无休止的搏斗；同时，如果它有所'前进'的话，那是一种正交叉的方式前进的；它的前进不是受逻辑的支配，而是受新思想，新观察或新需要的冲击以及新一代人的偏好与气质支配。因此，任何企图表述'科学现状'的论述实际上是在表述为历史所规定的方法、问题与结果，只有对照其所由产生的历史背景来考察才有意义"。[①] 这句话道出了我

---

① 熊彼特：《经济分析史》（第 1 卷），朱泱等译，商务印书馆 1991 年版，第 17 页。

们对待学说史或者更直接的经济思想史理应持有的态度和思维：任何一门学科的发展都是渐进的，学说史对任何学科的理论发展都具有至关重要的意义，对包括经济学在内的社会科学尤其如此。

事实上，任何经济学理论和学说都是特定社会环境的产物，也都根植于特定的哲学思维之中，从而也就必然嵌入了某种特定的价值立场和意识形态。为此，布鲁指出，学习和真正理解一个经济思想学派需要从五个问题入手：①这个学派的历史背景是什么？②这个学派的主要信条是什么？③这个学派对谁有利或为谁谋利？④这个学派当时是如何成为一个有效、有用或正确的理论体系的？⑤这个学派的那些信条具有长远的影响？[1] 更进一步地，通过对经济思想史的梳理，将会有助于我们更好地、更全面地理解经济学科的发生、发展和现状，并从中洞悉经济学科发展的基本方向；同时，通过将经济理论与特定的社会背景相联系，从而更好地理解、认识现代经济学的基本结构。由此，经济思想史才能成为经济学本身的重要部分，才能成为经济学理论的核心内容，经济思想史向教育和研究才能丰富和拓展青年学子的知识和视野，才能训练青年学子的思维和直觉。为此，本章从六个方面对学习经济学说史的意义进行阐述，以便青年学子对经济学说史课程有更清晰的认知。

二 当前经济学教育的问题

经济学曾被有些人称为"伪科学"，经济学人甚至被有些人称为江湖骗子，阿莱曾如此说，克鲁格曼也曾这么说。也正是针对经济学中流行的各种骗术，琼·罗宾逊感慨地说，研究经济学的目的，不是为了获得有关经济问题的一整套现成的答案，而是在于学会如何避免被经济学家所欺骗。[2] 进一步地，我们要更好地认清现代经济学的理论体系而不为经济学家所左右，最重要的途径就是学习经济思想史。究其原因，任何理论都有其针对的问题、形成的背景、提出的目的以及潜含的利益取向，这在思想史的发展过程中得到充分的展示；与此不同，现代主流经济学却基于数理形式逻辑而将历时性知识放在共时性框架下，从而刻意地遮盖其一元化的意识形态。库尔茨写道："泡沫的产生是因为人们从现实的片段中形成图景，其他人也认同了这一图景，'羊群行为'接

---

① 布鲁：《经济思想史》，焦国华、韩红译，机械工业出版社 2003 年版，第 4-5 页。

② 加尔布雷思：《经济学与公共目标》，于海生译，华夏出版社 2010 年版，第 14 页。

踵而至。经济学家也同样从现实的片段中截取图景，这可能会神话，也可能阻碍我们对于真实世界的理解。如果不迅速地加以甄别，这种图景可能是误导性的。假如在学术界，这些思想只是通过教职的任命、期刊的排名、研究资金的分配，以及荣誉和奖励等方式并放大这种图景，就会导致学术圈内的学术泡沫。鉴于经济学研究对象的复杂性，这常常是不能有效消除的一个主要危险。但是，对于那些了解经济思想史、知道它的成功之处和历经迷途的人来说，将会清楚地知道其中的危险并保持足够的警惕。"[1]

实际上，当前青年经济学子在大学教育中所接受的专业训练甚至仅仅局限于新古典经济学的理论和思维；而且，由于它用数学和数据实施了各种伪装，从而成为极具片面性的流行学术。同时，知识社会学表明，科学的思想发展并不是在真空中进行的，而是在受社会制约的环境中进行的，会受到原有知识结构的无意识或潜意识的影响。相应地，如果缺少思想史的碰撞和反思，那么，我们观察事物的思维往往就会受到主流思维的禁锢。因此，为了对现代经济学尤其是主流经济学教材所宣扬的流行理论有全面而正确的理解，就需要重视经济思想史的学习。

不幸的是，这些见解却往往为现代经济学人所忽视。兰德雷斯和柯南德尔指出，"现代正统理论家主要集中在资源配置、分配、稳定和增长这四个问题上，非正统经济学家则研究社会与经济中产生变化的力量。正统经济学家认为具体的社会制度、政治制度与经济制度是既定的（也就是他们没有兴趣解释的那些事情），并在这些制度背景下研究经济行为，非正统经济学家则聚焦于导致这些制度演变的力量。通常，正统经济学家视为既定的东西，非正统经济学家则试图去加以解释；非正统经济学家视为既定的东西，正统经济学家则试图去加以解释。因此，非正统经济学家和正统经济学家的区别经常表现在所注意的问题上，而不是理论本身直接对应上"。[2]

尤其是，如果功利主义和媚俗主义学术风气的盛行，那么经济学说史就会在现代经济学的教学进而在科研中都日益被边缘化；如果现代经济学人往往只是接受和传播新古典经济学的传统智慧，那么也就不愿也没有能力对流行观点进行反思。关于现代主流经济学所内在的问题，即使连最顽固的原教旨主义经济学人也是心知肚明。问题是，他们却往往选择置之不理。其中，有人以为通过添加一些假设就可以弥补这些漏洞，另有人则以修补逻辑的"难度过大"而

---

[1]　库尔茨：《经济思想简史》，李酣译，中国社会科学出版社2016年版，引言第2—3页。

[2]　兰德雷斯、柯南德尔：《经济思想史》，周文译，人民邮电出版社2011年版，第6页。

主张不应该在初级经济学或者本科生教学中被提及。由此，就产生了两大后果：①现代主流经济学人为维护新古典主义所增加的那些假设往往更不现实，主要是出于"自圆其说"的解释需要而不是出于真正解决问题的需要。②在经济学中避重就轻的做法往往使经济学蜕变为"黑板经济学"而索然无味，乃至青年经济学子大多在经济学上浅尝辄止后便会转向金融、贸易、投资等实用性学科。[①]

当然，针对现代主流经济学内含问题的审视，不少经济学人认为应该留待高年级或研究生，而本科生既没有时间也没有能力对基本理论展开反思。问题是，当前流行的高级经济学对新古典经济学理论和方法缺陷又做了多少剖析？

正是基于经济学教育的现状，基恩指出，当前经济学科中删繁就简的教学法实际上将经济学专业分成了三个阵营：①绝大多数学生只是掌握了经济学中的一点皮毛，毕业时对所学理论的缺陷几乎一无所知。②少数继续职业学术生涯的学生则往往将主流经济学理论的缺陷当作优质水晶球上的斑点而不是玻璃杯破裂的明显痕迹，从而继续迷恋于新古典经济学的思维逻辑和理论推导。③更为寥寥的学生则成为经济学界的批评家，并致力于更现实的理论构建。[②]问题是，经济学是一门致用之学，我们之所以来经济学院学习经济学理论，就是为了能够指导个人的未来生活或商业活动，又怎能不要认识指导实践的理论所内含的缺陷呢？要克服这一点，又需要回到经济思想史。针对经济史和经济思想史对理论研究的意义和作用，内维尔·凯恩斯就归纳了这样三个方面："第一，证明和检验那些本身不依赖历史材料的研究结论；第二，提醒人们注意经济学说的现实应用性的局限性；第三，为理论化的经济学说的逻辑结论提供一个基础。"[③]下面分类加以阐述。

 ## （三）认识经济学的研究内容以及对象

一般地，受习惯、舆论、教育以及社会环境的影响，人类认识通常都存在着某些致命盲点：越近的事物反而越无法认识清楚。熊彼特写道："一个时

---

① 基恩：《经济学的真相》，霍彦立等译，电子工业出版社2015年版，第49-50页。

② 基恩：《经济学的真相》，霍彦立等译，电子工业出版社2015年版，第51页。

③ J.内维尔·凯恩斯：《政治经济学的范围与方法》，党国英、刘惠译，华夏出版社2001年版，第178页。

代离我们越近，我们对它了解得越少；对于我们自己的时代，我们是了解得最少。"[①] 在很大程度上，这就是所谓的"不识庐山真面目，只缘身在此山中"。斯宾塞则指出："人要把自己从习惯与教育加在他智力上的无形桎梏中解放出来是如此困难；因此，一个民族不能胜任对它本身及其行为和信念进行准确的判断，这一事实是如此明显，以致它具体体现在这一警语中：'没有任何时代能写下它自己的历史。'"[②] 这句话给予经济学研究的启迪就是：不能简单地以为看几篇时时更新的热点讨论文章就能了解社会经济现象及其内在实质，或者不能坐井观天地以为基于一些抽象的数理模型和计量分析就能认识经济规律和发现经济理论，乃至可以为社会病症开出具体治疗"药方"；相反，只有通过经济思想史的梳理和思考，才可能相对全面地把握经济学的基本目的和主要内容，并通过知识的传承和契合才能深化对现实问题的洞识。

通过对经济学说史的梳理，我们清楚地认识到，经济学的研究对象和主要内容经历了一个否定之否定的变迁过程：早期经济学研究家庭组织和城邦的管理，重商主义开始关注从流通领域中为新兴民族国家获取货币财富，重农学派则将把财富获取从流通领域转向了农产品生产，古典主义进一步基于劳动价值论开始更广泛地探究国民财富的创造；只是到了新古典经济学以后，主流经济学才开始把研究的视角转向人的需求和偏好。也就是说，经济学的研究内容因适应时代背景而有所不同：从研究家政管理到国家管理、从研究物质资料的生产扩展到研究所有的货币交换关系再到人类的全部行为、从研究财富的增长到经济人基础上的利己主义思维的形成再到所有的非物质财富的分析。[③]

当然，早期经济学与社会科学其他分支之间还不存在着截然的分离，从而涉及非常广泛的研究内容，并且对经济行为和社会现象也有多样的研究视角。正因如此，阿马蒂亚·森将经济学的研究内容分为两大方面：一是伦理学，二是工程学。从经济学的发展史来看，这两大内容是相辅相成、互为补充的，共同构建了整个经济学的理论大厦。而且，这两大内容也是不可分离的，究其原因，经济学是一门致用的科学，它研究的主要目的是提高人们的生活水平，这必然涉及人与自然以及人与社会这两方面的关系。譬如，对财富分配、制度改进、产权界定以及贫困和异化等问题的认知和解决就都会涉及价值判断，从而

---

① 熊彼特：《经济分析史》（第3卷），朱泱等译，商务印书馆1994年版，第11页。

② 斯宾塞：《社会静力学》，张雄武译，商务印书馆1996年版，第76~77页。

③ 朱富强：《从物质到社会：经济学研究对象的三阶段演变及其内在逻辑》，《浙江工商大学学报》2016年第1期。

根本上也就是伦理学问题。

然而，自边际革命之后，主流经济学逐渐舍弃了伦理学内容，而致力于所谓"纯理论"的研究；尤其是，为了使经济学更为"科学"，主流经济学还积极向取得巨大成功的物理学学习，搬用它所使用的数学逻辑和分析工具。在这种情况下，经济学与社会科学其他分支之间就迅速分离了，进而经济学的研究内容也变得越来越狭窄，研究视角则越来越封闭。尤其是，新古典经济学取得支配地位后，它将研究对象局限于稀缺性资源配置以及个人理性行为问题，进而越来越热衷于构建数学模型，乃至经济学越来越成为应用数学的分支。而且，尽管经济学的研究领域在 20 世纪七八十年代之后重新大大拓宽了，但它依旧承袭了新古典经济学的自然主义思维，从而就造成了理论与现实之间越来越相脱节的结果。

可见，通过对经济学说史的梳理，我们可以更清晰地认识到经济学的研究内容之变迁；进而，通过对经济学研究内容的全面审视，可以深刻地认识现代主流经济学的狭隘性。同时，我们还可以深刻地体会哈耶克的结论：抽象思维和理论与具体的社会实践之间为何会产生如此巨大的差距，那些仅仅把经济学当作一门工程学的经济学家为何难以成为杰出的经济学家。事实上，经济学说史表明，对经济学理论和社会发展实践起过重大影响的那些经济学家，大多拥有非常渊博的知识，大多致力于服务于他那个时代和社会，并且对社会制度的改革起到了积极作用。

四 理解国内经济学的二元结构体系

人类行为深受社会文化和心理意识的影响，经济行为与其他社会行为也不可分裂地结合在一起；相应地，为了更好地对社会经济现象展开研究，经济学也就需要利用社会科学其他分支所提供的知识。这一点在经济学说史中可以得到充分的展示，因为早期的经济学本身就从属于政治学或伦理学，早期的经济学家通常也是其他社会科学领域的专家，如斯密、马克思、约翰·穆勒等都是如此。从根本上说，正是由于早期经济学关注城邦或国家等组织的运行和治理等问题，关注公共领域中的财富创造和利益分配，关注社会结构的变迁和社会制度的改造，因而经济学科被恰当地称为"政治经济学"。但是，边际革命之后，经济学的研究重点从公共领域转到了私人领域，并撇开社会制度和社会结构等问题而集中研究个人效用的最大化行为，也不再关心社会福利和收入分配等问题，因而经济学科的名称也由"政治经济学"转为"经济学"。

当然，不管经济学科所关注的根本对象和主要内容在不同时代的侧重点存在如何的不同，工程学和伦理学这两大内容是任何时期的经济学都不能偏废的，因为任何经济行为和经济现象都必然涉及人与人之间的互动关系。在很大程度上，工程学和伦理学这两大内容也大致构成了当前中国两大经济学分支：政治经济学主要涉及人与人的关系层面，分析具体社会关系下的人类行为；西方经济学则主要侧重于人与自然的关系层面，并把人从具体社会关系中抽象出来。显然，西方经济学和政治经济学各有侧重点，从而也就都有片面性。一方面，西方主流经济学把研究对象限于稀缺性资源的配置，而缺乏对社会行为主体之间真实互动关系的关注；相应地，它可以解决物质资本的配置问题，但对人力资本或社会资本等新兴资本的有效利用却相对无助。另一方面，政治经济学往往过于突出生产关系，而对经济运行中的自然规律相对认知不足；相应地，它有助于对社会事物和政策提供规范性评价，但对如何构建有效的微观组织却相对无助。不过，政治经济学和西方经济学都统一于经济学研究范畴之内，并体现了某一层面、某一视角的观察和思考；因此，两者本质上是互为补充和相互促进的，进而可以在一个统一的基础上进行契合。

不幸的是，长期以来，学术界对政治经济学和西方经济学之间的关系却存在严重的误解。一方面，基于意识形态的视角，一些学者过分强调政治经济学和西方经济学之间的对立，并将西方经济学和政治经济学截然区分。在早期，政治经济学极力排斥西方经济学，而随着现代主流经济学的引入，政治经济学又受到西方经济学的极力排斥；结果，在经济学界，政治经济学被迫退缩到人文学院或马克思主义学院，而经济学院尤其是综合型大学的经济学院则几乎只剩下数理经济学和计量经济学。经济学说史也表明，经济学本身是一个统一的学科，它根本上关注人类社会的经济增长和福利提高，从而必然涵盖了广泛的内容，涉及众多的学科。另一方面，大多数学者往往想当然地把政治经济学等同于马克思主义政治经济学，认为它的研究内容就是《资本论》所关注的那些议题。显然，这种狭隘的传统政治经济学集中关注生产关系和所有制问题，而忽视了对社会关系下微观现象和一般行为的研究。经济思想史也表明，这种理解是庸俗和肤浅的，也不是历史主义的。究其原因，具体社会关系下的社会经济现象和行为都是政治经济学的研究范畴，而马克思经济学只不过是政治经济学的一个分支，或者是一个重要分支。

此外，需要指出的是，早期的政治经济学主要关注物质财富的创造和物质资源的利用。显然，在古典经济学时期，由于资本是关键的生产要素以及物质式福利的根本基础，因而政治经济学的这种界定是合理的；同时，基于这种界定，后来新古典经济学逐渐集中于私人领域，关注物质资源的配置问题，这种发展取向也有其合理性。问题是，纯粹私人领域的问题并不值得学者花费如此的精力，因为私人领域的问题根本上应该由拥有个人知识的现场者所处理，社会机构的主要工作在于提高个人的理性以及提供足够的信息。同时，学者们根本上要关注整个社会的持续发展，关注人类社会的健康稳定。显然，在这些社会经济问题中，没有任何问题是纯粹私人性的，因而经济学科的研究就不能局限于私人领域。事实上，当代经济学流派的最近发展也表明，政治经济学在西方学术界远不是一个历史名词，而仍是当前时代的一个重要思潮或流派。且不说政治经济学是激进主义学说的基石，即使西蒙、布坎南、阿克洛夫、谢林以及森等诺贝尔经济学奖得主也都将政治经济学作为研究的重点或经济学科的核心。

可见，通过对经济学说史的梳理，我们可以更好地理解现代经济学体系的结构，尤其是认识当前中国经济学界存在的政治经济学和西方经济学这二元体系，并正确看待马克思主义经济学和政治经济学。从根本上说，①政治经济学和西方经济学之间是互补的，两者的分裂仅仅是在特定历史背景下的产物。②不仅经济学的两大分支之间是互补的，经济学与社会科学其他分支之间也是互补的。因此，经济学科的发展需要政治经济学和西方经济学之间理论和思维的契合，社会科学的发展也需要建立在社会科学各分支间相契合的基础之上。

 识别现代主流经济学的适用范围

一般来说，社会科学理论体现了社会主体对社会客体的观察和认识，它因观察者的位置而异，从而具有强烈的主观性。这从两方面加以说明：①不同主体的知识结构和文化心理存在不同，观察所依凭的视角和工具往往也有差异，从而会发现不同问题和得出不同论断。②时代背景不一样，社会大众的认知水平不一样，那些曾广为接受的"流行"理论也会发生相应变动。因此，在理解现代经济学及其理论的适用性时，我们就必须对它的提出背景、主要目的、所持立场等有清晰的认识。在很大程度上，通过对经济学说史的梳理，可以显著地提高对理论观点和政策主张之适用背景的认知，从而避免对经济学教材中那些"原理"的滥用。

首先，如凯恩斯曾指出，在经济形势迅速变化的时期，新的经济思想一旦被广泛接受就已经趋于过时了。然而，由于盲从于主流信条和传统智慧，一些经济学人往往把那些适应于某一特定时代并服务于特定目标的思想错乱地用于另一时期并服务于它们并不适合的目标，这就产生时代和目标以及场合的错乱现象。斯皮格尔列举了一些时代错乱的例子：将显然是旨在促进民族国家发展的重商主义政策用于此后已经充分发展了的民族国家，将支持农业价格的重农主义政策用于此后农产品已出现剩余的世界，在公共产品的需求已经极为提高的时代应用于古典学派的自由放任教条，或者将适应于完善市场机制的新古典主义应用到需要政府发挥经济作用的发展中国家，等等。[①]尤其是在现代社会，不仅国际社会经济形势在迅速变化，而且中国社会经济形势更是不同于欧美社会；因此，无论是套用教材上的理论来解决现实问题，还是搬用西方的"前沿"理论来解决中国社会的经济问题，都会造成"邯郸学步"的后果。

其次，由于任何时代都会面临一些独特问题，从而产生了特定时期的主流经济学。显然，这也意味着，主流经济学并不是一成不变的，现在的主流也不一定比以前更为进步。在很大程度上，对经济学说史的梳理就有助于提高对经济学说的演变以及主流和非主流之更替的认识，从而能够使我们的认知不为短期内的主流观点所左右；同时，我们也可以更深切地感受到现代主流经济学的适用条件和时代背景，从而防止可能的错乱现象。譬如，通过经济学说史的梳理，就清楚认识到西方经济学采用功能主义分析方法的理论基础和历史背景，并进而认识到主流经济学走向形式主义道路的条件和原因。实际上，现代经济学研究中"为形式而形式"的取向，就是西方社会日益膨胀的工具理性与个人主义相结合而产生机械理性主义的结果。在这种形式主义的主导下，崇尚客观的实证主义得到越来越多的重视，基于形式逻辑的数学模型也变得越来越优美和典雅，甚至可以和物理学的最好理论相媲美。问题是，尽管这种形式主义使论述的严格性增强了，但由此获得真正的新思想却越来越少。

再次，从经济学说史的梳理中，我们还可以更清晰地识别出对待现代经济学的认识误区。譬如，现代主流经济学往往被认为承袭了英国新古典经济学的基本思维和分析框架，但经济学说史却表明，现代主流经济学的基本思维已经显著地法国化了，它抛弃了英国的演化理性传统，而移植了欧洲大陆的建构理性传统。事实上，现代主流经济学的理论以及教材基本上都是以瓦尔拉斯一般均衡理论及其现代版本为基础的，崇尚均衡的分析和最优化的机制设计，使现代主流经济学具有强烈的建构理性特性。再如，现代主流经济学也被认为受新

[①]　斯皮格尔：《经济思想的成长》，晏智杰等译，中国社会科学出版社1999年版，导言。

古典主义影响而推崇市场机制，甚至走向了市场原教旨主义；但是，经济学说史却表明，马歇尔开创的新古典经济学深受诞生于 19 世纪下半叶的新自由主义的影响，而这种新自由主义是与主张自由放任的古典自由主义相对立的。事实上，新自由主义在坚持民权和自由的同时又乐于依赖公共政策以解决那些市场不能克服的经济问题，要求政府采取积极措施来保障大众的社会福利，而这与现代主流经济学所理解的新古典自由主义概念截然不同。

最后，对经济学说史的梳理，我们可以更好地审视现代主流经济学的适用范围，防止这些"原理"的滥用；可以更好地识别一些流行的概念，避免重蹈"人云亦云"的错误。同时，对经济学说史的梳理，我们还可以更清晰地识别主流经济学的演化，认识主流和非主流经济学所处地位的历史变更，从而打破"主流"拜物教。事实上，主流的东西并不是一成不变的，更不一定是对的；恰恰相反，那些后来成为主流的东西都是从非主流开始的，并且通过扬弃，那些已经被抛弃的理论可能会再次获得认同。

 ## （六）提高对流行经济信条的鉴别能力

一般地，那些对人类社会发展产生重要影响的思想往往都适应于特定时代。布鲁指出："斯密做出了巨大贡献恰恰是因为他的思想回应了那个时代的要求……如果凯恩斯是在 1926 年而不是 1936 年出版他的《就业、利息和货币理论》，相比而言，它所吸引的注意力就会大大减少。"[1] 同时，任何基于特定环境所生成的理论都不是一般理论，而毋宁说一个特殊理论，而这种特殊理论具有极明显的应用局限性。例如，在古希腊时期，柏拉图、亚里士多德关注交换和分配时，只能思考在奴隶制既定下的自给自足经济中的奴隶劳动的配置问题，最多考虑一些简单的交换。阿尔都塞指出："亚里士多德不能从价值形成本身看出，在商品价值现实中，一切劳动都表现为等同的人类劳动，因而是同等意义的劳动，这是因为希腊生活是建立在奴隶劳动的基础上的，因而是以人们之间以及他们之间的劳动力之间的不平等为自然基础的。"[2] 同样，斯密以及马克思对劳动市场性质的界定以及由此发展的劳动价值理论，也都具有非常明显的局限性，因为他们都只是把直接的物质生产劳动视为生产性劳动；显然，

---

① 布鲁：《经济思想史》，焦国华、韩红译，机械工业出版社 2003 年版，第 3 页。

② 阿尔都塞等：《读〈资本论〉》，李其庆等译，中央编译出版社 2001 年版，第 139 页。

这仅是与当时人们对物质的追求以及国家竞争中直接表现为物质财富相适应的，而随着人类需求从物质转向服务、转向精神满足等方面，这种界定的局限就日益凸显了。

通过经济学说史的梳理，我们可以更清楚地洞悉传统理论所内含的时代局限性，相应地，作为拥有更多历史经验知识的后来者，我们的学术任务就在于要尽可能地摆脱这种束缚。事实上，不仅每个思想都有其产生的特定历史背景，而且理论往往也是在争论和反思中逐渐发展成熟的。然而，现代主流经济学教材却将这些历时性发展的理论共时性地排列在一起，这就使人们误将那些过去的特殊理论当成一般性理论，进而也就意识不到受到过去思想的束缚。那么，如何才能摆脱过去思想的束缚呢？首先，这是建立在对过去思想的适用性有足够认识的基础上，尤其需要将这些思想置于特定的历史背景下加以认识。在很大程度上，束缚人们思想的传统智慧和流行观念都源于那些以往的思想大师，而现代主流经济学教材往往偏好于逻辑化这些思想和理论之间的前后联系，却忽视了它们的不足和缺陷。从这个意义上说，对经济学说史的梳理和学习将有助于更好地审视这些思想。

事实上，经济学说史中存在的大量史实对提高我们的思维能力大有裨益，这可以从两方面加以说明：一方面，它使我们更深刻地认识到，现在流行的思想往往都是前人基于其特定时代背景的理论总结，从而很可能并不适应当前的环境，由此也就应该对之持有相当的批判态度。经济思想史上的许多学者也都强调了这一点。例如，凯恩斯说："经济学家和政治学家们的思想，不论它们在对的时候还是在错的时候，都比一般所设想的要更有力量。的确，世界就是由它们统治着。讲求实际的人自认为他们不受任何学理的影响，可是他们经常是某个已故经济学家的俘虏。在空中听取灵感的当权的狂人，他们的狂乱想法不过是从若干年前学术界拙劣作家的作品中提炼出来的……在经济学和政治哲学的领域中，在25岁或30岁以后还受新理论影响的人是不多的，因此，公职人员、政客、甚至煽动者所应用的思想不大可能是最新的。"① 另一方面，它使我们明白，正是由于思想的发展与特定的时代背景密切相关，相应地，我们就不能简单地以现在的理论去判断当时的思想和政策。而且，过去的那些思想和政策在新的条件来临之后很可能会获得新的应用。事实上，重商主义曾经为欧洲各民族国家的崛起和壮大提供了强有力的政策指导，但18~19世纪则遭到了休谟、魁奈、斯密、李嘉图等的大力批判；但是，20世纪后又经历了一场复

---

① 凯恩斯：《就业、利息和货币通论》，高鸿业译，商务印书馆1999年版，第396~397页。

苏，凯恩斯重新称赞"重商主义者论证贸易顺差产生的需求将促进经济增长"的观点，而且促进日本以及"东亚四小龙"经济增长的政策在很大程度上也打上重商主义的印记。

此外，人类的经济思维与其他社会活动也是分不开的，经济学本身就是整个社会科学中的一部分，只是到了人类相互之间经济活动占了其总活动的很大一部分时，专门经济的研究才成为一门独立科学。事实上，经济学科中最早出现的重商主义和重农学派就是新兴民族国家进行军事和物质竞争的产物，也是工业革命和资本主义萌芽的产物；同时，随着资本主义生产关系的进一步发展，经济学科就迈向古典经济学和新古典经济学。关于这一点，对经济思想史的梳理同样大有裨益，那些从事经济学说史研究的学者往往体会更为深刻。斯皮格尔写道："那时的经济学反映的是民族文化的明显差异，并且与时间和地点等条件的差异密切相关。只是在过去50年间才出现了一种世界范围的单一的大众文化，并且在与其他因素共同作用下，接受数理经济学之风横扫世界，影响所及，将特定的时间、地点和国民差异都抽象掉了。"[1]

可见，对经济学学说史的梳理，有助于我们提升对传统智慧和流行信条的鉴别能力。事实上，大多数流行学说都能够在经济学说史上找到它的影子，如凯恩斯的思想与马尔萨斯相联系，弗里德曼的思想与休谟相联系，巴罗的思想与李嘉图相联系，哈耶克的思想与巴斯夏相联系，供给学派的思想与萨伊定律相联系，理性预期学派的思想则与奥地利学派相联系。相应地，在将经济学教材上的理论和原理应用到具体实践时，经济学说史的讨论也有助于我们更好地慎思它的适用前提，从而避免教条主义和工具主义的错误。事实上，任何人的思想和行动都会受到传统智慧和流行观念的某种束缚，而要尽可能地避免这种限制就需要跳出主流的定式思维；同时，要跳出主流的定式思维，又有赖于经济学说史的梳理所给予的深入认知其缺陷的能力。所以，凯恩斯指出："对思想史的研究是思想解放必经的开端。"[2]

 七 拓展对社会经济现象的分析视角

一般地，经济学作为一门社会科学，在对待自身发展史的态度上与自然科

---

① 斯皮格尔：《经济思想的成长》晏智杰等译，中国社会科学出版社1999年版，导言。

② 克拉克：《政治经济学：比较的观点》，王询译，经济科学出版社2001年版，第25页。

学存在相当大的不同：自然科学家大都相信，在他先辈们从事的工作中，几乎没有湮没什么有价值的东西，从而并不关注学说史；但经济学家往往相信，经济史和思想史中存在很多被忽视的却很有启发性的思想，它们可以启发我们的心智，从而更加重视学说史。事实上，经济学中的很多理论和思想都是后人在文献梳理中发现的，坎铁隆的思想是如此，古诺的思想是如此，戈森的思想也是如此。埃克伦德和赫伯特写道：像古诺、杜普伊特、伦哈特等的"成就在拖延了如此漫长的岁月以后才被承认这一事实，向我们表明必须保持警醒以防止知识上的傲慢与偏狭，如果忘记了这种警醒，我们将要受到总是以相当高的代价去'重新发现'早期已发现的真理的惩罚"。[①]

同时，通过对经济学说史的梳理和学习，我们将接触到比主流经济学教材提供的多得多的思想和理论，能够更好地把握各种理论和学说之间的联系和演变以及它们所适应的社会环境和历史背景，从而不仅可以认识现有理论的局限，而且可以开启更广泛的思维。譬如，罗宾斯在《经济科学的性质和意义》中将经济学视为一门"把人类行为当作目的与具有不同用途的稀缺手段之间的一种关系来研究的科学"，[②]而这几乎成了当前经济学子对经济学科的基本认知。但实际上，这一定义也是特定时代的产物，此时资本主义物质生产已经相对丰富，甚至出现了"相对过剩"，因而边际革命以降的经济学开始集中研究交换和消费而非生产和分工。同时，罗宾斯对经济学的定义也是建立在奥地利学派的机会成本概念之上，它从个体选择角度将商品的生产成本视为生产者对此生产要素用于其他商品生产的价值估计；因此，机会成本凸显了个人层面上的"主观性"，却忽视了社会层面的"客观性"和"技术性"。

事实上，现代主流经济学将经济学定义为既定制度下的物质资源配置问题，这就将制度、技术等都排除在外，从而只是提供了一个静态分析框架。正是在这样一个先验的封闭域中，一些问题被重视和得到克服的时间就大大延长了，其他手段被选择的机会也大大减少了。譬如，在很大程度上，正是由于建立在所谓"超制度"的资源配置和静态分析之上，西方社会的经济活动在微观上（如企业组织）往往表现为一定的计划性和高效率，但在宏观中却往往出现盲目的无政府状态。试问，如果社会上存在劳动和资本间的尖锐对抗，厂商又如何能够通过自主选择而实现资源的最优配置呢？同样，有报道说，美国每出

---

① 埃克伦德、赫伯特：《经济理论和方法史》，杨玉生等译，中国人民大学出版社2001年版，第237页。

② 罗宾斯：《经济科学的性质和意义》，朱泱译，商务印书馆2000年版，第20页。

口 1 美元的疫苗中有 99 美分的成本都是用于法律费用。那么，这样的配置方式合理吗？正是基于静态分析框架，现代主流经济学人热衷于抽象的技术性分析，却很少关注社会制度的变革。显然，通过对社会经济发展历程的考察，我们就可以更清楚地认识主流分析框架的内在缺陷，可以以开放的思维去审视现实问题并由此寻找解决的途径。

此外，现代主流经济学人还抛弃和忽视了思想的思辨，而热衷于把以往经济学大师的文字思想转化成为数学术语，这反而丧失了思想的微妙深奥之处和书面文字细微的风格特征，以致越来越不适用于对具体问题的分析。[①] 譬如，斯密提出的自利人假设就具有丰富的伦理内涵，不仅体现了自爱心和同情心的统一，而且是在"克己"的基础上追求与他人利益的和谐；但是，基于抽象化研究的需要，现代主流经济学却把其中的伦理内涵都舍去了，而塑造出一种没有生命的抽象原子人。进而，经济人假设原本也是功利主义的产物，而功利主义强调的是"最大多数人的最大幸福"，这包括了两层含义：一是考虑的是社会利益，二是考虑的是人的福祉而非仅是物质欲求。但是，随着西方物质文明的盛行以及金钱理性的勃兴，经济人假设的内涵却演变为只关心个人利益和物质欲求。相应地，这种假设就混同了人和其他动物的本质区别：人能够实现广泛的最大值，而其他动物只能达到局部的最大值。显然，在经济人分析框架下，人类社会至多实现了短期局部的最大化；究其原因，它忽视了人的社会性，从而无法通过推动社会合作的扩展来缓解对抗性。

可见，通过对经济学学说史的梳理，可以有效地拓展社会经济现象的分析视角，从而在更大的范围内寻求问题的解决方法。事实上，兰德雷斯和柯南德尔指出，"阅读思想史，能够加强一个人的理论与逻辑技能，因为它提供了将假设与结论相联的机会：它使一个人学着运用不同系统的逻辑来工作。"[②] 同样，布罗代尔强调："现时多半要受不甘灭亡的过去的蹂躏，而过去则通过规律及其异同方面，为真正懂得现时提供不可缺少的钥匙。"[③] 在很大程度上，正是由于割裂了思想史，越来越"科学化"的现代主流经济学无论是在研究内容上还是在研究方法上都变得越来越窄了，以致蜕化成了一种自得其乐的智力游

---

① 斯皮格尔：《经济思想的成长》（上、下），晏智杰等译，中国社会科学出版社 1999 年版，导言。

② 兰德雷斯、柯南德尔：《经济思想史》，周文译，人民邮电出版社 2011 年版，第 13 页。

③ 布罗代尔：《15 至 18 世纪的物质文明、经济与资本主义》（第三卷），孙福生等译，生活·读书·新知三联书店 1993 年版，第 5 页。

戏，而经济学学说史则有助于我们更清晰地认识这种流行思维和分析框架的缺陷。

八 汲取经济学思想大师的信念力量

一般地，学术研究需要坚强的学术理念，需要敢于质疑的勇气，而通过对经济学思想史的学习和梳理，我们可以从经济学大师的学术生涯和苦难人生中获取信念的力量。事实上，尽管人类社会积累的知识在不断增加，但经济思想史却告诉我们，这些知识在为社会大众接受之前往往经历了一个曲折的过程，许多学者提出的洞见在当时都是不被承认的，甚至还遭受各种压制和摧残。关于这一点，我们可以分别对经济学的几个发展阶段做一审视，从而理解不同时期的先驱者所面临的困境。

第一，就古典经济学的先驱而言。第一位杰出的自由贸易者达特利·诺斯唯一公开出版的著作《贸易论》因观点与当时流行的观点不一样而被故意压制了很长一段时间，休谟因其多疑的性格及非正统的思想两次被爱丁堡大学拒绝聘为哲学教授，孟德维尔的著作《蜜蜂寓言，或个人劣行即公共利益》为当时社会各界所不容而被斥责为"亘古未有的最坏的书"。

第二，就古典经济学的后期批判者而言。贵族出身的劳德代尔因宣布要与"对斯密名字的迷信般的崇拜"决裂而受到主流学者的严厉批判，即使他的传承者马尔萨斯也认为他太极端而刻意与他保持距离；西斯蒙第终其一生独自经营农庄并从事边缘化的学术研究，不仅没有朋友可以交流学术，而且没有学生可以传授思想；李斯特因其观点而多次被驱逐一直找不到一份收入稳定的工作，正是由于自己的观点不被接受以及糟糕的身体状况和金钱方面的拮据导致李斯特绝望而自杀；马克思差不多一生都处在颠沛流离和穷困潦倒之中，除了大学毕业后短暂担任《莱茵报》主编外就再没有找到正式职业，最后在贫困和疾病中去世。

第三，就新古典经济学的先驱而言。古诺对数理经济学的先驱工作曾长期未引起注意，只是后来经过杰文斯、瓦尔拉斯的宣扬才引起关注；戈森的名著《论人类交换规律的发展》仅售出了很少的几本，以致他召回了剩余的书籍并将它们销毁，他的思想过了二十年以后经杰文斯和瓦尔拉斯的重新挖掘才为人们所认识；杰文斯在其一生中都没有在主要大学教过书，几乎没有留下嫡系门生，对他的同辈或学生也没有产生重要的影响；威克斯蒂德最具有创造性的著作《分配规律的同位论》一直无人问津，仅仅卖出两本；瓦尔拉斯也曾受到同时代的经济学家的漠视和敌视，以致他在祖国（法国）也几乎没有找到一个继承者，直到退休前才在意大利找到帕累托。

第四，就新古典经济学的批判者而言。霍布森因其社会改良主义思想而失去了在伦敦大学的讲师职位，康芒斯也曾因为标榜自己是一个社会主义者、自治主义者、单一税拥护者而被叙拉古大学解聘；而凡勃伦由于作为自由著作家展开对社会经济的批判以及为当时神学所不容的道德倾向和不可知论观点而受到当时主流学界的排斥，以致从来没有进入全职教授的行列，晚年也是受以前一位学生的资助，最后于1929年大危机前夕穷困潦倒而死。

第五，就现代经济学各流派的开创者而言。哈耶克一生出版了20多本专著，曾经是20世纪三四十年代仅次于凯恩斯的知名经济学家，但却基于其自由主义理念而不断地与社会主义流派的中央计划和凯恩斯流派的国家干预主义进行抗争，而成为漫长时期的被驱逐者、落败者，并因被长期排斥于学术界之外而成为一个边缘人；同样，布坎南所创立的公共选择学派根据地也不得不多次搬迁，科斯的代表作则被冷落了60年之久，塔洛克、阿克洛夫、史密斯等的文章则一再遭受退稿的命运。

可见，对经济思想史的梳理和学习，不仅可以全面认识经济学、把握经济学的实质、提炼自己的看法，而且可以汲取大量的精神食粮；一旦认定并发现流行理论的问题，我们就可以继承前人的精神而笃行我志，在困难的环境中寻求真正的认知。事实上，经济学说史中的那些经济学大家大多能够默默笃行其志，或者他们一旦认定自己的理论的价值，就义无反顾地为之奋斗，并且会为自己的理念不断地呐喊。而且，正是他们的不断付出，最终促使了经济学的不断进步；相反，如果没有这些学者的默默付出，那么目前的经济学将黯然失色。

 # 九 尾论：重审经济思想史的意义

长期以来，在"分"（析）的逻辑指导下，西方经济学界发展出各种理论和学说体系：它们不仅建立在不可通约的假设前提之上，而且集中于特定的分析视角和研究内容。譬如，有的研究资源配置，有的研究资源创造；有的研究理性计算，有的研究市场交易；有的采用个体分析方法，有的采用整体主义方法。结果，正如柯兹纳所说，即便是职业经济学家，对于"何为经济学"也是众说纷纭，其观点之多样，令人吃惊。[①] 不过，正如前面几个部分指出的，通过经济学说史的梳理，不仅可以帮助我们更好地认识经济学科所包含的广泛研究内容，因为这都已经为历史上那些伟大的经济学家所阐发；而且还可以有助于从中获取无穷的精神养分，这主要体现在对学术的认知和学者的人格等方面。

事实上，熊彼特总结了学习经济史的三大好处。首先，对老师而言，这在教学方法上非常有所裨益，使老师更容易把握理论的内涵。熊彼特写道："那些企图仅仅根据最近的论著就来进行理论研究的教授或学生，不久就会发现他们正在为自己制造不必要的麻烦。除非最近的论著本身反映出最起码的历史面貌，否则不管它怎样正确，怎样有创见，怎样严密或者优雅动听，都不能阻止学生产生一种缺乏方向与意义的感觉，至少大部分学生中会有这种感觉。这是因为，不管哪个学术领域，任何时期存在的问题和适应的方法都包含过去在完全不同的条件下工作的持久，而且仍然带有当时留下的创痕。当前的问题和方法都是对以前的问题与方法作出的（尝试性的）反应。如果不知道以前的问题和方法，那么对现在的问题与方法的意义与正确性就不能充分加以掌握。"[②] 其次，对学生而言，也可以获得新的观点，从而从整体上把握经济学的特点、内容的基本途径。熊彼特写道："经济学的题材本身就是一种独特的历史过程，因而在很大程度上不同时代的经济学涉及不同的事实和问题。仅仅这一事实就足以使我们加倍注意经济学说的历史。"而且，"除非我们知道经济学家们怎么会像现在这样推理的，我们对新问题、新方法和新的成果就不可能有充分的了解。"[③] 最后，就认知思维而言，经济学说史开启了更广泛的思考视角，进而有助于我们更全面地认识社会经济现象。熊彼特说："一个人如果从他自己时代的著作站后一步，看一看过去思想的层峦叠嶂而不感受到他自己视野的扩大，那么这个人的头脑肯定是十分迟钝的。"[④]

而且，从经济思想史可以看出，古典经济学家所论及的领域非常广泛，只不过后来因为主流经济学越来越偏重于科学化而强调数学的应用，结果就使经济学逐渐变成了一门视野受到限制和缩小的技术经济学，并把研究对象主要局限于人与自然的关系方面。尤其是，自从新古典经济学蜕变成一门探讨自然资

---

① 卡拉汉：《真实的人的经济学：对奥地利学派的一个介绍》，梁豪、牛海译，上海译文出版社2013年版，第7页。

② 熊彼特：《经济分析史》（第1卷），朱泱等译，商务印书馆1991年版，第17页。

③ 熊彼特：《经济分析史》（第1卷），朱泱等译，商务印书馆1991年版，第20页。

④ 熊彼特：《经济分析史》（第1卷），朱泱等译，商务印书馆1991年版，第18页。

源配置的技术学以来，经济学无论在研究方法上还是意识形态上都开始备受争论。一方面，主流的新古典经济学的研究对象越来越窄小了，从古典经济学研究人的福利转变为仅仅限于商品生产、分配、交换和消费等物质领域；正是局限于自然资源的配置关系，经济学越来越走向"科学化"的道路。另一方面，随着经济学研究领域的拓宽，现代经济学运用新古典的成本—收益方法来分析人类社会的一切领域；正是局限于工具理性行为的研究人，导致现代经济学与社会科学其他分支日益相分离。实际上，正是由于将研究对象限定在物质领域，那么，与内容的狭隘化相对应，现代主流经济学就逐渐走向了抽象演绎、个体主义、形式理性以及均衡的分析路径；从此，它借鉴数学工具在表达上越来越精确的同时，也因抛弃了伦理学内容而与现实越来越相脱节。正因如此，如果像某些现代经济学家倡导的那样，不要关注斯密，更不要关注马克思；那么，他们的研究只能是无本之木、无源之水，至多是一个堆砌材料的工匠。

尤其是，通过对经济学说史的梳理，我们可以进一步认识经济学的研究内容和研究方法之间的关系。巴克豪斯说，方法论的讨论提供了一条批判主流经济学的途径，因此，通过梳理经济学说史及其方法论的演变有助于提高对当今主流方法论进行反思的能力。[①] 事实上，每一个方法论都有其特定的研究对象，因而讨论经济学的方法论时也必须清晰经济学的研究内容，而经济学的研究内容和方法又是共同演化的。例如，通过梳理经济思想发展史，我们可以知道，正是由于边际革命之后，新古典经济学所研究的内容发生了变化，从而引起了相应的方法论的改变，这甚至导致了经济学学科名称的改变——从"政治经济学"转变为"经济学"。与此同时，研究方法与研究内容相背离实际上也可以从理论与实践相脱节上得到体现，因为当研究方法不适合其研究内容时，由此获得的推论就会与现实存在明显的不一致性，也即理论得不到经验事实的支持。因此，内维尔·凯恩斯强调，"即使经济学家所采纳的论点具有演绎性质，尽可能从历史中获得支持，仍是有意义的……（因为）假说和抽象只是达到一定目的的手段，政治经济学的最终目的是揭示和反映现实经济世界的现代。理论与历史现象的偏离，也会帮助学生抓住本身具有突出抽象性质的逻辑推理的真实涵义。"[②]

---

① 巴克豪斯：《导言：经济学方法论的新趋势》，载巴克豪斯：《经济学方法论的新趋势》，张大宝等译，经济科学出版社2000年版，第1—34页。

② J.内维尔·凯恩斯：《政治经济学的范围与方法》，党国英、刘惠译，华夏出版社2001年版，第179页。

　　然而，随着经济学帝国主义的勃兴，尽管经济学的研究领域重新有了更大范围的扩展，但其方法论却没有相应的改变，还是固守传统的成本—收益分析框架，并以理性的经济人假设为基础。正因如此，经济学内在的两类逻辑——物和数理的逻辑与人和社会行为的逻辑——就出现了不一致，从而在经济学内部产生了隔痕，并造成了经济学越来越严重的理论危机。其实，由于年轻经济学子的数学训练扎实，而缺乏足够的历史和其他社会科学知识，因而他们在数理经济学和计量经济学的领域更具优势，从而也就积极推动经济学的数量化发展。早在 1921 年，维克塞尔就指出，那些刚开始研究经济学的人占了便宜，因为他们可以根据需要得到许多事实和数据。而且，尽管维克塞尔是一个理论大家，但由于他缺乏足够的历史知识，从而也很难避免为抽象而抽象的困境；为此，他对年轻一代经济学人的告诫就是，要让自己的研究扎根于历史之中。[①] 保罗·戴维也指出，现代经济学教育使得新一代经济学人容易处理那些允许理想的可逆性和缺乏历史因果关系的数学模型，却同时丧失了自然的、直觉性的对历史因果关系的理解能力，因为他们在从事经济学研究时已经习惯于采用非历史的、经典物理学的立场。[②]

　　进一步考察经济学的研究目的和研究对象，我们就知道，经济学的研究内容拓展是必然的。究其原因，经济学所研究的资源已经不再局限于传统的自然资源，而包括了知识资本、人力资本、社会资本等各种资源。正是由于资源内涵的这种变化，资源的配置也不再是依靠自然主义理性就可以加以排列组合的问题，而是如何发挥人的主动性以及如何促进各类劳动的协调问题；因此，当前的关键问题在于，方法论如何作相应的转变。显然，正是因为经济学的研究方法没有作如此的相应转变，经济学就逐渐成为脱离社会现实而局限于象牙塔里的纯粹逻辑游戏，从而导致经济学理论日益失去解释和预测社会经济的能力，这也正是经济学理论危机的实质所在。当然，我们说新古典经济学仅仅继承古典经济学家所关注内容的一小部分——工程学的部分，但被新古典经济学所遗弃的其他部分也并没有消失或荒芜，而是为其他众多的非主流经济学派所继承，包括马克思主义经济学、新李嘉图学派、新熊彼特学派、后凯恩斯学派、新奥地利学派、制度学派、演化经济学派、源自法国的调节学派、源于美国的社会积累学派等。因此，经济学要重新获得生命力，也就需要从这些非主流的经济学派中汲取营养。

---

① 本·塞利格曼：《现代经济学主要流派》，贾拥民译，华夏出版社 2010 年版，第 568 页。

② 贾根良、徐尚：《"经济学改革国际运动"研究》，中国人民大学出版社 2009 年版，第 216 页。

经济思想史在现代经济学中何以式微：

基于主流教材崇拜的剖析

导 读

　　作为一门洞悉和解决具体现实问题的社会科学，经济学具有强烈的人文性、社会性和现实性，因而经济学科的教学和研究应该更偏向于有机的思辨性而非机械的操作性，中国经济学界应避免盛行主流教材拜物教现象，避免采用西方主流的新古典经济学教材甚至是英语原版教材的倾向。为避免对现代主流经济学范式的盲从，应重视经济思想史在现代经济学教育中的地位。经济思想史在经济学教育中的地位，很大程度上与社会环境有关。因此，如果没有一群持有坚定学术理念的学人，经济学科的教学和研究将越来越空洞，以致经济学发展将在这种囚徒困境中越陷越深。

一 引言

　　历史研究是一切社会科学的基础：①任何社会科学理论都以具体的经验事实为基础，而历史研究则提供了丰厚的史实。②任何有意义的社会科学理论不仅要经受得起逻辑和现实的检验，还必须经受得起历史的检验，因为历史是人类活动的实验场。因此，历史是经济学家探究经济规律的材料来源，也是对经济学理论进行检验的经验基础，经济学理论也是在持续的历史检验和学说交锋中得以发展、成熟。同时，学说史也应成为一切社会科学的核心课程：①只有从历时性发展的角度才可以真正理解现有的社会科学理论。②从前人思想中挖掘出被忽视的洞见也是社会科学理论发展的基本途径。经济学说史表明，几乎所有的经济学大家都是经济思想史专家，都非常看重历史和思想史对理论研究的意义，如斯密、穆勒、马克思、马歇尔、凡勃伦、熊彼特、哈耶克、琼·罗宾逊、鲍尔丁、阿马蒂亚·森以及霍奇逊等。

然而，当今经济学界应重视经济史和思想史：可是大多数经济院校越来越不重视经济史和思想史的教学，也越来越不重视经济史和思想史专业的发展；甚至越来越多的经济院校已经完全不开设经济史和思想史课程，也取消了经济史和思想史专业。事实上，按照中国经济学科的分类，作为一级的理论经济学下设有西方经济学、政治经济学、经济史和经济思想史等六个二级学科，试问：目前还有多少经济院校设有经济史和经济思想史专业？还有多少经济学人真正在从事经济史和经济思想史的研究？还有几个院校重点开设经济史和经济思想史课程？为什么会出现这种学术取向呢？因此，本章结合当前中国经济学界存在的西方原版教材拜物教现象，就经济思想史在现代经济学的教学和研究中缺失的现状及其原因展开深层的剖析和反思。

 ## 中国经济学界的主流教材不应该拜物教

知识和思想的累积与进步是渐进的，任何一门学科的发展和成熟也是渐进的，因此，学说史对任何学科的理论发展都具有至关重要的意义。关于这一点，我们可以从钱穆的一段话中获得启迪："专注一对象，一问题，连续想下。相续心便成了思想。有些人能对一事实一问题，穷年累月，不断注意思索，甚至有毕生竭精殚虑在某一问题上的，这些便成为思想家。但宇宙间，人生界，有几件大事，几个大问题，虽经一两个人穷老思索，也获不到结论，于是后人沿他人思路，继续扩大继续深入，如是般想去，便成为思想史。有些注意这问题，有些注意那问题，有些注意问题之这一面，有些注意问题之那一面。注意对象不同，思路分歧，所得结果也不一致，这就形成思想史上的许多派别。"[①]

同时，对社会科学的理论研究以及学科发展来说，学说史的重要性尤其明显。说明如下：①社会经济现象的内在本质并不是如自然科学那样静态存在或长期稳定，而只有在历史发展过程中才逐渐展现出来，通过学说史的研究有助

---

① 钱穆：《中国思想史》，九州出版社 2011 年版，第 1 页。

于把握社会经济现象的历史发展过程及其规律。②社会经济现象的成因要比自然现象复杂得多，每个人穷尽一生的思考也只能在非常局限的很小方面有所认知，而要了解人类社会的大貌，就必须努力承袭和契合前人的思考。正因如此，社会科学学说的根本特征在于对已有理论的深化，理论的任何进展都必须站在前人肩膀之上；社会科学理论根本上无法通过抽象思维而通达，从而不能以一种进步学说完全代替被否弃的学说。

然而，尽管经济学在过去的两三个世纪内积累了丰富的思想和知识，但流行的新古典经济学教材却往往只记载和介绍它认同的特定思想和内容，相应地，仅接受此种教材的经济学子对经济学的认知就非常狭隘和片面。兰德雷斯和柯南德尔指出，"在对早先的经济学那些应当被记住、那些应当被忘记这一问题上，非正统流派与主流的理解有所不同"，而"研究经济思想史能让我们更好地理解这些现代非正统经济学家。经济思想史展示了他们的历史，表明他们并不简单地是不满者，而是被现代主流丢弃的传统惯例的承载者。例如，非正统经济学家经常冒险超越正统经济理论的边界，进入经济学、社会学、人类学、政治科学、历史与道德之间的无人区，而现代经济学现在才开始注意到那样做的必要性"。①

在很大程度上，正是由于多年来执着于对经济学经典名著的梳理以及对经济学说史课程的讲授，笔者对社会经济发展的认知才得以不断深入和系统，才可以对现代主流经济学形成全面的反思和批判，并在此基础上构设出一套系统的思维和认知体系。丹尼尔·贝尔曾写道："我在芝加哥大学教了三年经济学……得到一个基本经验，如果你想学点什么，那就教书吧！简单而言，你必须备课，这就迫使你把那些基本的东西想透。多年来，人们总是问我：'你教什么课？'我说，'我教我想学的课，我写的也就是我学到的知识'。"②贝尔的这句话曾引起笔者很大的共鸣：笔者深深体会到，自己目前所掌握的大多数知识都是在课堂上的授课过程中学到并且不断深化的。

事实上，每开设一门新课，笔者都要对该课程的理论发展轨迹进行梳理，

---

① 兰德雷斯、柯南德尔：《经济思想史》，周文译，人民邮电出版社 2011 年版，第 5 页。

② 斯威德伯格：《经济学与社会学》，安佳译，商务印书馆 2003 年版，第 292 页。

并力图写成较为详细的讲义，然后与学生讨论、修正和完善。① 不幸的是，自编讲义的做法在当今中国经济学界却遇到了巨大障碍。①它与中国经济学的流行取向热衷于照搬西方主流教材，尤其是那些新古典经济学的原版教材不同。②它与中国经济学的传统取向各高等院校都热衷于组织团队力量编撰教材工程或核心教材也不同。不过，这种做法却是承袭了几乎所有学术大师的传统：写教材是学术大师提炼其思想的基本途径，许多经典名著就是来自授课讲义。同时，这种做法甚至也与20世纪初的海归学者相一致：早期学者很少照搬所谓的统编教材，也很少搬用西方的教材，而是更倾向于自编教材，并将自己的研究心得融入课程中。例如，陈寅恪在西南联大讲授隋唐史时就曾坦言其讲课的四大"不讲"原则：前人讲过的，我不讲；今人讲过的，我不讲；外国人讲过的，我不讲；我自己过去讲过的，也不讲；现在只讲未曾有人讲过的。怀特海则强调，"教育改革的第一要务是，学校必须作为一个独立的单位，必须有自己的经过批准的课程，这些课程应该根据学校自身的需要由自己的老师开发出来"。②

　　海归经济学人极力鼓吹经济学与国际接轨，由此嘲笑那些放弃西方流行教材不用而自编教材的做法。结果，一些高校之经济学系所采用的往往都是英语原版教材，似乎这些原版教材代表了经济学的"真理"，体现了学术"前沿"，连讲授者也成了"前沿"学术的代表。其实，讲授者往往只是一些青年海归或者直接就是刚毕业的博士生，他们对教材中理论背后的思想往往不甚了解，而

---

　　① 进入大学从事教学的最初几年，笔者曾努力尝试不断开设新的课程：从博弈论、信息经济学、公共选择理论、西方经济学、政治经济学、企业理论、比较制度分析到经济学方法论、经济学说史、经济学经典名著选读、中国经济思想史乃至伦理经济学等。其中，在所开设的所有课程中，笔者最喜欢的就是经济思想史。

　　在现代经济学的领域里，笔者更愿意学习那些还不自知或知之不深的知识，希望从前人的阐述中发现智慧。正是对经典著作中思想的梳理和提炼，笔者逐渐悟出了经济学的理论思维，也似乎从目前纷繁芜杂的经济热点争论中解脱了。笔者目前所形成的一系列认知几乎都源自思想史中的启发。

　　事实上，除了在讲授经济思想史课程时，特别注重将理论与其提出的背景以及基本目的结合起来外，在讲授经济学经典名著选读时，笔者也分成几个专题进行比较探讨，并形成了《经济学经典名著中的思想：比较、反思和启迪》讲义。同样，几年前出版的《有效劳动价值论：以协调洞悉劳动配置》和《有效劳动价值论的现实阐释》两书的基本内容也是在课堂讲义的基础上发展而成的；此外，包括《经济学分析的行为逻辑》《经济学科的方法论反思》《中国经济学的范式构建》《政治经济学的框架体系》以及《社会秩序的扩展机理》这几套系列丛书也都受到经济思想史的启发。

　　② 怀特海：《教育的目的》，庄莲平、王立中译注，文汇出版社2012年版，第20页。

只是机械地重复这些主流教材的教条，乃至是埋头于在黑板上誊写数理公式的推导。相应地，学生们从这些课堂中能够了解到的思想就非常有限，甚至可以说，这些课程非但没有拓展学生的视野，反而增加了思想的禁锢。尽管如此，基于主流教材拜物教，有些院系还设定了高额的课时费来鼓励青年教师使用这些原版教材。

其实，不同类型课程的教材往往具有非常大的差异：数理性课程因主要阐述公认的基本原理而具有较大相似性；思辨性课程则往往纳入更多的个人知识而差异明显。相应地，就现代主流经济学这样一门专注于那些"不言而喻"原理的学科而言，照搬西方经济学大师所撰写的那些更全面、客观和系统的教材似乎也是更可取的。究其原因，现代主流经济学在追逐一种不受时空限制的普遍理论，它主要建立在纯粹先验假设和形式逻辑之上。与此不同，对一些思想性课程来说，由于它充盈着作者的个人思考和洞见，往往就无法照搬一本"公认"的教材或讲义。事实上，对这类教材而言，如果没有切实地弄明白并认同作者的意图、思路和写作背景，那么，授课者就根本无法挖掘教材所潜含的真正思想和关键意义；此时，与其让教师对照着他人的教材进行"念书"，还不如让学生自己学习、揣摩和相互讨论。究其原因，教师此时的教学也往往不过是一种教条，况且，无论谈吐多么清晰的教师也不如教材上文字描述来得系统。

同时，尽管现代主流经济学往往也像自然科学那样传授一些基本原理，但根本上说，这种课程的教学也不能像自然科学那样简单地复述教材中的内容，而是要渗入讲授者的理解。究其原因有二：①经济学的理论与自然科学存在两点很大的不同，其每个理论的提出都具有更为强烈的主观性和特定时空性。②教材上的理论将诸多历时性的知识放到了一起，这就使得理论与现实之间存在很大的脱节。这意味着，作为一门社会科学，经济学理论应该更偏重于系统的思辨性而不是机械的操作性；相应地，教师需要引导学生从不同角度对同一问题进行审视和辨析，在反思和争论中增进认知。在某种意义上，学生接受教师的"教"，主要不是教师对教材所述原理的复述，而是要学习教师在长期的教学科研中形成的独特看法和思想；否则，还不如学生自己去看书，因为无论授课语言多么清晰的教师都比不上书上的文字那么有条理。

显然，社会科学的这种授课方式已然对教师提出了更高的要求：不能像目前流行的方式那样照本宣科，而是必须有自己的独立研究和形成自己的个人见解。事实上，在社会科学领域，一个没有独到研究的教师，绝不可能成为一个优秀的老师，最多是一个不错的传声筒。因此，社会科学的教师应该将大量精力用在理论探索上而非复述教材上。只有先形成了自己对社会经济现象较为系统的认知，才能把自己的所思、所悟、所识传授给学生，从而真正贯彻"传道、授业、解惑"的学术传统。孔子强调，"记问之学，不足以为人师"（《礼记·第十八章》）。然而，当前中国经济学科的教学恰恰热衷于照搬遵循新古典经济学常规范式的主流教材，这正是当前社会科学特别是经济学教育中的症结所在。

事实上，自从知识创造学院化、教学方式制度化以来，崇尚思索的学者就逐渐为热衷宣传的教师所取代，学校也逐渐蜕变为固化思想的堡垒。正是在这种背景下，斯宾诺莎拒绝了海德堡大学的哲学教授职位，因为他不希望自己的研究和著书立说被正式的讲课打扰。为此，布劳德说，目前学校里创设的博士学位制度，使"那些有能力从事研究工作的人却把他们的时间和精力都耗费在指导那些永远不会从事研究工作的人们的功课上"。[1]尤其是，随着专业化的发展和推崇，教师的知识结构越来越狭隘了，以致他们很难有多少自己的思考和见解，从而往往也就只是在机械复述教材中早已"死去"的知识。

就现代经济学而言，经济学科的专门化使经济学人的知识结构日趋狭窄化，经济学的数量化发展又进一步使经济学人的思维日趋封闭化。在这种情形下，绝大多数经济学教师在课堂上所讲授的就主要限于流行的理论和思维，甚至是一种形式化的写作程序和格式。同时，在功利气氛下，经济学专业的学生普遍不愿意深入探讨思维的逻辑，不喜欢形而上的东西；而倾向于简单地接受老师的"教"而不是自己的"思"，企图通过方便而轻松地接受那些流行的理论就得以行走江湖、逢源社会。正是基于这种功利主义，经济学的教学往往走上了两个极端：①热衷所谓的实务课程，想当然地以为学了这些知识马上就可以找到工作或者可以赚钱了，从而极大地将经济学这门"致用之学"的"致用"二字庸俗化了。②崇尚所谓的数学课程，想当然地以为学了这些工具马上就可以从事研究以及发表文章了，从而极大地将经济学这门"探究之学"的"探究"二字形式化了。

总之，现代经济学界盛行的主流教材拜物教，很大程度上源于功利主义的学风，这使得经济学界盛行着做"让别人相信"而不是"让自己相信"的研究。正是在"今之学者为他"的流行氛围下，笔者深深感到：必须防止大学课堂上的知识往往只是单向地从讲台流向座席，甚至越来越多的学生心无旁骛地在课堂上准备其他实务性的课程，从而很难真正从课堂的反馈中获得思维的提

---

① 布劳德：《五种伦理学理论》，田永胜译，中国社会科学出版社 2002 年版，第 4 页。

升这种情形。尽管如此，在讲义的撰写和授课的过程中，为了确保自己的思维不会突然受阻，笔者还是不得不事先系统地对理论的发展路径做反复的梳理；同时，为了尽可能给学生提供更多的知识以及提高他们的课堂兴趣，也会努力博览各类书籍，并试图对不同学派的理论进行比较、反思和契合。事实上，中国高校的传统课程设计往往对系内课程表设计得过死，以致学生几乎没有选择的自由；但是，目前一些院校的情况恰恰走向了另一个极端：学生获得了最大限度的选择自由，而学院对不同专业学生的选择却几乎没有任何指导。此时，学生就必须自己承担选择的责任，但同时，他们往往又缺乏足够的鉴别能力，从而只能追随主流。尤其是，如果是在极端功利和短视的学术氛围中，学生们总是选择那些所谓"实用"的课程或者看上去"好看"（主要是为了找工作时让雇主觉得好看）的课程；因此，尽管学生选择的自由度似乎增加了，但他们所真正接受的知识广度和深度却实在地下降了。

三 思想史在现代经济学中的处境

现代经济学的数学化和形式化也使得经济学教学日益偏好于主流范式和主流教材，进而使得经济学研究日益脱离于社会环境及学说发展史。剑桥大学的张夏准（Ha-Joon Chang）感慨地说："在全世界，经济史课程已经从教室中消失了。曾作为经济学教育的必修课，经济史已经被归入'选修'的偏僻角落甚至已经被关闭。"（Economic history courses have been disappearing from classrooms across the world. Once a compulsory part of economics education, they have been relegated to the remote corners of "options" and even closed down. ）[①] 国内一些经济学人士在演讲中甚至宣称，如果欧美大学中还有学生在读斯密的《国富论》或者经常提到斯密等经济思想史中的人物，那么就会引起主流经济学家的嘲笑，因为这会被视为"落伍"的标志。相应地，中国经济学界受一些海归经济学人的影响，经济思想史以及经济史课程在中国经济学院也被弱化了。如何理解这一现象呢？

首先，在某种意义上，这些海归学人对思想史的轻视基本上反映了近半个世纪以来西方经济学的发展现实。布劳格写道："经济思想史的学习和研究备受主流经济学家歧视、甚至有时被公开蔑视为好古癖已经不是一个秘密，这也

---

① "后我向思考"经济学网站的扉页，http://www.paecon.net/。

没有任何新的东西。事实上，自第二次世界大战结束后的过去 30 年来，现代经济学中有关对经济思想史之作用的每一个评论员对该领域的兴趣都在令人遗憾地稳定下降，这不仅体现在研究生阶段，甚至也体现在本科生层次上。而且，这种取向在美国比在欧洲更明显，尽管无论哪儿都很显然。"① 究其原因，凯恩斯经济学的兴起极大地凸显了经济学的应用政策研究，而科学主义的盛行又导致这些应用性政策研究以"客观"的数学逻辑和数据计量为基础。

关于历史和学说史在现代经济学中的衰落，我们也可以从西方主流刊物所刊发的与经济思想史和经济史有关的文章数目变化中略见一斑。例如，麦克洛斯基（McCloskey）统计，1925~1944 年，《美国经济评论》《经济学季刊》《政治经济学杂志》三大刊物中有关论述经济史的文章所占的页码占全部的 6.5%，但到了 1945~1974 年，其比例已经下降到了 3.3%（见表 1）。其中，作为长期以来最具历史感的刊物，《政治经济学杂志》在 1929~1944 年大约有 11% 的篇幅是有关经济史的，而在 1970~1974 年却只有 2.8% 的篇幅是有关经济史的。② 事实上，也正如有学者指出的，"在主流经济理论中，斯密问题被认为是一个离题的问题。也就是由于这种情况，在浩如烟海的主流经济学文献中，对斯密问题只字未提"。③

表 1 三大主要刊物中经济史文章所占的比重　　　　　　单位：%

年份	AER	QJE	JPE
1925~1944	4.4	5.4	9.9
1945~1974	2.2	3.3	5.4

其次，经济思想史和经济史的地位式微往往与历史背景有关。从经济学说发展史看，这主要有两大原因：①与 20 世纪 50 年代以来数理将各种流派统一为"主流"经济学的基本范式有关。②源于经济学界本身越来越强烈的功利主义倾向。事实上，自边际革命以来，大多数经济学家就热衷于纯理论的构建，

---

① Blaug M., 2001, No History of Ideas, Please, We're Economists, *Journal of Economic Perspectives*, 15(1): 145–164.

② McCloskey D. N., 1976, Does the Past Have Useful Economics?, *Journal of Economic Literature*, 14(2): 434–461.

③ 克洛尔、豪伊特：《经济学的基础》，载多迪默、卡尔特里耶：《经济学正在成为硬科学吗》，张增一译，经济科学出版社 2002 年版，第 34 页。

集中于个人效用最大化的技术，从而日益深陷到逻辑学的窠臼之中，甚至把一个学说或研究传统在时间上的发展视为是与其合理可接受性绝对无关的；结果，"思想史在许多地方都被认为是不合时宜的、与今天毫不相干的，人们把它看作是一门具有陈旧假定的学科"。[①]

特别是20世纪70年代以降，由于学以致用的庸俗化而引发了功利主义勃兴，主流经济学界更是形成这样一种错误认识：一个理论一旦为更进步的理论所取代，再去探讨旧理论就毫无意义。相应地，在当前的经济学界形成了一种很不好的研究氛围：优秀的经济学家主要把时间用来探讨更进步的理论以及检验理论更准确的方法。正因如此，经济思想史越来越被认为不值得严肃经济学家的重视，一些经济学家去学习和了解经济思想史也主要基于在教学上的目的，这些过时理论可以作为较进步理论的前身，或者作为不当的理论个例。正是在这种进步观的指引下，"经济学家的主流也战胜了重商主义者、马克思主义者、制度学派，以及其他被认为是声名狼藉的学派"，以致有学者宣称，"谁有闲情去管已故的经济学家那些错误的看法"。[②] 于是，大多数经济学人就热衷于在既定的新古典经济学范式下进行数理建模和计量实证。

最后，海归经济学人所宣扬的"实情"也具有很强的片面性。究其原因，这是"主流"经济学的实情，也是某些"名牌"大学的实情，而欧美社会中也存在众多的非主流。事实上，尽管越来越少有大学开设经济思想史课程，却有越来越多的学者参加有关经济思想史的学术会议，相关的文章也越来越多；同时，思想史刊物也在不断增长，它们的质量也显得较高并正稳定提升。例如，除了1969年创立的《政治经济学史》（*History of Political Economy*）和1973年创办的《经济学说史评论》（*History of Economics Review*）外，1983年又创办了《经济学说和方法史研究》（*Research in the History of Economic Thought and Methodology*），1990年又创办了《经济思想史学报》（*Journal of the History of Economic Thought*），1993年创办的《经济学说史欧洲杂志》（*European Journal of the History of Economic Thought*）和《经济思想史》（*History of Economic Ideas*）。再如，当美国经济学说史学会1973年成立时，仅仅有超过200名的成员并只有50人参加1974年的第一次年会，而到了1999年，成员已经超过了600人且有300人参加了当年年会，在三天的会议中提交了150篇论文。另外，目前

---

① 劳丹：《进步及其问题：科学增长理论刍议》，方在庆译，上海译文出版社1991年版，第182页。

② 斯特拉斯曼：《经济学故事与讲故事者的权力》，载麦克洛斯基等：《社会科学的措辞》，许宝强等译，生活·读书·新知三联书店2000年版，第184–185页。

欧洲有三个非常活跃的有关经济思想史的协会，且每年分别在英国以及欧洲大陆的两个独立地点出版年报和召开会议，在日本和澳大利亚也有类似的功能协会。① 沙巴斯（Schabas）估计，在 20 世纪 90 年代，全球有 500~600 个非常活跃的经济思想专家，并有超过 1000 人在教授或者研究经济思想史。②

事实上，海归经济学人不仅极力宣扬经济学的模型构造而忽视经济史和思想史的学术价值，而且还在"课程改革"和与"国际接轨"的名义下大幅度裁删经济思想史之类的思想性课程。同时，这些海归经济学人之所以热衷推行这种"新政"，还有这样两方面原因：一方面，源于这些经济学人的理论素养，他们本身往往只是接受了一些数学工具的训练，并热衷于常规范式下的建模和计量。③ 另一方面，源于这些经济学人的学术态度，他们往往根据自己的偏好而夸大数学类课程的重要性，并积极诱导青年学子选择相关课程。正是在一系列的规定下，只有数理文章才可以获得职称晋升和物质奖励，而经济思想史等领域的学者则不断被边缘化，当然也就往往得不到学生的青睐和跟随。为此，索多鲍姆强调指出，既然"经济学家们推崇竞争，但为什么竞争就不能应用于他们自己的学科呢"？④

总之，思想史课程在现代经济学教学体系中的衰落和缺乏，反映了整个西方社会的"主流"实情，这也正是现代主流经济学的困境所在。霍奇逊就感慨地说："（当下）能够包容杰文斯、马歇尔、凡勃伦、凯恩斯和熊彼特等那种广博而现实的观点的经济系已经不复存在了。例如，到英国的剑桥和曼彻斯特以及美国的芝加哥和哈佛的经济系参观，可以发现他们最关注的是数学的严谨，而不是其是否恰当和符合现实。如果由数学家控制了招生、课程安排、教师的招聘与晋升，以及最著名杂志所发表文章的把关等，如果由他们把持着各种各样的委员会，任命主席、分配资源、评估国家的或机构的研究基金的申请，如果由他们贬低非数学家和对核心假设持不同意见的质疑者"；那么，"经济学即

① Blaug M., 2001, No History of Ideas, Please, We're Economists, *Journal of Economic Perspectives*, 15(1): 145–164.

② Schabas M., 1992, Breaking Away-History of Economics as History of Science, *History of Political Economy*, 24(1): 213.

③ 例如，邹恒甫在其博客中曾爆料说，钱颖一和李稻葵的藏书就为数不多，甚至连《资本论》有四卷还是有六卷都搞不清楚。同时，邹恒甫还嘲讽说，钱颖一连美国小孩子从幼儿园到大学的英文小说读物都没有看过十本，但他竟然大谈如何学英文；同样，钱颖一和张维迎的历史知识非常可怜，却竟然还在电视广播里谈大国兴衰。

④ 贾根良：《西方异端经济学主要流派研究》，中国人民大学出版社 2010 年版，第 22 页。

使没有死亡，也是即将死去。经济学即使不是在苟延残喘，也已是病入膏肓，在此以外的地方，在商业界、政府和其他非学术团体内，经济学被视为一门浸淫于技术的学科，既不恰当也不实用。这种认识已经很普遍，而且还在继续扩展，具体表现为经济学学位课程入学人数的下降和转向学习诸如商业这样的相近课程"；更甚者，"入学人数的下降和经济系预算的缩减，也使经济学教学大纲的内容进一步变窄了，实际上已经让非学术的、非新古典的、历史的、制度的、后凯恩斯主义的，或者注重方法论研究的经济学家失去了工作机会，并促使正统经济学更为顽固地进行自我辩护，反击批评"。① 如果这种西方"主流"继续被一些海归经济学人刻意宣传和主导，对中国经济学发展造成的危害将更为严峻：经济学研究将不再需要思想和传承，而蜕变为一种数学计算。

 ## 四 经济学缺少"史味"的原因

布劳格写道："当一种观念受到批评而被放弃时，人们热烈地追求最近的更为新奇的事物，把许多仍有价值的东西也抛弃掉了。结果，经济学史与其说是理论成就持续积累的编年史，不如说是人类心智扩展的变革史，在这个过程中，已知真理因为新的变革而被忽视。"② 既然如此，现代主流经济学为何抛开这一思想史的基础呢？这里对其中的原因再做一归纳和总结。

第一，对经济史和思想史的错误认知。对待前人思想有两种流行态度：①相对主义（Relativism）。它关注人们所考察的那些社会经济问题由什么历史、经济、社会和政治力量所造成，以及这些理论如何塑造新兴理论的内容；相应地，它主张历史在每个经济理论的发展过程中都扮演着一定角色，甚至把过去每个理论都看作是或多或少对当时状况的忠实反映，从而在它所处的背景下具有合理性。②绝对主义（Absolutionism）。它宣称理论的进步不仅反映历史环境，而且取决于训练有序的专业人员对未决问题或似是而非论点的发现和解释，是专业人员对专业领域内智力发展做出的反应；相应地，它把眼光牢牢地放在主体的心智发展上，把理论看成从错误到真理的稳步前进过程，最新进的

---

① 霍奇逊：《演化与制度：论演化经济学和经济学的演化》，任荣华等译，中国人民大学出版社2007年版，第8–9页。

② 布劳格：《经济理论的回顾》，姚开建译校，中国人民大学出版社 2009 年版，绪论。

理论比较早的理论更贴近事实。① 在很大程度上，正统马克思主义者在对待马克思经济学说上具有相对主义的倾向，他们往往认为，马克思经济学说至少在理解当时的社会经济现象上具有非常深刻而透彻的见解；相反，现代主流经济学人的思维则明显带有绝对主义特性，他们往往以更好或更坏的术语给不同时代的理论排序，乃至把过去的理论视为"死人的错误观点"。之所以出现这种差异，就在于马克思主义者往往将经济学视为一门历史的科学，而现代主义经济学人则将经济学视为一门类似于物理学的硬科学。

第二，经济学界盛行的双重市侩心态。现代主流经济学想当然地把经济学理论看成是"硬"知识，而将社会学等学科的理论看成"软"知识。相应地，主流经济学人往往也滋生出这样的双重市侩心态：对那些被认为比经济学更"软"的社会科学以及在道德学家、政治学家、历史学家、社会学家面前的蔑视心态，以及对那些似乎比经济学更"硬"的自然科学以及物理学家、气象学家、生物学家面前的自卑心态。正是在市侩心态的作用下，现代主流经济学逐渐抛弃了过去与社会科学其他分支相融通的发展路径；同时，在"科学至上主义"的支配下，现代主流经济学甚至也抛弃了经济学的演化历史，经济思想史就不再受到关注。卢卡奇就曾写道："那种用类似于对圣经进行训诂的学究式来注释经典著作，而不是孤立一种对'事实'做'公正研究'的方法，就越来越被认为是'不科学的'。这些经典著作，已被现代的文明所超越，并且它们将不再被认为是真理的唯一源泉。"② 相应地，现代经济学的发展则开始趋向于另一极端：正加速朝被认为是"科学化"的数学建模之路上迈进，以致鲍尔丁提出了"萨缪尔森以后谁还需要亚当·斯密"的问题。③

第三，现代经济学教学的经院方式。自从知识创造学院化、教学方式制度化以来，课堂上讲授的就主要限于流行的理论和思维，甚至是一种形式化的学作格式，乃至崇尚思索的学者逐渐为热衷宣传的教师所取代。相应地，现代经济学的教育就存在两大弊端：①极少有人告知经济学初学者这门科学是如何随着时代的变化而发展的；相反，大多数教科书都只是以对今日经济学为何物的简单描述开篇，使读者想当然地以为经济学过去是、现在是、将来仍将是

---

① 兰德雷斯、柯南德尔：《经济思想史》，周文译，人民邮电出版社2011年版，第4页；布劳格：《经济理论的回顾》，姚开建译校，中国人民大学出版社 2009 年版，绪论。

② 卢卡奇：《历史和阶级意识：马克思主义辩证法研究》，张西平译，重庆出版社1989年版，第1页。

③ Boulding K., 1971, After Samuelson, Who Needs Adam Smith?, *History of Political Economy*, 1(Fall): 225–237.

如此。①②重传授而轻思辨，将历时性知识放在共时性的平面框架下，抽去了理论的人文性和主观性，忽视理论的传承性和历史性，而留下一堆没有血肉的技术性骨架。事实上，在当前这种学院化体制下，绝大多数教师都倾向于机械复述教材中早已"死掉"的知识，每每以这种贩卖知识的"教书匠"自居，以忠实地阐释传统智慧为傲，从而就很难催生出有价值的新思想。正是在这种教学体制下，接受现代经济学教育的青年学子根本无法全面认识经济学的学科特性、理论体系以及流行谬误等。

第四，现代主流经济学的研究范式。为了追求所谓的科学化和客观化，现代主流经济学大量使用数学工具和形式逻辑，从而快速走上数理化和技术化的道路，乃至经济学论文和教学心态都越来越数学化和形式化，日益深陷到逻辑学的窠臼之中。显然，按照数理逻辑的要求，经济思想史在许多地方都被认为是不合时宜的、与今天毫不相干的，乃至被视为是一门具有陈旧假定的学科。正是基于数理逻辑，现代主流经济学倾向于把一个学说或研究传统在时间上的发展视为与其合理可接受性绝对无关；因此，经济学研究就与社会环境及思想史日益脱节，乃至抛弃了自身的发展史。霍奇逊就写道："形式主义的做法，既不需要经济学史的知识，甚至也不需要了解现实经济的历史。一篇数学文章可以主要按其自己的方式进行评价。这样，经济思想史甚至经济史，大量地从这门学科中消失了。形式主义甚至能够在贫瘠的哲学和方法论文化氛围中繁荣昌盛。"②

第五，学术界对知识的错误认知。随着社会分工的深化和知识的分立，学术界盛行着这样的极大误见："专"即是"深"，而"通"则意味着"泛"。结果，知识渊博者现在反而被讥为博而不精，只懂得数学工具的人却被尊为专家；相应地，那些擅长数理模型和计量实证的经济学人就得到推崇，数理文章的价值也得到夸大。尤其是，随着独立的经济学院与经济学位的设立，经济学人越来越多地来自理工科，经济学与社会科学其他分支之间的距离就越拉越大，经济学人的知识结构也越来越狭隘。加尔布雷思："在最近40年里，新古典体系经历了大幅度的修正和细化的过程。实际上，由于这一过程高度专业化和多样化，在细节上过于烦琐，以至于没有哪个经济学家会认为，自己了解

---

① 卢兹、勒克斯：《人本主义经济学的挑战》，王立宇等译，西南财经大学出版社2003年版，第30页。

② 霍奇逊：《演化与制度：论演化经济学和经济学的演化》，任荣华等译，中国人民大学出版社2007年版，第6页。

的知识能够多于总体知识的极小一部分。在很大程度上，新古典体系正是依靠它所支撑的这种精密化的知识结果才得以生存，这也使它自身的发展走到了尽头。"[①]

第六，对新古典经济学范式的维护。经济史和思想史课程的取消首先源于美国名牌大学，尤其是那些采用同质化新古典经济学教材的常青藤大学。原因是，经济思想史提供了各种竞争性思想，从而会激发学生对新古典教条的评判；为此，新古典主义者控制的院校就采取刻意的断尾行为，迫使思想史上一些非正统学派原创性的思想处于未发展状态，从而树立自己高高在上的地位。因此，"名牌"之所以成为"名牌"，也正是因为它们刻意维护那种"主流"。在很大程度上，正是在以诺贝尔经济学奖得主为首的那些主流经济学家的刻意引导下，经济学逐渐割断了思想的历史继承，而他们自己则成了经济学界的"丰碑"。同样，在当前国内经济学界，一些名牌的经济院校几乎都受接受新古典经济学训练的海归经济学人所影响，他们不仅极力宣扬经济学的模型构造而贬斥经济史和思想史的学术价值，而且还以课程改革和与国际接轨的名义大幅度裁删经济史和思想史之类的课程。问题是，离开思想史的经济学还坚实吗？实际上，过去的历史必须永远被珍视和尊重，以防止它被当作沉淀成本而永远一笔勾销。

第七，经济学院系的课程诱导。历史的缺失在受海归经济学人影响较深的经济学院校尤其明显，其重要因素就在于他们积极实施"与国际接轨"的"新政"：只有微观经济学、宏观经济学和计量经济学等主流课程被列为所有经济学专业的必修课，而其他课程或者改为选修课或者被直接删去；甚至在课程选择上取消专业课程之分，对不同专业也不作任何选课要求或指导，一切都让学生自由选择，却美其名曰扩大学生的自由，相信学生的理性选择。结果，在功利主义的学风以及其他诱导下，经济学子的选择往往走上两个极端：①热衷金融、财务、管理之类的实务课程，以为这些知识有助于找到工作或者赚钱。②崇尚建模、计量所谓的数理课程，以为这些工具有助于经济学文章的发表。这样，经济史和经济思想史课程就通过市场选择而被自然淘汰了。问题是，学生具有足够的学说鉴别力吗？施瓦茨说，现代大学成了购物中心，刚开学的几周内，学生可以"使用"这些商品；"但是这种自由也会付出代价，如今学生被要求自己选择课程。而这个决定会影响一生。他们逼迫在还没有能力做出明智

[①]　加尔布雷思：《经济学与公共目标》，于海生译，华夏出版社2010年版，第14～15页。

决定的学业发展阶段，就要独立选择自己要接受的教育。"①

第八，学术制度的扭曲性激励。大多数海归经济学人都是数学和理工科出身的，他们在海外获得文凭以及后来的立足都是凭借数理功底；因此，当他们回国后就根据自身优势和偏好夸大数学类课程的重要性，并制定一些制度来影响青年学子选择相关课程。例如，数理方法、时间序列分析之类的数学课程，学生通常也不会自动选修。其原因在于：①这些课程的学习和掌握本身是非常困难和枯燥的。②这些课程对那些未来从事人文工作的学生也没有多少现实的应用性。在这种情况下，海归者为显示自身所学知识的重要性，往往就会制定一系列规章来激励或影响学生选择这类课程，如这些课程的成绩与奖学金、保送资格挂钩等。再如，一些经管学院还规定，只有在《经济研究》《管理世界》《经济学季刊》《世界经济》之类刊物上发表足够多论文才能获得职称晋升，而这些刊物几乎不会刊发经济思想史、政治经济学等以思辨逻辑为主的文字性文章。（即使近来象征性地刊发一些文章也是基于非学术的目的）正是通过各种显性和隐性的制度刷选，经济学专业课程就集中在"三高"的教学以及其他一些如最优化等数学工具的训练上；而经济史、思想史、方法论等注重思想性、人文性和社会性的传统课程几乎完全被舍弃，因为这些知识似乎无助于在当今经济学刊物尤其是在英文刊物上发表文章。

第九，国内名牌大学的错误示范。经济史和思想史在国内的被弱化首先出现在名牌大学和知名学院，然而再"传染"到其他院校，最后形成整个经济学界的取向。这就如现代经济学的"泰斗"们通过奖项设置、教材编写、学生输送以及舆论宣传而将自己的学术取向、研究领域及分析范式扩散到整个经济学界。这些名牌院校之所以竭尽所能地追求国际接轨，刻意模仿主流学术以及推崇在海外发表论文，主要目的在于，通过文章"档次"的比较来维持和巩固其优势地位，从而具有更大能力来吸引海归经济学人，拥有更大能力来激励在国际刊物上发表文章。正是通过对新规则的设立和影响，这些名牌院校可以进一步拉开与其他院校的差距；如果仅比较思想洞见和理论创新，未必能凸显这些名牌大学的优势，甚至反而会彰显其败落之势。

第十，经济学界盛行的功利学风。自20世纪70年代以降，市场意识的膨胀和终身制的流行，导致经济学研究日益实用化和庸俗化，并引发了功利主义的勃兴，并在经济学界滋生出了强盛的主流化效应。现代经济学界普遍信奉这

---

① 施瓦茨：《选择的悖论：用心理学解读人的经济行为》，梁嘉歆等译，浙江人民出版社2013年版，第15页。

样的观念："如果足够多的人足够强烈地相信一个陈述，那么，这个陈述就构成了知识。"[1] 同时，在庸俗的科学至上主义的主导下，新古典经济学范式就成为主流，那些对现实制度和新古典范式持批判态度的则被贬为非主流经济学或"异端"经济学。既然新古典经济学范式为大多数人所信奉，人们也理所当然地认为新古典范式值得仿效，从而形成新古典范式拜物教。如受这种"名牌"和"主流"意识主导，一些经济院校就将英文一流刊物上的文章定为职称晋升的标准，而这些刊物几乎都是遵循新古典范式，它有利于遵循新古典范式的青年经济学子的成长，却必然会排斥或扼杀其他思想创建的生成。

总之，正是上述十大因素的相互强化，历史和学说史在当前经济学的教学和科研中被弱化了，经济学人大多热衷于在一套科学的"常规范式"或"研究纲领"下进行创造。问题是，经济学果真可以推导出不受时空制约的普世理论吗？经济学离开历史和思想史的基础还会有理论的真正进步吗？纵观经济学说史，正是因为抛弃了过去的经验和认知，现代经济学的发展呈现出明显的内卷化取向，它对真实世界的理解不是更深入了，而是更肤浅了。日本经济学家根岸隆在20世纪30年代就断言，经济学"已经没有新东西了"。库尔茨则认为，经济学中的一些所谓新知识实际上是用新的方式组合旧有的知识点。[2] 亨特甚至认为，现代经济学的思想基本上还停留在萨伊、西尼尔和巴斯夏等庸俗经济学阶段。显然，这种现状与主流经济学的宣扬之间很不相称。究其根本，就与现代经济学的研究取向有关：它热衷于技术性的模型构建，而日益舍弃了本质的思辨，特别是刻意抛弃了对经济思想史的梳理和归纳；相应地，尽管现代经济学在形式逻辑上愈益优美了，但内在思想上却没有取得脚踏实地的进展。这也意味着，现代主流经济学看似金玉其外，实则败絮其中，根本无法揭示社会现象的内在机理和真正规律。

五 经济思想史何以式微：一个历史回顾

经济史和经济思想史在当前经济学教育中被弱化，这不仅表现在中国经济学界，也表现在欧美经济学界。当然，这种被弱化并不是突然呈现的，而是经历了一个发展转换，并表现为一个自我强化的过程。经济学说史表明，在诺贝

---

[1] 拉卡托斯：《科学研究纲领方法论》，兰争译，上海译文出版社2005年版，导言。
[2] 库尔茨：《经济思想简史》，李酣译，中国社会科学出版社2016年版，引言第2页。

尔经济学奖设立之前，绝大多数最为知名和博学的经济学家几乎都是经济史学家；而在第二次世界大战后，随着功利主义和功能主义的勃兴，经济学"科学化"取向就日益加深，由此就导致技术性经济学大行其道。即使如此，诺贝尔经济学奖仍然授予了一些具有经济史学色彩的经济学家，库兹涅茨、希克斯、缪尔达尔、哈耶克、福格尔、诺思、森等都是典型的例子；即使是那些可以归属计量经济学家的阿莱、阿罗、多马、哈恩、克莱因以及乔治斯库－罗根等，也都强调历史对经济学探索的重要性。但总体上，这些学者的经济思维还是以理性主义为主，其研究更多地承袭了新古典经济学的分析范式，而与古典经济学的历史分析相差较远。那么，经济思想史是如何逐渐从经济学研究中退出的呢？这就需要剖析经济学研究取向的转换过程。

注重经济史和经济学说史的梳理并从中获得思想和洞见的杰出代表是哈耶克和熊彼特，他们都强调经济学研究不能离开经济史和思想史，都反对脱离历史的理性推理。譬如，哈耶克在 40 多年的教学生涯中一直都在讲授经济史课程，并且他特别喜欢古代经济史，认为它"不仅永远是个特别令人着迷的专业，而且对于理解我们自己的文明非常重要"。[1] 所以，汉斯－耶格尔·亨内克认为，哈耶克之所以能够不断拓展自己的跨学科研究，并提出了众多精微的洞见就在于，"他是一位杰出的传统经济史专家，而且毕生都是位根深蒂固的思想史学家，这是他思想的渊源所在，是他源源不断吸收养料的地方"。[2]

同样，伟大的经济思想史学家和经济理论家熊彼特的名著《经济发展理论》以及芝加哥学派的奠基人奈特的名著《风险、不确定性和利润》等都是在大量系统梳理前人思想的基础上提出自己见解的。特别是，熊彼特的《经济分析史》更是基于原始文献进行系统梳理的百科全书式巨著。哈耶克说："从这本书中受益最大的将是年轻一代经济学家：在其他学科中理论的日益技术化以及由此产生的专业狭隘的危险，在这个领域是特别有害的。我不知道还有哪本书能够比这本著作更好地消除那种似乎正在支配着一些年轻人的想法，即1936 年以前发生的任何事情，对他们都是不重要的；没有任何其他著作更适于向他们表明，如果他不想成为单纯的经济学家，而是成为一个能够在这个复

---

① 哈耶克：《经济、科学与政治：哈耶克思想精粹》，冯克利译，江苏人民出版社 2000 年版，第451 页。

② 亨内克：《同弗雷德里希.哈耶克交锋：智识上的联系与冲突》，载 G.帕普克：《知识、自由与秩序》，黄冰源等译，中国社会科学出版社 2001 年版，第 34-54 页。

杂世界上运用自己专业知识的有教养的人，他应当知道些什么。"①

　　实际上，哈耶克和熊彼特都是维也纳大学法律专业的学生，而经济学课程则是法学院的必修课程；同时，他们的老师都是奥地利学派的代表人物，如熊彼特的老师是庞巴维克，哈耶克的老师则是米塞斯。正因为在奥地利学派中接受训练，因而他们毕生都使用个人主义分析思维，注重经济过程分析，无论是哈耶克的自发秩序理论还是熊彼特的创新理论和企业家才能都源于奥地利学派。但是，由于两人后来的学术生涯不同而逐渐走向了不同的学术方向：哈耶克到了承袭演化思维的伦敦政治经济学院而致力于自发秩序的阐释和开发，而熊彼特则到了深受剑桥学派影响的哈佛大学而逐渐转向了技术化的研究路径。有鉴于此，这里对熊彼特的研究取向转变过程做一梳理和分析。这样做的原因还在于，熊彼特以《经济分析师》闻名于世，并被视为最有影响的经济史学家。

　　我们知道，奥地利学派注重抽象演绎推理，但在熊彼特学术成长的过程中，德国经济学的主流是与奥地利学派相对立的历史学派。正因为熊彼特在其学术成长过程中经受了较为深厚的历史主义熏陶，因而历史学派对他的影响也就无处不在。例如，熊彼特在波恩大学时就与斯皮索夫是同事，两人共同发展了商业循环理论，熊彼特还曾与桑巴特一起被称为施穆勒的门墙桃李。正因如此，历史学派对历史和事实的强调都渗透进了熊彼特的方法论观念中，熊彼特的许多思想在很大程度上也都可以追溯到德国历史主义者。例如，他的"企业家才能"观点根源于谢夫莱（A. Schaffle），"创造性毁灭"观点则可能受到尼采的启发，而《资本主义、社会主义和民主》一书则与桑巴特和其他学者之间存在密切关系。事实上，奥地利学派本身也注重从历史演化中来提炼一般性理论。正是这种学术渊源，尽管熊彼特寄予数理经济学和以数量为向导的经验研究以高度希望，但他还是比绝大多数新古典经济学者更能认识思想史和经济史在理论研究中的意义。事实上，熊彼特不仅在前期的文章中对施穆勒、米契尔等基本都持同情和赞赏的态度，而且终其一生都在持续地汲取德国历史学派的研究成果，整个学术生涯主要都在从事经济史的研究。

　　然而，尽管熊彼特主要将历史主义置于一个正面位置，并要求用"历史的或制度的研究"和"详细的历史考察"来克服日益增长的、单方面的计量经济学的迷恋；但是，当他受聘于哈佛大学而迁居美国后，却逐渐受到哈佛学术氛

① 哈耶克：《经济、科学与政治：哈耶克思想精粹》，冯克利译，江苏人民出版社2000年版，第225页。

围尤其是周围数理经济学的影响，以致他在后期逐渐将抽象和演绎提升到数理形式化层次。例如，熊彼特强调只有应用抽象和演绎才能揭示规律，只有应用数学才能统一支离破碎的经济学。为此，熊彼特高度评价杰文斯、瓦尔拉斯和帕累托等数理经济学家：他认为，杰文斯是古往今来真正最有创造性的经济学家之一，[①] 瓦尔拉斯则是历史上最伟大的经济学家，而"一般均衡理论"则是人类历史上最伟大的智力成就。熊彼特写道："就纯理论而言，瓦尔拉斯在我心目中是所有经济学家中最伟大的一个；他的经济均衡体系其实就是把'革命的'创造性和古典的综合性统一起来，是经济学家所写的不亚于物理学成就的唯一著作。同它比起来，那个时期以及那个时期以外的大部分著作，无论其本身多么有价值，有多大主观创造性，看上去都好像一艘巨轮旁的一叶小舟，像是力不从心的拙劣尝试，想要领悟瓦尔拉斯发现的真理的某一方面。它是经济学想要取得严密科学或精密科学资格所走道路上的显著界标，现在虽然已经过时，仍不失我们时代许多最优秀著作的后盾。"[②]

事实上，熊彼特后期的研究取向就越来越倾向于法国经济学的自然科学思维，而在很大程度上体现了对奥地利学派注重演化和主观主义的思维传统的反动。例如，熊彼特曾宣称，世界上最伟大的四个经济学家中的三位都是法国人，这就是瓦尔拉斯、古诺和魁奈，而另一位非法国人则是马歇尔。显然，这几位的研究思维恰恰都是与奥地利学派相对立的，因而熊彼特甚至被称为"奥地利学派的坏孩子"。奥地利学派主要代表之一的维塞尔就对熊彼特所试图将物理学和力学的方法应用到经济学中的"泛物理学主义"取向进行了深刻的批判，认为他受诱于方法论工具主义，而这后来为弗里德曼以及芝加哥学派的实证主义者所继承和发展。在维塞尔看来，"泛物理学主义者"没有认识到理论经济学法则的本质必然是生成—因果性质，而不是函数关系；现象的起源只有通过内省才能发现，而函数关系则意味着是同时发生的，其中不允许有时间、企业家创造性等存在。[③] 同时，由于深受剑桥学派和洛桑学派的影响，熊彼特后期对制度主义和历史主义的敌意也不断增强，如他在《经济学季刊》上就尖刻地提到施穆勒和凡勃伦的思维能力。

由此可见，熊彼特一生中接触了多种学派的分析思维，尤其倾向于接受奥

---

① 熊彼特：《经济分析史》（第3卷），朱泱等译，商务印书馆1994年版，第112页。

② 熊彼特：《经济分析史》（第3卷），朱泱等译，商务印书馆1994年版，第114页。

③ 德索托：《奥地利学派：市场秩序与企业家创造性》，朱海就译，浙江大学出版社2010年版，第69页。

地利学派之外的思想的影响，把马克思、瓦尔拉斯、德国历史学派、韦伯社会学思想以及英美传统等综合起来。因此，熊彼特的主要理论没有拘泥于传统经济学的范围，而是往往内含着迥然相异的兴趣。同时，受多种流派的影响，熊彼特一生中对经济思想史和数理分析的态度是变动的，而其学术生命旺盛期恰恰是转向数理经济学的时期，从而倾向鼓励学生将经济学数理化。在很大程度上，正是深受熊彼特的影响，他的学生萨缪尔森开辟了经济学的数理化时代，从这个角度上说，正是熊彼特的转向导致了后来经济思想史的式微。熊彼特的学术取向之所以有这样的转向，霍奇逊认为主要有两个原因：①熊彼特的性格问题，他具有思维的独立性，从而并不总是包容流行的观点。②学术环境问题，哈佛的新古典学术环境使熊彼特和帕森斯都改变了对历史主义和制度的看法，这也体现了他们内在的学术计划主义。① 进一步地，这两大原因尤其是后一原因很大程度上也是绝大多数经济学人转变对经济思想史态度的原因。

　　总之，从熊彼特的学术转向中，我们对经济思想史为何衰落以及数理经济学为何勃兴可以有更清晰的理解。事实上，20世纪下半叶以来的数量化过程滋生出强盛的自反馈效应，绝大多数经济学人只能顺应形势，接受主流范式，否则就只有选择离开经济学。英国皇家经济学会会长约翰·斯顿写道："刚开始学习经济学的学术倾向于提两个问题，第一个问题是为什么经济学家习惯于假定行为人是理性最大化的……经过两年的学习之后，就没有人再提这个问题了。那些依旧因此而困扰的人离开了这个领域，而留下来的人不再问这个问题，他们被社会化了。"② 事实上，当前学术界的一个流行语就是"形势比人强"，明知目前的研究路向存在严重问题，但"理性"的个体还是乐此不疲。这也意味着，当前的经济学教学与研究正处于一个囚徒困境中，没有一群具有高度学术理念的学人，人们在这种囚徒困境中将会越陷越深。同时，正是对这种困局的反动，2000年起，源于法国并波及世界的被称作"Post-autistic Economics"的经济学改革运动就蓬勃兴起了，该运动把脱离现实和数学形式化的新古典经济学视为"我向思考"（Autistic）的，"我向思考"的人没有能力与其他人交流，而是离群索居和自我封闭地思索，并只能集中于自身的智力体操的游戏之中。

---

①　霍奇逊：《经济学是如何忘记历史的：社会科学中的历史特性问题》，高伟等译，中国人民大学出版社2008年版，第215页。

②　贾根良、徐尚：《"经济学改革国际运动"研究》，中国人民大学出版社2009年版，第215–216页。

尾论：重申思想史的重要性

历史和思想史对任何社会科学来说都是非常重要的。其实，不同于自然过程仅仅表现为单纯的事件过程，历史过程根本上体现了反映心灵的行动过程，从而包括了思想过程的内在面。因此，英国历史学家和哲学家柯林伍德强调，一切历史都是思想的历史，历史知识就是对被囊括于现今思想之中的过去思想的重演。相应地，米塞斯也强调，"人类历史就是思想史。正是思想、理论和学说指导着人类的行为，决定了人们的目标和为达到这些目标对手段的选择。"① 同时，在人类历史中，那些能够通过对事件的观察和对社会的沉思而形成系统思想乃至理论体系的，都是人类历史上的智者，是理论界的大师。根本上，人类社会的发展不是帝王的英雄史，也不是群众的阶级史，而是大师们的思想传承史。王国维写道："无论古今东西，其国民之文化苟达一定之程度者，无不有一种之哲学。而所谓哲学家者，亦无不受国民之尊敬，而国民亦以是为重。光英吉利之历史者，非威灵顿、纳尔逊，而培根、洛克也。大德意志之名誉者，非俾斯麦、毛奇，而康德、叔本华也。即在世界所号为最实际之国民如我中国者，于《易》之太极、《洪范》之五行、《周子》之无极，伊川、晦庵之理气等，每为历代学者研究之题目。"② 陈寅恪也强调，学术的独立和更替"实系吾民族精神上生死之大事者"。③

事实上，正是基于学术的传承，叔本华传承了康德的思想，尼采传承了叔本华的思想，而福柯等又进一步发展了尼采的思想，这些思想是对人类经验的知性思维，并对后世作进一步的指导。叔本华称康德的著作是"两千年来出现于哲学上最重要的和我们又如此相近的"，并认为"谁要是向往哲学，就得亲自到原著那肃穆的圣地去找永垂不朽的大师"。④ 正因如此，在哲学思想史上，有学者强调，"超过康德，可能有新哲学，掠过康德，只能有坏哲学"。⑤ 同样，在经济学的理论发展中也是如此，它需要继承和反思，而决不能跳过斯密、穆

---

① 贾根良：《西方异端经济学主要流派研究》，中国人民大学出版社 2010 年版，第 102 页。

② 王国维：《王国维学术经典集》（上），江西人民出版社 1997 年版，第 156 页。

③ 陈寅恪：《陈寅恪学术文化随笔》，中国青年出版社 1996 年版，第 48 页。

④ 阎嘉：《洞悉人生痛苦的智者：叔本华》，四川人民出版社 1997 年版，第 63 页。

⑤ 于海：《西方社会思想史》，复旦大学出版社 1993 年版，第 4 页。

勒、马克思、马歇尔等大师，迄今为止的经济学实际上也没有跳出斯密所建立的体系。正是由于这种历史和思想史的根底，这些大师们对问题往往看得更长远、更深刻，他们在汲取古人的深邃思想的同时，在现世社会却往往显得孤独。波普尔曾写道："在我听来，我自己的声音仿佛来自遥远的过去——像是18世纪、甚至17世纪时一位充满希望的社会改革家的声音。"[①] 显然，这也是绝大多数真正学者的心态。因此，要真正理解人类社会经济的发展，就要梳理经济思想史，特别是要特别注重那些大师的思想。穆勒曾指出，"将政治经济学看作科学的一个分支是最近的事。但是它所研究的主题在各个时代却必然是人类所主要关心的事情之一，并在某些时代，是最最关心的事情"。[②]

　　然而，经济史和经济思想史在现代经济学的教学和科研中却被日益边缘化了，而新古典经济学教材逐渐支配经济学的教学。科恩就指出，20世纪90年代中期，美国最畅销的经济学教材都是新古典的，只有不到1%的学生使用非新古典经济学的经济学教科书。[③] 这对经济学的发展和经济学子的认知造成了严重的误导。基恩写道："新古典主义经济学教科书呈现的是正统经济理论的净化和不加批判的演绎，要么忽略了加总问题，要么直接与最新的研究成果相悖。使用这些教科书的课程，没有做什么去对抗这些虚假的陈述""由于经济学的这种教科书也是读之味同嚼蜡，许多学生仅仅修一门经济学基础课程，继而转向会计、金融或管理方面的专业课程，而在学习这些专业课程的时候，许多学生依然抱着其多年前所学过于简单化的概念""继续接受进一步训练的少数人，所学的是新古典经济学分析的复杂技术，很少或完全不讨论这些技术理论上是否有效。在高级课程中，大量的评判性文献被直接省略掉，同时昭然可见的逻辑缺陷又被一些似是而非的假定所掩盖。但是，多数学生之所以接受这些假定，是因为他们所受的训练使其既没有足够的文化功底，也没有足够的计量功底。"[④]

　　尤其是，在海归经济学人的影响下，中国各经济院系都以采用新古典经济学的原本教材为自豪，并通过各种学术制度来抑制其他经济学流派和经济思想

---

　　① 波普尔：《开放社会及其敌人》（第一卷），陆衡等译，中国社会科学院出版社1999年版，第二版序言。

　　② 穆勒：《政治经济学原理：及其在社会哲学上的若干应用》（上卷），赵荣潜等译，商务印书馆1991年版，第13页。

　　③ 贾根良：《西方异端经济学主要流派研究》，中国人民大学出版社2010年版，第22页。

　　④ 基恩：《经济学的真相》，霍彦立等译，电子工业出版社2015年版，第25页。

史的开设和教学。在很大程度上，经济思想史课程在当前中国经济学中之所以式微，并不是因为它不重要，而是根本上源于日益盛行的功利主义和媚俗主义学术风气；尤其是那些功利主义主导了经济学课程的设计，从而导致了经济学日益单一化、狭隘化。事实上，受某些秉承西方"主流"乃至只知其"皮毛"的海归经济学人的影响及鼓噪，中国经济学界在经济学的教学和理论研究过程中出现对经济思想史的盲目排斥。结果，在西方社会，尽管现代经济学在不断"推陈出新"，但实际上却并没有取得多少实质性的进展；而在中国经济学界，思想和理论也不同程度受到西方社会膨胀的功利主义影响，甚至连学者本身的学术理念也受到影响。

问题是，经济学科的发展果真能够做到弃旧迎新乃至日日求新吗？在很大程度上，正是由于对学说史的抛弃，现代主流经济学的理论发展就缺乏了坚实的根基。结果，尽管现代主流经济学的分析范式如日中天，主流经济学人也大肆鼓吹其研究方法的科学性；但近半个世纪以来，主流经济学理论在对社会经济现象的认识上并没有取得多少实质性的增进，乃至整体经济学进入了不思不想的时代。显然，要解决现代经济学的困境，关键还在于创新重视经济史和思想史的研究。舒尔茨曾指出，"大家都知道我们作出准确预测的能力相当有限，但这也并不意味着经济学知识百无一用"，而"为了拓展和提高理论有用程度的可能办法，我们必须加强其历史基础"。[1]

事实上，任何经济学理论都是基于特定的历史，不仅经济学理论的发展必须与历史实践结合起来，对历史的研究也必须有经济学理论的指导。在很大程度上，正是缺乏经济思想史的知识，我们不能全面地认识课堂上所学的经济理论。基恩写道："当今学经济学的学生文化功底不够，是因为经济教育回避了经济思想史的学习。即便偶然接触一下经济思想史的文献，也会让学生对一些对正统经济学的批判性观点所有了解，但学生眼下根本没有这种接触机会。当今学经济学的学生计量功底不够，是因为导致经济学知识缺陷的材料很复杂。弄懂这方面的原始资料文献，需要熟悉数学的一些十分困难的领域——概念，而要弄懂这些概念，可能需要长达两年的大学数学训练""经济学学生硕士或博士毕业，抱着不加评判和质疑的信条即经济分析的基础是牢靠的，不了解所修学科的思想史，所掌握的数学方法既妨碍其对经济学的批评性理解，也削弱

---

[1] 舒尔茨：《报酬递增的源泉》，姚志勇译，北京大学出版社 2001 年版，第 21 页。

了他们了解数学和其他科学最新进展的能力。"[①] 当然，要真正重视经济思想史的学者，从而扭转当前的经济学困境，不仅需要出现一群以学术探究为志业的青年学子，更需要一批注重学术底蕴的教育当政者。

---

① 基恩:《经济学的真相》，霍彦立等译，电子工业出版社 2015 年版，第 26-27 页。

第4篇

以契合思维构建合理的人性假设

基于不同的先验假设，西方社会对人性及行为机理往往存在两种截然不同的理解：①主流经济学把个体行为视为完全不受社会环境的影响和制约，从而具有强烈的个人主义和普遍主义特征，并由此发展出了"经济人"假设。②社会学、伦理学等学科则把个体行为视为严格受制于社会环境，从而具有浓厚的群体主义和特殊主义特征，并由此发展出了"社会人"或"道德人"假设。显然，这两类认知都存在片面性：①社会学等学科由于在对现实社会中具体行为作分析时存在"社会化过度"或"嵌入过度"现象，从而往往无法获得一般性的理论。②就现代主流经济学由于热衷于在"象牙塔"中推测人类一般行为及相应的社会现象而存在严重的"社会化不足"或"嵌入性不足"现象，从而无法真正认识丰富多样的现实世界。

根本上，当前西方"分立"的社会科学之所以暴露出严重的片面性，就在于它们都依赖于非常片面的引导假定：①社会学等学科偏重于人的社会性，并基于具体的社会关系分析伦理行为，却忽视人内心深处的幽暗意识。②经济学则凸显出人的动物性本能，并基于"有限理性"作孤立的行为分析，却置人性不断发展的超越意识于不顾。显然，社会科学要发展成熟进而获得统一性的认识，关键就在于要确立一个合理的人性假设。相应地，这就需要将社会科学各分支中基于不同角度的人性认知加以萃取、提炼和综合，由此也就可以将西方学术关注的动物性本能与儒家学说阐述的亲社会性结合起来。为此，本篇基于奥卡姆剃刀原则并沿着知识契合的路径对作为现代经济学硬核的经济人假设展开反思和修正，进而为现代经济学奠定合理的人性假设。

反思和发展经济人假设的契合路径：

来自社会科学其他学科的观点

> **导 读**
>
> 　　社会科学各分支所关注的都是人类行为互动及其衍生出的社会现象，都涉及人类意向性及其行为机理的基础认知，因而人性假设也就成了社会科学所有分支的核心假设。但长期以来，基于不同的研究视角，社会科学各分支的人性假设却存在很大的差异，甚至是对立的。显然，要构建统一的社会科学，就有必要对这些差异性的人性假设进行契合。就现代经济学的发展而言，由于经济人假设具有明显的非现实性，这就需要充分借鉴社会科学其他分支的研究视角和分析思维。不幸的是，尽管经济学帝国主义的发展在一定程度上也促进了社会科学各分支之间的交流，但它推动的契合路径却是单方向的，从而并没有深化人们对社会现象的认知，由此也就有必要对这种契合路径重新进行审视。

一 引言

　　理论或学说体系的合理性根本上取决于其核心假设的真实性或现实性（以及逻辑关系的严密性或自洽性），能够深入到事物的内在结构和本体。相应地，社会科学理论要取得发展和进步，根本上也就在于，它的核心假设与长期演变的社会实践保持历史和逻辑的一致，进而能够体现出社会事物的本体特征。就经济学而言，作为其理论硬核的人性假设就应该体现出人们不断提升的社会性偏好和需求，反映人类日益增强的亲社会性。事实上，在人类社会生活日趋有机统一的今天，现代经济学所涉及的内容几乎扩散到所有的生活世界，而生活世界中的人类互动行为与偏重于征服、改造和利用自然的经济人行为之间却存在明显差异。因此，就有必要全面重新考察真实世界中的人性及其行为机理，通过修正和完善作为核心假设的人性认知来审视和推动现代经济学的理论发展。

同时，要修正和完善人性假设，关键就在于，充分契合社会科学各分支所积累的理论知识和研究思维。休谟指出，"在人性中间，任何一个关系决不能单独地产生任何行为。"[1]事实上，尽管社会科学各分支所研究的主要对象有所差异，但在研究视角和研究方法上却可以相互借鉴和补充；而且，只有这样，才能为共同的人类行为勾勒出一个清晰和全面的图像。尤其是，长期以来偏重于抽象化路径的现代经济学，更需要借鉴和吸收社会科学其他分支的研究思维，由此来提升其理论的现实性。在很大程度上，重新将经济学、伦理学以及社会科学其他分支中有关人类行为的观点及其相互协调性统一起来，这不仅是经济学理论发展的基本路径，而且也是深化人类行为研究以及完善社会制度的必然要求。因此，本章尝试就人性假设修正和发展的契合路径做一剖析。

 ## 二 基于社会科学相契合的人性审视

众所周知，社会科学所有分支学科的研究对象都是相互联系且具有共同特性的社会现象，这种社会现象根本上是人类互动的产物，而不同于私人领域中的孤立行为或工程学领域的资源配置方式。涂尔干指出，"'社会的'一词只有用来表示一种综合的现象，一种与已经形成的个体现象相脱离，才有确定的意义"。[2]在很大程度上，具体社会关系下的人性及其行为方式就是社会科学所有分支所共同关注的，它们都以特定的人性假设作为理论基础和分析前提。王海明说："因为人性与其他任何具有多层次本性的复杂事物一样，都是若干门不同科学的研究对象，而绝非一门学科的研究对象。"[3]

然而，尽管社会科学各分支都关注人性及其行为机理，但长期以来，由于观察视角的差异又形成了不同的甚至是对立的人性观。例如，道德人与经济人的对立、社会人与原子人的对立等。在这种情况下，要获得深入而全面的人性认知，就需要拥有广泛的知识结构，必须对社会科学各分支所提供的不同认知

① 休谟：《人性论》（下册），关文运译，商务印书馆1997年版，第506页。

② 涂尔干（又译迪尔凯姆）：《社会学方法的规则》，华夏出版社1999年版，第5页。

③ 王海明：《人性论》，商务印书馆2005年版，第8页。

加以统合。其实，经济学帝国主义的代表人物波斯纳也承认，"一个人所受的经济学训练对于他们对人类学现象的经济分析来讲，可能比其人类学方面的训练对于这些分析更不相干；或者也许经济学理论比我们所称的人类学的知识体系更为严密；或者仅仅是因为，一个特定的人类学家（对经济学）比一个特定的经济学家（对人类学）具有更多的窍门。只是由于有人以为中世纪的方式将经济学界定为由特定行会（经济学博士行会）所从事的工作，人们才得出这样的结论：由法学家所研究的法律经济学和由历史学家所研究的历史经济学都不可能是'真正'的经济学"。①

一般地，伦理学关注公正性和道德判断，法学强调合理价值和程序正义，历史学注重事件溯源和社会背景，生物学分析有机体演化和本能冲动，心理学着眼于动机的内省和行为的观察，人类学探究社会性的演化和行为的文化背景，社会学剖析首属群体及其角色行为，而政治学则是考虑阶层力量和权力制约。显然，所有这些学科之间都是相互联系的。譬如，新古典经济学对现状的分析是基于供求的力量博弈，而这本身就反映了政治学中的权力问题；同时，要进一步考虑这种权力是如何形成的，就必须进一步挖掘影响供求的因素；进而，这又必然会涉及社会结构以及历史演化等，而从历史演化中又可以进一步揭示伦理的形成和心理的变化。因此，作为研究"人"这一共同对象的社会科学，只有对社会科学各分支所积累的知识进行有机的契合，经济学乃至整个社会科学才有可能真正迈向成熟。

同时，包括经济学在内的社会科学要不断发展和成熟，关键就在于，不能先验地设定一个静态的抽象假设，更不能是基于不同的先验视角而确立多样且不可通约的人性假设；相反，要在纷繁芜杂的具体社会现象中辨识真实人性，进而通过各个层面认知的契合而提炼出一般性的行为机理。休谟指出，"一切科学对于人性总是或多或少地有些关系，任何学科不论似乎与人性离得多远，他们总是会通过这样或那样的途径回到人性""一旦被掌握了人性以后，我们在其他各方面就有希望轻而易举地取得胜利了"；"因此，在试图说明人性的原理的时候，我们实际上就是在提出一个建立在几乎是全新的基础上的完整的科学体系，而这个基础也正是一切科学唯一稳固的基础"。②

关于各个学科对人性认知的侧面及其对认知契合的意义，我们也可以看下康芒斯的分析："有关人性的科学为经济学说提供了愈来愈多的根据，这些科

---

① 波斯纳：《法律的经济分析》，中国大百科全书出版社 1997 年版，第 903 页。

② 休谟：《人性论》，关文运译，商务印书馆 1980 年版，第 6-8 页。

学既涉及了物性，也涉及了人性。从某一方面来说，经济体现了人与大自然的关系，另一方面它又体现了人与人的关系。第一种情况指的是工程经济学；第二种情况指的是商业经济学和政治经济学。工程经济学为我们提供了有关财富生产、交换和消费的学说，商业经济学和政治经济学则为我们提供了形形色色的不同专业的学说。心理学既探讨人与大自然的关系，也探讨人与人之间的关系，包括人的感觉、智慧和意志，人的劝说和强迫，人的命令和服从。这一切与道德学或伦理学是联系在一起的，后者研究人在利用大自然或与其他人发生关系时所表现出的好坏、善恶、正确错误的态度。这又导致对法学的研究，法学研究的是财产的权利、义务和责任，也研究统治权的权力和责任，而这又是人与人之间的关系问题。最后还是政治学，它研究群众运动和群众心理，按照伦理学、政治学和经济学的概念，群众运动和群众心理定义、制定和加强私人权利和政府的责任。"[①]

当然，随着实证主义科学的兴起及其在社会科学中的渗透，就出现了逻辑实证主义、道德实证主义、实证主义法学等思潮，乃至实证分析也在经济学中迅速流行并日益偏盛。在很大程度上，实证体现了现状如何的描述，而现状往往又是力量互动的结果，经济学的供求逻辑更是提供了探究力量互动均衡的分析框架，因此，现代经济学的分析范式就被拓展到社会科学其他学科之中。但与此同时，这也带来了两大问题：①现状往往是时点性的，相应地，经济学对现状的分析根本上就是静态的，并必然体现为强者的利益；②人类社会本质上却是动态的，具有持续发展和变动性，社会中各种力量之间的对比结构也是此消彼长。相应地，如果我们仅仅停留在供求关系的分析上，就无法预测事物的动态发展；相反，要能够进行预测，就必须探究供求关系的变化规律，揭示事物表象背后引导其发展的奇怪吸引子。显然，引导事物发展的奇怪吸引子也就是事物的本质。因此，要真正了解经济现象并洞悉其发展趋势，就必须深入到事物的本质，而当前这种着眼于事物表象的现代主流经济学显然难担此重任。

事实上，现代经济学理论发展的关键，不在于它如何将其肤浅而僵化的研究范式拓广到多么广大的领域，也不在于它致力于拓展其"殖民地"以构建出虚幻的"帝国"；而是在于它能否积极地吸收社会学科其他分支所积累的知识，能否将各学科的理论有机契合而形成更具生命力和解释力的分析框架。同时，由于人性假设是所有社会科学的核心假设，是分析其他社会现象的基石。

---

① 康芒斯：《资本主义的法律基础》，寿勉成译，商务印书馆 2006 年版，第 5—6 页。

因此，社会科学各分支之间的契合要实现浑然一体，关键在于人性认知上的契合，要形成真正有生命力的人性观。显然，要丰富和完善经济学中的抽象人性观，并不是简单而机械地照搬社会学中的社会人或者伦理学的道德人等。根本上，这种照搬主义就像现代主流经济学照搬心理学中的动物人一样，都是片面的。这就像现代主流经济学将源于人利用自然的工具理性机械地搬到人与人的互动行为中，从而导致了经济学的理论与现实之间出现越来越大的脱节；同样，简单地将社会学、生物学或者伦理学的行为特征和要求简单地搬到经济学的研究领域中，也必然会引发制度的缺失等问题。

因此，真正的契合要注重知识的全面性和综合性，任何单方向的知识扩张都是片面的，从而也就存有缺陷。一方面，如果对经济学的相关知识所知甚浅而又热衷用社会科学其他分支的"瓶"来装经济学的"酒"就会出现漫溢的现象，而无法看到酒瓶的底，从而对一些社会现象无法深刻揭示其内在的微观机理。譬如，将伦理学中对纯粹利他主义的道德人的行为要求搬到经济领域就会产生出堂吉诃德式的行为。正如波普克（Popke）所说的，一种"对经济毫无所知的伦理主义"会对经济提出无法满足的要求 [①]，也会导致社会经济行为无法充分展开。另一方面，如果对社会科学其他分支的知识所知甚浅而又热衷用经济学的"瓶"来装社会科学其他分支的"酒"就会出现半瓶子摇晃的现象，而只看到很少的酒，从而导致对很多具体现象都无法得到充足的解释。譬如，具有不同文化背景的个体行为为何往往体现出明显差异呢？同一个体在面对不同对象时所采取的行动为何又有所不同呢？正如亚瑟·里奇指出的，"经济上不合理的东西不可能真正是人道主义的，而与人类正义相冲突的东西也不可能真正是经济上合理的"。 [②]

一般地，两个不同的视角和学科之间往往可以相互印对，从其他学科的视角更容易发现自身的问题。关于这一点，我们可以借鉴麦金太尔的态度，他在面临各种相互对立的德性和正义解释之间的争论时说："一个传统可以合理地表明它自己的正义解释优于另一种传统的正义解释，但不是诉诸某种独立于传统之外的中立标准，而是通过展示一种向其他传统学习，并理解它自身迄今为止的解释所存在的不充分性或错误这一优越能力，来证明这一点，这种优越性是按照它自己的标准来判断的，也是以其他对立传统所提供的方式来达成

---

① 戴木禾：《管理的伦理法则》，江西人民出版社 2001 年版，第 25 页。

② 恩德勒：《面向行动的经济伦理学》，高国希等译，上海社会科学院出版社 2002 年版，第 38 页。

的。"①在很大程度上，笔者致力于从其他学科来审视和剖析经济学的现状及问题，主要目的也正在于推动理论经济学的进步。尤其是，经济学与社会科学其他分支之间具有极强的互补性：社会科学其他分支的理论及其对社会现象的观察往往是宏观性的，它们对宏观问题剖析得更为细微；经济学则着眼于微观动机，试图为宏观现象寻找微观的行为基础。

一方面，社会学、政治学、人类学等学科都热衷于解释宏观现象，探究宏观的社会规律，并为之提供因果关系、功能关系或结构关系的解释。然而，由于社会宏观层次的因果规律往往是松散的，体现了某种趋势或体现为某种统计规律，因而往往缺少某种说服力。正因如此，社会现象之间的因果关系就必须进一步依据对个体行为的微观分析来夯实理论基础。而且，社会现象间的因果性往往不可避免地要通过社会结构中的个体行为来实现，而揭示微观行为机理正是经济学研究的根本特色。基于这个角度，笔者认为，经济学可以为社会科学的契合提供一个基本的分析框架。譬如，就家庭组织而言，社会学可能更注重于家庭在社会中的整合功能，即它是如何维护社会稳定的；但是，经济学更关心家庭成员的行为，这些行为如何导致家庭的形成以及结构的演变。

另一方面，我们对社会现象的分析也不能局限于对那些确定性规则或规律的揭示，不仅要探究一般性原理，而且要能够对具体的例外性提供解释和分析。为此，对微观行为的分析就要避免过度的抽象，应该关注特定环境下的具体行为；相应地，这就必须结合社会科学其他分支的知识和思维。譬如，对家庭成员行为的分析，就不应该基于经济学帝国主义者所使用那种经济人模型，而是应该置于特定的时空背景和社会文化下，分析家庭成员如何就生育、生产、情爱以及保障等方面展开合作，人类需求的变化如何导致这些领域的变化乃至导致家庭结构的嬗变。

阿德勒曾指出，"过分地自以为是和骄傲自大不可能探讨人性的科学。相反，对它的理解要求人们使用某种谦虚的态度。人性问题向我们提出了一个巨大的任务，对它的解决是自古以来我们人类文化追求的目标"。②显然，现代主流经济学对人性的认知来源于对人动物性本能的极端抽象，并试图以此来推广到其他领域，这就犯了自以为是和骄傲自大的错误。其实，自古以来，"人"都是学术界关注的中心，经济学对人性的认识也是来自社会科学其他分支。华

---

① 麦金太尔：《三种对立的道德探究观》，万俊人等译，中国社会科学出版社 1999 年版，中文版导论。

② 阿德勒：《理解人性》，国际文化出版公司 2000 年版，第 1 页。

勒斯坦说："我们能够对人类的本性、人类彼此之间的关系、人类与各种精神力量的关系以及他们所创造并生活于其间的社会制度进行理智的反思，这一想法至少同有记载的历史一样古老。"①

一方面，人类行为不是抽象的、静态的，而是深受社会的、心理的、文化的、历史的、制度的、政治的乃至生理的各种因素的影响，因而作为理论基础的人性假设也必须契合社会科学各分支的知识。譬如，就经济学和心理学的关系而言，心理学就是探究如何解释人类行为的学科，经济学则是处理市场行为的学科。所以，金迪斯写道："行为科学包括经济学、生物学、人类学、社会学、心理学和政治科学，而且还包括它们的分支学科，如神经科学、考古学和古生物学等，收窄一点上讲，应该包括历史、法学和哲学等相关学科。（尽管）这些学科具有许多不同的关注，但每个都包括了个人行为的模型。（不幸的是）这些模型不仅是不同的，这可以从它们不同的解释目标上获得预期，而且是不相容的"，以致目前那些被视为"真科学的现状是远非可信的"；事实上，"20世纪科学的一项伟大成就就是物理学、化学和天文学等在基本粒子和时空结构的共同模型上取得了无缝一体化"，相应地，"所有包含个人行为模型的行为科学也应该相容，至少应该建立在一个共同的基本模型之上"。②

另一方面，从思想史角度看，真实人性的挖掘一直是经济学大师所关注的焦点，他们往往借鉴其他学科的知识来剖析具体社会关系中的人类行为。以斯密的人性论为例，长期以来都认为斯密学说存在着两种人性假设：基于利己的经济人和基于同情的道德人。但实际上，同情心和自利是可以统一的，其基础就是"克己"。一般地，在道德界，"克己"表现为同情心，目的是"义以生利"；而在经济界，"自爱"引导的自利也不是损人的自利，它要求"见利思义"，这是一切经济活动的必要条件。也就是说，斯密的伦理学和经济学统一于相同的自主或自助的原则，在经济学中是通过自由放任的竞争来表现的，而在伦理学中是通过相互关怀得到体现的，两者可以通过"克己"达到统一。因此，在斯密那里，"自利"和"利他"原本只是人性之二重性事实的真实反映，经济人与道德人都只是人性的一个方面。而且，这种内含了伦理的人性观在西斯蒙第、穆勒、马克思等的著作中一再得到体现，特别是，20世纪下半叶以来，随着人本主义心理论、人本主义经济学的兴起，这种内涵了伦理的人性观

---

① 华勒斯坦：《开放社会科学》，生活·读书·新知三联书店1997年版，第3页。

② Gintis H., 2007, A Framework for the Unification of the Behavioral Sciences, Behavior and Brain Sciences, (30): 1–61.

又开始受到越来越广泛的关注。

不幸的是，随着功利主义的盛行以及学科的分化，自利人或经济人就逐渐成为经济学的核心假设。相应地，现代主流经济学的经济人假设与社会科学其他分支的人性假设之间就存在明显的割裂，以致经济学日益成为一门脱离现实因素的抽象逻辑。现代主流经济学之所以接受脱离现实的经济人假设，一个重要原因就在于，现代经济学家深受自然科学原理与方法的影响，产生了通过自然科学的研究可以了解人性的错觉。柯林伍德指出，人性研究的破产，其唯一的解释便是由于那些思想家犯了方法论上的错误：他们将自然科学的方法运用到它不能也不应运用到的人类身上。[①] 同样，康芒斯也指出："企图避开人的意志，因为意志是内在的、变幻莫测的和不受法律拘束的，所以应该把经济学变成类似化学、物理或生理学等自然科学"，但是，现代"心理学、伦理学、法律学和政治学等研究人性的科学为我们提供了更多关于人类意志的知识，于是就开始发觉意志并不处于一种不可知的反复无常的状态，意志仅仅存在于人的行为之中，并且，这种行为已经开始形成它自己的自然法则"。[②]

问题是，现代主流经济学的这种抽象化研究果真有助于对那些属于非纯粹工程学的其他社会经济现象进行分析吗？其实，研究方法和研究对象是相辅相成的，现代主流经济学的研究方法所对应的是人控制自然物的关系领域，社会科学其他分支则主要研究人与人之间互动的关系领域。试想，如果经济学希望作此研究领域的拓展，难道可以墨守原先的研究方法而无须自我调整吗？难道不应该积极吸收社会科学其他分支的思想吗？显然，作为为实践服务的经济理论，它不应该是让人类去遵循动物的生存法则，而是要努力揭示人类进行合作的内在行为机理。那么，我们如何探求这种行为机理呢？整体而言，社会科学各分支大多基于人类的社会性并从不同侧面对人类行为加以剖析：心理学是分析人的心理活动的形成过程，人类学考察的是族群的发展和人类的演化，法律则往往基于人类的长期伦理道德的培育来剖析法制的实质，经济学则关注因经济利益而发生的社会互动，等等。即使在追求经济利益的过程中，人们所展示的行为也不只是动物性的，而是或多或少地都打上了某种社会性因素。例如，福山指出，"人类的经济生活其实是根植于他们的社会生活之上，不能将经济活动从它所发生的社会里抽出来，和该社会的风俗、道德、习惯分别

---

① 余英时：《文史传统与文化重建》，生活·读书·新知三联书店 2004 年版，第 3 页。

② 康芒斯：《资本主义的法律基础》，寿勉成译，商务印书馆 2003 年版，第 5 页。

处理"。[①] 因此，经济学的人性假设要获得不断修正和完善，就需要充分汲取社会科学其他分支对人性研究所积累的知识。

可见，完善和修正现代主流经济学中的经济人假设是重要的，其基本途径就在于，积极借鉴和吸收生物学、心理学、人类学、伦理学以及社会学等其他社会科学领域的分析视角和所积累的理论成果，努力使各领域有关人类行为的不同假设得到充分的契合以形成与现实不断接近的人性观。事实上，经济学要跳出传统的狭隘领域而探究具体社会关系下的人类行为，不仅要照搬自然科学中积累的有关人处理自然物的知识和理论，更重要的是要借鉴社会科学其他分支中有关人与人互动的知识和理论，实现经济学与自然科学以及社会科学其他各分支之间多层次的有机契合。一方面，只有借鉴自然科学的一些思维逻辑和分析工具，经济学才可以跳出对经验事实的具体感性认识而上升到理论层次，才可以真正提炼出具体社会关系下的一般人类行为机理，从而实现经济学理论与逻辑推理的一致性；另一方面，只有通过与社会学科其他分支的知识契合，经济学中的人性假设才不至于远远脱离现实，才可以包含更为广泛的人性内涵，从而实现经济学理论与社会历史之间的逻辑一致性。

三　经济人分析范式的单向扩张及其问题

经济学的发展需要基于契合的途径，而目前经济学与社会科学其他分支之间也呈现出越来越明显的融合趋势。问题是，这种融合趋势主要体现在研究内容上的交叉，而在研究方法上却呈现出单向扩张的势头。其中，典型表现为，现代主流经济学极力将其研究方法拓展到社会科学其他分支学科中。例如，贝克尔指出，"经济学之所以有别于其他社会科学而成为一门学科，关键所在不是它的研究对象，而是它的分析方法……经济分析是最有说服力的工具，它能对各种各样的人类行为做出一种统一的解释"；而且，在贝克尔看来，"最大化行为、市场均衡和偏好稳定的综合假定及其不折不扣地运用便构成了经济分析的核心"。在主流经济学人看来，不仅合理的研究方法是经济学科发展的重要基础，而且，这种合理的方法在经济学领域首先形成并适用于其他所有社会科学领域。为此，贝克尔强调，"经济分析是一种统一的方法，适用于解释全部

---

①　福山：《信任：社会道德与繁荣的创造》，李宛蓉译，远方出版社1998年版，第20页。

人类行为"。① 这就是当前日益偏盛的"经济学帝国主义"。

然而,经济学帝国主义的发展至今却似乎并不成功,因为它并没有促进经济理论本身的进步,反而自曝其短,从而也就面临着越来越多的批评。为什么呢?究其原因就在于,合理的契合是多层次的和多维度的,抽象化过度的现代经济学尤其要借鉴社会科学其他分支的思维、视角和理论来完善和修正自身;但是,经济学帝国主义所展示的契合却是单方向和一维度的,它不是向社会科学其他分支汲取营养以充实和完善自身,而是将自身的研究思维单方向地推广到社会学科其他分支以实现领地的扩张。罗恩·斯坦费尔德就指出,新古典经济理论已经成为多数经济学家都接受的范式,这种范式已经成为多数经济学家的一种共同语言,一种在理想境界里交流的工具。事实上,如果按照经济学帝国主义的理解,社会科学领域不再需要其他分支学科存在,而仅仅只需要存在一种学科——经济学,或者仅仅需要存在以"最大化行为、市场均衡和偏好稳定的综合假定"为分析法的社会学。

正是由于经济学帝国主义运动单向度地拓展现代主流经济学的分析思维,这就导致经济学与社会现实和普罗大众发生进一步的脱节,进而也就根本无法提升人们对现实社会的认知。尤其是,理性经济人分析框架根基于行为功利主义哲学,它往往只是考虑局部情形或者一次性的行为结果,从而也就根本认不清复杂的社会经济现象。相应地,尽管经济学帝国主义启动之初似乎带来了一股热潮,但很快这一雄心就开始受到各方面的质疑和抵制。例如,格兰诺维特写道:"把社会学和社会学研究的主题放入个人的理性行为框架是错误的。其错误就在于新古典经济学的方法论基础和思维基础太窄了,甚至对于那些据认为本该由经济学来解释的事情也过于太窄了。生产、消费和分配中所发生的事情都受到嵌入在社会关系中的人的极大影响。如果说,那正是经济学理论的核心内容之所在,那么我认为,很容易就能表明,像婚姻、离异、犯罪和其他所有由社会学家研究的命题就更是这样了。我将所有的精力都集中于生产、商品和服务这类经济学硬核的原因,部分是论战性的。因为在我看来,如果我们能表明经济学帝国主义者连他们自己领域里的问题都处理不好,那么很显然,对他们领域之外、传统的社会学领域之内的问题当然会更觉吃力。"②

首先,理性经济人本身就是象牙塔里的构想,基于成本—收益的分析逻辑

---

① 贝克尔:《人类行为的经济分析》,王业宇等译,上海三联书店、上海人民出版社1995年版,第7–8页。

② 斯威德伯格:《经济学与社会学》,安佳译,商务印书馆2003年版,第142–143页。

也并不符合现实。例如，就交通规则而言，只要人们沿着相同的边侧（左侧或右侧）行使，就能保障道路通畅；而究竟以哪侧为行使规则则主要由习惯或法规决定，即这些规则原本是基于习惯。当然，一旦这种制度开始形成，就会有强大的自我发展生命力，从而很难改变。为此，现代主流经济学家就根据新古典经济学的收益—成本提供了这样一种解释：早先的骑士是佩刀的，靠左行驶是为了便于在与敌人相遇时快速攻击；而后来随着枪支取代了刀，于是就开始靠右行了，因为这样更方便。然而，历史演化却完全不是这样：在法国大革命之前，法国及欧洲其他许多地区的马车按习俗是靠左行驶的，而行人面对行驶而来的马车是靠右行驶的；相应地，靠左走就与特权阶级相联系，而靠右则被认为更为"民主"。因此，法国大革命之后，这一惯例因象征性原因就被改变了。后来，随着拿破仑军队的扩展而移植到他占领的一些国家，并形成了自西向东的扩散：如西班牙就较早地实行向右行驶的规则，"一战"后与之接壤的葡萄牙开始实行，奥地利也自西向东地一个省一个省地转变一直持续到1938年德奥合并，同时期的匈牙利和捷克斯洛伐克也开始了被迫转变，到1967年瑞典成为欧洲大陆上最后一个靠左改为靠右行驶的国家。①

其次，不仅基于成本—收益的经济解释并不合理，而且由此引导的经济人行为也会出现荒谬的结果。这里以受到理性选择分析侵蚀比较严重的政治科学为例。格林和沙皮罗写道："一方面，理性选择模式的理论推敲过程，取得了巨大的进展。分析上所遇到的巨大的挑战吸引了大量的一流学者；其结果，理性选择理论的发展越来越复杂，且具有狡辩性。另一方面，理性选择模式在经验上应用成功的事例屈指可数。大多数早期的理性选择著作，不是压根儿没有经验性研究，就是只是粗糙的或印象式的"，"大多数理性选择理论的许多缺陷来源于这些理论所具有的封闭和内向的特征。理性选择理论化太多地依靠其内行之间的争论来推动，太少地依赖于社会科学家传统上试图理解的政治现象。"譬如，"我们对选民投票参与、集体行动、立法行动和选举竞争者方面文献的评议表明，理性选择理论在这些方面的经验性贡献是微乎其微的，而且它也远比人们围绕理性选择运动所期望的神秘性和方法论上的大肆夸耀谨慎得多。"②正因如此，"象牙塔式"的抽象分析根本就不能直接用于社会实践，这也是为

① H.P.扬：《个人策略与社会结构：制度的演化理论》，上海三联书店、上海人民出版社2004年版，第19页。

② 格林、沙皮罗：《理性选择理论的病变：政治学运用批判》，广西师范大学出版社2004年版，序言、第242页。

什么经济学在西方往往被视为一门艺术（arts）而不是科学的原因，这其实是把经济学的研究仅限制在"工程分支"上。[1]

再次，用理性经济人思维来指导人类社会的实践，还会造成社会经济的更加混乱。事实上，社会学家怀特指出，"在商学院多数人的眼中，微观经济学显而易见与可观察到的商业行为无关"，并认为"社会学非常适应商学院的人……（并且）商学院是社会学家理所应当任职的地方，对商学院的人来说，社会学是社会科学的基本知识"。但是，正如怀特指出的，"让我感到沮丧的一件事情是，经济学家进入商学院的人数也在增加。我感到相当程度的震惊是因为我一直在和高层商业人士来往，但我没有见过任何人真正注意过经济学的成就，他们对经济学——或许是接近计量学的'预测'采取的是参考态度"。一些学者和评论家就强调，以主流的新古典经济学指导的 MBA 实在是"将一个错误的理论强加在一个错误的人身上"；因为尽管"经济学是一个有许多应用领域的大专业，但总的来看，甚至没有几位经济学家认为花点时间和精力走出去，看看外面的世界是合情合理的事"，例如"鲍莫尔在其具备科学潜质的市场交互理论的发展过程中，因涉入了新古典理论而停滞不前"。[2] 试想：一个已经养成了处理人与物之间关系的惯性思维的人（这是自然科学的主要思维，因为目前来接受 MBA 教育的人大多是理工科的学生）在形式主义地接受几个简单的经济学术语、行为假设以及由此推延出的一些基本公理和一些过时的案例后，就来处理完全涉及人与人之间关系的经济事务，那后果将是如何呢？只要看一下目前美国在所谓的第一位获得哈佛商学院 MBA 学位的布什总统领导下的现状，就可想而知了。

最后，现代主流经济学的单方向扩张也使得经济学离社会科学其他分支越来越远，从而引起其他学科学者的群起反对。而且，即使在经济学科内部，对经济学帝国主义持非议的学者也大有人在。例如，公共选择的代表人物丹尼斯·缪勒就客观地评价公共选择理论对政治领域的"入侵"："政治科学家对作为选民和政客的看法，总的来说与公共选择中假定的很不一样。这些角色在其中相互作用的环境通常被假定拥有某种制度上的丰富内容，这些内容也许远远超出了这些抽象模型所隐含的意义。在许多政治科学家来看，公共选择的各种

---

① 科兰德：《通过数字建立的经济学的艺术》，载巴克豪斯：《经济学方法论的新趋势》，张大宝等译，经济科学出版社 2000 年版，第 46—66 页。

② 斯威德伯格：《经济学与社会学》，安佳译，商务印书馆 2003 年版，第 108、123 页。

模型不过是一幅天真的政治行为漫画罢了。"[①]再如，诺贝尔经济学奖得主阿罗也写道："我喜欢见到的经济学和社会学之间的关系的表达方式与我所见到的贝克尔的东西完全不同。我实际上没有打算阅读贝克尔写的所有东西。但我认为，用一个笼统的'经济学'字眼试图将所有的社会之间相互作用解释成经济的相互作用，只说明了问题的一个方面。问题的另一个方面是，大多数条件下发生的经济交易本质上是社会的和历史的。"[②]

其实，现代主流经济学盲目追随自然科学的取向本身就是误导性的。H. 米勒写道："追随一个取材于自然科学的理论假设模式：理论的建立基于少数基本设想，它的内容应该简洁精确，以便在现实中得到检验"；但是，由于"这些检验只能暂时证明或者反驳这个理论，所有证明都是暂时的，因为不能排除将来某一个试验的结果可能会推翻这个理论。所以对科学家们提出的要求非常苛刻，他们必须竭尽全力'装点'自己的假设"。[③]在很大程度上，正是对自然科学研究方法的追随，现代主流经济学日益步入一个形式化的路径，并已经出现了理论与现实之间的种种悖论，甚至也已经导致了理论发展的停滞。同时，经济学家却不愿效仿自然科学家对其假设进行反思，并且是不断增设"保护带"，使理论越来越缺乏可证伪性。例如，现代主流经济学中的经济人假设和完全信息假设都是"象牙塔式"思维的产物，都是不可证伪的。所以，巴奇霍特不止一次地强调，"（流行的）政治经济学不是谈论真正的人，而是谈论假想的人；不是谈论我们看到的人，而是为了方便谈论我们以为是的那种人"。[④]

同时，正是由于现代主流经济学与实际经济生活和其他科学发展之间的联系出现了断裂，经济学能够在孤立的环境下不断地再生产，而不发生任何变化，这又进一步促使了现代主流经济学和社会科学其他分支之间的人为分离。基于这种经验和教训，经济学的发展就必须充分借鉴社会学科其他分支的分析视角，充分吸收其他学科的最新理论。事实上，经济学所关注的不应是集中于一个抽象的物理世界，更应该关注一个真实的人；因此，我们应该研究的是那些既可以用"社会眼光"也可以用"经济眼光"来审视的共同对象，这也

---

① 缪勒：《公共选择》，王诚译，上海三联书店 1993 年版，第 5 页。

② 斯威德伯格：《经济学与社会学》，安佳译，商务印书馆 2003 年版，第 184 页。

③ H. 米勒：《文明的共存：对塞缪尔·亨廷顿"文明冲突论"的批判》，郦红等译，新华出版社 2002 年版，第 15 页。

④ 党国英、刘惠：《纪念一百年前的经济学方法大论战》，载 J.N. 凯恩斯：《政治经济学的范围与方法》，华夏出版社 2001 年版。

为众多经济学大师所阐述。关于这一点，我们从经济学说史中举一些例子加以佐证。

[例1] 作为新古典经济学的先驱之一，内维尔·凯恩斯一方面认为，理论科学（他称为实证科学）和应用科学之间是有区别的，科学的功能不在于研究的伦理判断，政治经济学原理的讨论越能独立于伦理和现实方面的考虑，这门学科就越能尽快走出争论阶段，因此政治经济学作为实证科学可以说独立于伦理学；但另一方面，他又强调，由于人的经济活动部分地取决于道德的因素，在实证经济科学中考虑道德动机的作用是必要的，因而"政治经济学也可以承认经济世界中道德动机的作用而不成为一个伦理科学"。[1] 显然，内维尔·凯恩斯在这里其实是在表达政治经济学和西方经济学研究上的适当分工，而且，他还强调，涉及人的行为，解决实际问题的办法就必须考虑伦理方面的因素；因为，"无疑，政治经济学与心理学的关系，要比它与物理科学的关系更近一些"。[2]

[例2] 作为经济学抽象化发展的早期推动者，约翰·穆勒也指出，政治经济学从未自称只凭它本身理论而不靠其他的帮助就能给人类以指导，虽然那些只懂政治经济学而不懂别的东西的人承担了指导人们的责任，他们也只能提供有限的见解。相应地，约翰·穆勒主张经济学应该与社会科学其他分支作更好的沟通，而不应该局限于狭隘的私人领域。他写道："实际上，政治经济学是同社会哲学的很多其他分支学科不可分割地纠缠在一起的。除了一些单纯的枝节问题，也许没有任何实际问题，即令是其性质最接近于纯粹经济问题的问题，可以单独地根据经济前提来决定。"[3] 威克斯蒂德、埃几沃斯、霍布森等早期经济学家也大多认为，主流经济学过于抽象，视野过于狭窄，难以用来指导公共政策的制定。一位学者写道："我们十分诧异，在古代，一个人既是杰出的哲学家，同时又是诗人、演说家、历史学家、牧师、执政者和战略家。这样多方面的活动使我们吃惊。现在每个人都在为自己筑起一道藩篱，把自己束

---

[1] J.内维尔·凯恩斯：《政治经济学的范围与方法》，党国英、刘惠译，华夏出版社2001年版，第20、32页。

[2] J.内维尔·凯恩斯：《政治经济学的范围与方法》，党国英、刘惠译，华夏出版社2001年版，第60页。

[3] 穆勒：《政治经济学原理及其在社会哲学上的若干应用》（上册），赵荣耀译，商务印书馆1991年版，序言第7页。

缚在里面，我不知道这样分割之后集体的活动面是否扩大，但是我却清楚地知道，这样一来，人是缩小了。"①

　　当然，不可否认，知识创造需要分工，科研需要在特定方面专注精力。问题是，如果由此对一些明显的社会现象熟视无睹，那么，这就不是真正有效的分工。在这种情形下，如果把时间配置稍作调整就可以获得更大的边际收益，我们又为何不愿做这种调整呢？约翰·穆勒在《政治经济学原理》中写道："在现今人类进步程度很低的情况下，使人们接触与自己不同的人，接触自己不熟悉的思想方式和行为方式，其意义之大，简直是无法估量的。……这种交往一直是、在现代尤其是进步的主要源泉。"②查理·芒格则以自己为例说："不知道怎么回事，我从小就有一个多学科的大脑。如果篱笆那边，在别人的学科里有更好的，更重要的思想，我就无法乖乖地呆在我自己的学科里。所以我就四面八方寻找那些真正有用的重要思想。"③为此，美国诗人肯明斯（E. E. Cummings）呼吁："隔壁就是非常美妙的宇宙，我们进去吧！"④显然，这就启迪我们跳出当前学科专门化的束缚，同时也摆脱经济学帝国主义的那种殖民心态，充分吸收和借鉴社会科学其他分支的研究视角和成果；尤其是运用奥卡姆剃刀原则删去那些制约理论发展的不合理假设，使抽象逐渐向具体逼近，从而真正推动经济学科的发展。

　　可见，针对由经济学帝国主义者所推动的那种流行的跨学科研究，我们应该大加提防。究其原因，它所推动的并不是真正的知识契合，而是经济学向社会科学其他分支的单方面扩张，尤其将经济人分析框架逐渐强加到社会科学其他学科之上；相应地，它就进一步拓展和强化了原本就形式化的抽象分析，从而必然会扩大原本就具有的缺陷，并将现代经济学引向更大的困境。事实上，正是在经济学帝国主义的努力下，尽管经济学研究内容大大拓宽了，但其研究思维和研究方法，整个理论依旧建立在这样的核心假设之上：将社会中的人抽象为一个平均的人，并且是一个具有完全理性的利益最大化主义者。问题是，尽管现代主流经济学的经济人分析框架充分展示了人类使用、控制自然物的工

---

　　①　汪涛：《竞争的演进：从对抗的竞争到合作的竞争》，武汉大学出版社2002年版，第166-167页。

　　②　斯威德伯格：《经济学与社会学》，安佳译，商务印书馆2003年版，第1页。

　　③　《查理·芒格近2万字详谈学院派经济学的9大缺点》，财经频道，2019-02-08，http://finance.ifeng.com/c/7k77g7dQcRy。

　　④　夏佩尔：《理由与求知：科学哲学研究文集》，褚平等译，上海译文出版社2001年版，第177页。

具理性，但当经济学研究内容拓宽到人与人之间的生活领域之后，这种基于工具理性的经济人分析就逐渐不再适应了。阿马蒂亚·森指出，当前主流经济学中那些事先选择的假定条件严重地约束着能够用于分析的模型的性质。[①]

（四）结语

经济学科的发展，需要契合社会科学各分支的知识和思维来修正和完善其人性假设，这可从两方面加以说明：①具有亲社会性的人是社会科学各分支所共同关注的对象，也只有综合社会科学各分支的不同观察视角才可以获得更全面的认识。例如，就公共领域的社会现象而言，经济学分析和设想的是建立在自身利益基础上的社会公共机构及行为规则，而伦理学阐述的则是能发挥人之最好动力并使之实现的公共机构及行为规范；显然，这两种科学涉及的是同样的对象，即行为人和进行合乎理性的协调行为。②社会科学各分支原本就是统一的，只是自十六七世纪后随着政治学、经济学等的相继独立，特别是新古典主义以降，统一社会科学才出现分裂并形成不同的研究领域和分析范式。当然，出于对一般性规则的追求，"学科划分所导致的有害的结果，在经济学和法学这两门最为古老的学科里，要比在其他学科中表现得更为明显"。[②]其中，法律越来越脱离了伦理学，而走上了法律实证主义的形式化道路；相应地，经济学也极力向自然科学靠拢，要努力成为真正的科学，而试图摆脱"社会"的限定词。

正是契合了文化学、人类学、心理学以及经济学等知识，金迪斯、鲍尔斯、鲍伊德、费尔、亨里奇以及埃莉诺·奥斯特罗姆等通过实验室试验和实地考察发现了人类行为与标准经济理论的差异，他们发现，现实生活中的人既不是利他主义的，也不是纯粹利己主义的，而是互利主义的。同时，作为理论之微观基础的人性假设，它有两大基本要求：既要避免因"社会化过度"而蜕化为特殊行为的具体分析，也要防止因"社会化不足"而带来形式主义的抽象分析。正是基于这两方面的考虑以及契合了社会科学其他分支的研究，我们就提炼出了"为己利他"行为机理。显然，"为己利他"行为机理既考虑到了最大

① 贝尔：《经济论述中的模型与现实》，载贝尔、克里斯托尔：《经济理论的危机》，陈彪如等译，上海译文出版社1985年版。

② 哈耶克：《法律、立法与自由》（第1卷），邓正来译，中国大百科全书出版社2000年版，导论。

化的理性动机，又考虑到社会关系的内在偏好；同时，它将人性的具体特点和需求上升的史实充分地结合了起来，从而显得更贴近现实，内涵也更为丰富。因此，基于这种"为己利他"行为机理，我们就可以更清楚地考察人类的一般行为，从而也就为构建更具人本主义精神的伦理经济学夯实了基础。

在很大程度上，将社会心理和文化习俗等因素纳入人类理性的考虑，也是继承休谟、哈耶克等演化主义者"用理性的分析来减少理性的程度"的思路。[①] 同时，这种思路也开始为越来越多的学者所接受，而与现代经济学帝国主义所推崇的工具主义建构理性存在很大不同。例如，阿克洛夫就主张走与贝克尔相反的道路，他认为"在这些非经济领域中引入太多的经济学、理性和优化技术也有危险……从根本上说，理性预期分析方法是一个过于简单的分析方法，它导致的经验性也是错误的"，因而"一直尝试着把其他东西带入经济学，而其他人则一直试图把经济学推进到其他学科"。谢林则指出，"阿克洛夫就更具创造性，因为他对事物非常好奇……他是为了将社会学概念引入经济学而对社会学进行研究"，而"贝克尔身上（却）有种让我讨厌的东西，就是他好像从不认为能从经济学以外学到任何东西"。为此，怀特发出呼吁，"我真的希望今天在某一个地方有一位全新的萨缪尔森，他正在学习诸如高聚合化学、相转换和湍流之类的东西，我认为，对经济现象来说，这才是更本色的东西。"[②]

不幸的是，一些现代主流经济学家对于经济学分析范式的自信正在演变成哈耶克所警戒的"致命的自负"，而正是这种心态阻碍了经济学以沉静谦逊的姿态借鉴与汲取来自其他学科的思想精华。为此，现代主流经济学家往往力图将现实问题简单化、抽象化，总是力图基于几条原理和模型而得出一些不同于他人的"创见"，或者基于某些新颖计量工具而得出不同的"实证"结论，而不是尽可能地契合他人的思考来探究这些数字关系中的真实含义。譬如，每当笔者试图向一些同仁介绍自己的观点时，总会遇到这样的回应：能否用简单的两句话说出你的观点和创新。试问：追求精微的社会科学理论如何能够以几句话就阐述清楚呢？事实上，对社会科学的理论研究并不在于你提出了与其他人多么不同的观点，因为几乎所有的思想前人都已经涉猎了；相反，关键在于如何对他人的观点进行深化，需要对自己的观点进行详细的论证和阐述。在很大程度上，正是基于这种简单化思维，现代经济学简单地把丰富多样的社会人抽象为经济人来进行分析，并力图以数学符号来取代语言和文字；自然科学热衷

---

① 哈耶克：《自由宪章》，杨玉生等译，中国社会科学出版社1999年版，第105页。

② 斯威德伯格：《经济学与社会学》，安佳译，商务印书馆2003年版，第99、108、261页。

于写文章，社会科学也热衷于文章，但不是具有系统性的理论著作。其实，关于人性问题，我们不能简单地提出一个道德人、社会人、政治人、法律人或文化人来反对主流经济学的经济人，而是要契合所有这些角度形成一个既抽象又现实的人性假设；而要做到这一点，就需要一些"甘于坐冷板凳"而又能积极深入思考的人，一个社会少了这种人物，学问必然是肤浅的。

总之，基于社会科学各分支有关人性认知和思维的契合，是修正和完善经济人假设的基本途径；同时，基于更为合理的人性假设，将使得经济学理论体系更贴近现实，也更有利于现代经济学科的良性发展。其实，契合也是经济学、社会科学乃至整个人类科学发展的基本路径。夏佩尔指出，"科学不仅倾向于统一它的基本信念，而且倾向于统一信念和方法"。[1] 而且，目前经济学中已经出现了一场德国学者汉斯·阿尔伯特（H.Albert）称为的"制度主义革命，即以经济思维为指导的科学家跨越了经济学科的界线，越来越多地对部分远远超出传统经济学理论之外的对象进行研究"，出现了新政治经济学、法律经济学、公共选择理论、立宪政治经济学、产权经济学、社会经济学等新分支。[2] 所有这些都有助于各社会科学的交叉共容，从而促进经济学理论的发展。当然，社会科学的融合和完善会导致经济学范式的转换，并且需要越来越多地借鉴其他学科的术语和措辞，这是未来经济学家的任务。

---

① 夏佩尔：《理由与求知：科学哲学研究文集》，褚平等译，上海译文出版社2001年版，第192页。

② M. 鲍曼：《道德的市场》，肖君、黄承业译，中国社会科学出版社 2003 年版，第125页。

如何理解经济人假设的现实性：

基于儒家"知行合一"观的审视

导 读

作为一门致用之学，经济学的理论价值贵在能够指导得体的个人行为和合理的社会实践；相应地，经济学理论所依赖的核心假设就应该以经验事实为基础。同时，基于"知行合一"传统，儒家社会尤其强调社会科学理论应该来自人伦日用，并致力于将理论探索与生活体验以及社会发展的理想状态结合起来；相应地，基于儒家的认知思维，我们就应该且可以反思现代主流经济学的研究思维以及作为其理论基石的人性假设。不幸的是，中国经济学界有些人却大肆贩卖现代主流经济学的还原思维，热衷于宣扬其构设的理性经济人假说以及推导出的一系列理论；尤其是，这种人性假说还与儒家社会的"知行合一"传统结合在一起，从而严重加剧了目前经济学界的功利主义和自利主义气息。

一 引言

现代主流经济学的理论体系建立在理性经济人假设的基础之上，这一假设也为绝大多数经济学人所接受和宣扬。不过，西方经济学人的日常行为并不遵行这种经济人假设，因为作为个人，经济学家常常会表现出得体的友善。这就反映出，现代主流经济学的理论假设与经验事实之间存在不一致性。既然如此，经济学为何还要坚持这种脱离现实的假设呢？阿马蒂亚·森问道：政治经济学是否要为了自己所谓的需要而对但丁的名言进行诠释，"对你周围的所有的人，抛弃所有的友善"。①事实上，传统儒家特别强调"知行合一"，强调人类应该按照自己的认知行事，因而知识和理论都不能脱离实践；而且，儒家的人性观与"为己利他"行为机理之间具有很强的共通性，与现代主流经济学的经济人假设则存在明显的对立性。因此，要对现代主流经济学及其经济人假设进行系统的反思和批判，一个重要的立足点就是基于儒家文化。

金岳霖在《中国哲学》一文中指出，"中国哲学家都是不同程度的苏格拉底式人物。其所以如此，是因为伦理、政治、反思和认识集于哲学家一身，在他那里知识和美德是不可分的。他的哲学要求他身体力行，他本人是实行他的哲学的工具。按照自己的哲学信念生活，是他的哲学的一部分。他的事业就是不断地把自己修养到近乎无我的纯净境地，从而与宇宙合而为一。这个修养过程显然是不能中断的，因为一中断就意味着自我抬头，失掉宇宙。因此，在认识上，他永远在探索；在意愿上，则永远在行动或试图行动……在他那里，哲学从来不单是一个提供人们理解的观念模式，它同时是哲学家内心中的一个信条体系，在极端情况下，甚至可以说就是他的自传"。②显然，这种思维与西方社会所崇尚的唯理主义之间存在很大不同：这种唯理主义凸显了方法意识和理性意识，从而把主体和客体分离和隔绝开来进行观察；相应地，在对社会经济现象进行分析和解释时，往往基于某种源于想象的参照系。事实上，正是由于现代主流经济学对社会经济现象进行解释所基于的前提假设往往不是真实的，所谓的"假设的不相关性"命题就获得主流经济学家的广泛认同。因此，本章尝试从儒家的"知行合一"观对现代主流经济学的经济人假设及其推演的论断做一剖析。

二 中、西方社会在人性认知上的差异

基于"知行二分"的思维，西方社会的自然科学和社会科学都获得了充分的分化，每一个学科都着眼于某一特定的视角并产生某一特定的思维。相应地，尽管人类行为及其衍生出的社会经济现象本来是统一的，但目前各分立学科却设定了极具差异性的行为假设，并基于不同的分析范式进行描述、解释和预测。金岳霖写道："现代人的求知不仅有分工，还有一种训练有素的超脱法

---

① 森：《经济学和伦理学》，王宇译，商务印书馆2000年版，第2页。
② 金岳霖：《金岳霖学术论文集》，中国社会科学出版社1990年版，第361页。

或外化法。现代研究工作的基本信条之一，就是要研究者超脱他的研究对象。要做到这一点，只有培养他对于客观真理的感情，使这种感情盖过他可能发生的其他有关研究的感情。人显然不能摆脱自己的感情，连科学家也很难办到，但是他如果经过训练，学会让自己对于客观真理的感情盖过研究中的其他感情，那就已经获得科学研究所需要的那种超脱法了。这样做，哲学家就或多或少超脱了自己的哲学。他推理、论证，但是并不传道。"① 在很大程度上，正是基于"分"的思维，新古典以降的西方主流经济学就日益集中于狭隘的货币和交换领域，从而发展出嵌入了工具理性的经济人假设。

当然，经济人概念原本是指一个人理性地使用自然物以满足其最大化效用，但是，当这种假设从人对自然的控制关系领域拓展到人与人之间的互动关系领域之后，就变成了社会中每个人都采用自利而不关注他人的行为方式。而且，现代主流经济学中的经济人概念还隐含了这样的含义：任何人基于成本—收益的考量都可能随时准备实行机会主义，而不把握这种机会的行为反而是非理性的。相应地，它也意味着，每个人都要抢在他人背信之前先背信。显然，这颇有点曹操的哲学观："宁可我负天下人，不可天下人负我。"相应地，将经济人分析框架拓展到社会互动中，就发展出了非合作的主流博弈理论，并得出了"囚徒困境"这一般性结论。问题是，西方社会中理性的真理本身就是独立于经验之外的，因而这种非合作博弈理论仅局限于很小一部分社会现象的解释，而无法解释绝大多数的社会合作现象。宾默尔甚至把纳什均衡和囚徒困境称为一场学术灾难，因为纳什把经济人作为其推论的前提，使许多人误认为这是对人性的真实刻画；相反，宾默尔在《自然正义论》中力图把道德偏好和正义偏好引入博弈过程，从而开创了博弈论研究的新纪元。

因此，我们必须充分地认识西方经济理论的提出目的及其适用范围：它往往是一种纯粹的理性抽象，构建一套自圆其说的逻辑体系，而将之机械地应用到具体实践中就会造成严重问题，也难以解释丰富的社会现象。例如，根据主流博弈理论，每个人都理性地追求自己的最大化，而结果却是囚徒困境。问题是，大家经常看警匪枪战片，影片中黑帮的成员被抓后有多少会招供同伙呢？事实上，双方交易的一个基本条件是两者都能实现帕累托改进，即一方希望通过交易获得收益是以对方的收益也能得到增进为前提。也就是说，我想在互动中获得好处就必须增进他人的收益，这就是合作的态度。具体到囚徒博弈中，囚徒一方如果想确保自己获得好处就不能损害另一方的利益，那么，他在考虑

---

① 金岳霖：《金岳霖学术论文集》，中国社会科学出版社 1990 年版，第 361 页。

是否要从不坦白策略转向坦白策略时，就要看这是否会损害另一方，否则另一方也必然会实行相对应的策略，最终又损害了自己。基于这种考虑，显然不坦白是最优的，而且（不坦白、不坦白）也构成了社会最优。在很大程度上，人类的动物性本能反应必然会受到其社会性特征的制约，所以，人类学家艾斯利（L.Eiseley）警告我们不要模仿动物的行为，认为"现在需要的是比帮助我们战胜严寒、老虎和熊黑的人更温柔、更有耐性的人"。[1]

既然如此，现代主流经济学为什么还要以这种假设为出发点来分析现实生活中的具体行为呢？根本上，这与西方社会的自然主义思维有关——把人还原为自然物的一部分，而不是基于社会经验的知性分析。相应地，要更好地认识普遍存在的这些社会合作现象，一个重要途径就是从儒家社会的思维方式和人性认知汲取营养，而这与西方社会存在很大差异。一般地，儒家所关注的是社会，是人伦日用，而不是宇宙和自然；所关注的是人类现世的需要，而不是来世的理想。为此，儒家特别关注现世中的人是如何行为的，关注人伦关系。例如，孟子说："圣人，人伦之至也。"（《孟子·梁惠王上》）正是从人的本性出发，儒家通过人性的感通和人伦的扩展，就把人伦日用和天人和合的最高境界统一起来，这也就是冯友兰强调的"极高明而道中庸"（《中庸·二十七章》）。

首先，儒家从自我认识出发，强调"己"的需要。孔子说："富与贵，是人之所欲也……贫与贱，是人之所恶也。"（《论语·里仁》）这也就是人之行为的出发点。同时，人之所以乐于"仁"行，也在于"推己及人"。《礼记·三十二章》中说："无欲而好仁者，无畏而不仁者，天下一人而已矣。"即使是理学集大成者朱熹，他也不赞成一味去私欲。朱熹说："如饥饱寒暖之类，皆生于吾身血气形体，而他人无与，所谓私也。亦未能便是不好，但不可一向徇之。"（《晦庵先生朱文公文集》（四部丛刊本）卷五七《答陈安卿》之二）实际上，在朱熹看来，"天理在人，亘万古而不泯，无时不自私意中发出……若专务克治私欲，而不能充长善端，则吾心所谓私欲者，日相斗敌，纵一时按伏得下，又复当发作"（《朱子语类·卷一百一十七·朱子十四》）。

其次，儒家又强调对手段选择的重要性，要"取之有道"。事实上，如果个人一味追求自己的私利，其结果往往会适得其反，所谓"放于利而行，多怨"（《论语·里仁》）。因此，作为一个有理性的人，也就是儒家所讲的君子，就要考虑自己的长远利益，而不是孜孜小利，否则"人无远虑，必有近忧"（《论语·卫灵公》）。其中的关键是要"克己"，孔子说："克己复礼为仁。"（《论

---

① 阿伦森：《社会性动物》，郑日昌译，新华出版社 2001 年版，第 262 页。

语·颜渊》）朱熹则认为，颜渊的资质之所以高于仲弓等人，就在于其更能"克己"。事实上，朱熹在《论语集注》中对"己所不欲，勿施于人"一语的注解就是"尽己之谓忠"和"推己之谓恕"。在朱熹看来，"致知、敬、克己此三事，以一家譬之，敬是守门户之人，克己则是拒盗，致知却是去推察自家与外来底事"（《朱子语类卷九·学三·论知行》）；而且，"持敬行恕便能克己，克己便自能持敬行恕"（《朱子语类·卷四十二·论语二十四·颜渊篇下》）。

再次，儒家强调借助移情作用设身处地地为他人着想，从而达到"克己"境界。例如，孔子说："能近取譬，可谓仁之方也已。"（《论语·雍也》）这种感通能力的获得来自两方面：一是自我反省，二是向别人学习，所谓"见贤思齐焉，见不贤而内自省也"（《论语·里仁》）。显然，一个社会性较高的人往往也就是能够将这种道德内化在自我的行为之中，从而能够做到"不患人之不己知，患不知人也"（《论语·学而》）。

最后，儒家还强调，克己不仅仅是为了去私欲，最终是为了完善自我，能够顺成天性。例如，朱熹写道："但知克己，则下梢必堕于空寂，如释氏所谓"，因为"释氏之学，只是克己，更无复礼功夫"（《朱子语类卷一》）。而且，要把这种天性用于实践之中，这种"仁道"不仅停留在认知上，更重要的是要在实践中把人内在的德性发挥出来，这就是儒家的"实践理性"，即要行仁政。例如，孔子强调，"君子耻其言而过其行"（《论语·宪问》），因而主张"讷于言而敏于行"（《论语·里仁》）。即使强调"性恶"的荀子，他也非常重视"道"的实践。荀子说："道虽迩，不行不至；事虽小，不为不成"（《荀子·修身》），"不闻不若闻之，闻之不若，闻之不若见之，见之不若知之，知之不若行之，学至于行之而止矣"（《荀子·儒效》）。

可见，儒家所倡导和实践的社会行为实际上是一种有别于经济人假说的"为己利他"行为机理：根本上是为了实现自身的目的，而采取的手段却是互惠合作的。正因如此，儒家的人性观将人的动物性本能和亲社会性契合起来，其行为机理也是利己和利他的统一。正如杜维明指出的，"作为利他主义表现的学者文人，除非建立在自知的基础上，否则是不可能真正利他的。儒家的座右铭'己所不欲，勿施于人'并不是单纯地指一个人应当为他人考虑，而且也意味着一个人必须诚以待己"。[①] 同时，在儒家看来，一个人道德成就的高低不在于个人的内在道德，而在于利他的实践程度，如果惠及的群体越大，则其道德层次也越高。朱熹指出，"仁者如水。有一杯水，有一溪水，有一江水，圣

---

① 杜维明：《儒家思想新论：创造性转换的自我》，江苏人民出版社 1996 年版，第 55 页。

人便是大海水"(《朱子语类·卷三十三》)。在这里,"杯水、溪水、江水、大海水"也就是反映了仁所惠及的全体大小。[①] 显然,这实际上也就将社会个体的亲社会性程度与"为己利他"行为机理的施行半径联系了起来。

 ## 三 基于"知行合一"观的人性审视

正因为儒家社会存在"知行合一"的传统,理论是为指导实践服务的,它必须能够反映人们的日常生活,并且也是来源于人伦日用。因此,长期以来,儒家的学术并没有形成"分"的传统,那些学术大师往往不仅是各方面的专家,而且也是道德修养极高的人士,学问和德性往往是并举的。但是,伴随着西方社会在物质、经济和技术上的优势而推动的学术扩张,分工和细化的学术体制和研究思维有些被移植到中国学术界之后,就对一些中国学人的行为方式产生了重大影响。一方面,就理论而言,现代主流经济学为了探究人对物质资源的最大化使用方式以及在社会互动中维护自我利益而建立了理性经济人分析范式,这种经济学完全撇开了伦理学的内容,而将人的社会行为还原为动物性的本能行为,这种分析范式也被一些中国经济学人不加消化地全盘吸收;另一方面,就实践而言,经济人模型仅仅是西方学者为方便逻辑推导而设定的一个非现实性的前提假设,但受"知行合一"传统的影响,这个假设移植到中国社会后却成了指导某些人日常行为的基本法则,也成为他们为其机会主义行为辩护的理论学说。

同时,正是注重"知行合一",倡导"体用无二"。相应地,儒家就重视人性的完善,倡导圣贤治国。所谓圣贤,就是既有高超的才干又有高尚的品德,他们愿意为国家、社会、大众服务,愿意承担社会责任。即使后来帝王僭取了圣贤的地位,他们从小也要接受圣贤经典和伦理的教育,把圣贤之说视为判断行为是非的标准,从而在日常生活中就会一直对这些圣贤道德心存敬畏。相应地,尽管儒家社会一直缺乏对上位者的监督,并由此出现了两千年的专制制度,甚至一直影响到现在,但整个社会的功利主义倾向还是受到很大程度的抑制。与此不同,在现代社会,由于深受现代主流经济学的个人效用最大化理论的不恰当鼓吹,经济人逐渐成为了社会共同知识,并成为对个人行为进行伦理判断的基准。

---

① 黄光国:《儒家关系主义:文化反思与典范重建》,北京大学出版社 2006 年版,第 52 页。

正是由于受这种经济人理论的潜移默化影响，古典经济学所强调"自利人"在现实生活尤其是在当代中国社会中就转变为"自私人"。何宗武写道："经济人的最适化行为也没有教育人要违反善良风俗。没错，经济人只是建立在个人主义之上；但是，极端个人效用主义下，对伦理的忽视，导致社会价值的遗忘却是相当明显的。这个问题就好比拿一把刀给小孩玩，你也没有教他割伤自己，但是，他却很容易被割伤。为什么，因为，你给小孩一把利刀，就是使他处于极端不确定的环境，有极高的概率会出事。经济理论的个人效用极大化原则也是如此，对伦理的刻意忽视，将有可能会导致社会生活的无道无德。"[①] 也正是由于经济人是现代主流经济学的最基本、最重要也是最广为接受的假设前提，受过现代经济学熏陶的人不仅将之当作不言而喻的存在，而且努力践行经济人假说倡导的行为。

事实上，笔者自踏入经济学界起就强烈感受到经济人影子无时无刻不存在，从而烘托出了强烈的功利主义氛围。不过，笔者愚劣，总是无法效法时人而将主流经济学的教诲融入自己的生活行为中；相反，在无形的默默之念中，总觉得自身行为与这种经济人预设之间存在相当大的距离，总觉得以经济人假设来概括一般人类行为是怪怪的。因此，在学术界，在宣传自身认知的时候，往往受到"不知时变"的嘲弄。呜呼，难道我是例外吗？笔者自认为是个追求自我实现的人，但也清楚地知道，心中的这种自我实现并不仅是基于孤立的个体行动基础之上，而是更希望能通过合作来达致。一般地，只要能增进双方利益的（甚至也并不在乎收益相对大小），或者能有利于增进大家合作倾向的（即使在短期内我必须毫无收益地付出），笔者都抱有积极的态度；而且，这种合作的精神必须是真诚的，杨震"四知金"的故事一直感动着我。虽然，在四十多年的人生中，这种人生态度使笔者遇到了不少尴尬，但同时，也获得了一些人的认同：在老家，一些乡亲至今还会不时地谈到笔者儿时的掌故。

然而，经济人分析模型的基本寓意却要求我们，时刻提防别人可能会采取不利于自己的机会主义，把每个人都看成是满足自己贪念的动物。而且，社会暴露出来的一些社会现象却似乎进一步证实了这一点，与经济学界同仁交谈中也大都以此作为解释。难道笔者的生活理念有问题吗？显然，这反映出对人类文化特别是对我们自身所处的儒家文化重新认识的问题。同时，随着近年来从事经济学研究的深入，笔者的失落感却愈益深切；特别是随着观察社会的思维

---

① 何宗武：《经济理论的人文反思》，载黄瑞祺、罗晓南：《人文社会科学的逻辑》，松慧文化2005年版（台北），第439页。

愈益广泛，内心感受到的矛盾感也愈益强烈。在物欲横流、利欲膨胀的社会，人性的恶就会被充分展示：社会的秩序和规范是相互争斗形成的博弈均衡，并以强力来维持。事实上，经济人假设也许反映了潜藏于人内在深处的一种动物性本能，当人类处于早期类似动物的阶段，争夺、攻击以及机会主义等往往是生存的基本条件。不过，随着人类进化和社会发展，这种动物性的本能反应就越来越不适合社会需要，也越来越不切合社会实际。

程颢、程颐指出，"人之所以为人者，以有天理也；天理之不存，则与禽兽何异矣"（《粹言》卷第二）。这就是强调，人基于社会性的行为与禽兽基于动物性本能的反应存在根本性的不同。正是通过长期的沉思默想，笔者逐渐形成了"为己利他"的生活理念：在增进他人利益的同时，更有利于自己的人生实现。笔者还确信，自己长期信奉的这种人生态度似乎较主流经济学所教导的那种更为积极，也更为体现"人之为人"的本质。特别是，近年来，通过对其他社会科学理论的大量阅读和广泛吸收，尤其是对儒学文献的重新回溯，更加为自己长期以来坚守的这种信念增添了理论依据；并在此基础上，逐渐形成对主流经济学核心假设"经济人"的反思，以及逐渐厘清了真实世界的人类行为机理。那么，我们的理论学说为何还在大力提倡这种行为呢？

作为一门致用之学，经济学的理论价值根本上在于指导得体的个人行为和合理的社会实践，为此，经济学理论所依赖的核心假设应该以经验事实为基础。正是基于"知行合一"传统，儒家社会强调，社会科学理论应该来自人伦日用，并致力于将理论探索与生活体验以及社会发展的理想状态结合起来。事实上，孔子就创造性地从社会现实中提炼出人类社会的发展方向和为之奋斗的理想状态。例如，他辨识了原来封建结构的理想成分（如礼仪秩序）并将之扩大成为人类应有的普世伦理，将对君主的"忠"转化为处世待人的诚敬，将行之父母的"孝"转化为对祖先的眷念，将对待下级的"仁"转化为对众人的惠爱，将诚敬（忠）宽恕结合以诠释"仁"的内涵，进而将体现封建伦理之"义"的应然行为转化为发自内心的"仁"并由此来表达人际关系的应然行为；这样，封建伦理就转化为人性本质，血缘亲谊就转化为仁道王政，分封体系则转化为大同天下。由此，原来社会上层精英自设的理想就被阐释为人人可以努力实现的应然本质，这就不仅规定了人类个体进行"自修"的境界，而且也为改进现实世界提供了目标和动力。①

正因如此，儒家的认知思维就为反思现代经济学的经济人假设提供了一个

---

① 许倬云：《我者与他者：中国历史上的内外分际》，生活·读书·新知三联书店2001年版，第18页。

基点。也即，儒家学说和文化提供了一个观察真实世界中人类行为机制的良好视角。为此，我们应该努力将现有经济学理论和儒家文化结合起来，为经济学乃至整个社会科学理论的发展做出贡献。也正是由于长期以来践行着儒家"知行合一"观，笔者直觉上对现代主流经济学的经济人假设抱有深深的质疑和反思；并且，通过对其他社会科学理论的大量阅读和广泛吸收，笔者提出了与现实更为接近的"为己利他"行为机理。特别是，随着对儒学文献的系统梳理，笔者更加为自己长期以来坚守的信念增添了理论依据，相信这种"为己利他"的行为理念有助于社会的良性发展。如同艾克斯罗德指出的，"具有预见能力的参与者了解合作理论的真谛后，可以加快合作的进化"。①

　　不幸的是，尽管笔者基于"知行合一"理念而长期戛戛于经济人假设的改造工作，但迄今收效甚微。究其原因，在主流化现象极端畸形膨胀的当前学术界，要对人性进行反思和发展必然会遭受巨大的压力，需要学者有忍受孤独的力量。事实上，正如哈耶克所说的："要完成我为20世纪所从事的这项工作（即综合各学科知识的宪法设计），我必须付出不亚于孟德斯鸠为18世纪所作出的努力……在孟德斯鸠的时代，承担这项工作所必须涉足的领域尚未被众多专门学科所分割，但是自那时以来，对于任何一个人来说，哪怕只是试图掌握那些与其研究紧密相关的最为重要的著作，也已经不可能做到了。关于一种适当的社会秩序的问题，虽然人们现在是从经济学、法理学、政治科学、社会学和伦理学等各种的角度加以研究的，但是我们必须指出，这个问题却是一个唯有当成一个整体加以研究才能成功得到认识的问题。这意味着，无论是谁在今天承担这一任务，他都不能妄称自己是所有相关领域中的行家里手，他甚至都不能妄称自己熟知不同学科的论者就此一课题域中的各种问题所发表的专业文献。"② 显然，当前经济学正面临着与哈耶克同样的棘手问题，而且更为困难。究其原因，我们不仅要修正原先的经济学核心假设，并提出更为真实的行为机理，更重要的是要能够运用这个新行为假设对具体经济现象或行为进行分析，并对传统的解释进行反思。

---

① 艾克斯罗德：《对策中的制胜之道：合作的演化》，吴坚忠译，上海人民出版社1996年版，第17页。

② 哈耶克：《法律、立法与自由》（第1卷），邓正来译，中国大百科全书出版社2000年版，导论。

四 结语

现代主流经济学根基于西方社会根深蒂固的自然主义思维,这种思维把理性的真理视为独立于社会经验之外的,因而它所设立的核心假设——经济人——就与现实相脱节。也即,现代主流经济学的研究倾向与西方社会的基本思维之间存在密切关联:理性的真理和经验的真理是脱节的,理论往往是建立在逻辑推理的基础之上而不是经验事实的基础之上。与此相反,儒家却强调"体用不二",认为理论是用来指导实践的,因而假设不能是脱离现实的抽象;特别是,儒家强调,理论是用来指导实践的,从而应该做到"知行合一"。一般地,作为一门致用之学,经济学需要充分利用其他学科所发展的知识来为社会政策服务,这就必然要求其核心假设与现实接近。显然,立足于传统的儒家精神,我们可以更深切地认识到经济人假设的内在缺陷,基于儒家思维对经济人假设进行批判,可以更好地促进经济学的完善和发展,从而把经济学建设成为一门真正的致用之学。

问题是,既然现代主流经济学对人性的单一抽象化已经严重影响到对现实的解释和理论的发展,那么,经济学家为何还如此偏好抽象而空洞的经济人假设呢?现代主流经济学的一般辩解是:引入具体人性考虑的模型太复杂了,而假设人类的行为动机是单纯的、简单的和固执的利己主义,从而保证其模型的精练和优美,不会被友善或道德情操等因素所干扰。但正如前文指出的,社会科学发展的动力就是挑战困难,经济学存在的必要就是解决实际问题。所以,正因为复杂而又符合现实,才有经济学研究的余地和意义。休谟写道:"关于人的科学是其他科学的唯一牢固的基础,而我们对这个科学本身所能给予的唯一牢固的基础,又必须建立在经验和观察之上……我们虽然必须努力将我们的实验推溯到底,并以最少的和最简单的原因来说明所有的结果,借以使我们的全部原则达到最大可能的普遍程度,但是我们不能超越经验,这一点仍然是确定的;凡自命为发现人性终极的原始性质的任何假设,一下子就应该被认为狂妄和虚幻,予以摒弃。"[①] 当然,在主流化现象极端畸形膨胀的当前经济学界,要对已经被高度扭曲的行为机理进行深刻反思,必然会遭受巨大的压力;相应地,这就需要学者花费巨大的时间和精力,同时拥有忍受孤独的坚强力量。例

---

① 休谟:《人性论》(上册),关文运译,商务印书馆1997年版,第8—9页。

如，博兰在博士论文中强调建立经济模型之前必须首先作出方法论决策，其博士论文答辩委员会提出了这样一个问题："倘若你是正确的，则建立所有经济学模型就都是误入歧途。真是那样吗？"博兰回答："倘若我是正确的话，那就不是我的问题了。"而在博兰的任职评定之前，一个参加会议的委员以担心是否可以通过考核来刺激他，博兰的回答是："问题在于职位评定委员会是否能够通过考核。"① 而且，也正如博兰承认的，他当时所面临的学术氛围要比现在好得多，当他开始写作方法论论文时经济学并非像现在这样褊狭，但目前经济学已经越来越封闭了。如果学术界缺少纯粹学术的氛围，偏盛功利主义，就会导致一些经济学人热衷于热点争论，热衷于时政评述。

---

① 博兰：《批判的经济学方法论》，王铁生等译，经济科学出版社 2000 年版，序言。

如何理解斯密人性悖论的内在统一：

基于"为己利他"行为机理的解读

导 读

经济人假设起源于斯密，但斯密既在《国富论》中发展了自利心，又在《道德情操论》中发展了同情心，两者表面上所呈现的一种人性悖论被称为斯密问题。但实际上，斯密的人性假设是统一的："利己"和"利他"只是人性二重性的真实反应，斯密将它们都建立在"克己"的基础上，从而就在经济界与道德界实现了人性观的统一。同时，斯密人性观也与"为己利他"行为机理相通：人类行为是从"己"的需要为根本出发点，互惠的利他主义则是达到"为己"目的的有效手段，因而"为己利他"也就是人类合理的行为方式。在很大程度上，"无形的手"的预定协调也是以"为己利他"行为机理为基础。但是，现代经济学却舍象掉"为己利他"行为机理所根基的伦理基础并将之转变为经济人假设，从而也就过度美化了现实市场。

一 引言

上文基于儒家文化和认知来审视流行的经济人假设，本章则转而从经济学开山鼻祖斯密的认知中寻求支持。究其原因，现代经济学往往将经济人假设追溯到斯密的分析：人的自利心驱使其通过市场交换的方式获取个人利益，并进而引导社会合作和提升社会福利。但斯密所理解的自利人与现代经济学所设定的经济人果真是一回事吗？答案是否定的。究其原因，斯密认为，市场可以利用人性的自利来整合人类活动，这种"自利"人性使得人们显得相互关心，通过增进他人利益来实现自身利益；从这个意义上说，斯密的自利人根本上体现为"为己利他"，是内含特定社会伦理关系的社会人，而不是原子化抽象的"经济人"。同时，尽管斯密以"无形的手"原理来解释孤立的个体行为之间的预定协调，但实际上，斯密的自利根本上以"克己"而非放纵为条件。由此，我们可以从两方面对斯密的市场观加以阐释：一方面，在个人性东西和社会性东西的背后存在着某种"预定协调"而使得两者趋于一致，正是这种"预定协调"将伦理和经济联系了起来；另一方面，个人的自利行为并不一定有利于社会公益，从而强调了"克己"和"自制"的重要性，也衍生出法律制度的必要性。

当然，要全面理解斯密的自利观和市场观，还需要嵌入历史背景来加以认知。在18世纪中叶，西方社会中的世俗活动已经替代了宗教活动而支配人们的日常生活，对人性的关注也取代对神性的关注而成为"人"的学科的分析立足点。正是在这一社会背景下，斯密在经济领域也就着重关注如何发挥个人的行为主动性，并揭示追求私利对社会所带来的好处。同时，斯密对这些好处的分析都是以行为者的"克己"为基础，否则就会造成人与人之间的欺诈。尤其是，斯密对"克己"的自利人分析主要集中在市场经济活动领域，而且面对的是一种熟人市场；因此，相对于当时更为激进的孟德维尔和休谟等人，斯密运用自利人进行分析的领域是相对收窄的。这也意味着，斯密这种"经济学化"的分析实质上取消了经济分析的普遍适用性。不幸的是，随着肯定性理性和社会达尔文主义在经济学中的不断渗透，后来的经济学就变得越来越形式化和庸俗化，以致后来的经济学人也远离了斯密分析的限制条件。

一般地，后来的主流经济学人从两方面强化了斯密经济思想：一是简单承袭斯密的"无形的手"思想而凸显"预定协调"观；二是片面继承了斯密在《国富论》中致力阐述的自利观而鼓吹自利行为。结果，蕴含在"自利人"中的伦理关系就逐渐被抛弃了，而冷淡的纯粹自私心被当成人类行为的唯一动力。这一发展趋势可以从斯密在英国的两大传人——李嘉图和马尔萨斯那里得到鲜明呈现。一方面，马尔萨斯反对帮助穷人，并把上等阶级的特权和财富与社会整体利益等同起来。马尔萨斯写道："以仁爱心代替自爱心的社会原动力，不但不能生出幸福的结果，且将使今日仅一部分人所感到的贫乏的压迫，为社会全体所感到。"[①] 另一方面，李嘉图不仅秉承边沁的功利主义哲学，而且吸收了斯密的"原子"经济观，进而把一切社会经济现象还原抽象为个人行为。"在李嘉图眼里，（经济人）只有一种活动，即谋利的活动；只有一种要求，即生

---

① 马尔萨斯：《人口论》，曹未风等译，商务印书馆1959年版，第79页。

利的要求；只有一个目的，即成为富人的目的……在李嘉图的大著里，我们找不到几个关于精神文化的字样，因为在他假定的那种社会、那种市场里面，是用不着那些字样的。"[1]

同时，由于李嘉图在经济学界的巨大影响，基于个体福祉考虑的行为功利主义就逐渐成为评判社会行为的基本准则，以致经济学的发展就开始与斯密的原初思想相背离了。所以，米尔斯写道："自从亚当·斯密在这方面出色地开了一个好头之后，一个重大的机遇却被在经济学领域占据中心地位的后来的几代人给浪费掉了，因为他们没有能够很好地利用亚当·斯密为他们奠定的良好基础。相反，他们固守并且发展了斯密的理论遗产中错误的东西，却没有重视并向前推进斯密关于政府在促进经济发展所应起的作用的理论——在斯密看来，政府在促进经济发展方面所承担的角色，就是通过提供适当的结构和激励，使工业革命的潜力能够得到开发和实现。"[2]尤其是，为了便于承袭斯密的自利人研究思维，新古典经济学把研究对象重新限定在较窄的纯市场领域。问题是，自20世纪70年代以降，现代经济学又逐渐扩大了其研究领域，只不过把这些领域都贴上了"经济"分析的标签；结果，斯密曾告诫的经济人分析弊端重新暴露出来，这也是现代主流经济学的危机根源。有鉴于此，本章尝试就斯密在作经济分析时所依据的人性观做一梳理和剖析，进而审视现代经济人假设的内在缺陷。

 ## 二 斯密"人性悖论"的产生及内涵

斯密一生著有两部重要著作，而它们所根基的人性却存在明显差异：一方面，在《道德情操论》中，斯密基于人性本善的假设而把源于人的同情心的利他主义情操视为人类行为的普遍基础和动机；另一方面，在《国富论》中，斯密却把人性本恶作为政治经济学的前提假设，把个人利己主义的利益追求当作人类经济行为的基本动机。为此，德国历史学派指责斯密制造了"自利"和"利他"间的人格分裂以及经济学和伦理学间的内在紧张：一种人性本善的利他主义社会道义论与一种人性本恶的经济利己主义个人目的论，矛盾而奇妙地

---

① 陈其人：《论"经济人"和利己与利他：兼论"斯密难题"的产生原因》，《当代经济研究》2003年第1期。

② 米尔斯：《一种批判的经济学史》，高湘译，商务印书馆2005年版，第110页。

共生于作为伟大思想家的斯密的理论体系之中，这就是德国历史学派发现和提出的斯密人性悖论问题。德国历史学派学者的解释是，斯密早年的《道德情操论》根植于苏格兰启蒙运动道德思想，深受哈奇森和休谟的影响，从而强调同感互利；而17年后所写的《国富论》则根植于法国的理性传统，深受重农学派的影响，从而强调自利竞争。果真如此吗？现有的证据表明，这种割裂说并不存在，因为《国富论》的许多见解在斯密游历法国之前就已经形成了。[①] 同时，斯密的著作对后世社会科学理论尤其是经济学的发展取向具有深远的影响，尤其是《国富论》第一次构建了系统的经济学体系，以致斯密理论中的功利主义思想主导了经济学的后来发展。那么，如何理解斯密的人性悖论这一问题呢？显然，我们必须将之置于具体的社会环境中来分析。

直到18世纪，英国的道德家都像以前的所有道德家一样，愿意采用某种规范的行为标准和规范的判断标准，这也是康德会提出绝对道德律令的社会背景。但是，对于那些关注社会经济行为的人而言，这些先验的道德律令具有强烈的形而上学色彩，其内涵也显得相对空洞僵化；相反，他们往往更愿意把人道的利己主义转变为一种理想，把指导这些人的行为理论转变为行为规范的来源。特别是，由于当时物质文明正处于蓬勃发展的时期，关注时事的一些学者开始倾向于将视觉投射在经济行为上，从而就产生了对经济理性的思考。正如熊彼特所说："理性已消除了除社会福利外的所有超个人的价值。从这种人类价值哲学的观点来看，社会福利不正是实现每个人的享乐主义偏好图式而给每个人带来的满足的总和吗？假如真是这样，我们不就一举发现了唯一可能有意义的道德规范吗？"[②] 在这种情况下，尽管多数人起初主要把"善"和"同情心"视为人之理性，从而相信个人能够以社会容许的方式来理性地增进个人的幸福；但后来，越来越多的学者开始只关注结果而不关注动机，并转而关注这样的功利主义伦理学基本原则：凡是增进社会福利的行为就是好的，凡是损害社会福利的行为就是坏的。显然，斯密的《道德情操论》就是成于前一种社会背景下，而《国富论》则是基于后一原则。

一方面，在斯密之前，英国社会占主流的是以沙夫兹伯利、洛克为代表的强调私人利益和公共利益之间和谐一致的道德主义观点。斯密继承了这一传统，但在对美德的看法以及追求这种公益的途径上，却与这些先驱们存在着明显的冲突。例如，基督教传统道德哲学强调逐利是一种恶的行为，克己和禁欲

①　赖建诚：《经济思想史的趣味》，浙江大学出版社2016年版，第252页。

②　熊彼特：《从马克思到凯恩斯》，韩宏等译，江苏人民出版社2003年版，第199页。

则是善行，每个人追求这种善也将导向一种整个社会的善；但是，斯密却接受他老师哈奇森的观点，把追求自身的快乐也看成是一种美德，而不再是恶。实际上，《道德情操论》和《国富论》这两部著作的出发点都是反对中世纪流行的说教：幸福和美德是不相容的，真正的美德是禁欲主义的自我抑制。为此，斯密以自然神学体系为基础，在继承古希腊自然法则学说的基础上注入了苏格兰的世俗观念，从而重新对人之本性展开深刻的剖析。在斯密看来，只有发现个人的永恒不变的本性，才能解释社会、国家、政治、经济和道德。那么，人的本性究竟如何呢？斯密强调，人的行为自然地由自爱、同情、正义感、劳动习惯、追求自由的欲望和交换这六种动机所推动，自然秩序就是从人的本性中产生的。

另一方面，先于斯密的霍布斯、孟德维尔等已经认识到现实生活中个体的逐利动机，把追求私利视为人的本性。这些经验主义认知也深深地影响了斯密，但斯密的观点又有很大不同。例如，孟德维尔将一切人类行为都贬低成或是公开或是经过伪装的自私，并认为整个社会福利的提高都依赖于个人的逐利行为，从而强化了个人利益与社会利益之间的共生性。同时，继承了早期道德主义者的说辞，孟德维尔又将人的逐利行为冠上"恶"的名词，从而夸张性地抛弃道德主义而支持性恶说。但显然，这种"私恶即公意"命题在道德论上是有问题的，因为善的东西是不可能不加疑问地由不道德的行动所促成。[①]为此，斯密指出，追求快乐本身是善的，这样就在一定程度上批判了孟德维尔所承袭的那种把快乐视为恶的传统教条。阿巴拉斯特写道："斯密深深地受到了孟德维尔著名的私恶即公益之悖论的影响，而作为一个道德学家，他也对此表示不满。而事实上，他对此的唯一答复表明，孟德维尔人为地使冲突尖锐化了，如果自私的行为不仅没有伤害其他人，而且在实际上有利于他们的话，那么，它未必应担当罪恶之名。除此之外，斯密赞同并扩展了孟德维尔的分析。"[②]同样，狄雍也写道："在《道德情操论》中，他区别自利（书中常称'自爱'）与自私。自私带有贬义色彩，形容个人的行为对他人造成了一定的损害。自利与'公正的旁观者'的观点不谋而合，这种'天生的'或'和谐的'本性得到了社会的认同。在《道德情操论》结束处，斯密严厉批评孟德维尔博士没有看

---

① 希尔贝克、吉列尔：《西方哲学史：从古希腊到当下》，董世骏、郁振华、刘进译，上海译文出版社 2016 年版，第 352 页。

② 阿巴拉斯特：《西方自由主义的兴衰》，曹海军译，吉林人民出版社 2004 年版，第 317 页。

到自私与自利之间的区别。"① 也就是说，尽管斯密的著作具有强烈的伦理学色彩，但孟德维尔所强调的"个人的逐利行为有利于社会"的思想几乎全部潜在地被斯密所吸收。哈耶克就说："孟德维尔是亚当·斯密经济自由主义观点的先驱，这是他长期以来得到公认的地位。"② 只不过，斯密的分析更深入，他不仅分析了自由市场经济下个体如何追求自身利益，而且还从分工角度来说明此类行为如何有利于他人。

问题是，追求自身利益的个人如何达到一种利益相互协调的社会秩序？斯密将上述两种思想渊源有机结合起来：一方面，承袭当时以沙夫兹伯利和哈奇森为代表的学者所阐发的英国道德主义哲学传统，斯密强调两者可以自然地和谐统一，追求欲望并不有损于美德的培养，尽管欲望追求的基本途径是要"义中生利"；另一方面，受孟德维尔等的影响，斯密认为自利是人类行为的出发点，主张政策要"因民之所利而利之"。正因为内含了两类似乎对立的思想渊源，斯密的人性观似乎呈现出一种"利"和"义"的紧张，从而出现了所谓的"斯密问题"：斯密是伦理学上的利他主义者，经济学上的利己主义者。正因如此，德国历史学派就对古典经济学展开了猛烈的攻击和批判。同时，长期以来，不同学科以及不同学者各自都戴上有色眼镜来对斯密的人性观进行差异性解读，以致"斯密问题"成为横亘在持不同主张的学者之间引发争议的渊薮，也奠定了经济学基本走势的渊薮。

事实上，德国历史学派就批评斯密的经济学只重视作为经济生活主体的个人，而不关注具体历史实践中的社会问题，只注重人的自爱心，而忽视了伦理关系。与此相反，与德国文化相通的奥地利学派则挖掘了潜藏在斯密学说中的"自利人"和"利己心"，并且"不是像古典经济学那样将其看作是伦理问题，也不是内在于人性的本性、冲动这个意义上，而是在如下意义上，即从无限庞杂的现实人类生活之中抽出'一个方面'即'经济方面'这种方法上的程序及其思维上的技术这个意义上，改变了形式"。③ 在很大程度上，正是后代学者对斯密人性问题的不同解读，构成了今后社会科学各分支学科的不同发

---

① 狄雍：《亚当·斯密》，载谢泼德、狄雍：《产业组织理论先驱》，经济科学出版社2010年版，第46页。

② 哈耶克：《经济、科学与政治：哈耶克思想精粹》，冯克利译，江苏人民出版社2000年版，第581页。

③ 大河内一男：《过渡时期的经济思想：亚当·斯密与弗·李斯特》，胡企林译，中国人民大学出版社2000年版，第35—36页。

展方向：一方面，社会学、人类学以及法学更愿意从社会制约角度分析人们所具有的同情心，如涂尔干强调，个人自由地追求私利决不可能产生社会团结；另一方面，经济学则从自由放任角度宣扬人们自利行为的合理性，因为在历史学派和奥地利学派之间展开的第一次社会科学方法论大战之后，以门格尔为代表的奥地利学派的方法论主张得到了主流经济学的传播和继承。有鉴于此，这里有必要对斯密的观点作系统剖析，以厘清各社会科学分支后来的发展路径。

 ## 三 斯密之人性二元论的内在统一基础

斯密的人性观有两大主要渊源：①源于英国传统上注重的公益和克己的基督教道德。②源于孟德维尔首倡的私恶即公意的反叛思潮。而且，这两种思想渊源通过斯密的广博知识和条理思维而在经济学界和道德哲学界之间相互渗透，并成就了统一的人性和社会认知观："逐利 + 克己 = 为己利他"行为机理。为了让读者更好地认识斯密人性观的内在统一性，这里从两方面加以说明。

（一）基于时代背景和著作体系的审视

考虑到斯密所处的时代背景及其理论体系的统一性，我们有理由相信斯密的两部著作都是基于一种统一原则。其实，在斯密时代，经济学和伦理学都是当时苏格兰"道德哲学"这门学科的两个构成部分。这意味着，经济学不仅具有社会科学的实证特性，同时也具有人文科学的规范特性。同时，斯密讲授"道德哲学"这门学科实际上包括了神学、伦理学、法学和政治学四大部分，而政治经济学则又从属于政治学，因而这四大部分组成的讲义就构成了斯密学术思想体系的基础。这也意味着，当时经济学具有强烈的人文社科的特点，经济学涉及的内容和外延与道德哲学等是相通的。事实上，斯密就曾计划写出"道德哲学"这门课的全部内容，以揭示作为自然的人和作为社会的人的本性及其生活的终极目标和过程，从而建立一个庞大的学术思想体系。因此，从这点看，他的思想认识也必然是统一的。熊彼特认为，"《道德情操论》和《国富论》都是从一较大的有系统的整体上分割出来的部分。"[1] 当然，也有一种观点认为，斯密在写《国富论》时已经放弃了其早期著作《道德情操论》中的许多观点。但事实上，《道德情操论》在斯密生前曾经出过六版，最后一版是在斯

---

[1] 熊彼特：《经济分析史》（第 1 卷），朱泱等译，商务印书馆 1991 年版，第 217 页。

密去世那一年。

　　而且，在斯密时代，无论是探究心灵之善的伦理学，还是探究物质之善的经济学，其共享的宗旨是：人性之善或人类幸福。正是在这种情况下，斯密先写《道德情操论》再写《国富论》，而两部著作都是以一种共同的、一贯的观点写出来的。譬如，在《道德情操论》中，斯密虽然把利他的原始感情视为人所固有的，但又以丰富的实例来阐明人的利己性；同样，在《国富论》中，斯密虽然强调人的利己心的作用，但又强调互惠性，并特别推崇"正义的美德"和"谨慎的美德"，以致"经济人"不外是某种意义上的"谨慎的人"。特别是，在经济学还未完全从伦理学分离出来的年代，斯密试图从人的经济活动中剥离出怎样生活的伦理价值。所以，大河内一男指出，"斯密的经济学，其本身具有明显的伦理色彩，《国富论》贯穿着这种精神。这就是那种'谨慎的美德'的伦理，这一美德是具有代表性的市民美德，为经济生活最充分地代表市民社会的生活提供了依据。从而，那个'经济人'也不仅仅是方法论上的安排，在当时是最具体的社会人。这样看来，也许不应该认为《道德情操论》是研究人类的一般社会生活，而《国富论》则只抽出其中的一部分，即经济生活来片面地加以研究，毋宁说，《国富论》中的'商业社会'不外是《道德情操论》中的'市民社会'的现实形态。"①

　　其实，在斯密看来，自利本能是人们行为的根本出发点，而利他则是亲社会性的体现，它要求个体在努力追求自我发展的同时也必须兼顾他人或社会福利，借助"通感"使人通过想象、参与、分享和模仿（设身处地）等方式形成诸如仁慈和正义等基本道德情操，从而保持其行为的"合宜性"。因此，通过社会性的利他手段就促成了人类个体目标与整体目标的内在关联，仿佛"有一只看不见的手"将个体的自利行为导向人类社会共同的善，即个体充分而合理的竞争和创造，必然带来社会整体福利的增长。② 所以，大河内一男认为，"斯密的两部主要著作《道德情操论》和《国富论》不是站在相互矛盾的立场上，而是站在统一的立场上写成的，换句话说，私利的伦理学中作为前提的人性和他的经济学中一直预定的人性，即那个'经济人'的人性，按理说不会是相互

---

①　大河内一男：《过渡时期的经济思想：亚当·斯密与弗·李斯特》，胡企林译，中国人民大学出版社2000年版，第71页。

②　程恩富、胡乐明等：《经济学方法论：马克思、西方主流与多学科视角》，上海财经大学出版社2002年版，第189页。

对立的。"①事实上，在《道德情操论》中，斯密从人的同情心出发，探讨道德伦理问题，阐明道德世界的和谐与有益的秩序；而《国富论》则开创性地试图将政治经济学这一新学科植根于牛顿主义的宇宙中，社会从个人追求私利的无意的结果中得益。显然，这两部书实际上有密切联系，在道德世界，同情心完成这种整合；而在经济世界，私利完成这种整合。这两个原则在其各自的领域都表现为创造出一种和谐来，如牛顿的自然秩序一样。

（二）斯密的两种人性观存在共同基础

如同孔子强调的"克己复礼为仁"（《论语·颜渊》），斯密人性思想的统一基础也在于人的自制力。其实，斯密在《道德情操论》中就是阐明具有利己主义本性的个人怎样控制其感情或行为，尤其是自私的感情或行为，以及怎样建立一个有确立行为准则必要的社会。为了挖掘这种自制力的根源，斯密将行为者视为社会关系中的人，因而天然具有为别人设身处地考虑的特点，希望得到他人的认同，从而可以分享他人的情感，这样自己也会向往得体、高雅地行事。斯密写道："无论人们会认为某人怎样自私，这个人的天赋中总是明显地存在着这样一些本性，这些本性使他关心别人的命运，把别人的幸福看成是自己的事情，虽然他除了看到别人的幸福而感到高兴外一无所得……最大的恶棍，极其严重地违犯社会法律的人，也不会全然丧失同情心。"②而且，正是基于长期互动形成的社会关系，斯密相信，人类培养出了特有的追求公平和互惠的品质。如斯密指出的，"这种倾向为人类所特有，在其他动物中是找不到的……我们从未见过甲乙两只狗公平审慎地交换骨头；也从未见过一种动物，以姿势或自然呼声，向其他动物示意说：这为我所有，那为你所有。"③在此之前，休谟更明确地指出，在人类协议确立之前，许诺是不可理解的；而且，即使可以理解，它也不伴有任何道德的约束力。④显然，斯密在伦理哲学中强调的利他主义并非无条件的，也是出于社会约束和自制相结合的产物。

因此，斯密对人性的认知不是单向度的，更不能等同于现代主流经济学所

---

① 大河内一男：《过渡时期的经济思想：亚当·斯密与弗·李斯特》，胡企林译，中国人民大学出版社 2000 年版，第 43 页。

② 斯密：《道德情操论》，蒋自强等译，商务印书馆 1997 年版，第 5 页。

③ 斯密：《国民财富的性质和原因的研究》（上卷），郭大力、王亚南译，商务印书馆 1972 年版，第 13 页。

④ 休谟：《人性论》（下册），关文运译，商务印书馆 1997 年版，第 556 页。

设定的经济人，而是具有非常丰富的内涵。

第一，即使是在纯粹的经济领域，斯密也不是宣扬无限制的利己主义行为，而是在承认自爱心是人类的本意的同时也强调它需要受到制约，甚至认为良心也是社会关系的产物。而且，在斯密看来，"克己"能够将自爱心与社会利益统一起来。例如，斯密以私人银行发钞为例作了说明："也许有人说，银行钞票无论数额大小，只要私人愿意，就应在许可之列。政府禁止其领受，取缔其发行，实在是侵犯天然的自由，不是法律应有的。因为法律不应妨害天然的自由，而应予以扶持。从某种观点说，这限制诚然是侵犯天然的自由。但会危害全社会安全的天然自由，却要受而且应受一切政府的法律制裁。"①这显然意味着，自由并非是个体性而是社会性的，需要制度的保障。这正如斯密德指出的，"看不见的手并不是自然赋予的礼物，而是一种建立在某些自我约束基础上的产权的公共选择集。"②

第二，斯密在《国富论》中认为个人利益是人们从事经济活动的出发点，而在《道德情操论》中将这种基于个人利益的利己主义称为"自爱"。事实上，在对支配人类行为的几种动机逐一剖析后，斯密认为，"毫无疑问，每个人生来首先和主要关心自己；而且，因为他比任何其他人都更适合关心自己，所以如果他这样做的话是恰当和正确的。"③对此，特维德写道："斯密有一颗雄心，那就是发展一套性的伦理学理论，这套理论是以人的本能与情感为出发点，而不是从虚伪的教条中推演出来。他相信，任何人都有一个基本的愿望，那就是被他人接受，并获得他人的'同情'。为了博得他人的同情，心怀私利的人将会尽力以一种受人尊敬与赞赏的方式行事……因此，伦理学研究的并不是有关功利、仁慈或者道德教条的问题，而是实实在在的私利问题。"④正是由于《道德情操论》充满了对自爱的表述，有学者甚至认为，《道德情操论》比《国富论》更偏向于自利说，因为《国富论》中往往以批判的态度来阐述自利行为，而且《国富论》中详细阐述了对物质生活与制度的安排如何影响个人能力

---

① 斯密：《国民财富的性质和原因的研究》（上卷），郭大力、王亚南译，商务印书馆1972年版，第298页。

② 斯密德：《财产、权力和公共选择：对法和经济学的进一步思考》，黄祖辉等译，上海三联书店、上海人民出版社1999年版，第35页。

③ 斯密：《道德情操论》，蒋自强等译，商务印书馆1997年版，第101–102页。

④ 特维德：《逃不开的经济周期：历史、理论与投资现实》，董裕平译，中信出版集团2012年版，第29页。

等。① 事实上，在一定的社会关系中，自爱的本性和同情心是相伴随的，也是相互依赖的；同情心可能妨碍在自爱心的引导下追求自己的利益，但更多的是保证了长期自爱心的满足。因此，我们可以把斯密的伦理学视为自我控制和自我依赖的，这也是自由放任经济学的基础。

其实，斯密这种"克己"思想来自古希腊的传统思想。例如，苏格拉底就教导人的美德在于克己、勇敢、正直和虔诚，并且其一生的行为也严格践行了这一点。同样，亚里士多德也将基于节制的中道视为德性，并且是作为最高善和极端的美。② 在亚里士多德看来，真正的德性就是理性，体现在对快乐和痛苦的处理上；进而，"克己"往往有利于长期获得最大净快乐，从而也就成为人类理性的基础。③ 不过，需要指出，斯密这里强调的"克己"具有强烈的功利主义色彩，其目的是为了更好地实现个人利益，这也是为什么说斯密奠定了自由主义的哲学基础。事实上，按照麦金太尔的看法，人类的美德可以分为优秀善和有效善两种，基于优秀善的"克己"是"一种指导性的训练和对欲望、厌恶、自我品性的一种转化，以使某个能够在实际履行或判断中达于优秀的人，尽可能地成为既能达到优秀成就又能达到优秀判断的人。因此，节制是这样一种美德，它既使我判断为善的东西得到转化，也使我的善良动机得到转化"；相反，"在有效性善中，节制之所以是一种美德，仅仅是因为它使我能够更有效地获得我预先这样认识到的欲望和善，而且也只有在这一范围内它才是一种美德"。④ 因此，在斯密看来，这种融入社会伦理的自由放任行为也就是人性的根本特性，它体现了自利和克己的结合，从而有利于整个社会的利益和

---

① 赖建诚：《经济思想史的趣味》，浙江大学出版社 2016 年版，第 254–255 页。

② 亚里士多德：《尼各马科伦理学》，苗力田译，中国社会科学出版社 1999 年版，第 37 页。

③ 亚里士多德提出了两种美德概念：知识美德（Intellectual Virtues）和道德美德（Moral Virtues）。其中，知识美德主要来源于人类智力方面以及更高层次的合理恰当运作，这是基于人与动物相区别的理性；而道德美德则来源于理性对肉体欲望及倾向的恰当控制，从而强调德行概念。一般地，尽管肉体欲望是人的自然倾向，但也必须受到控制，否则，就可能会对个人以及社会中其他人造成伤害；因此，对激情与欲望的控制在于，既不彻底压抑它们，也不允许它们放任自流而不受约束，而是应该寻求两者的中间状态。正因如此，亚里士多德强调，德行是指一种实践结果的正常状态，它总是处于两个极端之间的中道：勇敢是一种相对于畏惧的正常状态，是怯懦与蛮勇之间的中道；节制是一种相对于感观痛苦的正常习惯或状态，是放纵和无欲（冷淡）之间的中道。在亚里士多德看来，人不仅是理性的人，而且也是社会人，人们追求幸福的目的、对自我实现以及卓越的追求总是处于一定的社会背景中；因此，美德不仅是达到卓越、取得人类幸福的个人方式，而且常常是使整个社会受益。

④ 麦金太尔：《谁之正义？何种合理性？》，万俊人等译，当代中国出版社 1996 年版，第 57 页。

谐。埃克伦德和赫伯特说："（斯密）在《道德情操论》中对自然神学明显地做了详细的说明，而且在做了某些修改之后，纳入到《国富论》中。"[①] 正是由于这种强烈的功利主义色彩，当后来的经济学家在特定的环境下认为，自由放任下的个体逐利行为可以更好地增进个人利益，并同时能够满足社会福祉时，经济人假设就逐渐为经济学界所接受了。

可见，通过对斯密两本名著的系统梳理，我们可以全面而清晰地认识到斯密人性观的内在统一性。正如熊彼特指出，在《道德情操论》一书中"斯密提出了有关财富和经济活动的哲学"，[②] 因而他对自由放任地追逐私利的后果远不如孟德维尔以及休谟等人乐观。也就是说，斯密"不认为各种利益有着天然的和谐关系，而是认为只能通过服从适当的行为规则加以协调"。[③] 一般地，这种规则主要表现为两个方面：①外在的体现为社会法律的规则，它是对个人欲望和行为的限制；②内在的体现为自律的道德规则，斯密强调"克己"的重要性，从而把经济成功归结为超越单纯自利的不同的道德情操。正因如此，在斯密眼里，伦理和经济是统一的，伦理源于日常的经济活动，而经济活动本身就内化了伦理关系。森写道："如果对斯密的著作进行系统的、无偏见的阅读与理解，自利行为假设的信奉者和鼓吹者是无法从那里找到依据的。其实，斯密区分了两种伦理学：一是有关行为的理论，二是有关人们判断行为的理论，并主要关注后一问题；他把基于现实经济行为的经济学和基于社会道德规范的伦理学统一了起来，从实然中总结应然的规范。一方面，斯密认为，伦理规范不应该是一个形而上的假设，而应该从人们的实际生活中进行观察和归纳，因为它是人们在实践中遇到的问题；另一方面，斯密认为，我们在日常生活中应该而且能够为他人着想，能够理解别人，并以判断他人行为的原则来判断自己的行为。因此，自然的行为就是心理上正常的行为，这也是理论进行分析的基础。正因如此，斯密所提出的自利人也就不是抽象的，而是有着丰富的伦理内涵；相应地，道德人也不是完全形而上的，而是有坚实的社会基础。显然，道德哲学家和先驱经济学家们并没有提倡分裂症式的生活，是现代经济学把斯密

---

① 埃克伦德、赫伯特：《经济理论和方法史》，杨玉生等译，中国人民大学出版社2001年版，第83页。

② 熊彼特：《经济分析史》（第1卷），朱泱等译，商务印书馆1991年版，第277页。

③ 哈耶克：《经济、科学与政治：哈耶克思想精粹》，冯克利译，江苏人民出版社2000年版，第243页。

关于人类行为的看法狭隘化了，从而铸造了当代经济理论的一个主要缺陷。"[1]

因此，尽管作为当时道德哲学的继承者以及经济学体系的开创者，斯密在两部名著中对人性作了不同角度的解读，但这种解读在表面上是相互冲突的，人们甚至将同情心和自利心之间的矛盾称为"斯密问题"。实际上，按照斯密的观点，同情心和自利是可以统一的，其基础就是"克己"：一方面，在道德界，"克己"表现为同情心，目的是"义以生利"；另一方面，在经济界，自爱引导的自利也不是损人的自利，它要求"见利思义"，这是一切经济活动的必要条件。也就是说，斯密的伦理学和经济学统一于相同的自主或自助原则：其中，在经济学中通过自由放任的竞争来表现，在伦理学中则通过相互关怀得到体现，而两者可以通过"克己"达到统一。从这个意义上说，斯密所指的"预定协调"只有在一定的伦理关系下才可以实现：一方面，正是由于每个人都具有自爱心，因而现实世界不是伊甸园式的和平状态；另一方面，正是由于每个人都具有克制力，因而利己的个人不再是通过战争而是通过互通有无的交换达到目的。其实，这二重性正体现了斯密高度的实用主义理论观和现实主义人性观。程恩富和胡乐明写道："在斯密那里，'自利'和'利他'原本只是一种人性二重性事实的真实反映，'经济人'与'道德人'都只是人性的一面。由此，'斯密问题'所真正蕴涵的一个深刻的现代性问题便凸显出来：商业社会里，是否能够或是否应当将人类经济与其道德行为完全分离开来？经济学和伦理学能否完全隔离？"[2]正因如此，如大河内一男、哈耶克以及森等斯密理论的专门研究者都对"斯密人性悖论"提出了质疑，《道德情操论》的译者蒋自强等人甚至认为这本身就是一个伪题。在他们看来，斯密在《道德情操论》中阐明的是具有利己主义本性的个人怎样控制他的感情或行为，尤其是自私的感情或行为，以及怎样建立一个有确立行为准则之必要的社会。[3]

（四）斯密人性观的"为己利他"行为机理解读

上文的分析表明，斯密的人性认知观是统一的，它既体现了人性中逐利的

---

[1]　森：《经济学和伦理学》，王宇译，商务印书馆 2000 年版，第 32 页。

[2]　程恩富、胡乐明等：《经济学方法论：马克思、西方主流与多学科视角》，上海财经大学出版社 2002 年版，第 190 页。

[3]　斯密：《道德情操论》，蒋自强等译，商务印书馆 1997 年版，中译序言。

生物本能，又内含了关爱他人和互惠合作的社会特性。相应地也反映出斯密对人性的认知不是基于抽象的逻辑，而是基于活生生的现实人。一般地，任何具体社会中的个体都具有双重特性：生物性本能和社会性需求；本能使得个体具有"为己"的根本倾向，社会性却限制了人类实现"为己"目的的手段选择。而且，具体社会关系还使得人类行为具有这样两个特征：一方面，由于互动的紧密程度、发散性以及追求、欲望的层级性，人类的行为是以"己"的需要为根本出发点的，作为个体的"小我"就是"己"的核心；另一方面，随着"己"的圈层扩展而形成不断膨胀的"大我"，而对"大我"的追求在某种程度上说就是利他的，因为在追求"大我"利益的过程中"小己"会采取有利于其他"小己"的方式。

因此，要完整地理解人性，就必须认识"利己"和"利他"这两大属性。爱因斯坦写道："人既是孤独的人，同时却又是社会的人。作为孤独的人，他企图保卫自己的生存和那些同他最亲近的人的生存，企图满足他个人的欲望，并且发展他天赋的才能。作为社会的人，他企图得到他的同胞的赏识和好感，同他们共享欢乐，在他们悲痛时给予安慰，并且改善他们的生活条件。"[1] 相应地，现实世界中的个体行为往往也表现出"为己"和"利他"的双重特征："利他"是有效的"为己"的手段，互惠的利他主义实际上能够更好地达到"己"的目的。由此就可以得出两点结论：① "为己利他"人类社会中普遍存在且是合理的行为方式，"克己"和"互惠"则是这一行为机理的基础；[2] ②斯密的人性观与"为己利他"行为机理具有内在相通性，其自爱心和同情心就是在"克己"基础上得到统一，并体现了经济世界的利己主义和道德哲学界的利他主义的统一。

事实上，尽管斯密强调屠夫、酿酒师和面包师可能不是出于慈善之心，但更不可能是心存恶念，而主要是体现为通过满足对方的需要来获得自身利益。森写道："斯密在这里所要强调的是，在市场中，正常的交易活动为什么会发生？如何被完成？以及这段话所在的那一章的主题：为什么会有分工、劳动分

---

[1] 爱因斯坦：《为什么要社会主义》，载《爱因斯坦文集》（第 3 卷），许良英等译，商务印书馆 1979 年版，第 269 页。

[2] 朱富强：《真实世界中的"为己利他"行为机理：内涵及其合理性》，《改革与战略》2010 年第 8 期。朱富强：《行为经济学的微观逻辑基础：基本假设和分析维度》，《社会科学战线》2011 年第 10 期。朱富强：《现代经济学中人性假设的心理学基础及其问题："经济人"假设与"为己利他"行为机理的比较》，《经济学家》2011 年第 3 期。

工是如何形成的？斯密强调了互惠贸易的普遍性，但这并不表明，他就由此认为，对于一个美好的社会来说，仅有自爱或广义的精明就足够了"；相反，"斯密恰恰明确地站到了另外一边，他并没有满足于把经济拯救建立在某种单一的动机之上"，"事实上，斯密曾经指责伊壁鸠鲁试图把美德视为精明，并且，他利用这一机会斥责某些'哲学家们'试图把所有时期都简化为某种单一的美德"，但是，"具有讽刺意味的是，斯密本人却被他的狂热崇拜者赋予这种'特别的钟爱'他被其崇拜者尊为自利的'宗师'。"① 同时，现实个体之所以会关注他人的利益和感受，就源于人类所具有的通感天性，能够通过换位来考虑对方的需求。这也就是心理学上的移情，主要特征就是对他人利益的关注和对自己行为的克制。正是在移情的基础上，"己所不欲，勿施于人"以及"己欲立而立人，己欲达而达人"开始成为现实社会中人类行为的道德黄金律。

由此可见，"为己利他"行为机理在斯密基于自爱的人性观中得到深刻的刻画。克罗普西指出，《道德情操论》提出了一个重要问题："什么是在井然有序的情况下，自然会推介个人和社会给我们提供好意协助？概括的答案是：自然倾向于安排我们，教我们用远近亲疏的顺序，来定夺我们与其他个人和其他社会的关系。所以，我们最强烈的愿望是，先为自己做到最好，跟着是为我们的近亲家庭，然后是较远的亲朋，最后是陌生人；同时我们自然会先去追求我们自己社会的福祉，先会维护自己的社会制度，以此类推。准则是近亲远疏，不是应得与否。既然那些我们能够在他们的福祉上产生最大实质效应的，就是和我们最接近的个人与社会，可知自然实质上在布置人去追求他最能为个人与社会效力的好处（即保存生命）。这是斯密学说中颇为重要的一面，可从下列事实得知：他讨论这些问题时，都从那极为重要的观察着手，即'自然优先并主要托付给每一个人的，是他对自己的照顾；同时，从任何的角度来说，每一个人肯定更合适和更能照顾自己，多于任何其他人'。"② 这里，就对斯密学说中所嵌入的"为己利他"行为机理展开详细的剖析。

（一）斯密认为人性本质上具有双重特性

斯密认为人性本质上具有双重特性，这可以从两方面加以说明。一方面，斯密断然否定了中世纪基督教道德哲学有关纯粹利他主义美德的说教。斯密

---

① 森：《经济学和伦理学》，王宇等译，商务印书馆 2000 年版，第 28—29 页。

② 克罗普西：《国体与经体：对亚当·斯密原理的进一步思考》，上海世纪出版集团 2005 年版，第 36—37 页。

写道："我从来没有听说过，那些假装为公众幸福而经营贸易的人做了多少好事。事实上，这种装模作样的神态在商人中间并不普遍，用不着多费尽心机唇舌去劝阻他们。"[1] 相反，斯密认为，人类天生固有的心理使得他对离自己最近的事情感兴趣。斯密写道："毫无疑问，每个人生来首先和主要关心自己；而且，因为他比任何人都更适合关心自己，所以他如果这样做的话是恰当的和正确的。"[2] 另一方面，斯密又强调，现实个体的行为也不能仅仅局限在自己利益这一狭隘的视野内。斯密写道："虽然邻居的破产对我们的影响或许远比我们自己遭到的微小不幸为小，但我们决不可以邻居破产来防止我们的微小不幸的发生，甚或以此来防止自己的破产。"[3] 究其原因，"虽然对他来说，自己的幸福可能比世界上所有其他人的幸福重要，但对其他任何一个人来说并不比别人的幸福重要。因此，虽然每个人心理确实必然宁爱自己而不爱别人，但是，他不敢在人们面前采取这种态度，公开承认自己是按这一原则行事的……（相反）他一定会收敛起这种自爱的傲慢之心，以致允许他比关心别人的幸福更多地关心自己的幸福，更加热切地追求自己的幸福。"

正是基于利益的相互联系，斯密强调了"克己"的重要性。斯密写道："对自己幸福的关心，要求我们具有谨慎的美德；对别人幸福的关心，要求我们具有正义和仁慈的美德。前一种美德约束我们以避免受到伤害；后一种美德敦促我们促进他人的幸福。"[4] 事实上，在斯密看来，自爱的个体为了获取他人的赞同，基于通感而萌生出同情心；并且，这种同情心往往潜移默化地改变个体的偏好，从而人的行为也就不再是纯粹自私的。所以，斯密在《道德情操论》的开篇指出，"无论人们会认为某人怎样自私，这个人的天赋中总是明显地存在着这样一些本性，这些本性使他更关心别人的命运，把别人的幸福看成是自己的事情，虽然他除了看到别人幸福而感到高兴以外，一无所得。"[5]

（二）斯密认为人类行为具有差序性

在斯密看来，自爱是每个人的天性，是符合自然的。斯密写道："无论在哪一方面，每个人当然比他人更适宜和更能关心自己。每个人对自己快乐和

---

① 斯密：《国民财富的性质和原因的研究》（下卷），郭大力、王亚南译，商务印书馆1974年版，第27页。

②③ 斯密：《道德情操论》，蒋自强等译，商务印书馆1997年版，第102页。

④ 斯密：《道德情操论》，蒋自强等译，商务印书馆1997年版，第342页。

⑤ 斯密：《道德情操论》，蒋自强等译，商务印书馆1997年版，第5页。

痛苦的感受比对他人快乐和痛苦的感受更为灵敏。前者是原始的感觉；后者是对那些感觉的反射或同情的想象。"同时，正是基于利益关系的影响程度差异，斯密认为，在自身之外，每个人开始关注他最为亲密的人。斯密写道："他自己的家庭的成员，那些通常和他住在同一所房子里的人，他的父母、他的孩子、他的兄弟姐妹，自然是他那最热烈的感情所关心的仅次于他自己的对象……（究其原因）他们的幸福或痛苦必然最深刻地受到他的行为的影响。"同时，为了说明行为的差序性，斯密还举了一些日常生活中例子来说明。

例如，相对于父母来说，儿女的未来与自身的利益更为紧密相关，因而人们爱护儿女往往甚于父母。斯密写道："从孩子身上可以期待、至少可以希望得到一切东西。在普通的场合，从老人身上所能期待或希望得到的东西都非常少"；因此，人的"天性把这种同情以及在这种同情的基础上产生的感情倾注在他的孩子身上，其强度超过在他的父母身上的感情。并且，他们对前者的温柔感情比起他对后者的尊敬和感激来，通常似乎是一种更为主动的本性"，"在普通的场合，老年人的死并不使任何人感到十分惋惜。孩子的死却几乎不会不使一些人感到心痛欲裂。"①再如，就兄弟姐妹的关系而言，他们的关怀也会随着利益联系的减弱而降低。斯密写道："当他们共处在一个家庭之中时，相互之间的情投意合，对这个家庭的安定和幸福来说是必要的。他们彼此能够给对方带来快乐或痛苦，比他们能够给其他大部分人带来的快乐或痛苦要多。他们的这种处境使得他们之间的相互同情，成为对他们的共同幸福来说是极端重要的事情……同样的环境通过迫使他们相互照应，使这种同情更为惯常，因此它更为强烈、明确和确定"；但是，兄弟姐妹的孩子之间的"友谊在各立门户之后，（尽管）继续存在于他们的父母之间。孩子们的情投意合增进了这种友谊所能带来的愉快；他们的不合会扰乱这种愉快。然而，由于他们很少在同一个家庭中相处，虽然他们之间的相互同情比对其他大部分人的同情重要，但同兄弟姐妹之间的同情相比，又显得很不重要。由于他们之间的相互同情不那么必要，所以很不惯常，从而相应地较为淡薄。"进而，"表（堂）兄弟姐妹们的孩子，因为更少联系，彼此的同情更不重要；随亲属关系的逐渐疏远，感情也就逐渐淡薄。"②

---

① 斯密：《道德情操论》，蒋自强等译，商务印书馆1997年版，第283页。

② 斯密：《道德情操论》，蒋自强等译，商务印书馆1997年版，第283-284页。

（三）斯密揭示了人类行为的"为己利他"机理

斯密认为，个体行为所呈现出的关爱强弱与其相互联系的社会性程度有关，因而人的利他特性更多地表现在对周边的自己力所能及的事情的关注上。斯密写道："每个人更加深切地关心同自己直接有关的，而不是对任何其他人有关的事情；或许，听到另一个同我们没有特殊关系的人的死讯，会使我们有所挂虑，但其对我们的饮食起居的影响远比落在我们身上的小灾小难为小。"[①]同时，人类之所以爱护别人、帮助别人，也是因为自己也需要他人的爱护和帮助，这实际上就体现了人类的"为己利他"行为机理。斯密强调，"人类几乎随时随地都需要同胞的协助，想要仅仅依赖他人的恩惠，那是一定不行的。他如果能够刺激他们的利己心，使有利于他，并告诉他们，给他做事，是对他们自己有利的，他要达到目的就容易多了。不论是谁，如果他要与旁人做买卖，他首先要这样提议。请给我以我所要的东西吧，同时，你也可以得到你所要的东西，这句话是交易的通义。我们所需要的互相帮忙，大部分是依照这个方法取得的。"[②]

同时，斯密的论述也揭示了"为己利他"行为机理的合理性和普遍性，因为它实现了"利己"和"利他"的统一，从而也是促进个人利益和社会利益相统一的机理。为此，陈其人指出，"许多人认为，（斯密）这段话只说明人是利己的，只有启动其利己心，才有交换，才有经济活动，才有社会进步，才有作为结果的利他。我也曾这样看，但现在的看法不是这样。我认为：这段话恰好说明，利己是目的，利他则是手段，先要运用利他这手段，才能达到利己的目的。我们不妨想一想，如果面包师等人，不首先卖面包给我，他能得到我的回报吗？就是说，盈利是目的，满足顾客的需要是手段，手段不对，目的不达。所以利他的结果是利己。"[③]显然，正因为"利他"是手段和途径，"为己"是目的和归宿，因而当两人的关系发生变化后，其互动行为也将有所改变。譬如，兄弟姐妹在分家前后的行为就很不一样，同样，男女之间在结婚或离婚情形下的行为也有天壤之别。

[①]　斯密：《道德情操论》，蒋自强等译，商务印书馆 1997 年版，第 102 页。

[②]　斯密：《国民财富的性质和原因的研究》（上卷），郭大力、王亚南译，商务印书馆 1972 年版，第 14 页。

[③]　陈其人：《论"经济人"和利己与利他：兼论"斯密难题"的产生原因》，《当代经济研究》2003 年第 1 期。

（四）斯密考察了"为己利他"行为机理的移情基础

斯密之所以强调现实社会中的人需要"克己"，就在于他认为，移情是一种必要的社会联系，自我约束和仁慈可以根据移情在"想象"中换位。斯密写道："由于我们对别人的感受没有直接经验，所以除了设身处地的想象外，我们无法知道别人的感受。当我们的兄弟在受拷问时，只要我们自己自由自在，我们的感觉就不会告诉我们他所受到的痛苦。它们决不、也决不可能超越我们自身所能感受的范围，只有借助想象，我们才能形成有关我们兄弟感觉的概念……通过想象，我们设身处地地想到自己忍受着所有同样的痛苦，我们似乎进入了他的躯体，在一定程度上同他像是同一个人，因而形成关于他的感觉的某些想法，甚至体会到一些虽然程度较轻，但不是完全不同的感受……所以当我们设想或想象自己处在这种情况之中时，也会在一定程度上产生同我们的想象力的大小成比例的类似情绪。"显然，这种想象也为大量明显的观察所证实，例如，当"我们看到对准另一个人的腿或手臂的一击将要落下来的时候，我们本能地缩回自己的腿或手臂；当这一击真的落下来时，我们也会在一定程度上感觉到它，并像受难者那样受伤"。①

正是基于移情效应，就如经济界利他是相互的一样，在道德界同情也是相互的。斯密写道："不管同情的原因是什么，或者它是怎样产生的，再也没有比满怀激情地看到别人的同感更使我们高兴，也没有比别人相反的表情更使我们震惊……一个人感到自己的软弱和需要别人帮助时，看到别人也有这种感觉，就会高兴，因为他由此而确信会得到哪种帮助；反之，他就不高兴，因为他由此而认定别人会反对自己……他把同伴们的感情同自己的感情一致看成是最大的赞赏。"②最后，正是在移情基础上，形成了相互的"为己利他"行为机理。斯密写道："这种一致自私和乐善好施的感情构成了尽善尽美的人性；唯有这样才能使人与人之间的情感和激情协调一致，在这中间存在着人类的全部情理和礼貌。如同像爱自己那样爱邻居是基督教的主要教规一样，仅仅像爱邻居那样爱自己，或者换一种结果相同的说法，仅仅像邻居能爱我们那样爱自己，也成为自然的主要戒律。"③

---

① 斯密：《道德情操论》，蒋自强等译，商务印书馆 1997 年版，第 5-6 页。

② 斯密：《道德情操论》，蒋自强等译，商务印书馆 1997 年版，第 11 页。

③ 斯密：《道德情操论》，蒋自强等译，商务印书馆 1997 年版，第 25 页。

（五）斯密剖析了"己"内涵及其圈层扩展性

尽管人类行为根本目的是"为己"，但"己"的内涵和外延却是变动的，这产生了"己"和"他"的相对性。正因如此，斯密非常清楚地指出，人们在具体社会中所采取的行为往往随着社会环境的不同而呈现出不同特征，利他主义的方式和强度都存在很大差异。例如，斯密借爱比克斯泰的话说："当我们的邻人失去他的妻子或儿子时，没有人不认为这是一种人世间的灾难，没有人不认为这是一种完全按照事物的日常进程发生的自然事件；但是，当同一事发生在我们身上时，我们就会恸哭出声，似乎遭受到最可怕的不幸。"[①]之所以如此，斯密认为，这正是人类强烈的自爱心在起作用的结果，自爱心使得"我们自己的毫厘之得失显得比另一个和我们没有特殊关系的人的最高利益重要得多。会激起某种更为激昂的高兴和悲伤，引出某种更为强烈的渴望和嫌恶"[②]。

在斯密看来，人们总是深深地为任何与"己"有关的事情所动而不为任何与他人有关的事情所动。为此，斯密举例说："让我们假定，中国这个伟大帝国连同他的全部亿万居民突然被一场地震吞没，并且，让我们来考虑，一个同中国没有任何关系的富有人性的欧洲人在获悉中国发生这个可怕的灾难时会受到什么影响。我认为，他首先会对这些不幸的人遇难表示深切的悲伤，他会怀着深沉的忧郁想到人类生活的不安定以及人们全部劳动的化为乌有，它们在顷刻之间就这样毁灭掉了。如果他是一个投机商人的话，或许还会推而广之地想到这种灾祸对欧洲的商业和全世界平时的贸易往来能产生的影响。而一旦作完所有这些精细的推理，一旦充分表达完所有这些高尚的情感，他就会同样悠闲和平静地从事他的生意或追求他的享受，寻求休息和消遣，好像不曾发生这种不幸的事件。那种可能落到他头上的最小的灾难会引起他某种更为现实的不安。如果明天要失去一个小指，他今晚就会睡不着觉；但是，倘若他从来没有见到中国的亿万同胞，他就会在知道了他们毁灭的消息后怀着绝对的安全感呼呼大睡，亿万人的毁灭同他自己微不足道的不幸相比，显然是更加无足轻重的事。"[③]

---

① 斯密：《道德情操论》，蒋自强等译，商务印书馆 1997 年版，第 170 页。

② 斯密：《道德情操论》，蒋自强等译，商务印书馆 1997 年版，第 164 页。

③ 斯密：《道德情操论》，蒋自强等译，商务印书馆 1997 年版，第 165 页。

（六）斯密将自利人嵌入在社会伦理关系之中

斯密强调，人在互动中基于通感而产生的同情心内化在他的偏好之中，从而构成了亲社会性的基本特质。斯密写道："被称作感情的东西，实际上只是一种习惯性的同情……亲属们通常处于会自然产生这种习惯性同情的环境之中，因而可以期望他们之间会产生相当程度的感情……由此（人类社会）确立了这样一条一般准则：有着某种关系的人之间，总是应当有一定的感情；如果他们之间的感情不是这样，就一定存在最大的不合宜，有时甚至是某种邪行。身为父母而没有父母的温柔体贴，作为子女却缺乏子女应有的全部孝敬，似乎是一种怪物，不仅是憎恨的对象，而且是极端厌恶的对象。"[1] 为此，斯密在《道德情操论》中强调"利他"行为扩展的合理性和必要性。不过，作为经济学家，斯密更倾向于从人的情感和实际利益的影响角度来对超道德行为进行剖析。因此，即使是对那些与自己关系不大的事情的冷淡，这也并不表明利他心的缺乏。斯密写道："对自己一无所知的不幸表示过分的同情，似乎完全是荒唐和不合常理的……（而且）我们对那些同自己不熟悉和没有关系的人、对那些处于自己的全部活动范围之外的人的命运无论怎样关心，都只能给自己带来烦恼而不能给他人带来任何好处。"[2]

事实上，斯密的分析还揭示了亲社会性的两大特征：①亲社会性由社会互动而起，因感通强弱而具有差序性。斯密写道："一个对自己的父亲或儿子的死亡或痛苦竟然同别人的父亲或儿子的死亡或痛苦一样不表示同情的人，显然不是一个好儿子，也不是一个好父亲。这样一种违犯人性的冷漠之情，决不会引起我们的赞许，只会招致我们极为强烈的不满。"[3]②基于人类的天然感情产生了对一般准则的尊重，因而亲社会性又体现了社会人具有关爱的一般特性。斯密写道："无论人们会认为某人怎样自私，这个人的天赋中总是明显地存在着这样一些本性，这些本性使他关心别人的命运，把别人的幸福看成是自己的事情……最大的恶棍、极其严重地违反社会法律的人，也不会全然失去同情心。"[4] 为此，斯密告诫人们要防止两种超出适宜范围的情况："一种是首先影响与我们特别亲近的人，诸如我们的双亲、孩子、兄弟姐妹或最亲密的朋友，

---

① 斯密：《道德情操论》，蒋自强等译，商务印书馆1997年版，第284页。

② 斯密：《道德情操论》，蒋自强等译，商务印书馆1997年版，第168–169页。

③ 斯密：《道德情操论》，蒋自强等译，商务印书馆1997年版，第170页。

④ 斯密：《道德情操论》，蒋自强等译，商务印书馆1997年版，第5页。

等等，然后才间接影响我们的不幸；另一种是立即和直接影响我们肉体、命运或者名誉的不幸，诸如疼痛、疾病、即将到来的死亡、贫穷、耻辱等。"①

（七）斯密人性观及其行为机理的基础是伦理主义的自爱

尽管斯密在《道德情操论》中探讨的中心课题是人的同情心，论述的是具有同情心的社会人（或道德人）的行为；但是，斯密强调社会人的行为出发点还是自爱，在绝大多数情况下是通过"无形的手"的作用而促进社会利益的。斯密写道：那些骄傲而冷酷的地主的"胃容量同无底的欲壑不相适应，而且容纳的东西决不会超过一个最普通的农民的胃。他不得不把自己所消费不了的东西分给用最好的方法来烹制他自己享有的那点东西的那些人；分给建造他要在其中消费自己的那一小部分收成的宫殿的那些人；分给提供和整理显贵所使用的各种不同的小玩意儿和小摆设的那些人；就这样，所有这些人由于他生活奢华和具有怪僻而分得生活必需品，如果他们期待他的友善心和公平待人是不可能得到这些东西的……一只看不见的手引导他们对生活必需品作出几乎同土地在平均分配给全体居民的情况下所能作出的一样的分配，从而不知不觉地增进了生活利益，并为不断增多的人口提供生活资料"。② 在斯密看来，正是这种"无形的手"而不是自觉的"同情心"引导着社会制度的改良。斯密说："人类相同的本性，对秩序的相同热爱，对条理美、艺术美和创造美的相同重视，常足以使人们喜欢那些有助于促进社会福利的制度。当爱国者为各种社会政治的改良而鞠躬尽瘁时，他的行动并不总是由对可以从中得到好处的那些人的幸福所怀有的单纯的同情引起的。一个热心公益的人赞助修公路，通常也不是出于对邮递员或车夫的同情。"③

当然，尽管斯密致力于洞察和揭示"无形的手"在社会经济发展中的根本作用，但他并不是要否定人的同情心和合作的主动性。恰恰相反，斯密强调，离开人类社会的相互帮助，个体是无法生存的。斯密写道："人只能生存于社会之中，天性使人适应他由以生长的那种环境。人类社会的所有成员，都处在一种需要互相帮助的状况之中，同时也面临互相之间的伤害。在出于热爱、感激、友谊和尊敬而相互提供了这种必要帮助的地方，社会兴旺发达并令人愉快。所有不同的社会成员通过爱和感情这种令人愉快的纽带联结在一起，好像

---

① 斯密：《道德情操论》，蒋自强等译，商务印书馆1997年版，第170页。
②③ 斯密：《道德情操论》，蒋自强等译，商务印书馆1997年版，第229–230页。

被带到一个互相行善的公共中心。"① 尤其是，斯密没有把物质上的成功与幸福等同起来，而是充分关注人类社会的其他需求，如肉体上的舒适和心灵上的平静。而且，在这些方面，斯密认为人的幸福感是没有多大差异的，因为"一个在大路旁晒太阳的乞丐也享有国王们正在为之战斗的那种安全"。② 因此，关键在于人们拥有追求自身需求的自由，这也将斯密引向了古典自由主义。

可见，斯密的人性观具有这样两大特点：①《道德情操论》和《国富论》都是从人的利己本性出发的：前者中就有"每个人生来首先和主要关心自己"的说法，后者中关于利己的说法更多；②斯密又强调竞争是有序的，而有序的竞争就是分立劳动者之间的协作，这种协作实际上又可看成是利他性的。所以，正如陈其人指出的，斯密的本意，在商品经济或市场经济中，利己是目的，是经济发展的动力，利他则是达到利己这一目的的手段，手段不当，目的总归落空，因为不能利他，结果也就无法利己。也就是说，人是利己的，但不一定是自私的，前者是从人的本能目的上讲的，而后者则是从手段上讲的。正是在这个角度上，埃克伦德和赫伯特认为，"斯密在《国富论》中所说的'经济人'同他在《道德情操论》中所说的'道德人'是相同的。二者都是自我利益的产物。在《道德情操论》中，是严格坚持对利己观念的赞同；而在《国富论》中，竞争则是限制利己的经济能力。事实上，竞争保证利己的追求将改善社会的经济福利。"③ 譬如，在一个市场机制较为完善的竞争社会中，个人为了实现多赚钱这一"利己"目的，一方面在进行商品生产时就要通过提高劳动生产率，努力精益求精；另一方面在进行商品贸易时就要取信于顾客，做到童叟无欺，讲究诚信。只有这样，个人才能获得长远利益，顾客和消费者也才能得益，并且促进整个社会的进步和经济的发展，从而也才会受到社会制度的鼓励和支持。为此，法国大革命后，1893 年雅各宾宪法关于人民权利和义务的条款中就有这样的规定："己所不欲，勿施于人；欲人施己，先施于人。"显然，这条规定，尤其是其中的"欲人施己，先施于人"，清楚地界定了"利己"和"利他"的关系。

这也意味着，斯密等古典经济学家都不是纯粹的自由放任主义者。实际上，他们看到了市场的缺陷，从而希望建立一种相应的市场伦理。显然，这种

---

① 斯密：《道德情操论》，蒋自强等译，商务印书馆 1997 年版，第 105 页。

② 斯密：《道德情操论》，蒋自强等译，商务印书馆 1997 年版，第 230 页。

③ 埃克伦德、赫伯特：《经济理论和方法史》，杨玉生等译，中国人民大学出版社 2001 年版，第 85 页。

市场伦理是以人为本的基础，其基本原则就是"己所不欲，勿施于人"，即基于克己的"为己利他"。譬如，斯密强调，"正是这种多同情别人和少同情自己的感情，正是这种抑制自私和乐善好施的感情，构成尽善尽美的人性，唯有这样才能使人与人之间的情感和激情协调一致，在这之间存在着人类的全部情理和礼貌。"[①] 相应地，布鲁认为，"《道德情操论》和《国富论》都是通过看不见的手或者自然和谐、个人天生自由的原理或者公正的权利来协调个人和社会利益。在《道德情操论》中，同情和仁慈限制自私自利；在《国富论》中，竞争限制个人的经济利益以利于社会福利。"[②] 然而，现代主流经济学所倡导的经济人却根本上忽视了自利的行为界限。譬如，爱因·兰德以经济人为基础的客观主义伦理学就认为，"人类的善并不要求人们自我牺牲，它也不是通过一些人为另一些人的牺牲而达到。它认为，人类合理的利益并不会相互冲突。如果人们不去欲望不该得到的东西，即不自我牺牲也不接受他人的牺牲，彼此以商人相待，那么，他们的利益就不会彼此冲突"，"交易原则是惟一的理性主义伦理原则"。[③] 显然，经济人假设潜含了这样的问题：①它并不现实，因为撇开了社会伦理属性的纯粹商人仅仅是一个假定，而现实市场中的商人则浸淫于文化伦理之中；②它并不有效，抽象化的纯粹商人基于现代主流经济学所鼓吹的个人理性采取行动，就不可避免地会产生大量的囚徒困境。

 结语

现代主流经济学往往将经济人假设和理性分析框架追溯到斯密，但实际上，斯密提出的"自利人"嵌入在社会伦理之中，从而不是抽象的经济人。斯考森指出，"斯密的理想社会总是润泽着阻止不公正和欺骗行为的美德、互惠和民法"，"他所说的经济人是合作的、公平的，不伤害他人的"，"斯密支持培育自我控制、自我约束和仁慈的社会制度——市场、宗教共同体和法律"。[④] 在很大程度上，斯密的自利人与其说与现代主流经济学的经济人相通，不如说是

---

① 斯密：《道德情操论》，蒋自强等译，商务印书馆1997年版，第25页。

② 布鲁：《经济思想史》，焦国华、韩红译，机械工业出版社2003年版，第53页。

③ 爱因·兰德：《新个体主义伦理观：爱因·兰德文选》，秦裕译，上海三联书店1993年版，第30页。

④ 马克·斯考森：《现代经济学的历程：大思想家的生平和思想》，马春文等译，长春人民出版社2006年版，第21页。

与"为己利他"行为机理相通。明显的事实是，斯密强调，理智的个人在社会中追逐私利时往往表现出"克己"的倾向，这样，理性就成为自爱的帮手，进而两者相结合就形成了社会人的"为己利他"行为规范。普罗德安写道："亚当·斯密的看不见的手能够利用人的自私使世界达到乐善者的所追求的完美的说法只是种神话……看不见的手不是自然的馈赠，而是对财产权的公开选择，这种选择建立在某种程度的自我节制基础之上。"①尤其是用"为己利他"机理来解读斯密的伦理学，我们就很容易认识到斯密整个学说系统中两种人性观的内在统一性，所谓的斯密人性悖论问题也就不存在了，进而可以更深刻地审视社会学科各分支在人性假设上的设定差异。

斯密的自利人之所以是嵌入社会关系的具体的"为己利他"人而不是先验设定的抽象的"经济人"，重要原因就在于，斯密深受当时勃兴的经验主义之熏陶，对社会现象的分析往往都以社会经验为基础，对人性的提炼也是源于对现实社会性的观察以及对人性本能的挖掘。正因如此，尽管根基于西方社会根深蒂固的自然主义思维，斯密相信事物的"自然"秩序可以从一般判断中演绎出来，但同时，他又更经常地用实际历史过程来检验自己的结论。显然，正是基于人的原初本能与今后日益扩展的社会性相结合，最终形成了基于"为己利他"机理的分析思路；进而，斯密不仅将自利心和同情心以及经济学和伦理学统一了起来，而且将个人逐利行为与社会公益联系起来，从而就为"无形的手"协调原理夯实了社会基础。正如哈耶克指出的，"下述两个事实乃是毋庸置疑的：第一，在18世纪伟大思想家所使用的语言当中，正是人的'自爱'甚或人的'自私利益'，被他们描述成了一种普遍的驱动力；第二，所谓'自爱'或'自私利益'，他们主要指的是一种被他们认作是普遍盛行的道德态度。然而值得注意的是，这些术语并不意味着那种狭义的'利己主义'，亦即只关注一个人自身的即时性需要的那种'利己主义'。'自我'亦即人们应当加以关注的那种'自我'当然也包括他们的家庭和朋友在内。"②

问题在于，尽管"为己利他"行为机理确立了互利互惠的市场交易以及不断扩展的社会秩序，但毕竟还有相当部分的行为是背离"为己利他"机理的，因而人类社会就远不如斯密所想象的那种和谐，市场经济活动也会出现大量的囚徒困境，社会秩序在扩展过程中也会出现中断和内卷。在很大程度上，斯密

---

① 普罗德安：《伦理、金融和社会》，载普林多、普罗德安主编：《金融领域的伦理冲突》，韦正翔译，中国社会科学出版社2002年版，第3—25页。

② 哈耶克：《个人主义与经济秩序》，邓正来译，生活·读书·新知三联书店2003年版，第18—19页。

之所以集中刻画市场秩序的扩展过程及其基础，就在于他生活在资本主义秩序不断扩展的阶段，社会阶层还没有出现严重分化，金钱权力也没有集中在少数人手中，市场经济行为还嵌入在传统社会伦理关系之中。事实上，斯密还处于家庭手工作坊的时代，当时的社会是熟人社会，当时的市场也主要属于邻里市场；此时，社会习俗和伦理道德对一个人行为的影响是显而易见的，从而也就不需要特别讨论。但与此不同，现代主流经济学人生活在资本主义秩序已经形成，其扩展限度也已经基本饱和的时期，资本主义经济关系已经充盈于全球的陌生人之间；相应地，他们更关注"成熟"资本主义秩序中的行为特征，进而就开始强调普遍的市场秩序和抽象的一般规则，乃至把舍象掉伦理关系的经济人行为视为普遍的。

经济学的抽象化和形式化过程发源于边际主义革命，它将社会和政治关系等排除出经济分析的视野而使得经济学独立于其他社会科学，进而构建了以原子化的理性经济人为基石的局部分析框架；随后，理性经济人分析框架又被打造成在一定约束条件下实现最大化的手段选择，乃至经济学就被视为一门理性选择的学科。显然，使用有效手段来获得最大满足这一逻辑不仅适用于传统的经济学领域，而且适用于人类行为的所有领域；这样，经济学又开始以其"一般性"的分析框架重新侵入其他社会科学，甚至拓展到对人类行为之外某些领域的分析，如生物科学，由此就导致经济学帝国主义运动在 20 世纪 80 年代后的蓬勃兴起。问题是，理性经济人分析框架以及由此推动的经济学帝国主义所关注的是基于严格逻辑的理想行为，而不是现实世界中的经验行为；进而，理性经济人分析框架为我们构设了市场经济和社会秩序的伊甸园，却无法帮助我们去洞察现实市场和社会秩序中的问题。正是从这个意义上说，现代经济学所确立的经济人分析框架并没有深化我们对社会的认知，反而限制了观察的视野，进而遮蔽了我们的认知。就此而言，我们应该回到斯密。斯密强调，要获得个人利益，就要与他人交换，从而必须考虑他人利益，由此才能实现个人利益和社会利益的统一，才能在追求个人利益的同时促进社会利益的提升。显然，这就是人类行为的"为己利他"机理，由此才可以夯实经济学的微观行为基础。可见，现代经济学人对人性的解读和对秩序的认识与斯密存在明显不同。哈耶克甚至认为："（斯密的）教导却冒犯了一种人类从早期朝夕相处的部落社会中继承下来的根深蒂固的本能，人们在这种社会里经过数万年时间形成的情感，在已进入开放的社会时仍然支配着他们。这些遗留下来的本能，要求人们应当致力于为它所认识的同胞（即《圣经》中的'邻人'）提供可见的好处。"① 问题恰恰在于,哈耶克的分析根本上是静态的,这不仅忽视了人类交往范围和半径的扩展性,而且也忽视了人们在不同交往圈的内外所表现出来特性的差异性。正因如此,哈耶克才会认为,所谓根据不同的人和群体的需要或表现在他们中间分配物质财富的"社会公正"是一种返祖现象,是与个人可以把知识用于自己的目的的开放社会不相协调的。更重要的是,哈耶克等舍掉了具体的社会伦理关系,却以"为己利他"行为机理作为市场交易和扩展秩序的基础,进而为伦理逐渐解体的现实市场辩护;相应地,它也就看不到现实市场的问题,尽管这种市场缺陷已经远比斯密时代要严重得多。相反,本书通过对嵌入在斯密学说中的人性观的全面审视和契合,可以更好地将实然和应然结合起来,进而在"为己利他"行为机理基础上构建"知行合一"的经济学体系。

---

① 哈耶克:《经济、科学与政治:哈耶克思想精粹》,冯克利译,江苏人民出版社 2000 年版,第 227–228 页。

后 记

自 20 世纪 80 年代以来，尤其是在 2008 年经济危机爆发之后，现代主流经济学就已经并且正在遭受越来越大的批判，而这套四卷本丛书则从最深层次的哲学思维和方法论上探究经济学如此情形的问题、何以如此的原因，尤其集中剖析中国经济学的现状及其深层次原因，由此来寻求经济学的发展方向和要求。同时，基础理论著作重在学理和逻辑，因而本套丛书也力求逻辑上的严谨、学理上的思辨、见解上的兼顾以及框架上的整体性。当然，这套丛书的写作纯粹是源于笔者的个人兴趣，主要体现了笔者从事经济学教学和研究这 20 年来的观察和思考。相应地，这套丛书所阐发的观点根本上属于"为己之学"，而社会上对此问题往往有截然不同的主张，因此，也希望读者和社会大众明我之心，也期盼就不同看法加强交流。

其实，本套丛书的绝大多数内容都是在 15 年前完成的，其中一些内容也以论文的形式发表在各种专业刊物上。不过，一篇篇孤立的文章所呈现的往往是片段式知识，这不仅增加了读者整体性把握这些看法的难度，甚至还会产生种种误解。因此，不少同仁也一直敦促并期待这套丛书的早日面世。但是，由于笔者素来不喜且不善填表，因而也就一直无力出版这套丛书。这套丛书得以出版，才国伟教授居功至伟，是他积极帮助争取岭南学院学科建设经费的资助；同时，也要感谢陆军教授等岭南学院的新一届领导层，期间李义华女士也积极协助处理各种事宜。最后，要感谢王光艳女士，我们自第一次接触就产生强烈的学术共鸣，她在整套丛书的校对和出版过程中尽心尽力，细心周到，为本套丛书增色不少。

朱富强

2019 年 4 月 1 日